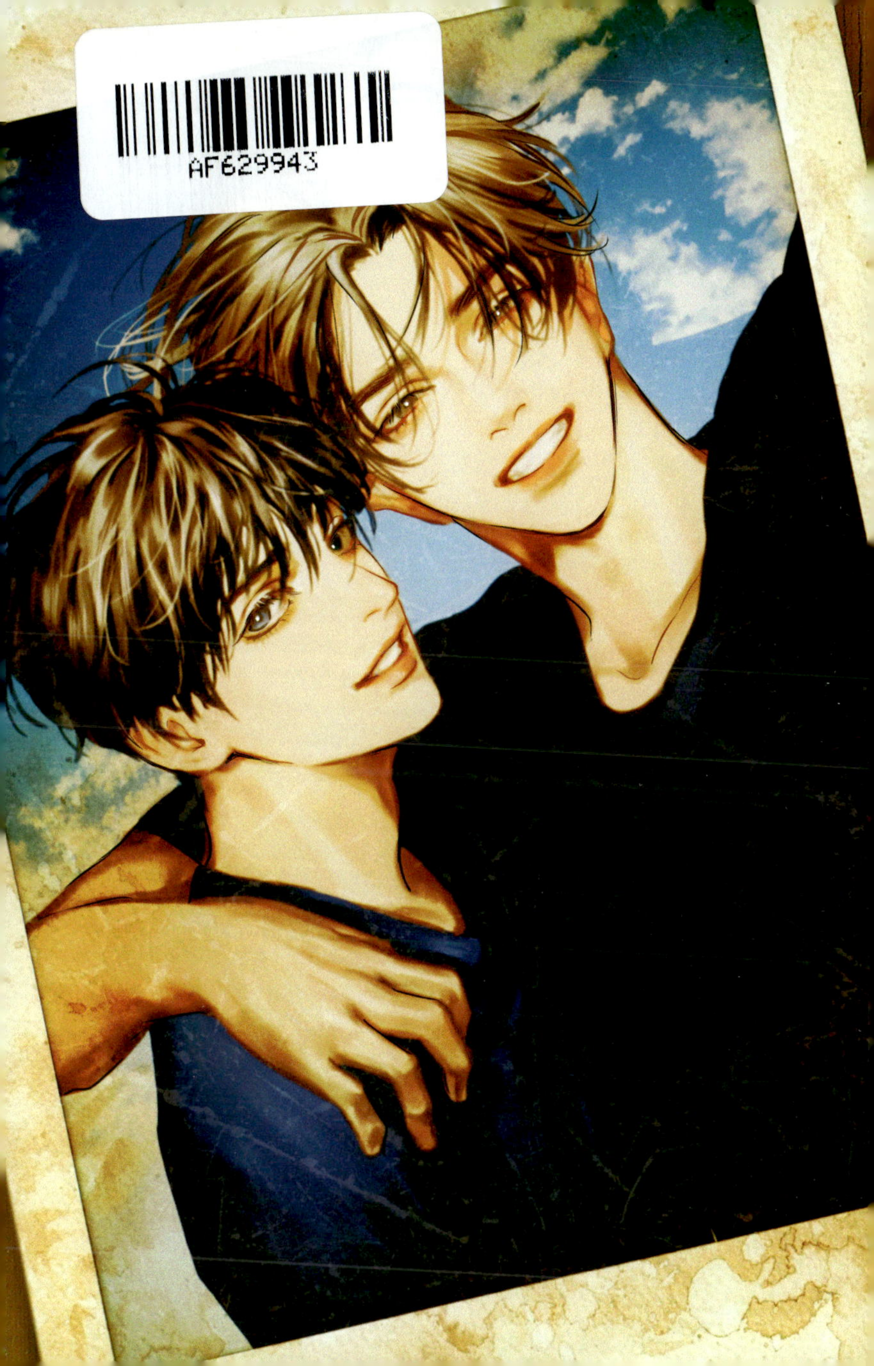

MARIA ABER BEHIELT ALL DIESE WORTE
UND BEWEGTE SIE IN IHREM HERZEN

Inhalt

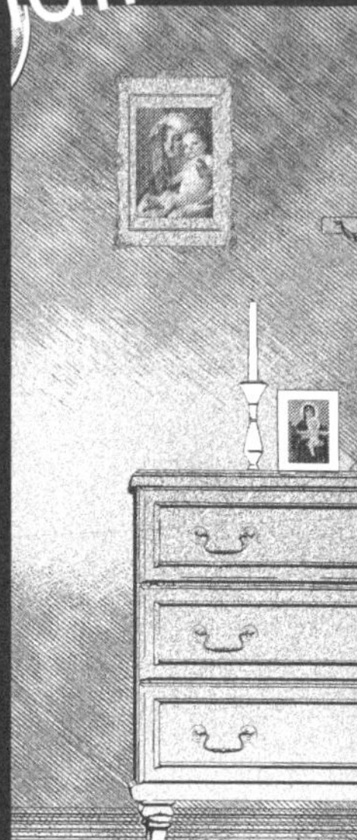

MAN HÖRT'S WOHL, DASS ICH SEUFZE, UND
DOCH HABE ICH KEINEN TRÖSTER; ALLE MEINE
FEINDE HÖREN MEIN UNGLÜCK UND FREUEN
SICH, DASS DU ES GEMACHT HAST

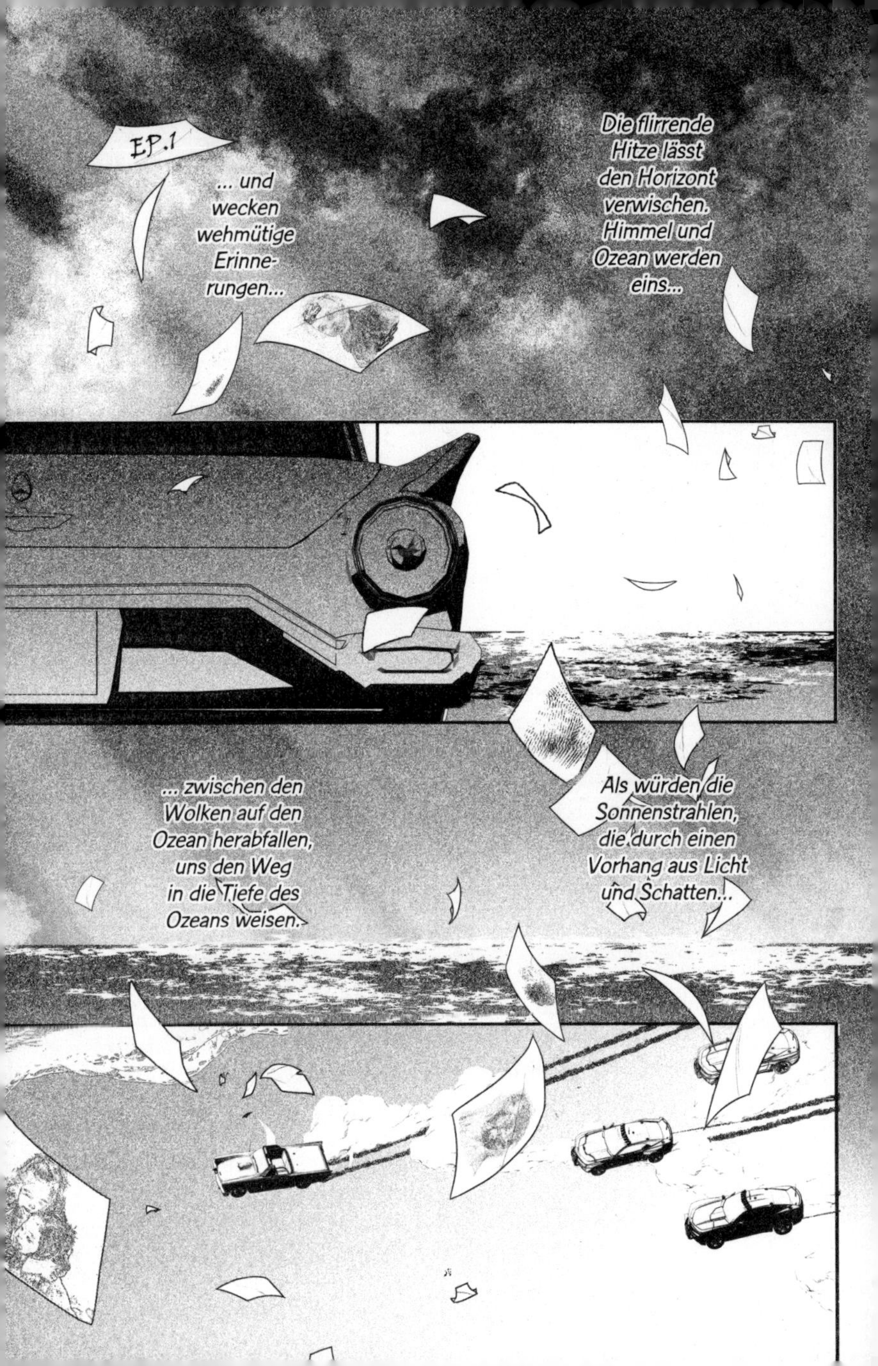
EP.1
Die flirrende Hitze lässt den Horizont verwischen. Himmel und Ozean werden eins...
... und wecken wehmütige Erinne-rungen...
Als würden die Sonnenstrahlen, die durch einen Vorhang aus Licht und Schatten...
... zwischen den Wolken auf den Ozean herabfallen, uns den Weg in die Tiefe des Ozeans weisen.

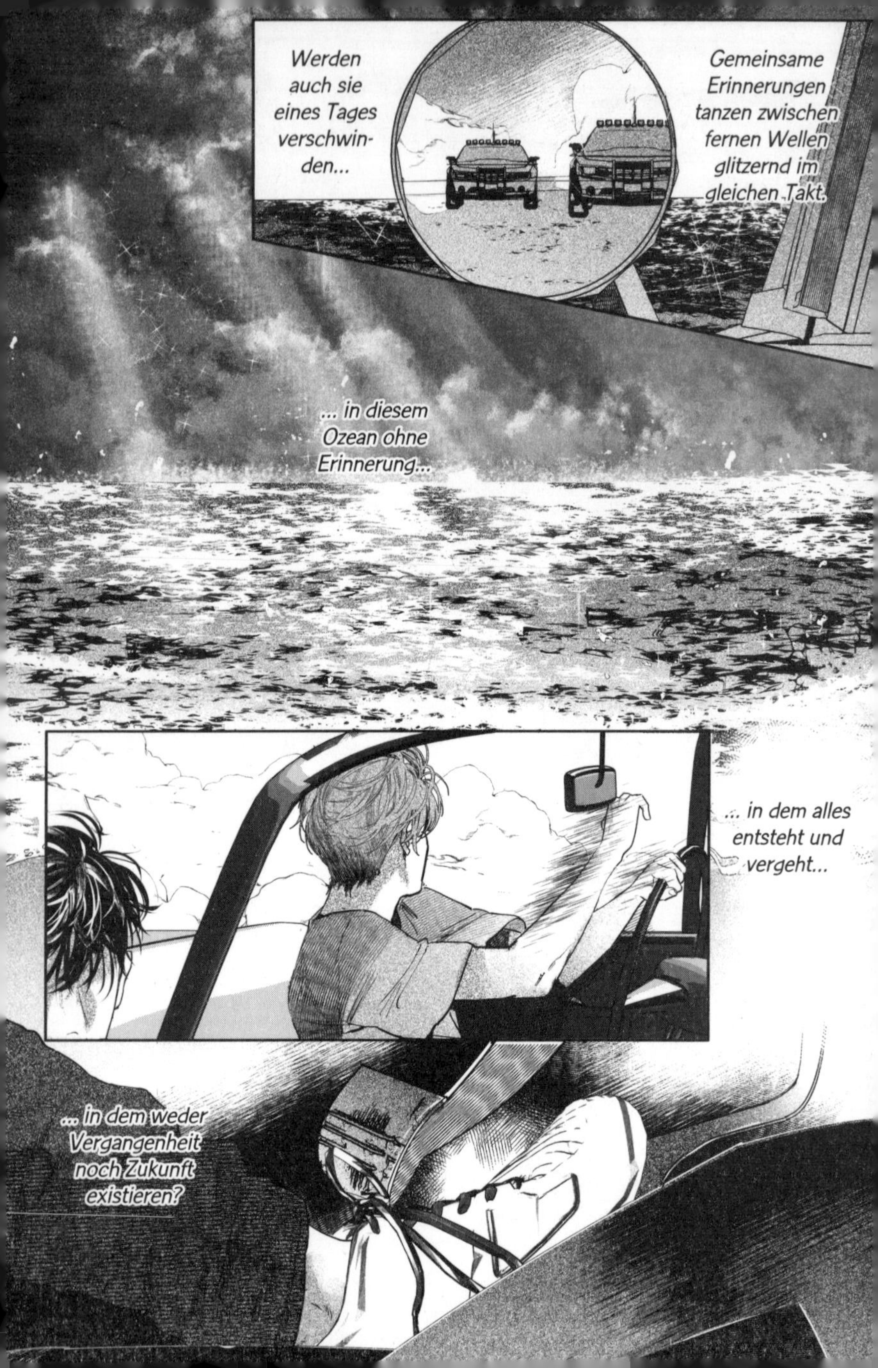
Gemeinsame Erinnerungen tanzen zwischen fernen Wellen glitzernd im gleichen Takt.
Werden auch sie eines Tages verschwinden...
... in diesem Ozean ohne Erinnerung...
... in dem alles entsteht und vergeht...
... in dem weder Vergangenheit noch Zukunft existieren?

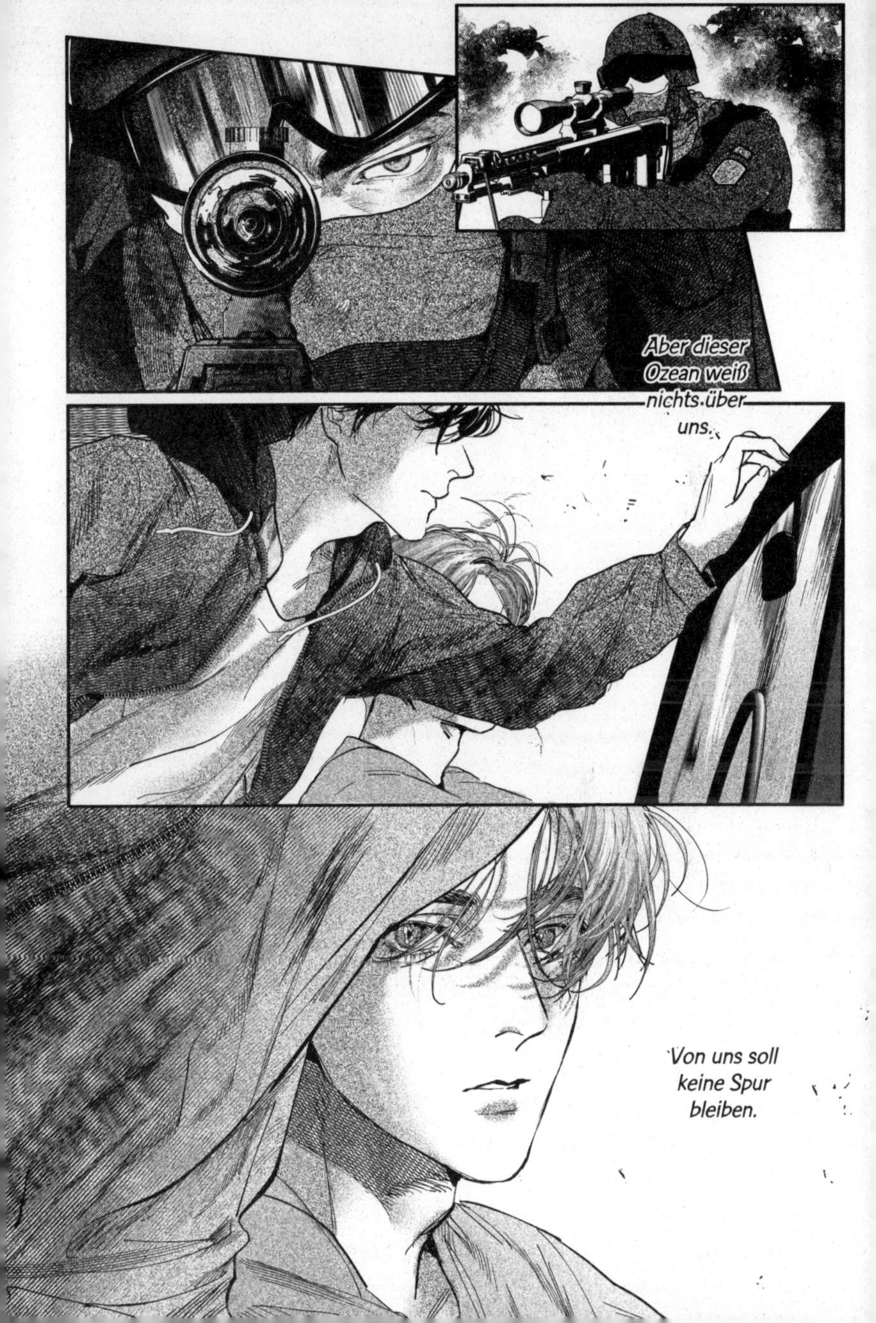
Aber dieser Ozean weiß nichts über uns.
Von uns soll keine Spur bleiben.

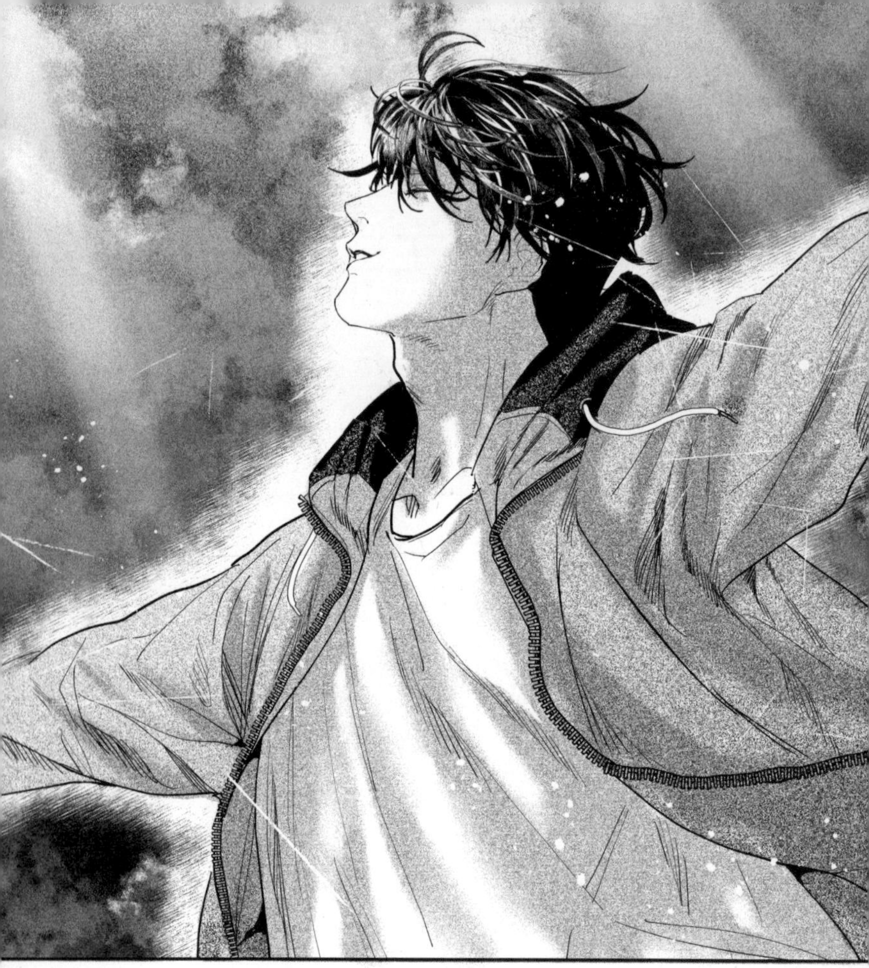

Dieser Ozean
ist die einzige
Welt, die wir
haben.

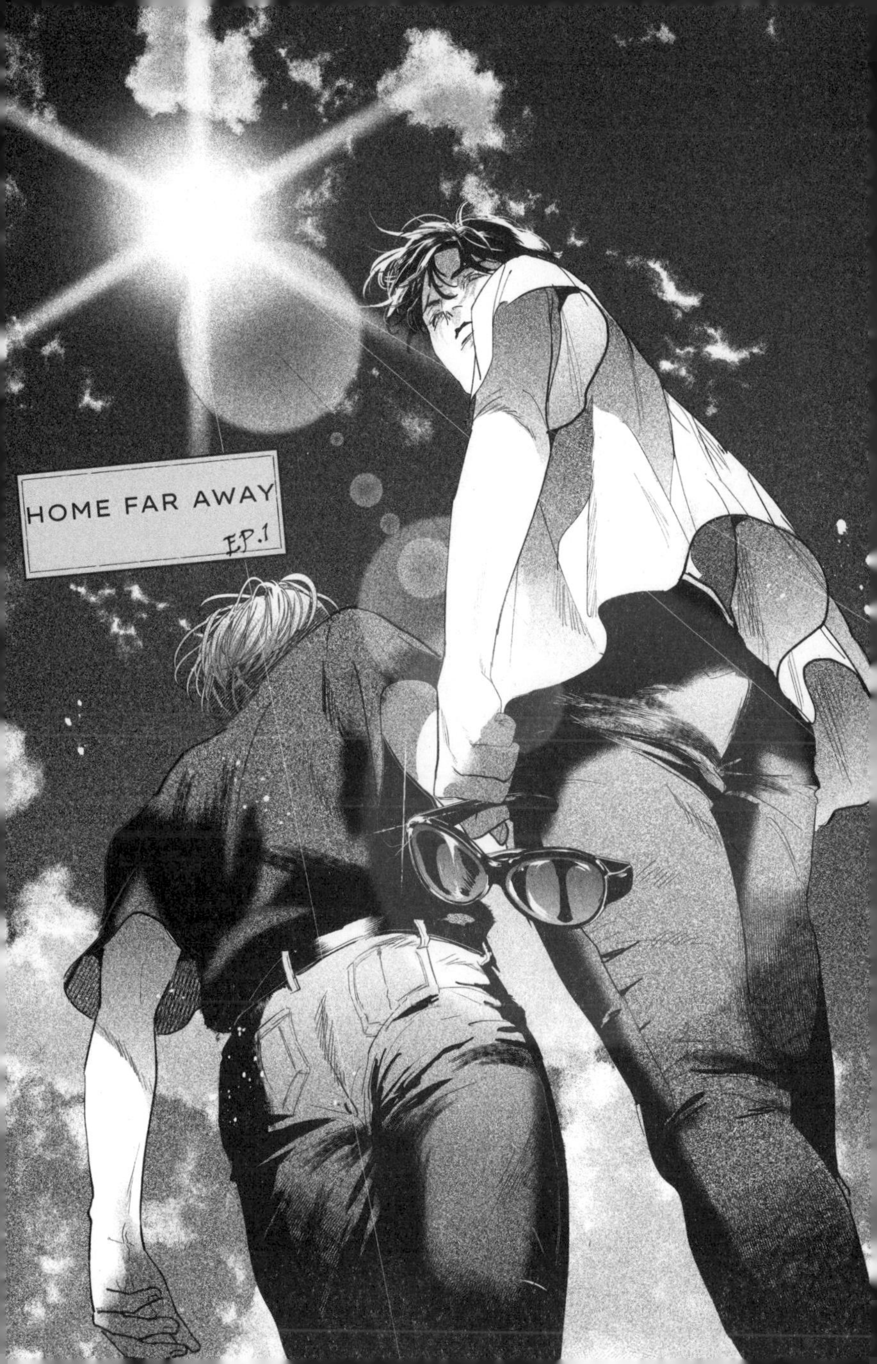
HOME FAR AWAY
EP.1

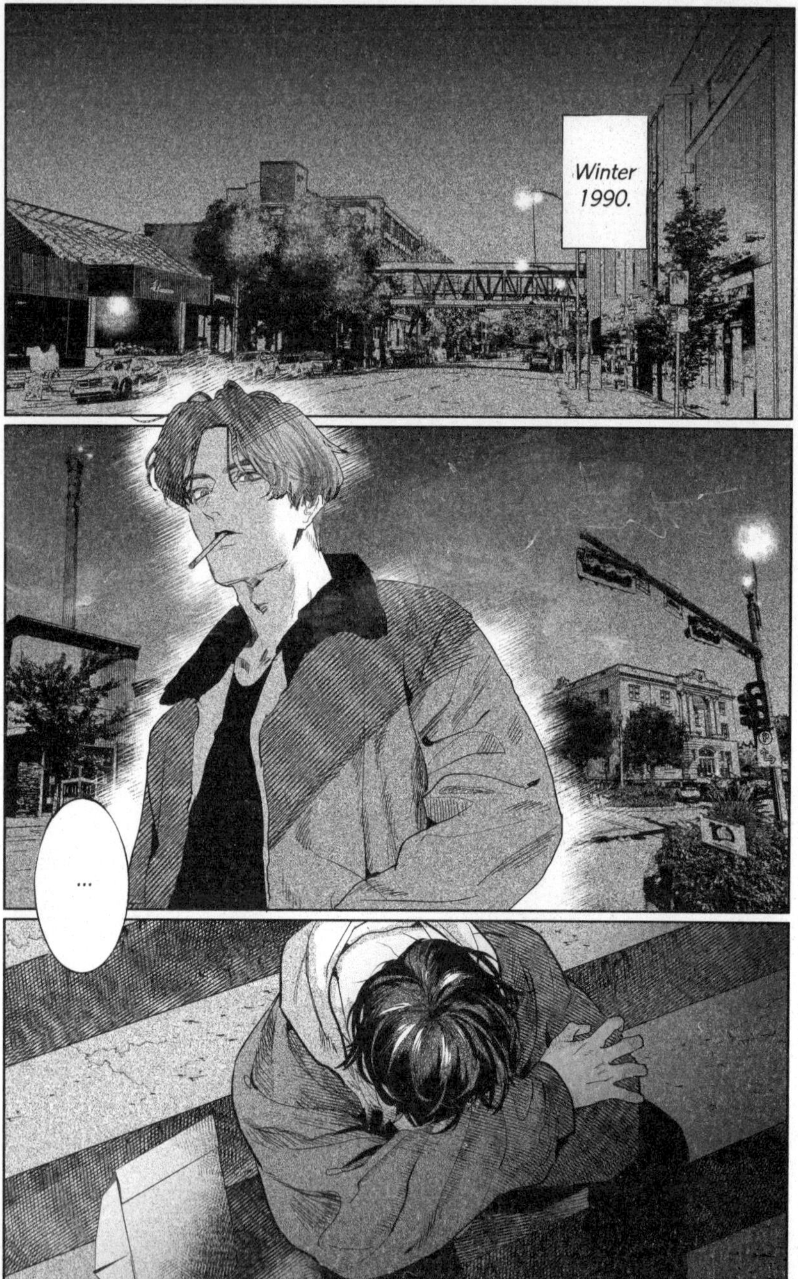
Winter
1990.
...

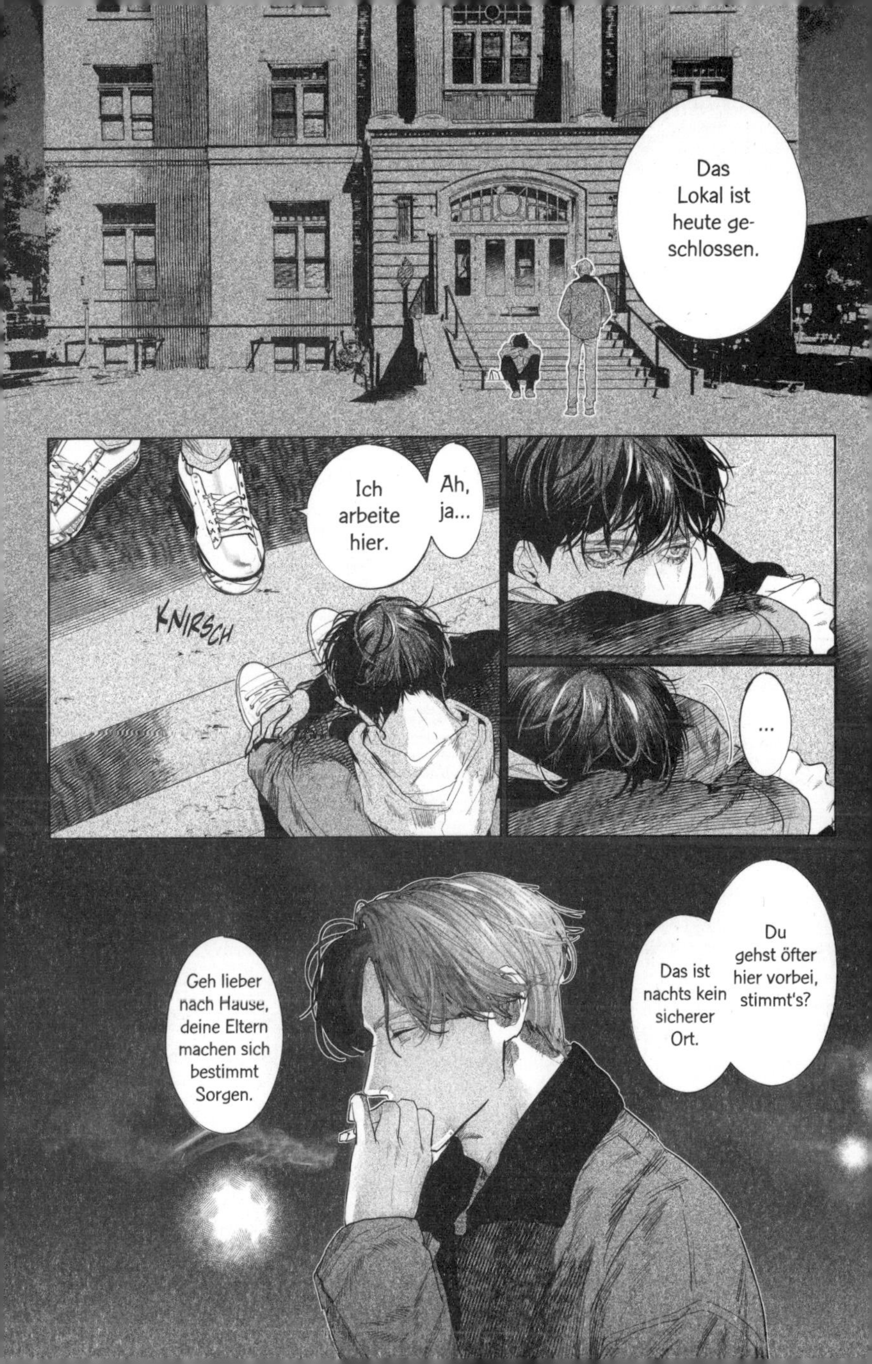

Das Lokal ist heute geschlossen.
...
Ah, ja...
Ich arbeite hier.
KNIRSCH
Du gehst öfter hier vorbei, stimmt's?
Das ist nachts kein sicherer Ort.
Geh lieber nach Hause, deine Eltern machen sich bestimmt Sorgen.

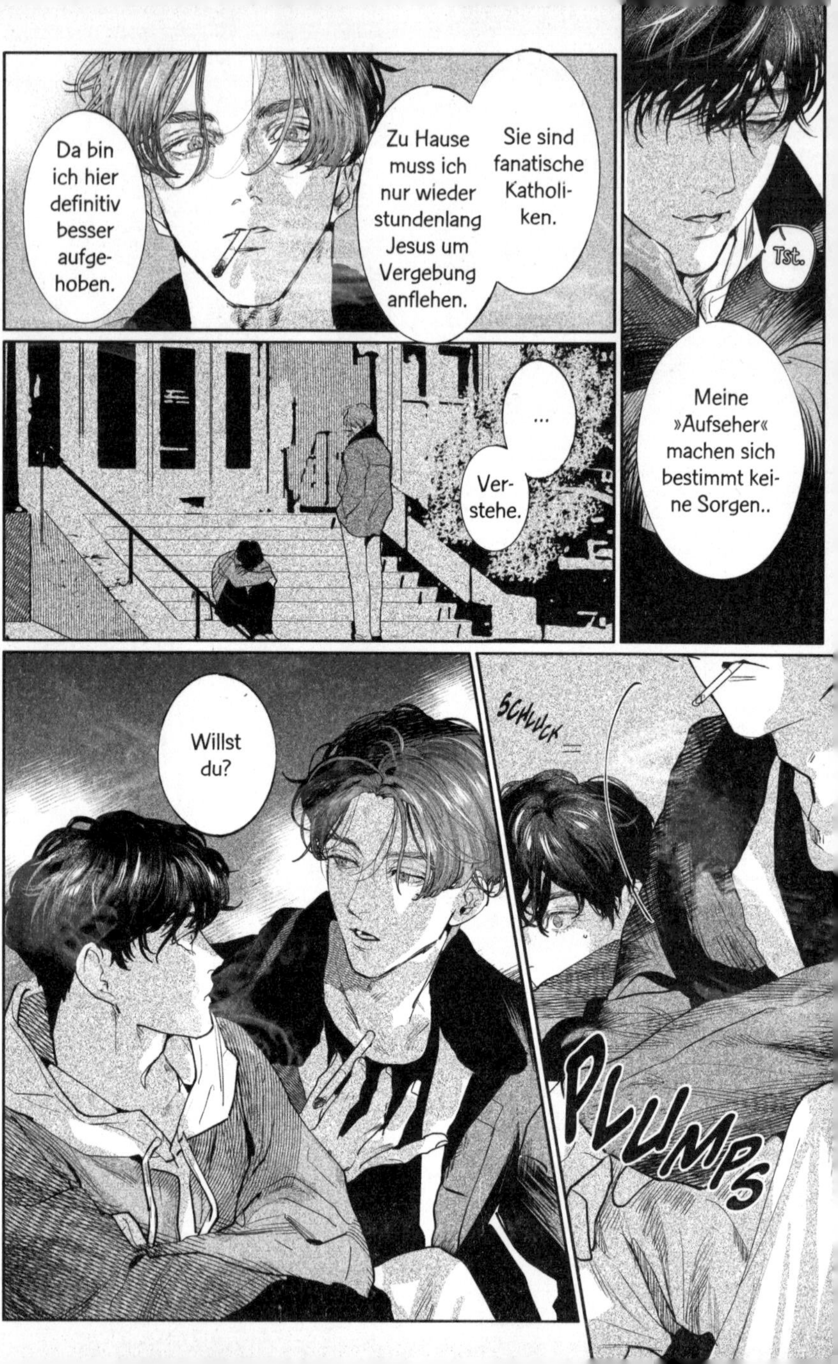
Tst.
Meine »Aufseher« machen sich bestimmt keine Sorgen..
Sie sind fanatische Katholiken.
Zu Hause muss ich nur wieder stundenlang Jesus um Vergebung anflehen.
Da bin ich hier definitiv besser aufgehoben.
...
Verstehe.
SCHLUCK
PLUMPS
Willst du?

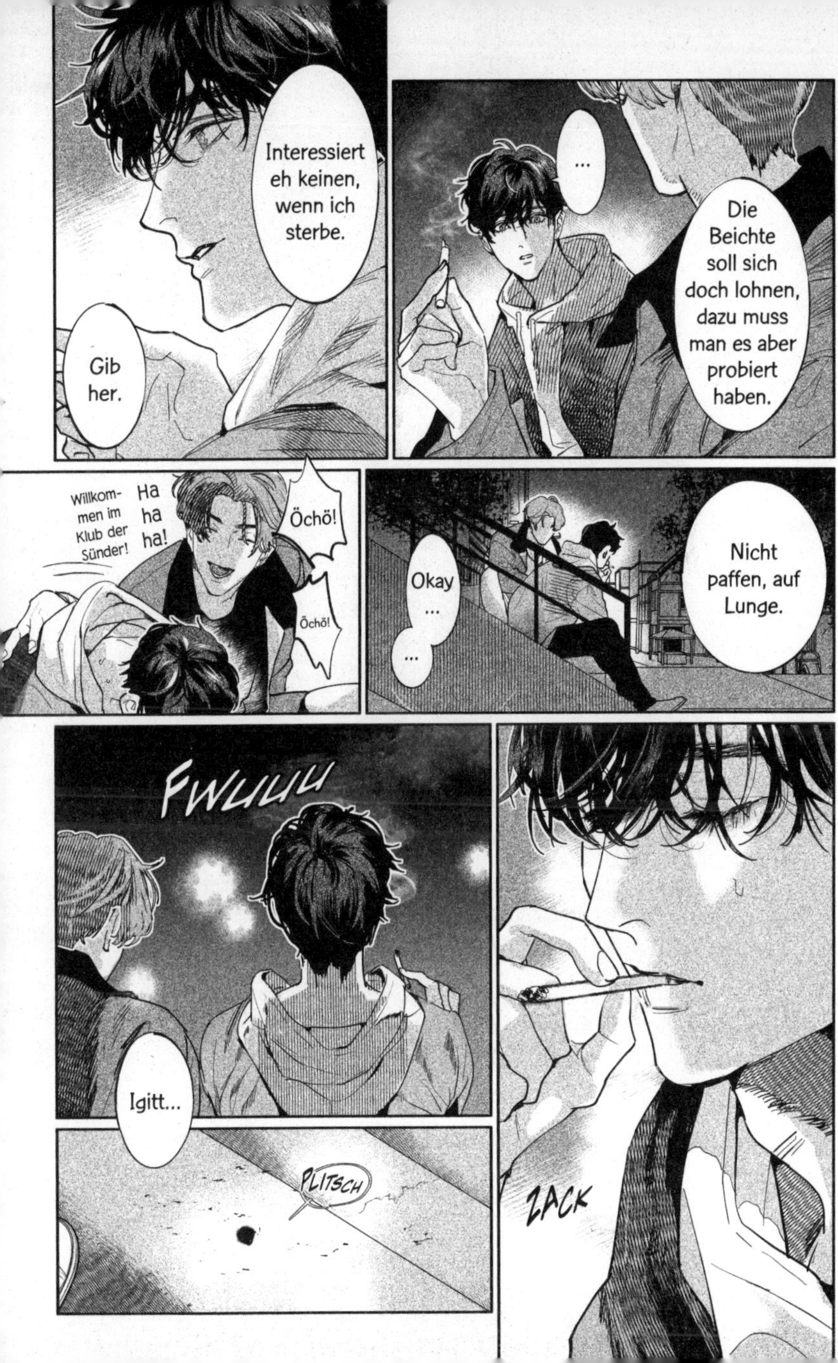
Interessiert eh keinen, wenn ich sterbe.
Gib her.
...
Die Beichte soll sich doch lohnen, dazu muss man es aber probiert haben.
Öchö!
Öchö!
Ha ha ha!
Willkommen im Klub der Sünder!
Nicht paffen, auf Lunge.
Okay ...
...
Fwuuu
Igitt...
Plitsch
Zack

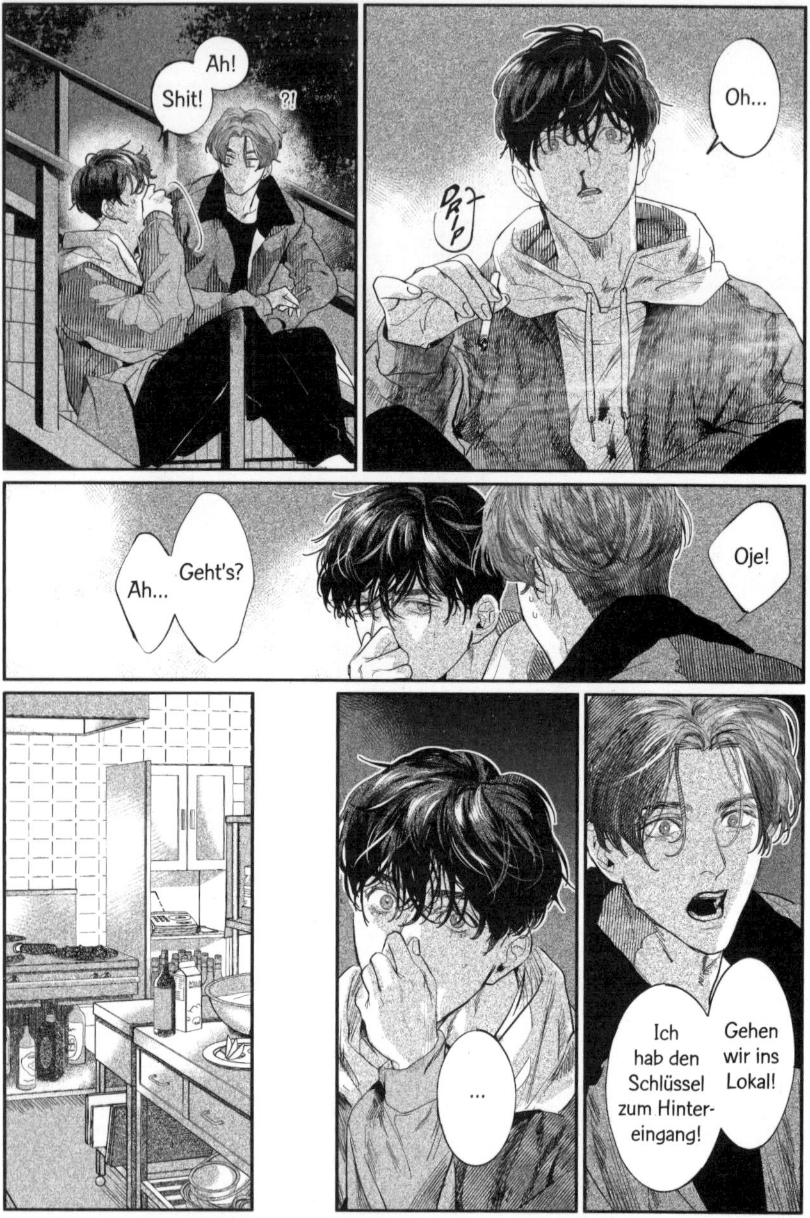
Oh...
DRIP
Ah!
Shit!
?!
Oje!
Geht's?
Ah...
Gehen wir ins Lokal!
Ich hab den Schlüssel zum Hinter-eingang!
...

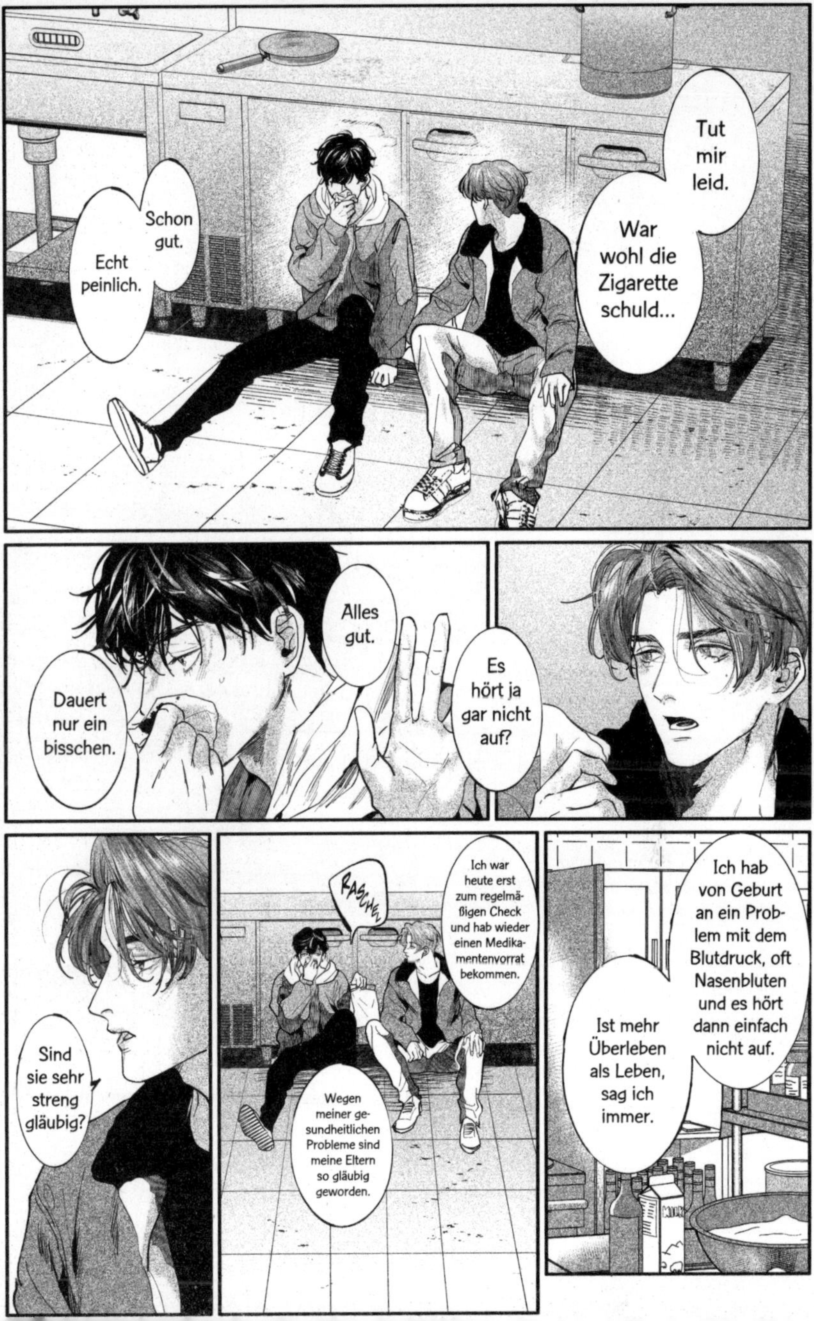
Tut mir leid.
War wohl die Zigarette schuld…
Schon gut.
Echt peinlich.
Es hört ja gar nicht auf?
Alles gut.
Dauert nur ein bisschen.
Ich hab von Geburt an ein Problem mit dem Blutdruck, oft Nasenbluten und es hört dann einfach nicht auf.
Ist mehr Überleben als Leben, sag ich immer.
RASCHEL
Ich war heute erst zum regelmäßigen Check und hab wieder einen Medikamentenvorrat bekommen.
Wegen meiner gesundheitlichen Probleme sind meine Eltern so gläubig geworden.
Sind sie sehr streng gläubig?

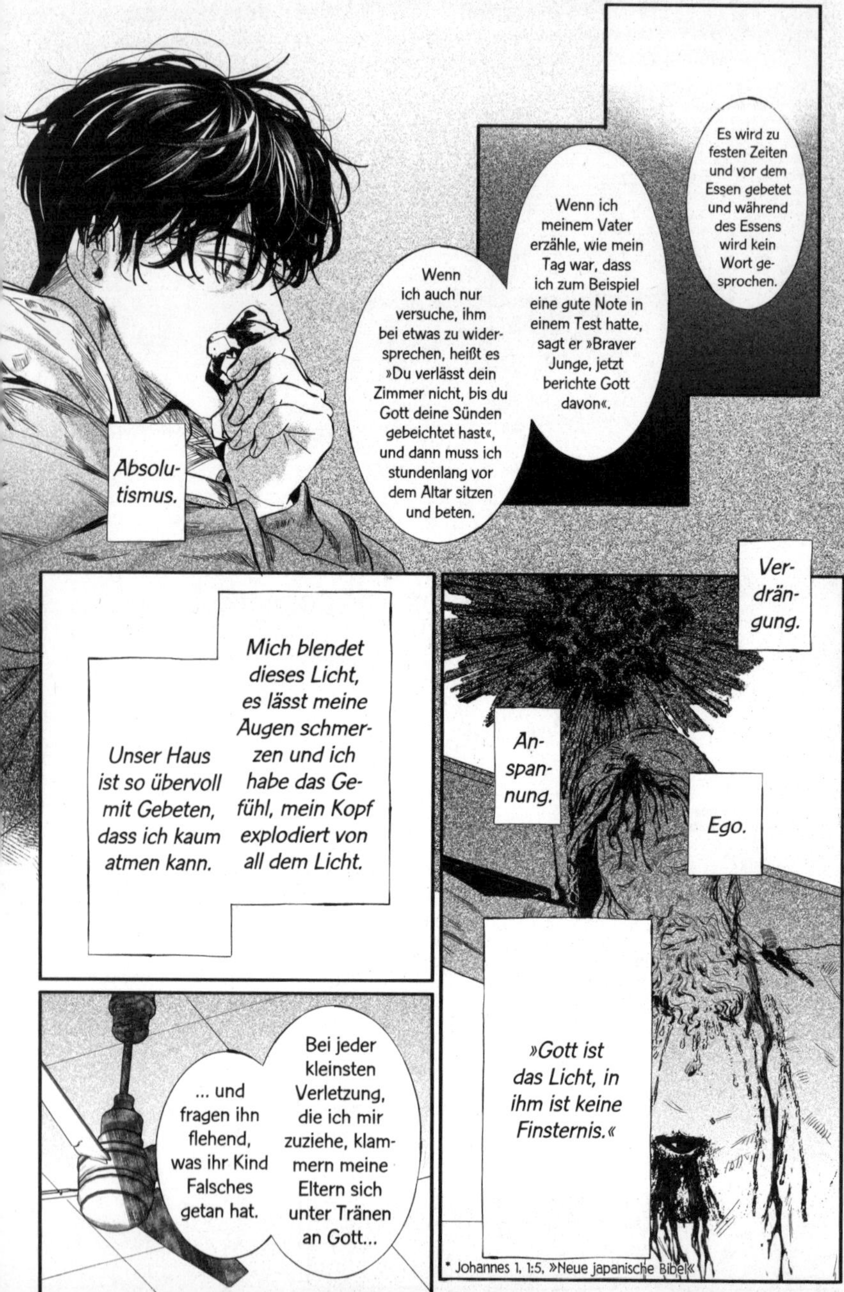
Es wird zu festen Zeiten und vor dem Essen gebetet und während des Essens wird kein Wort gesprochen.
Wenn ich meinem Vater erzähle, wie mein Tag war, dass ich zum Beispiel eine gute Note in einem Test hatte, sagt er »Braver Junge, jetzt berichte Gott davon«.
Wenn ich auch nur versuche, ihm bei etwas zu widersprechen, heißt es »Du verlässt dein Zimmer nicht, bis du Gott deine Sünden gebeichtet hast«, und dann muss ich stundenlang vor dem Altar sitzen und beten.
Absolutismus.
Verdrängung.
Anspannung.
Ego.
Mich blendet dieses Licht, es lässt meine Augen schmerzen und ich habe das Gefühl, mein Kopf explodiert von all dem Licht.
Unser Haus ist so übervoll mit Gebeten, dass ich kaum atmen kann.
»Gott ist das Licht, in ihm ist keine Finsternis.«
Bei jeder kleinsten Verletzung, die ich mir zuziehe, klammern meine Eltern sich unter Tränen an Gott...
... und fragen ihn flehend, was ihr Kind Falsches getan hat.
* Johannes 1, 1:5, »Neue japanische Bibel«

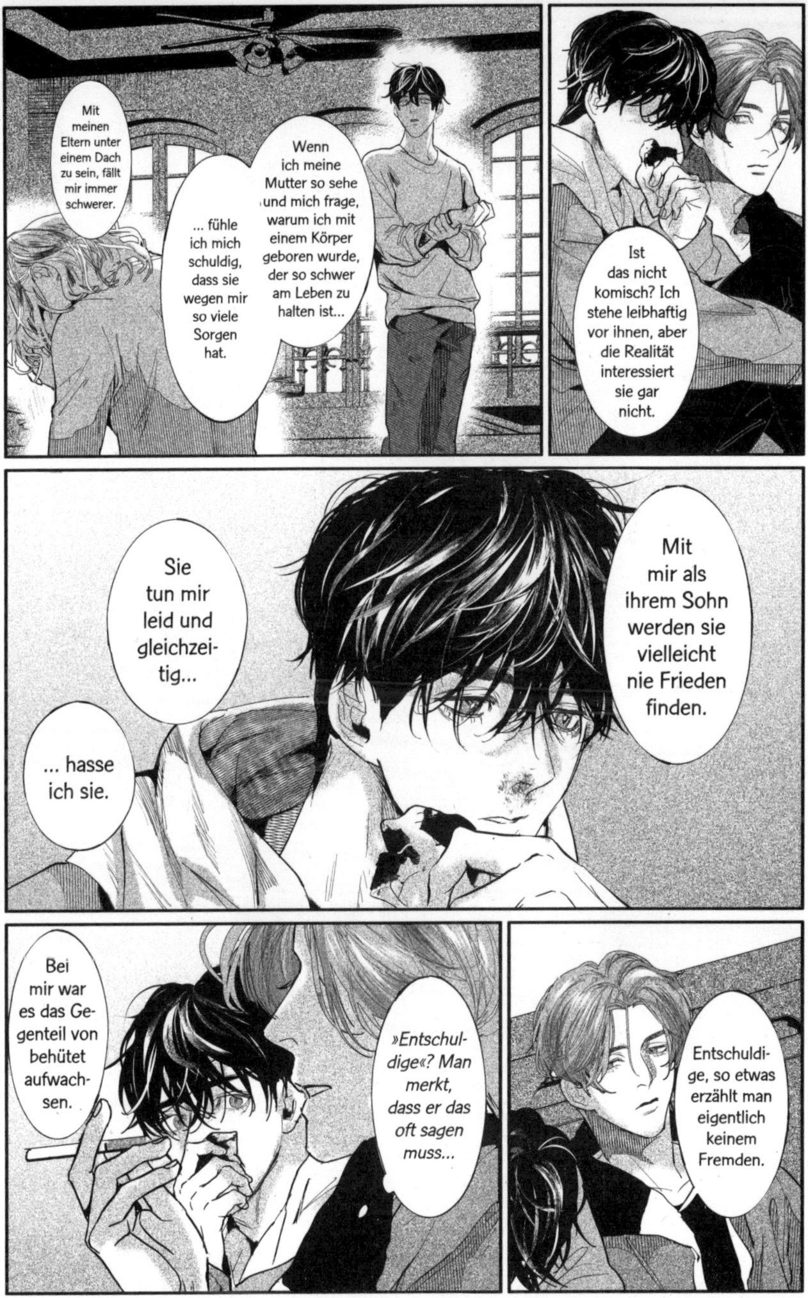
Ist das nicht komisch? Ich stehe leibhaftig vor ihnen, aber die Realität interessiert sie gar nicht.
Wenn ich meine Mutter so sehe und mich frage, warum ich mit einem Körper geboren wurde, der so schwer am Leben zu halten ist...
... fühle ich mich schuldig, dass sie wegen mir so viele Sorgen hat.
Mit meinen Eltern unter einem Dach zu sein, fällt mir immer schwerer.
Mit mir als ihrem Sohn werden sie vielleicht nie Frieden finden.
Sie tun mir leid und gleichzeitig...
... hasse ich sie.
Entschuldige, so etwas erzählt man eigentlich keinem Fremden.
»Entschuldige«? Man merkt, dass er das oft sagen muss...
Bei mir war es das Gegenteil von behütet aufwachsen.

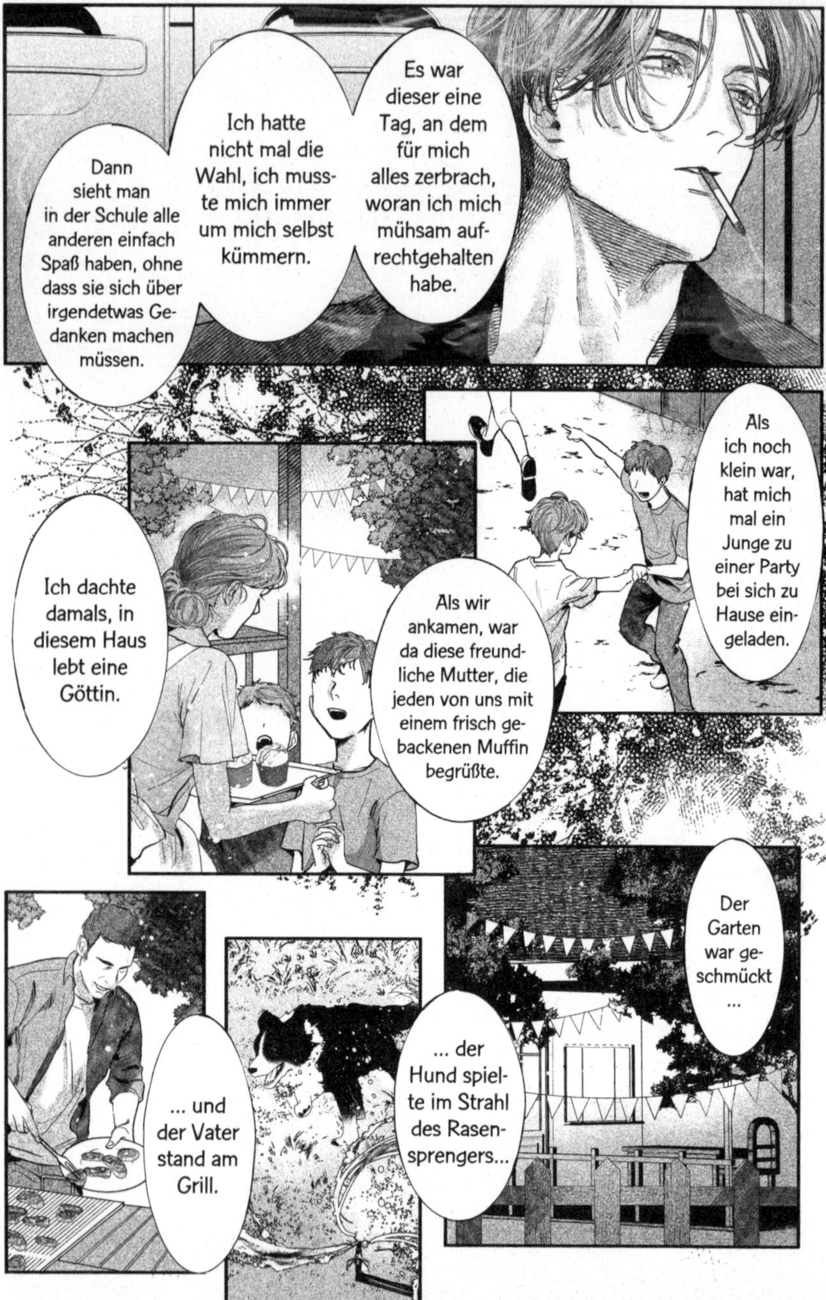
Es war dieser eine Tag, an dem für mich alles zerbrach, woran ich mich mühsam aufrechtgehalten habe.
Ich hatte nicht mal die Wahl, ich musste mich immer um mich selbst kümmern.
Dann sieht man in der Schule alle anderen einfach Spaß haben, ohne dass sie sich über irgendetwas Gedanken machen müssen.
Als ich noch klein war, hat mich mal ein Junge zu einer Party bei sich zu Hause eingeladen.
Als wir ankamen, war da diese freundliche Mutter, die jeden von uns mit einem frisch gebackenen Muffin begrüßte.
Ich dachte damals, in diesem Haus lebt eine Göttin.
Der Garten war geschmückt ...
... der Hund spielte im Strahl des Rasensprengers...
... und der Vater stand am Grill.

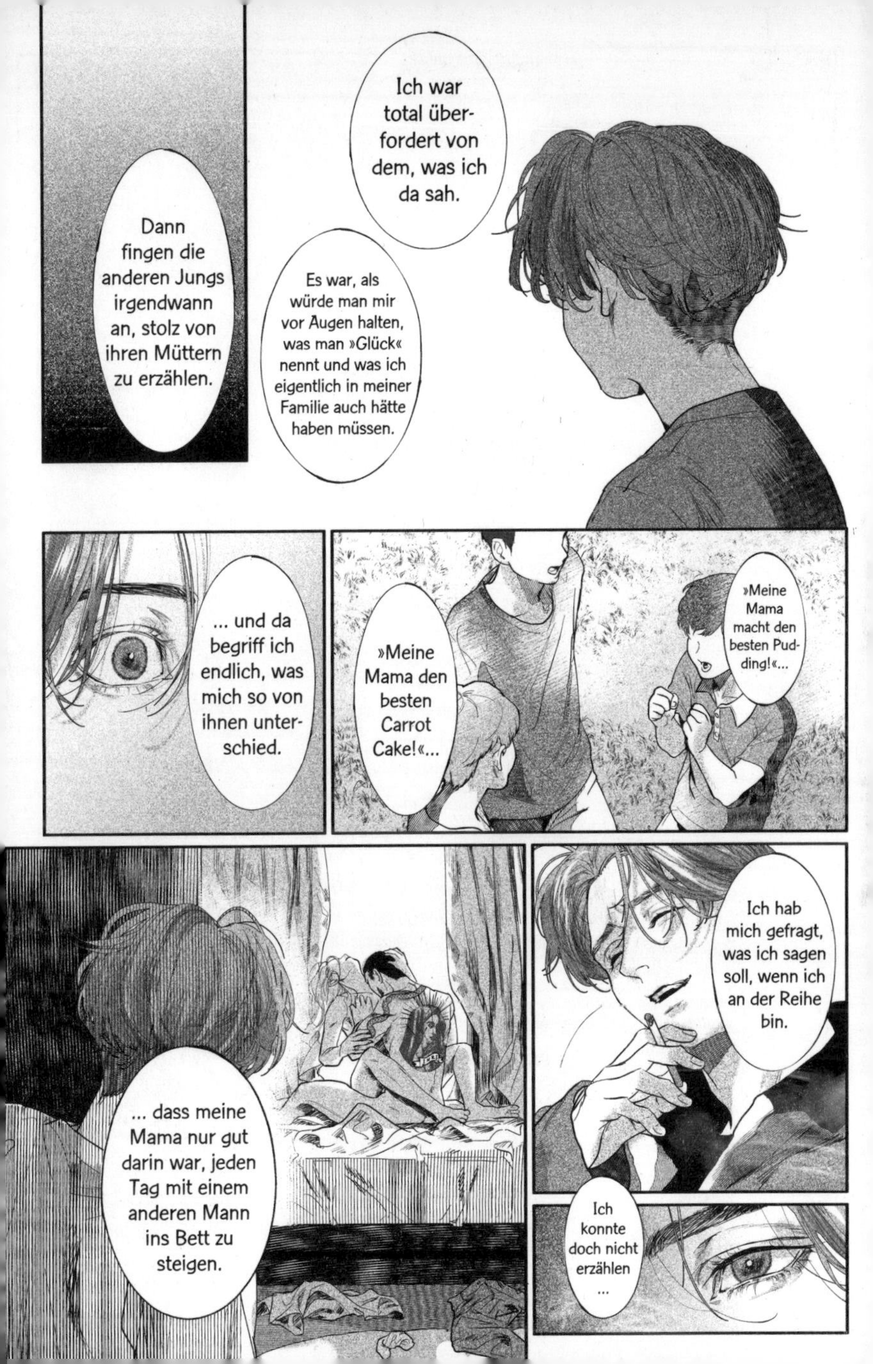
Ich war total überfordert von dem, was ich da sah.
Dann fingen die anderen Jungs irgendwann an, stolz von ihren Müttern zu erzählen.
Es war, als würde man mir vor Augen halten, was man »Glück« nennt und was ich eigentlich in meiner Familie auch hätte haben müssen.
»Meine Mama macht den besten Pudding!«...
»Meine Mama den besten Carrot Cake!«...
... und da begriff ich endlich, was mich so von ihnen unterschied.
Ich hab mich gefragt, was ich sagen soll, wenn ich an der Reihe bin.
... dass meine Mama nur gut darin war, jeden Tag mit einem anderen Mann ins Bett zu steigen.
Ich konnte doch nicht erzählen ...

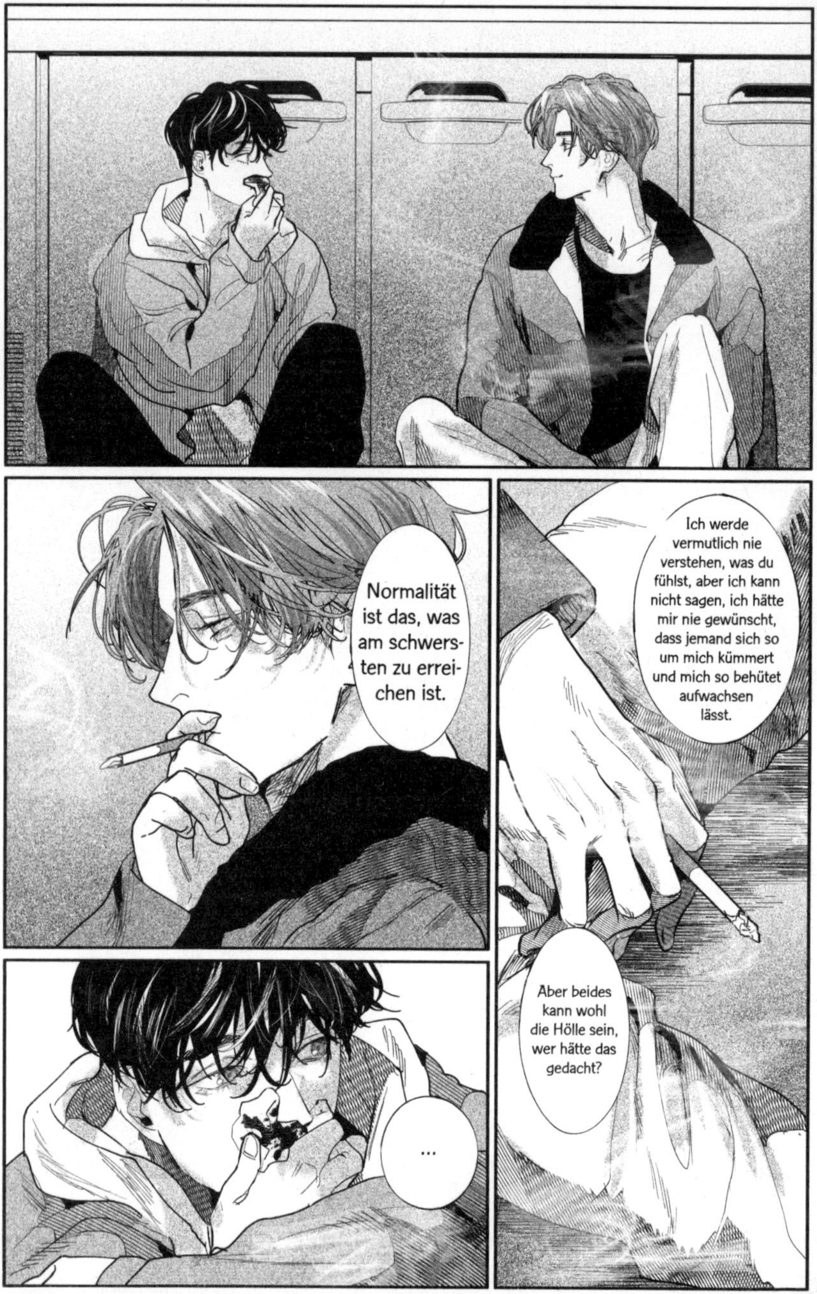
Ich werde vermutlich nie verstehen, was du fühlst, aber ich kann nicht sagen, ich hätte mir nie gewünscht, dass jemand sich so um mich kümmert und mich so behütet aufwachsen lässt.
Aber beides kann wohl die Hölle sein, wer hätte das gedacht?
Normalität ist das, was am schwersten zu erreichen ist.
...

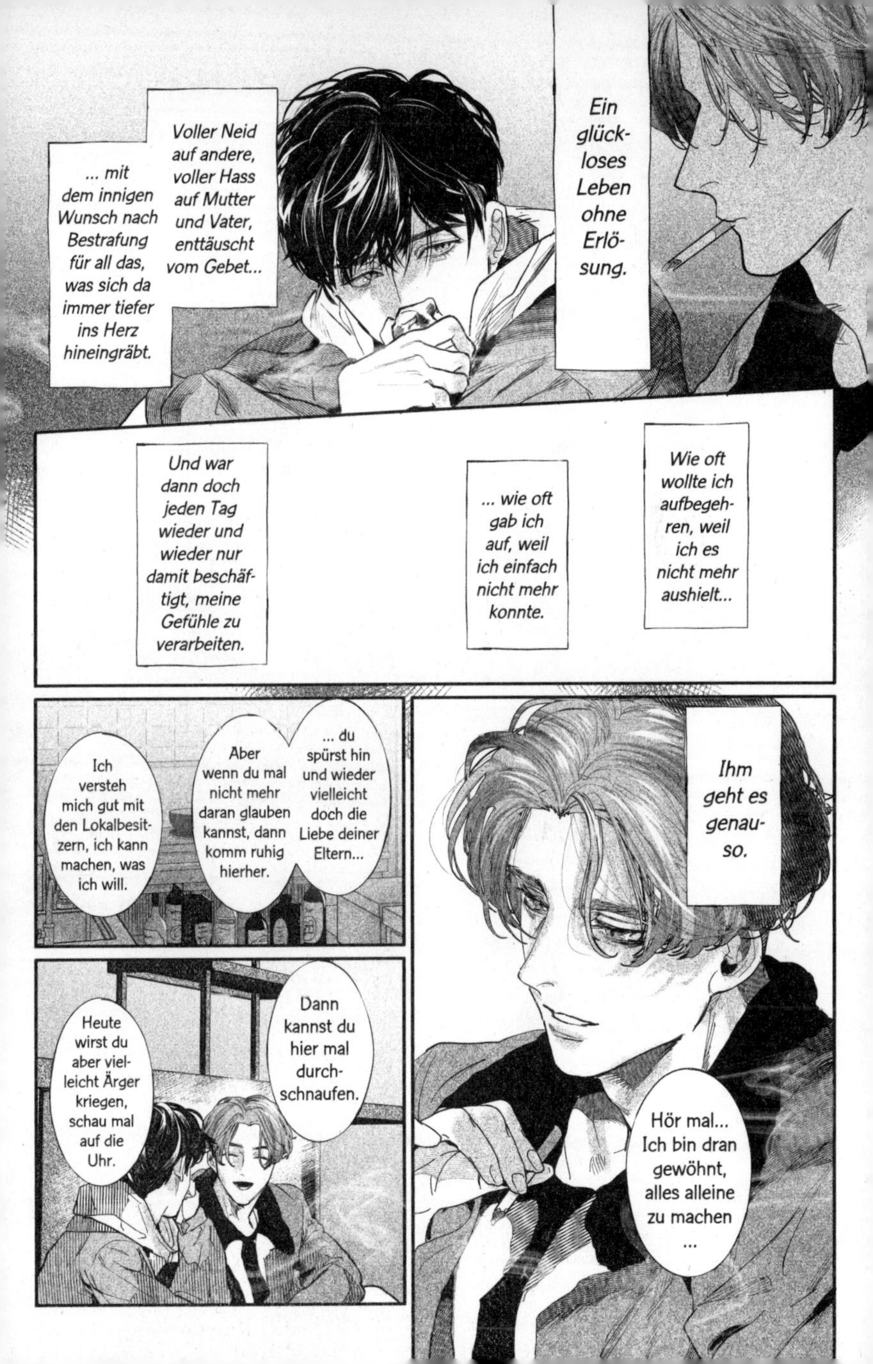
Ein glückloses Leben ohne Erlösung.
Voller Neid auf andere, voller Hass auf Mutter und Vater, enttäuscht vom Gebet...
... mit dem innigen Wunsch nach Bestrafung für all das, was sich da immer tiefer ins Herz hineingräbt.
Wie oft wollte ich aufbegehren, weil ich es nicht mehr aushielt...
... wie oft gab ich auf, weil ich einfach nicht mehr konnte.
Und war dann doch jeden Tag wieder und wieder nur damit beschäftigt, meine Gefühle zu verarbeiten.
Ihm geht es genauso.
Hör mal... Ich bin dran gewöhnt, alles alleine zu machen ...
... du spürst hin und wieder vielleicht doch die Liebe deiner Eltern...
Aber wenn du mal nicht mehr daran glauben kannst, dann komm ruhig hierher.
Ich versteh mich gut mit den Lokalbesitzern, ich kann machen, was ich will.
Dann kannst du hier mal durchschnaufen.
Heute wirst du aber vielleicht Ärger kriegen, schau mal auf die Uhr.

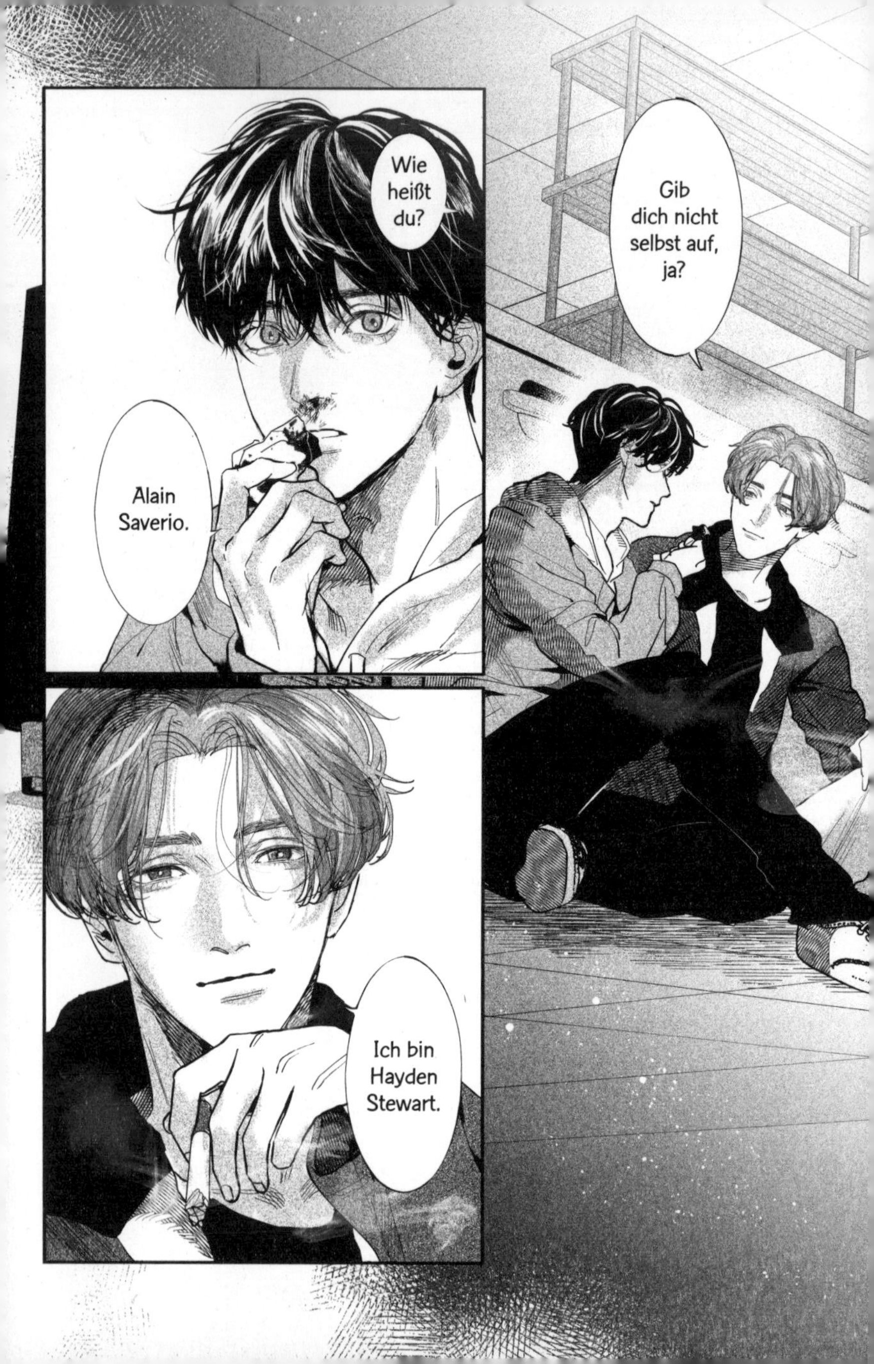

Gib dich nicht selbst auf, ja?
Wie heißt du?
Alain Saverio.
Ich bin Hayden Stewart.

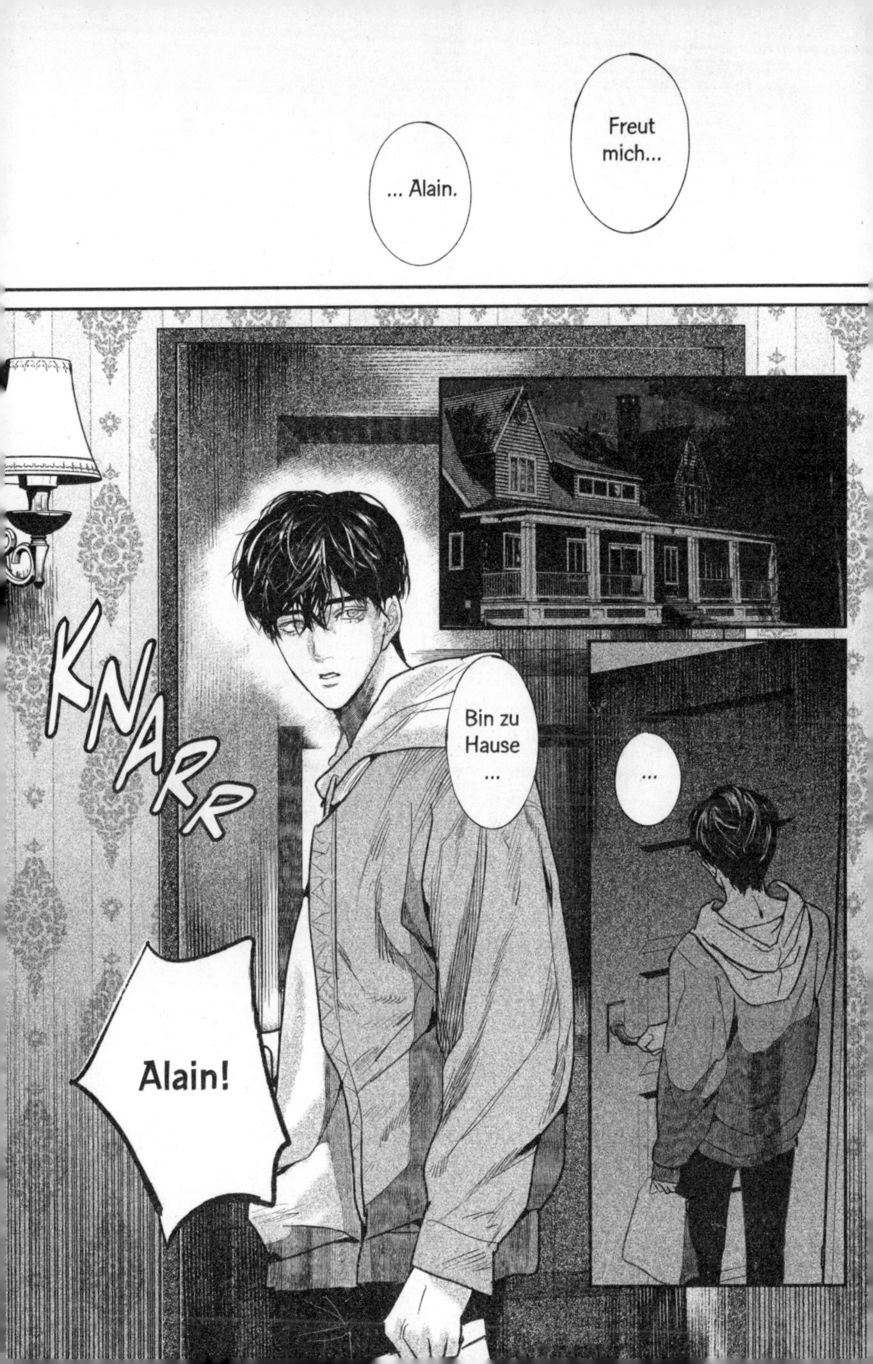
Freut mich...
... Alain.
...
Bin zu Hause ...
KNARR
Alain!

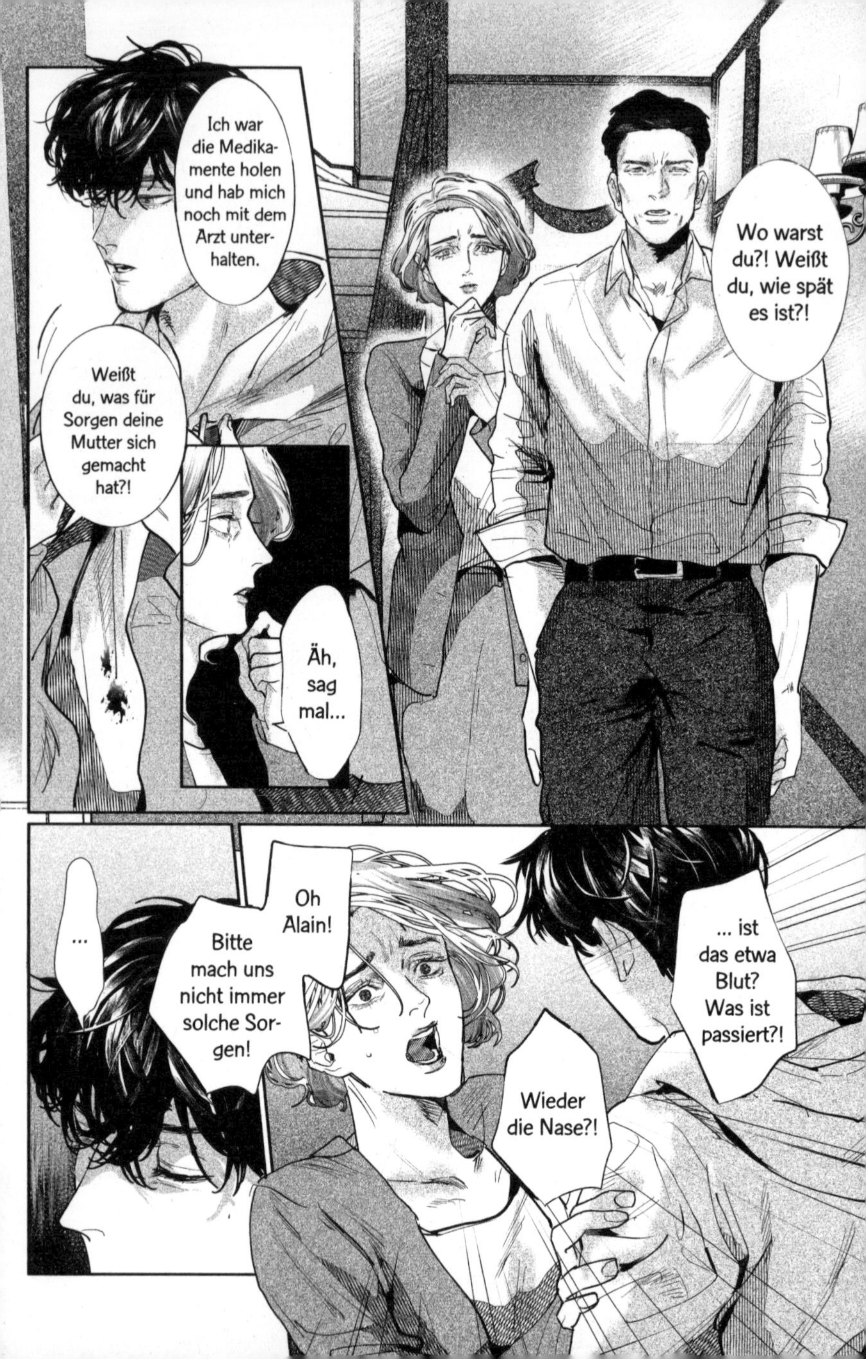
Wo warst du?! Weißt du, wie spät es ist?!
Weißt du, was für Sorgen deine Mutter sich gemacht hat?!
Ich war die Medikamente holen und hab mich noch mit dem Arzt unterhalten.
Äh, sag mal...
... ist das etwa Blut? Was ist passiert?!
Wieder die Nase?!
Oh Alain!
Bitte mach uns nicht immer solche Sorgen!
...

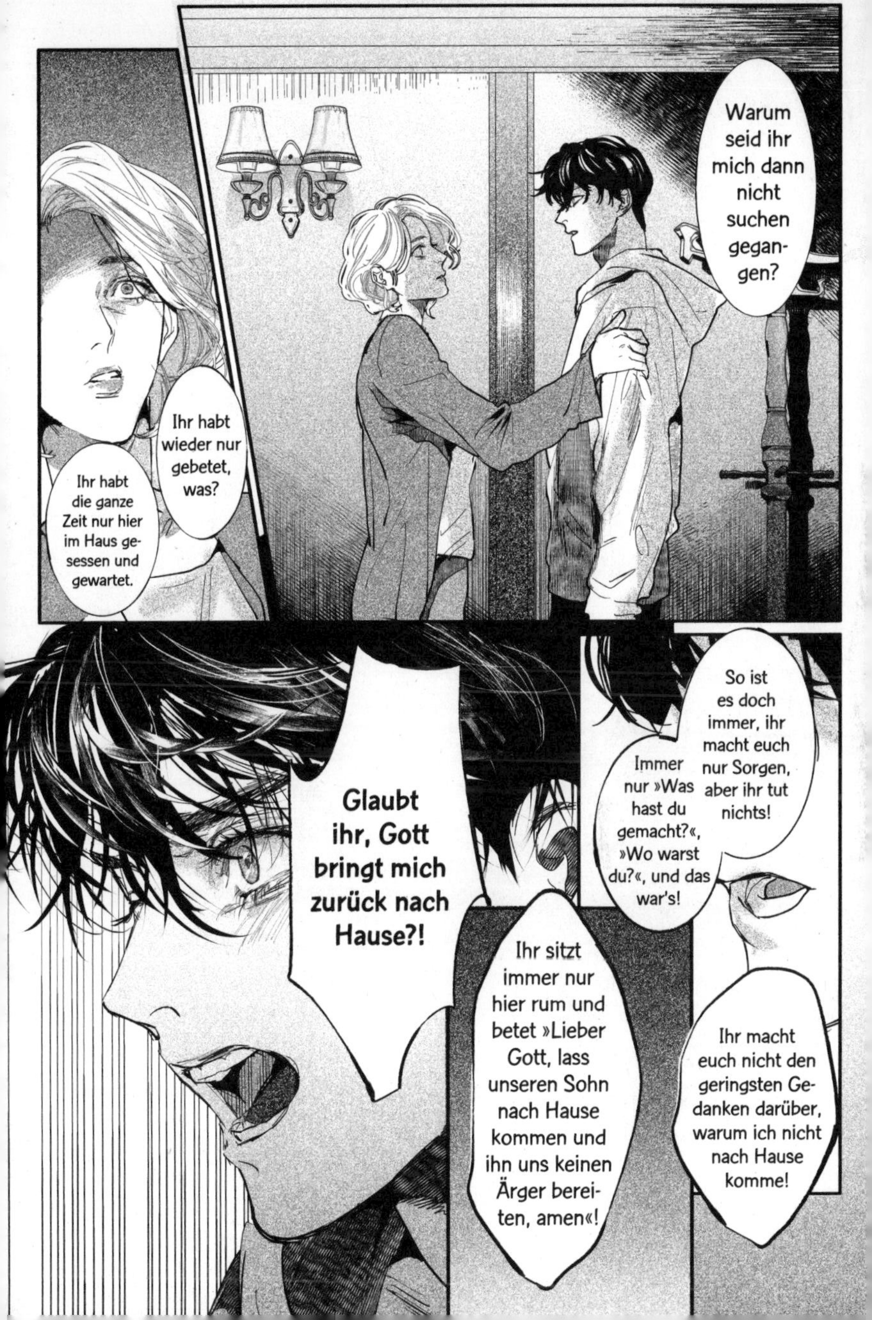
Warum seid ihr mich dann nicht suchen gegangen?
Ihr habt wieder nur gebetet, was?
Ihr habt die ganze Zeit nur hier im Haus gesessen und gewartet.
So ist es doch immer, ihr macht euch nur Sorgen, aber ihr tut nichts!
Immer nur »Was hast du gemacht?«, »Wo warst du?«, und das war's!
Ihr macht euch nicht den geringsten Gedanken darüber, warum ich nicht nach Hause komme!
Ihr sitzt immer nur hier rum und betet »Lieber Gott, lass unseren Sohn nach Hause kommen und ihn uns keinen Ärger bereiten, amen«!
Glaubt ihr, Gott bringt mich zurück nach Hause?!

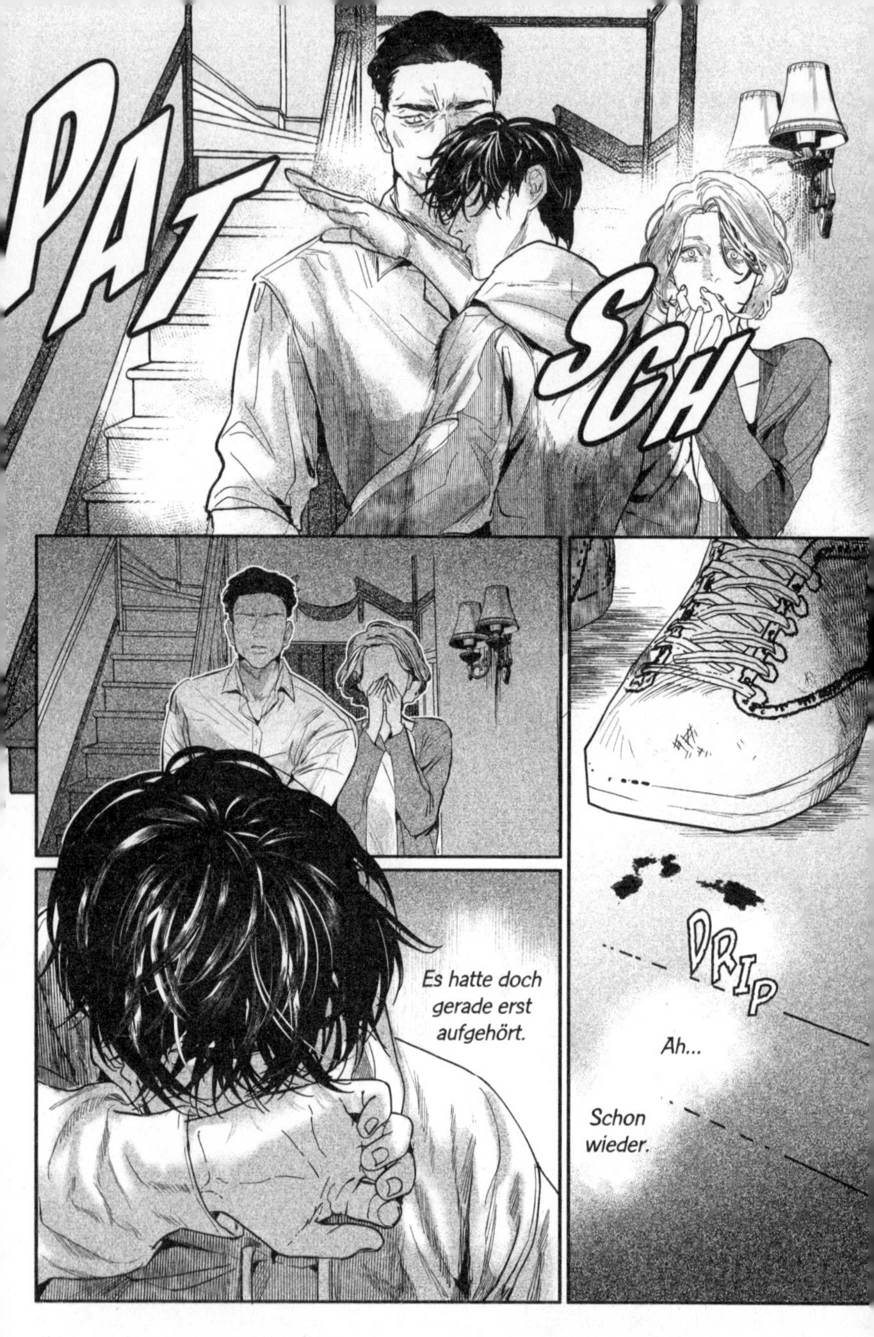
PATSCH
DRIP
Äh...
Schon wieder.
Es hatte doch gerade erst aufgehört.

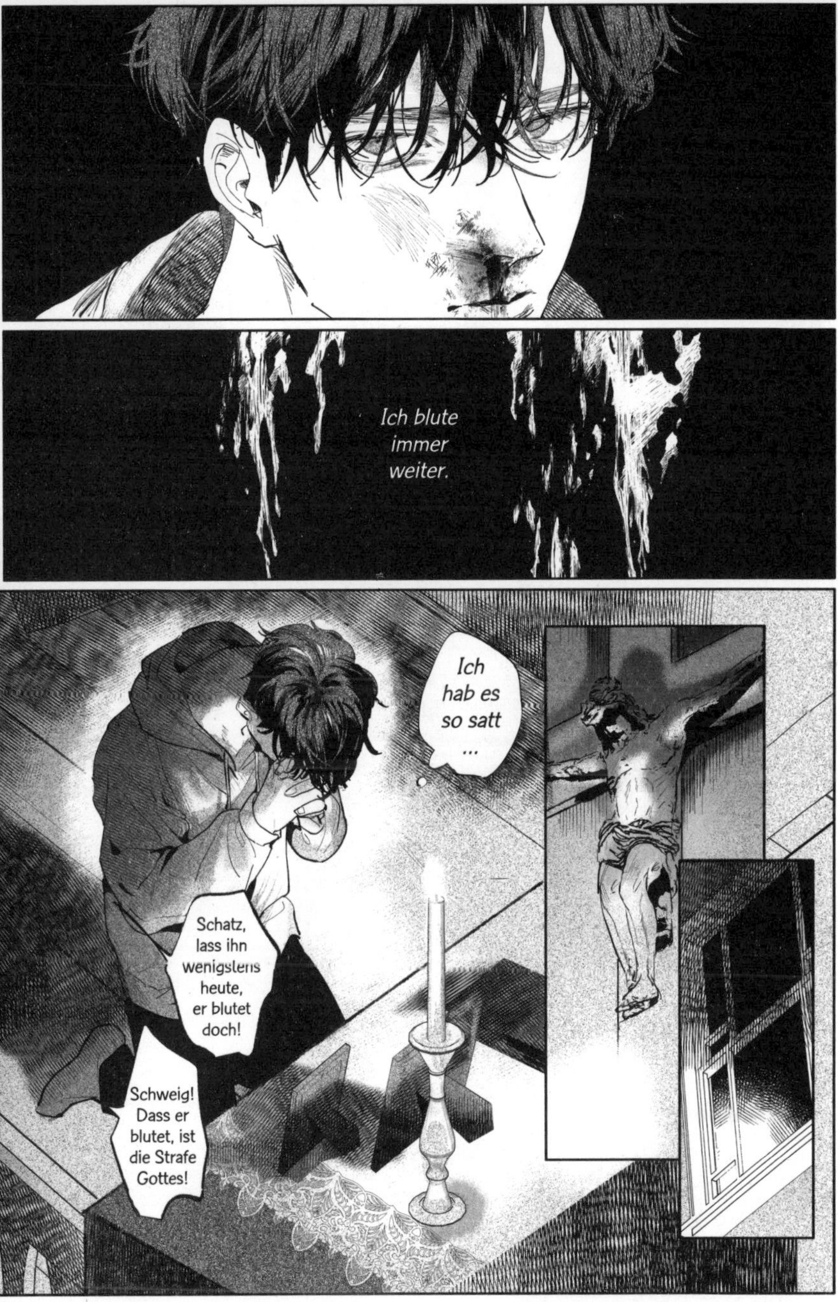
Ich blute immer weiter.
Ich hab es so satt ...
Schatz, lass ihn wenigstens heute, er blutet doch!
Schweig! Dass er blutet, ist die Strafe Gottes!

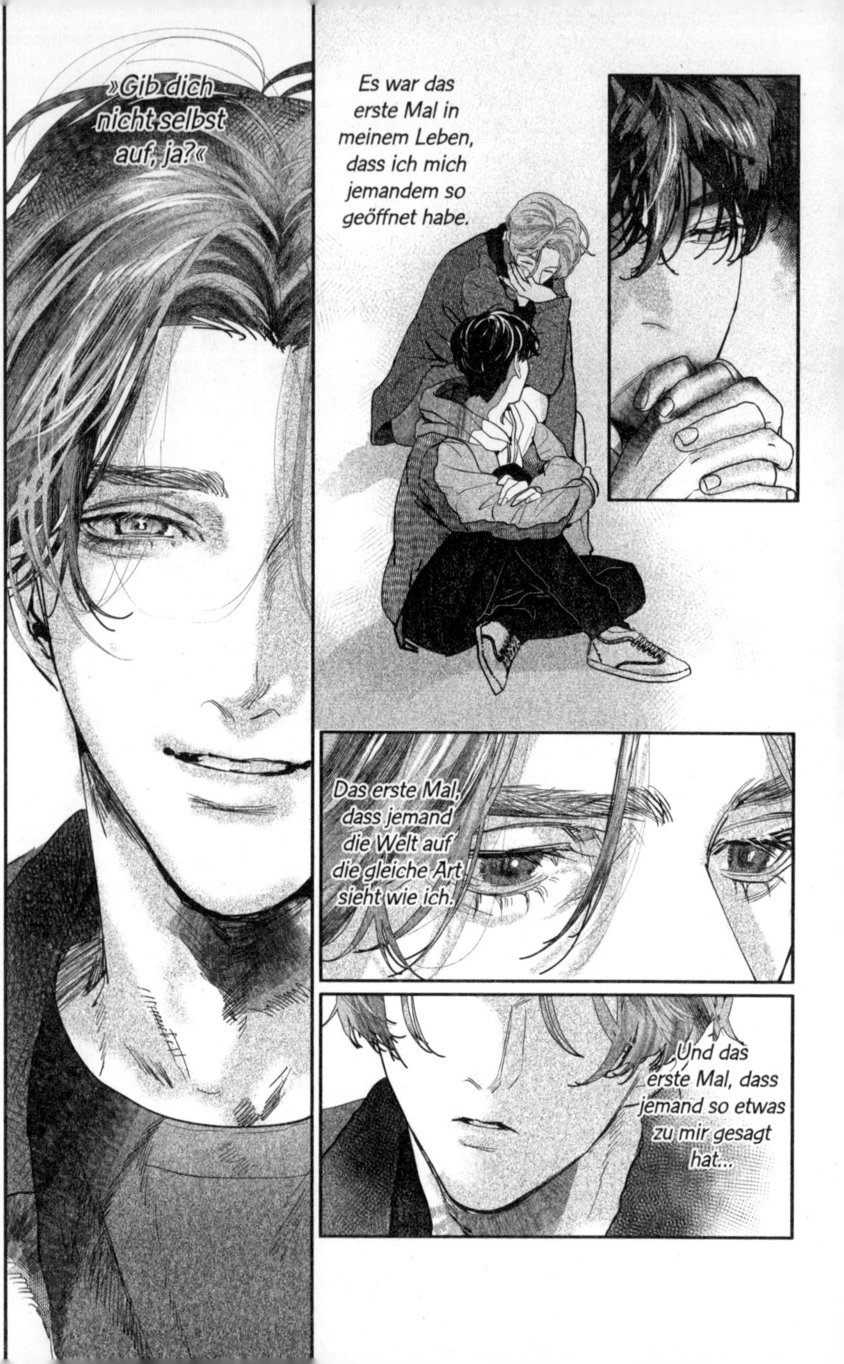
Es war das erste Mal in meinem Leben, dass ich mich jemandem so geöffnet habe.
»Gib dich nicht selbst auf, ja?«
Das erste Mal, dass jemand die Welt auf die gleiche Art sieht wie ich.
Und das erste Mal, dass jemand so etwas zu mir gesagt hat…

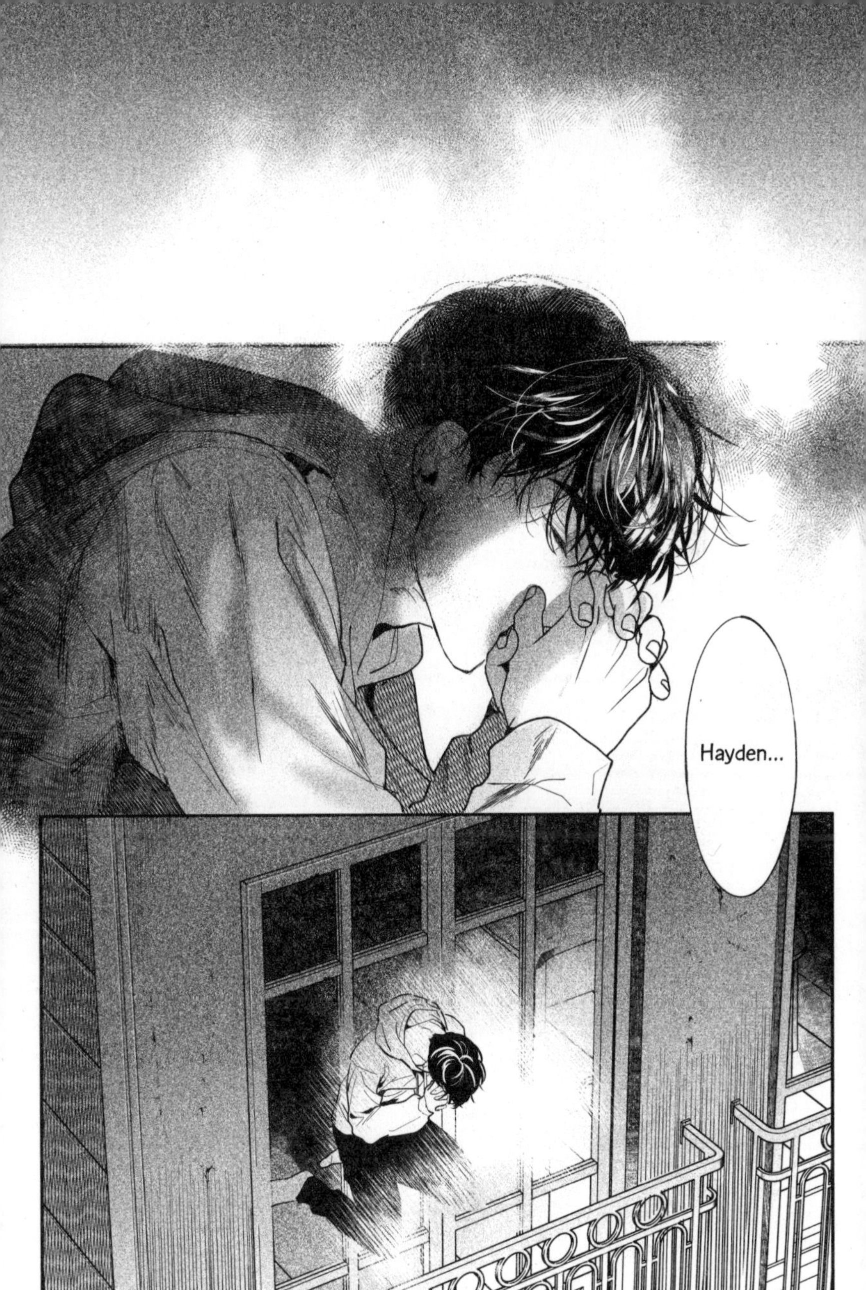
Hayden...

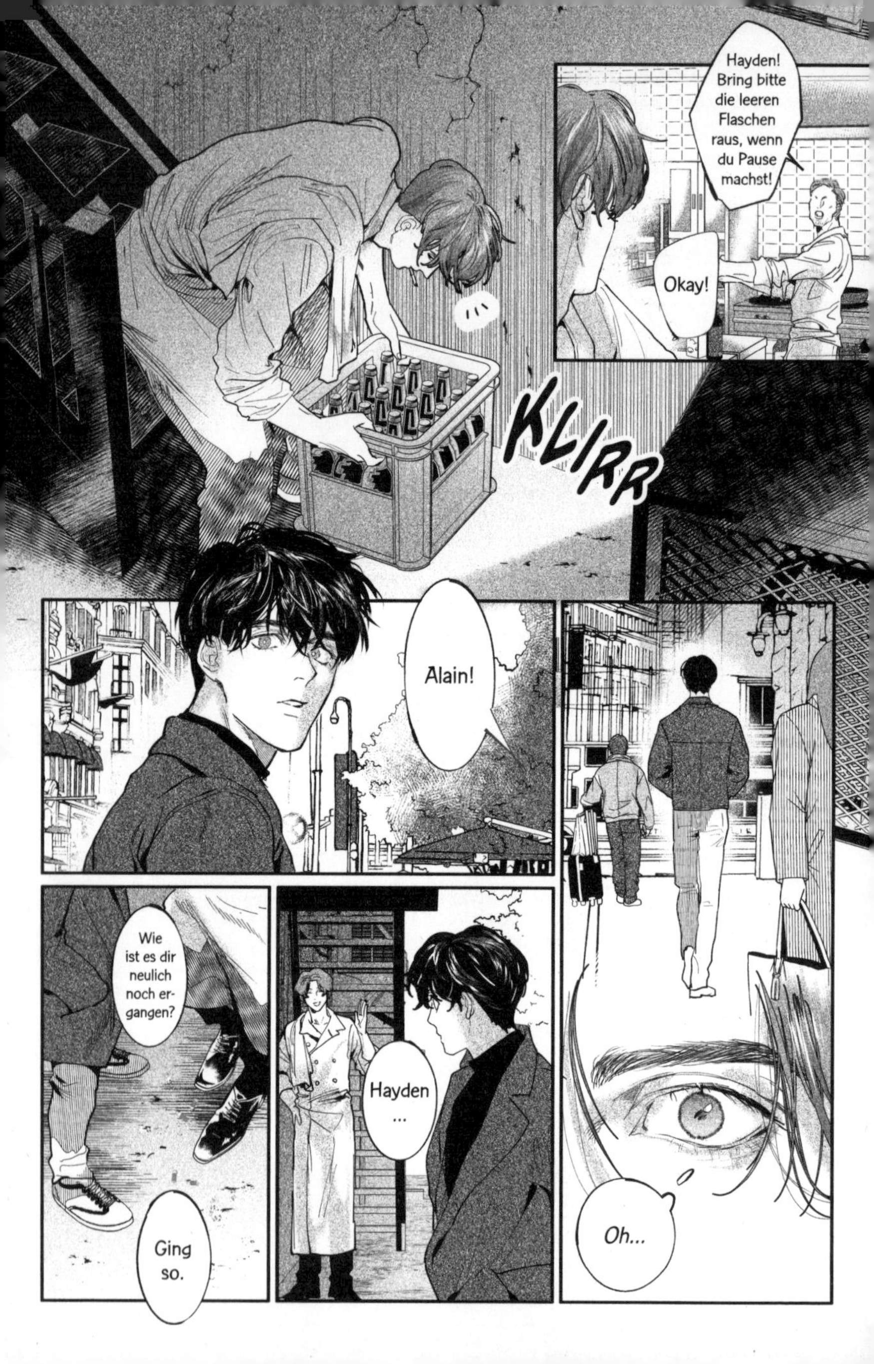
Hayden! Bring bitte die leeren Flaschen raus, wenn du Pause machst!
Okay!
KLIRR
Alain!
Wie ist es dir neulich noch ergangen?
Ging so.
Hayden ...
Oh...

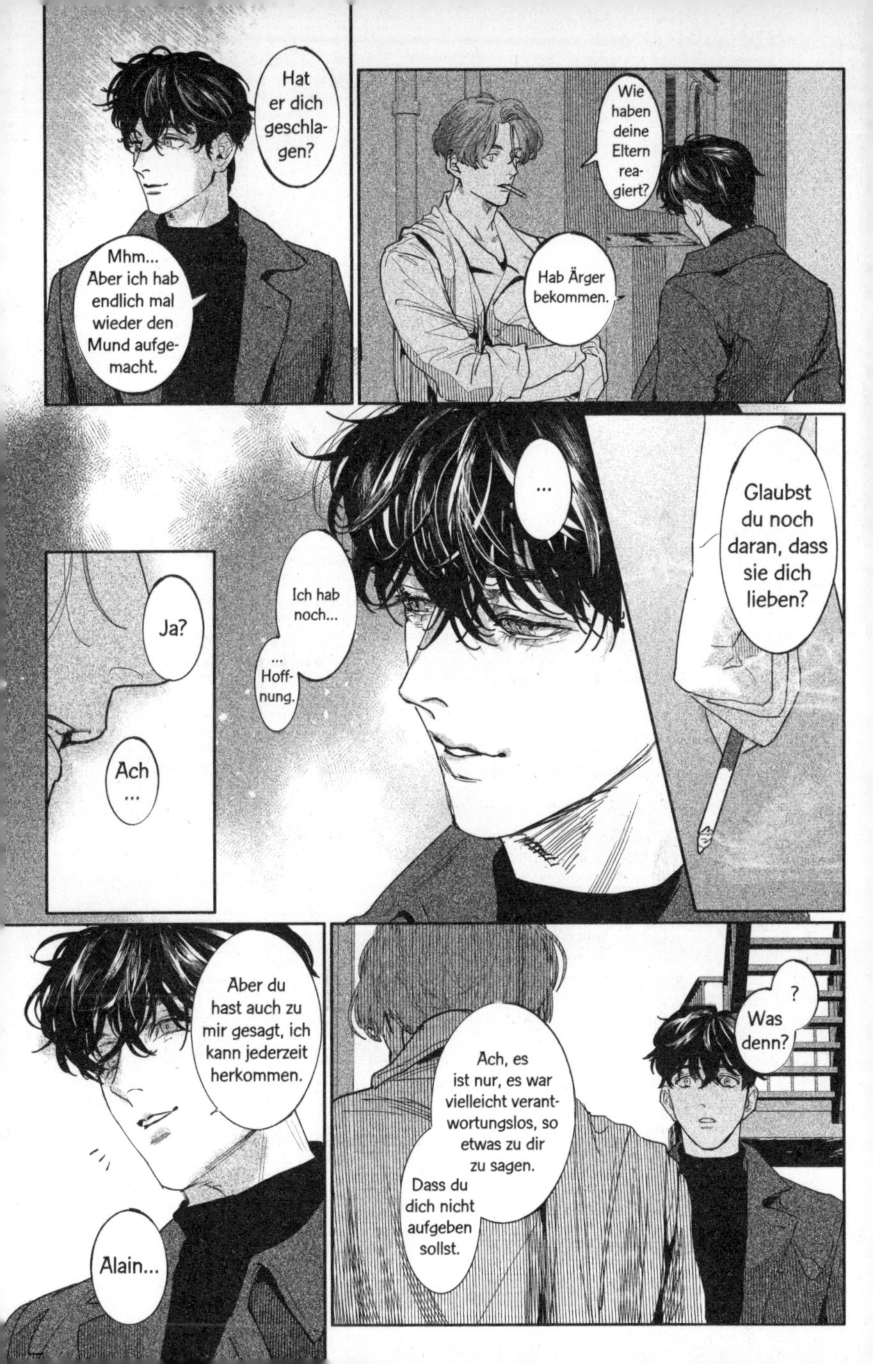
Wie haben deine Eltern reagiert?
Hab Ärger bekommen.
Hat er dich geschlagen?
Mhm... Aber ich hab endlich mal wieder den Mund aufgemacht.
Glaubst du noch daran, dass sie dich lieben?
...
Ich hab noch...
... Hoffnung.
Ja?
Ach ...
Aber du hast auch zu mir gesagt, ich kann jederzeit herkommen.
Alain...
? Was denn?
Ach, es ist nur, es war vielleicht verantwortungslos, so etwas zu dir zu sagen.
Dass du dich nicht aufgeben sollst.

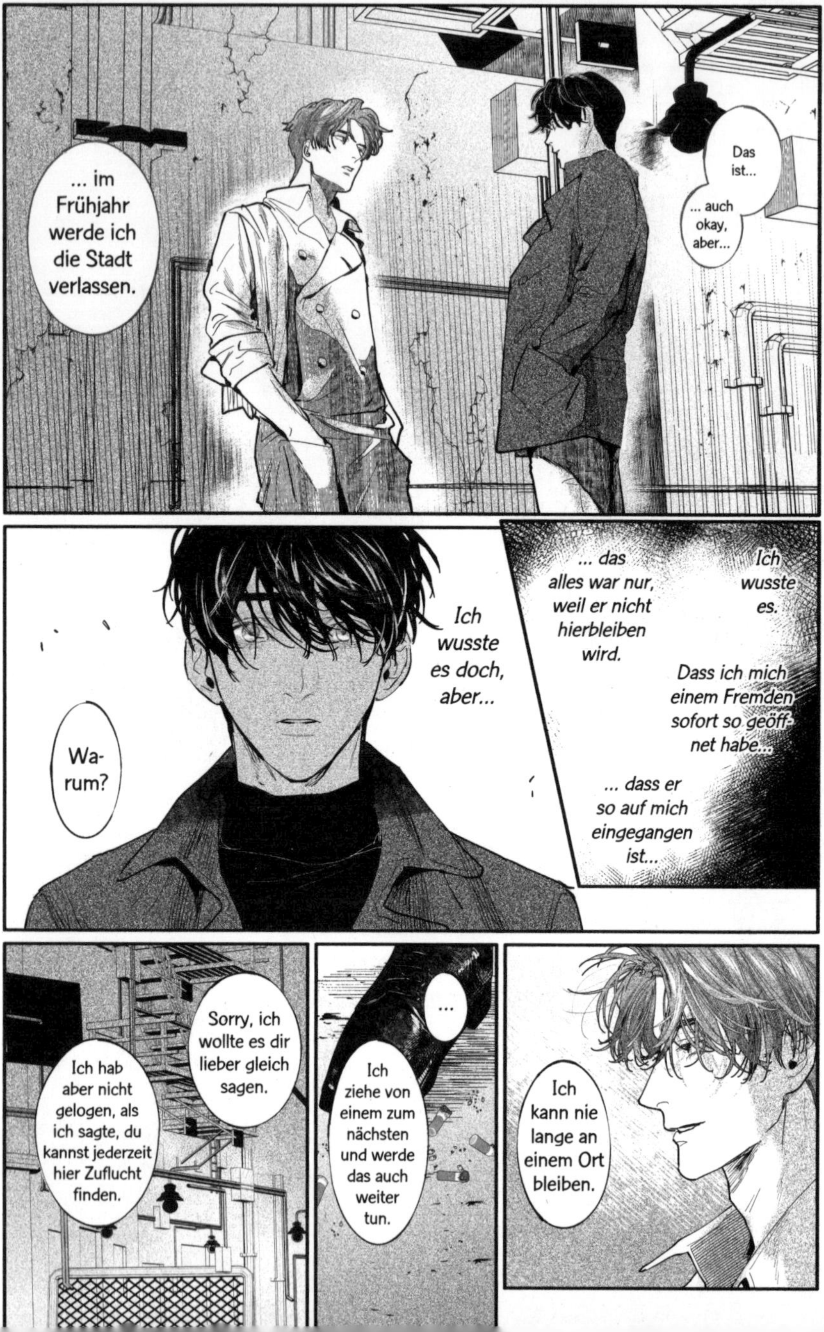
Das ist...
... auch okay, aber...
... im Frühjahr werde ich die Stadt verlassen.
Ich wusste es.
Dass ich mich einem Fremden sofort so geöffnet habe...
... dass er so auf mich eingegangen ist...
... das alles war nur, weil er nicht hierbleiben wird.
Ich wusste es doch, aber...
Wa-rum?
Ich kann nie lange an einem Ort bleiben.
...
Ich ziehe von einem zum nächsten und werde das auch weiter tun.
Sorry, ich wollte es dir lieber gleich sagen.
Ich hab aber nicht gelogen, als ich sagte, du kannst jederzeit hier Zuflucht finden.

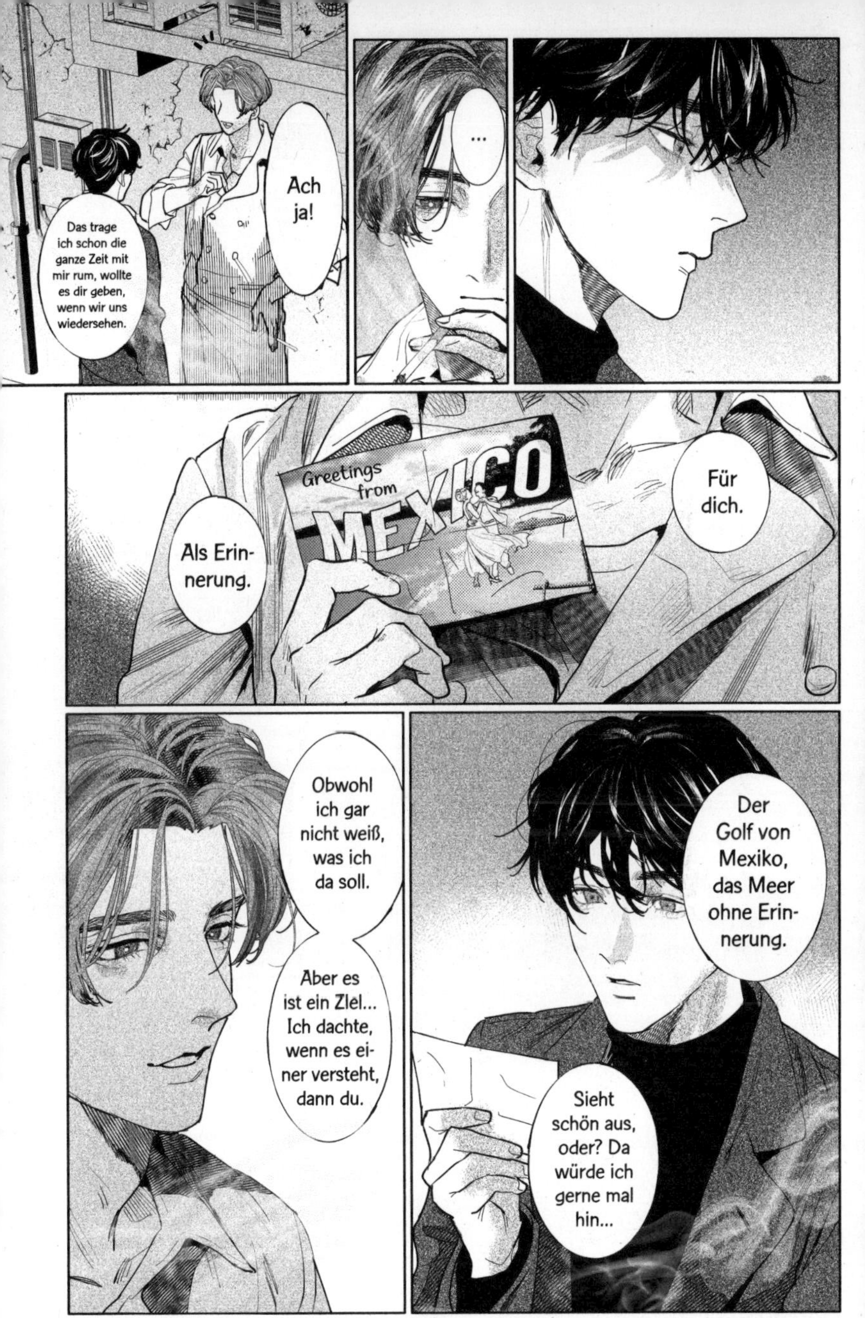
...
Ach ja!
Das trage ich schon die ganze Zeit mit mir rum, wollte es dir geben, wenn wir uns wiedersehen.
Für dich.
Greetings from MEXICO
Als Erinnerung.
Der Golf von Mexiko, das Meer ohne Erinnerung.
Sieht schön aus, oder? Da würde ich gerne mal hin...
Obwohl ich gar nicht weiß, was ich da soll.
Aber es ist ein Ziel... Ich dachte, wenn es einer versteht, dann du.

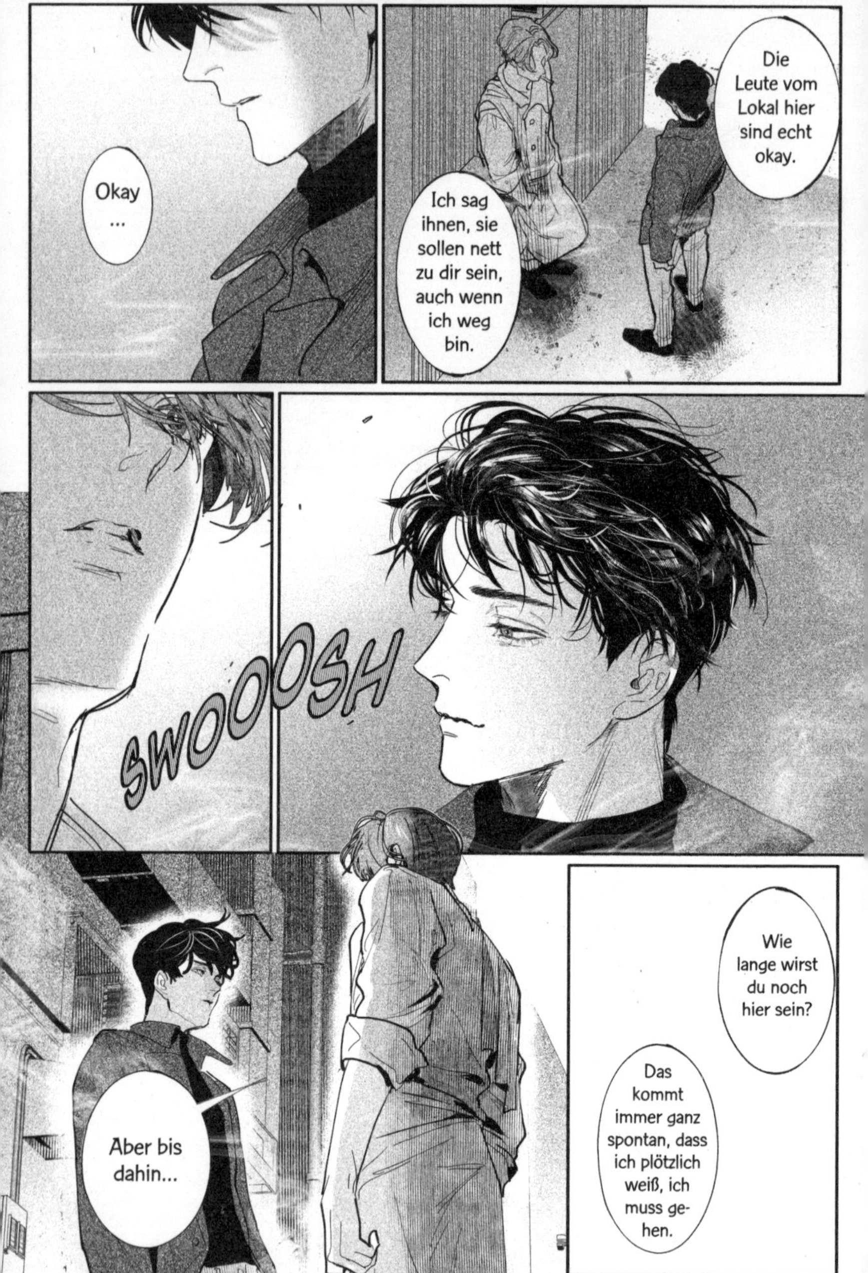

Die Leute vom Lokal hier sind echt okay.
Ich sag ihnen, sie sollen nett zu dir sein, auch wenn ich weg bin.
Okay ...
SWOOOSH
Wie lange wirst du noch hier sein?
Das kommt immer ganz spontan, dass ich plötzlich weiß, ich muss ge-hen.
Aber bis dahin...

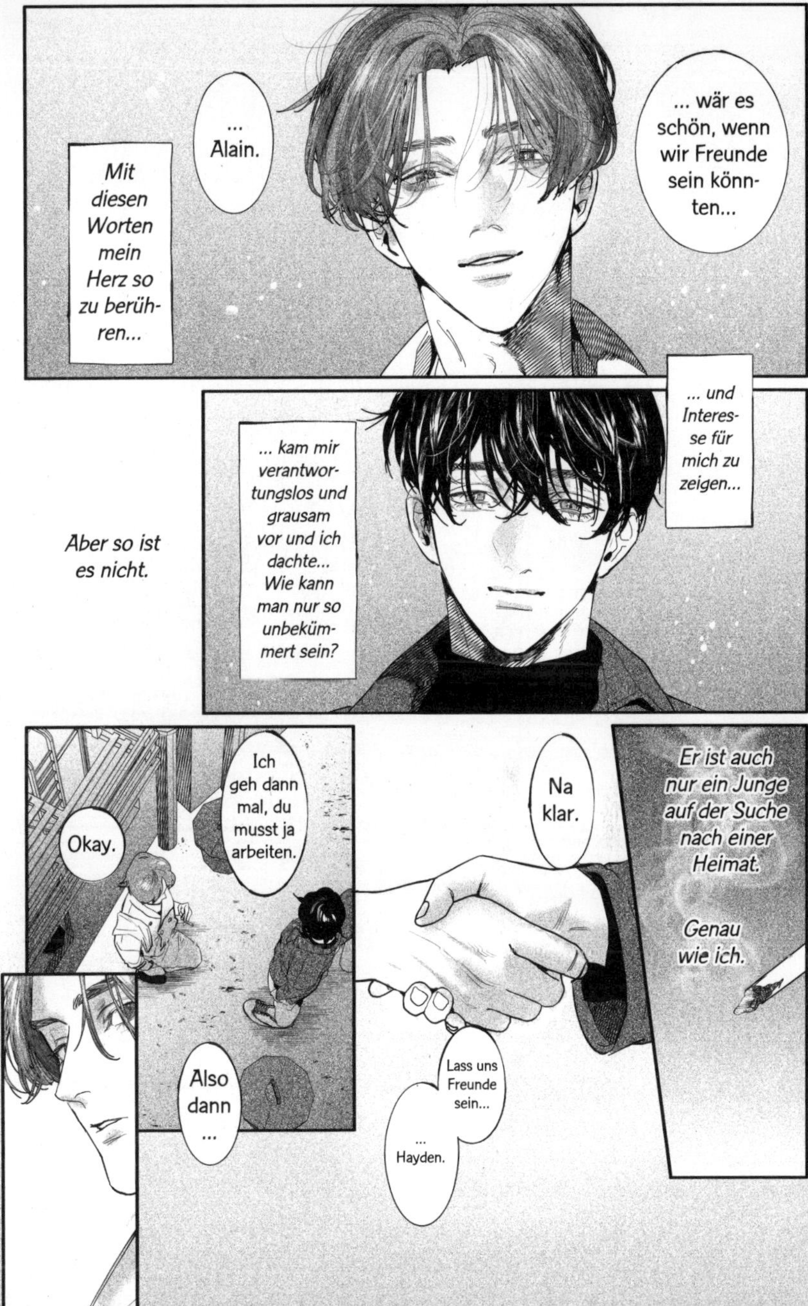

... wär es schön, wenn wir Freunde sein könnten...
... Alain.
Mit diesen Worten mein Herz so zu berühren...
... und Interesse für mich zu zeigen...
... kam mir verantwortungslos und grausam vor und ich dachte... Wie kann man nur so unbekümmert sein?
Aber so ist es nicht.
Er ist auch nur ein Junge auf der Suche nach einer Heimat.
Genau wie ich.
Na klar.
Lass uns Freunde sein...
... Hayden.
Ich geh dann mal, du musst ja arbeiten.
Okay.
Also dann ...

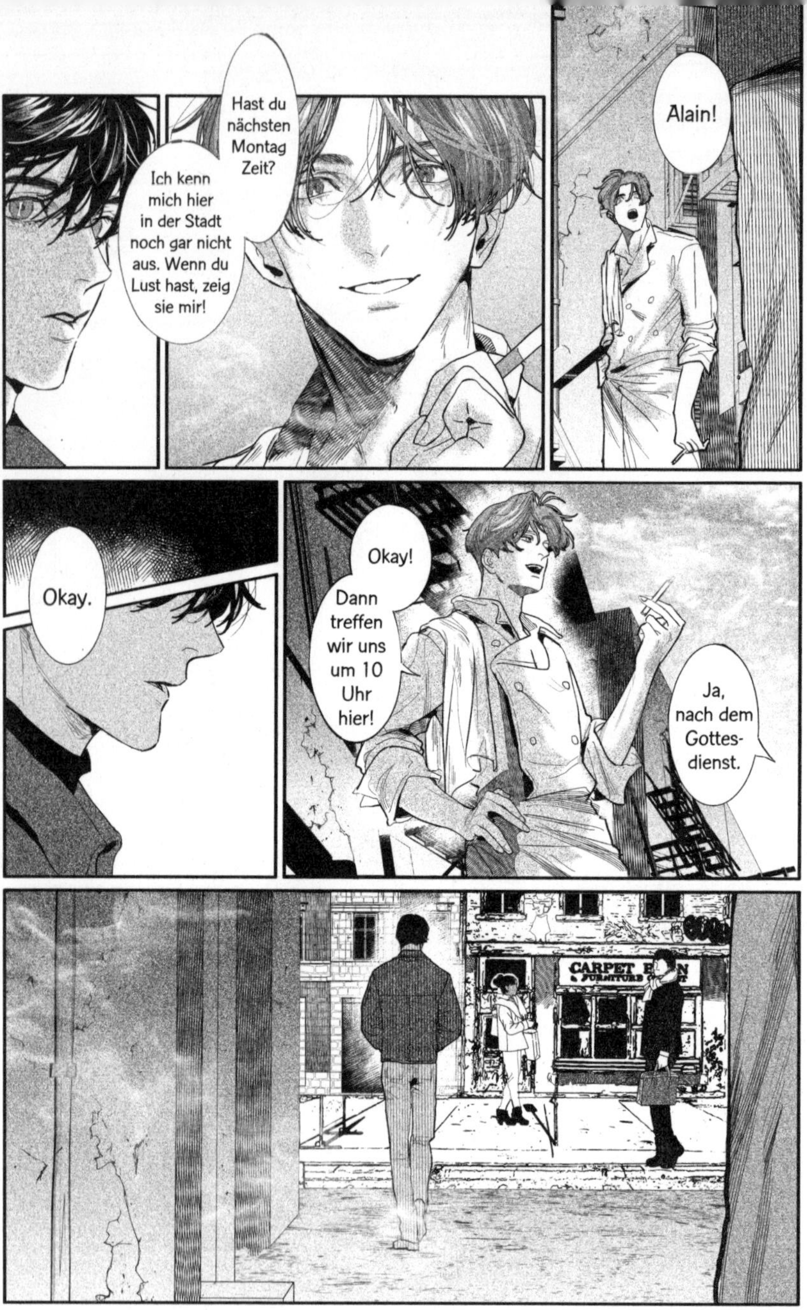
Alain!
Hast du nächsten Montag Zeit?
Ich kenn mich hier in der Stadt noch gar nicht aus. Wenn du Lust hast, zeig sie mir!
Ja, nach dem Gottes-dienst.
Okay!
Dann treffen wir uns um 10 Uhr hier!
Okay.

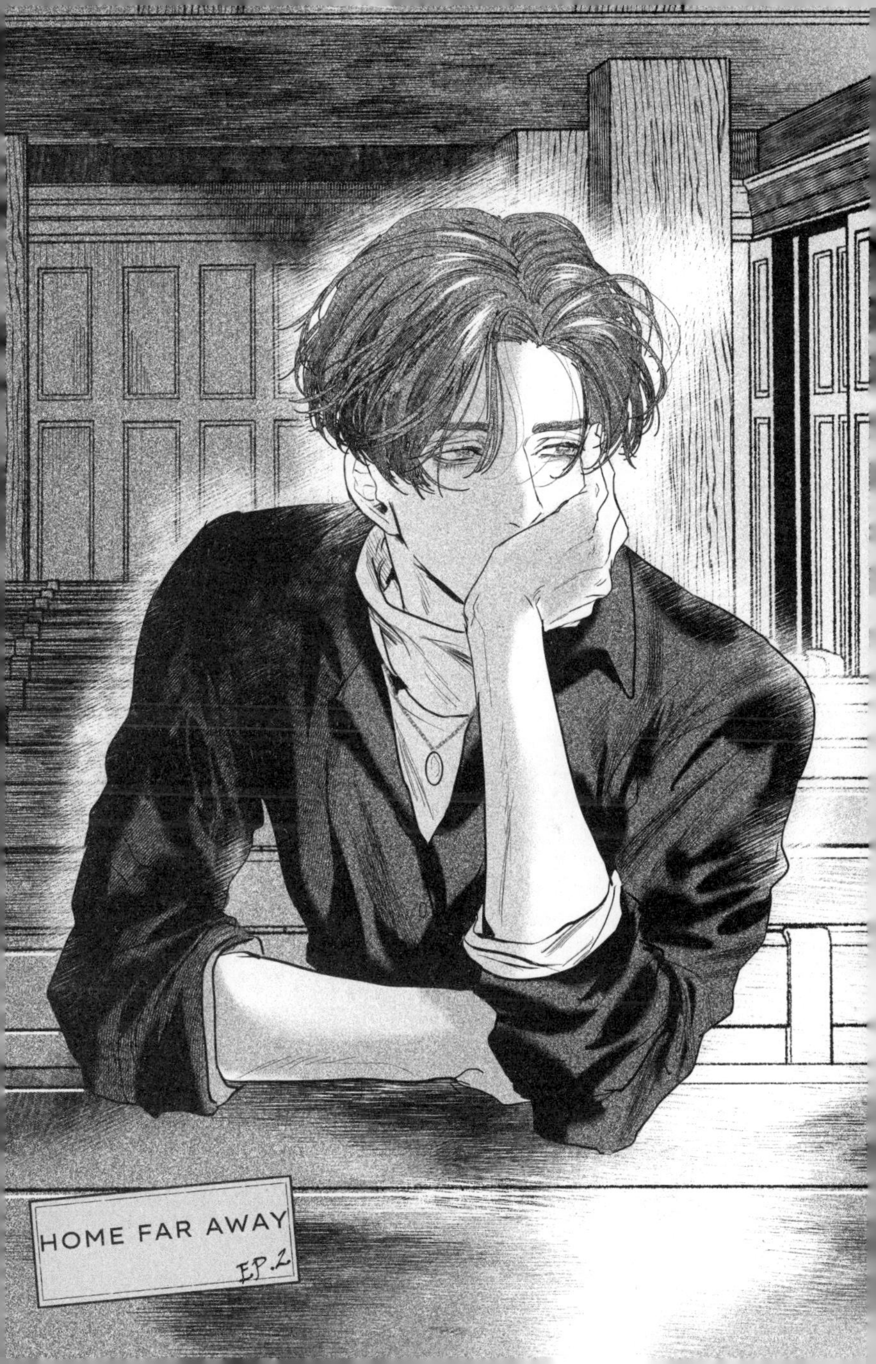
HOME FAR AWAY
EP.2

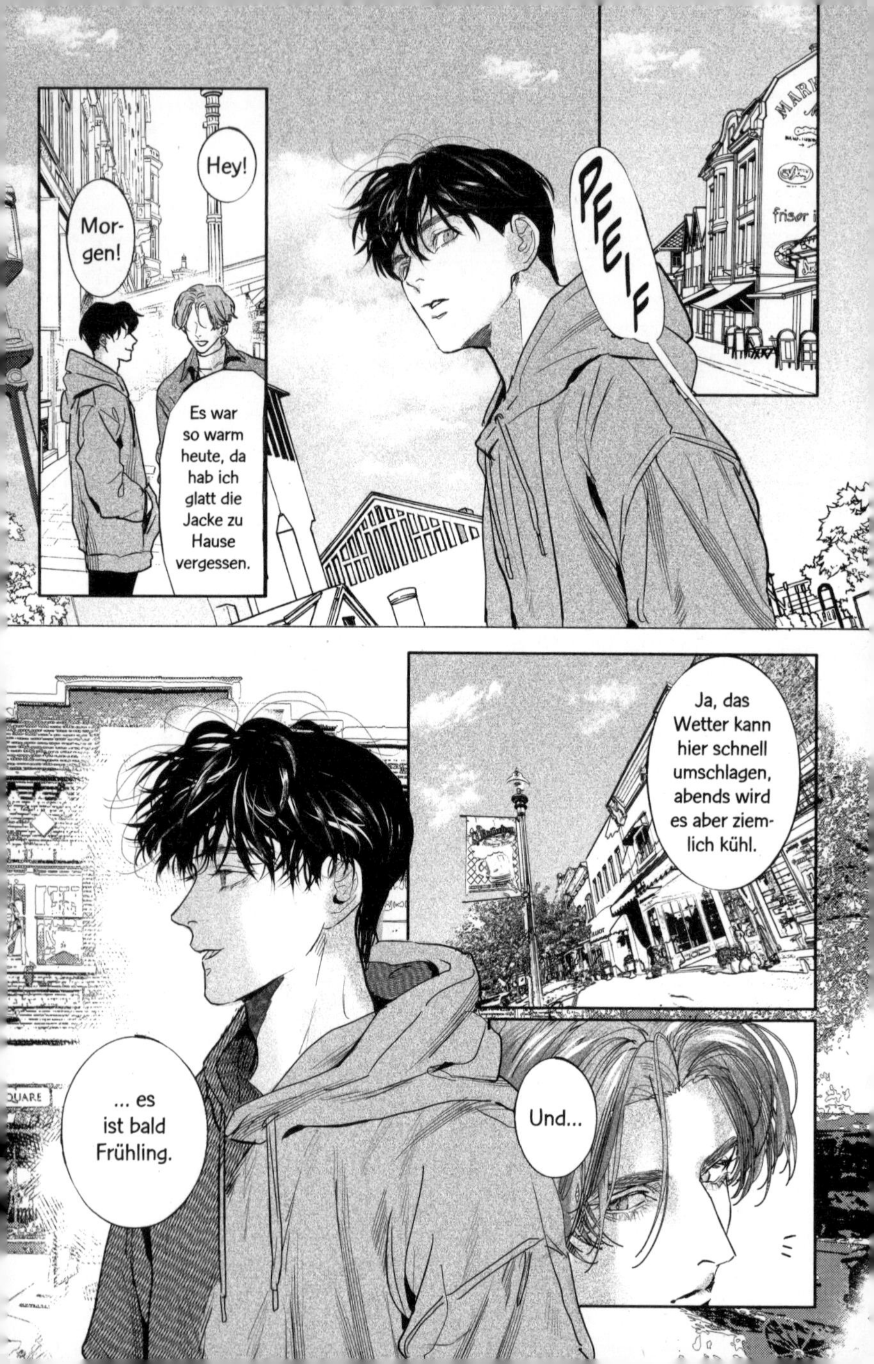
PFEIF
Hey!
Mor-
gen!
Es war so warm heute, da hab ich glatt die Jacke zu Hause vergessen.
Ja, das Wetter kann hier schnell umschlagen, abends wird es aber ziem-
lich kühl.
Und...
... es ist bald Frühling.

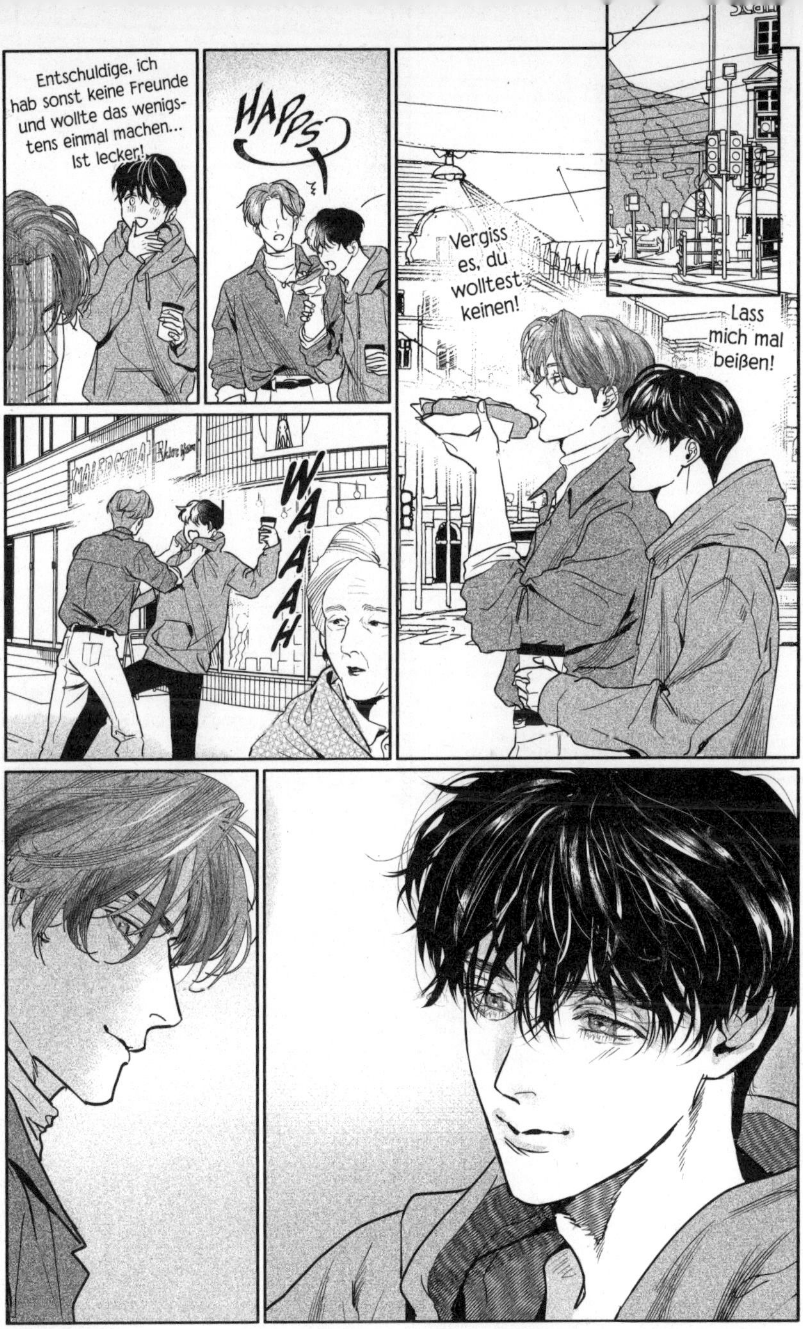
Entschuldige, ich hab sonst keine Freunde und wollte das wenigs- tens einmal machen... Ist lecker!
HAPPS
Lass mich mal beißen!
Vergiss es, du wolltest keinen!
WAAAAH

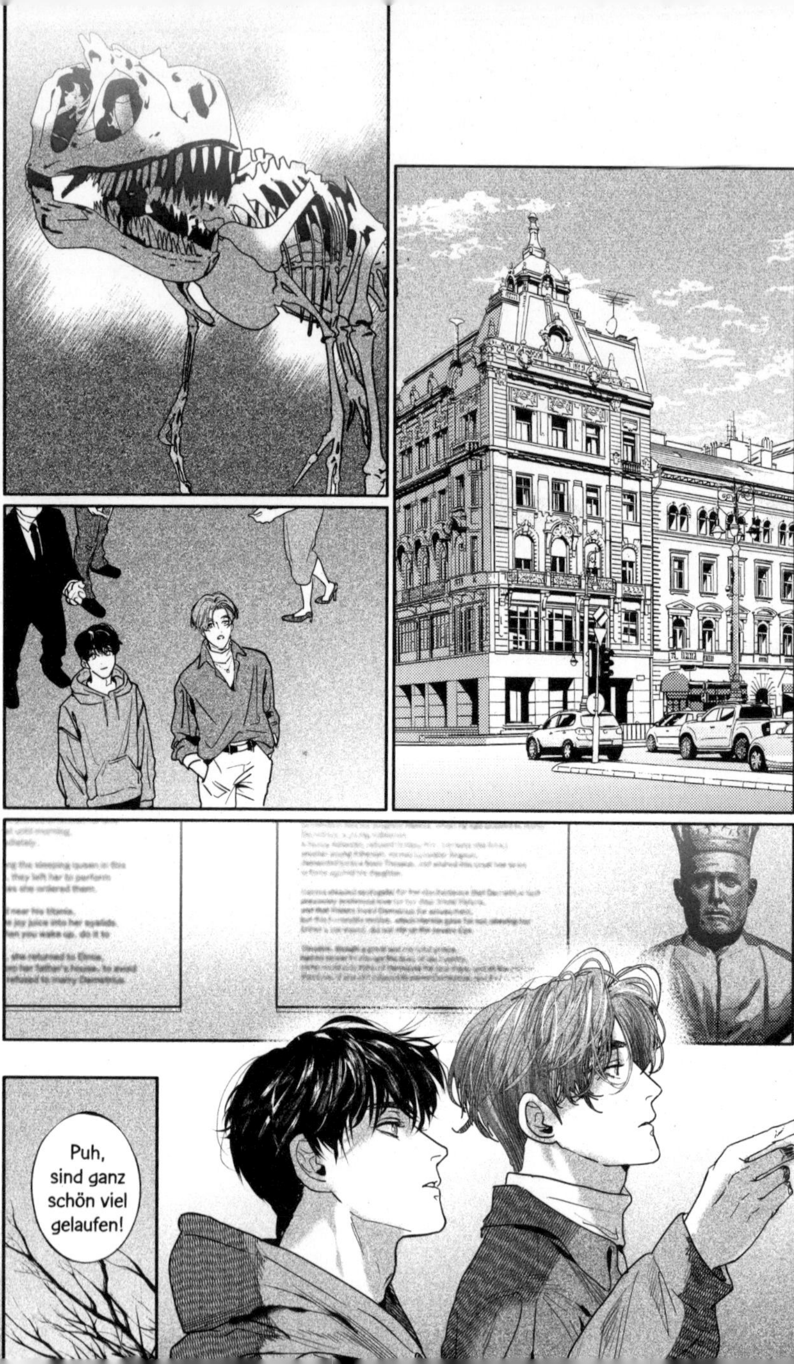
Puh, sind ganz schön viel gelaufen!

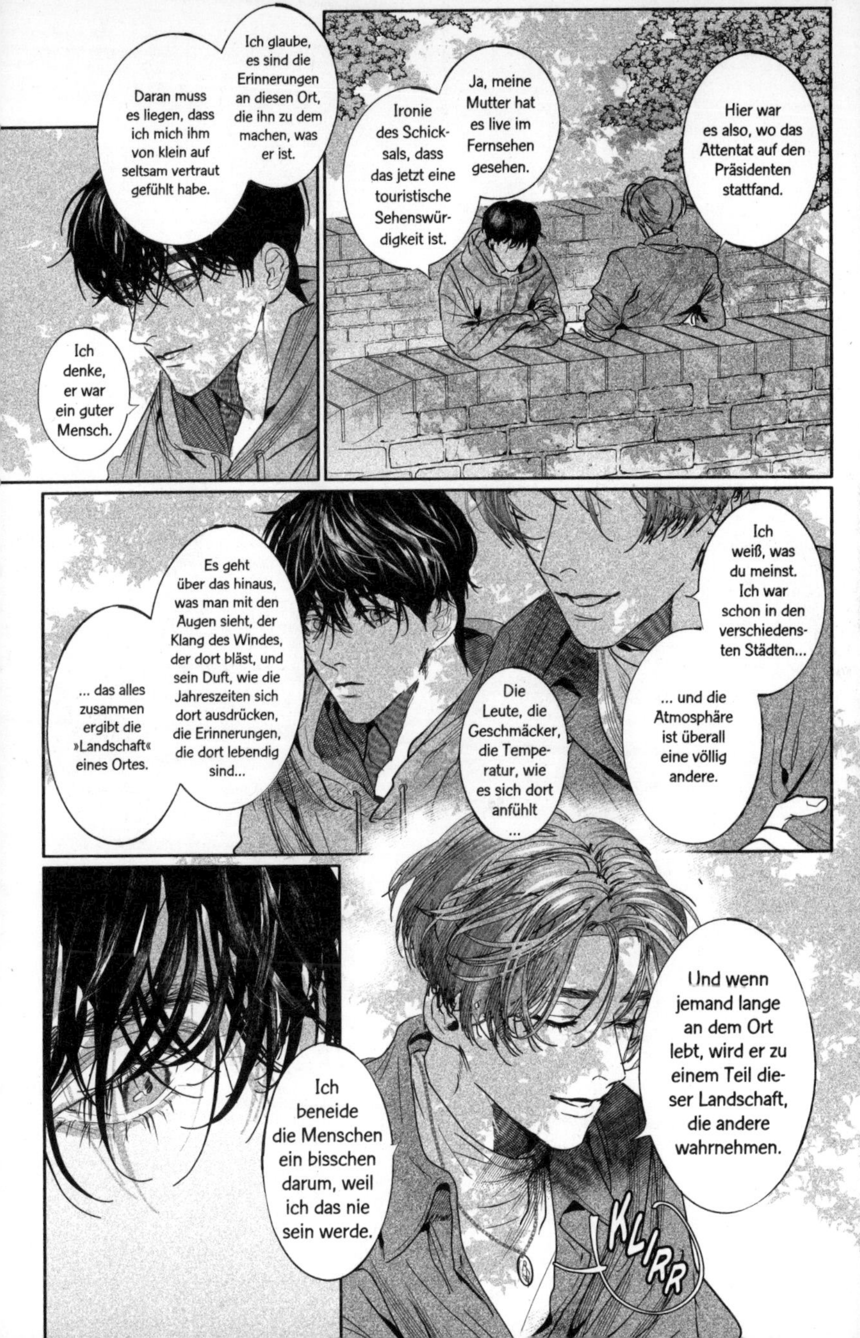
Hier war es also, wo das Attentat auf den Präsidenten stattfand.
Ja, meine Mutter hat es live im Fernsehen gesehen.
Ironie des Schicksals, dass das jetzt eine touristische Sehenswürdigkeit ist.
Ich glaube, es sind die Erinnerungen an diesen Ort, die ihn zu dem machen, was er ist.
Daran muss es liegen, dass ich mich ihm von klein auf seltsam vertraut gefühlt habe.
Ich denke, er war ein guter Mensch.
Ich weiß, was du meinst. Ich war schon in den verschiedensten Städten...
... und die Atmosphäre ist überall eine völlig andere.
Die Leute, die Geschmäcker, die Temperatur, wie es sich dort anfühlt ...
Es geht über das hinaus, was man mit den Augen sieht, der Klang des Windes, der dort bläst, und sein Duft, wie die Jahreszeiten sich dort ausdrücken, die Erinnerungen, die dort lebendig sind...
... das alles zusammen ergibt die »Landschaft« eines Ortes.
Und wenn jemand lange an dem Ort lebt, wird er zu einem Teil dieser Landschaft, die andere wahrnehmen.
Ich beneide die Menschen ein bisschen darum, weil ich das nie sein werde.
KLIRR

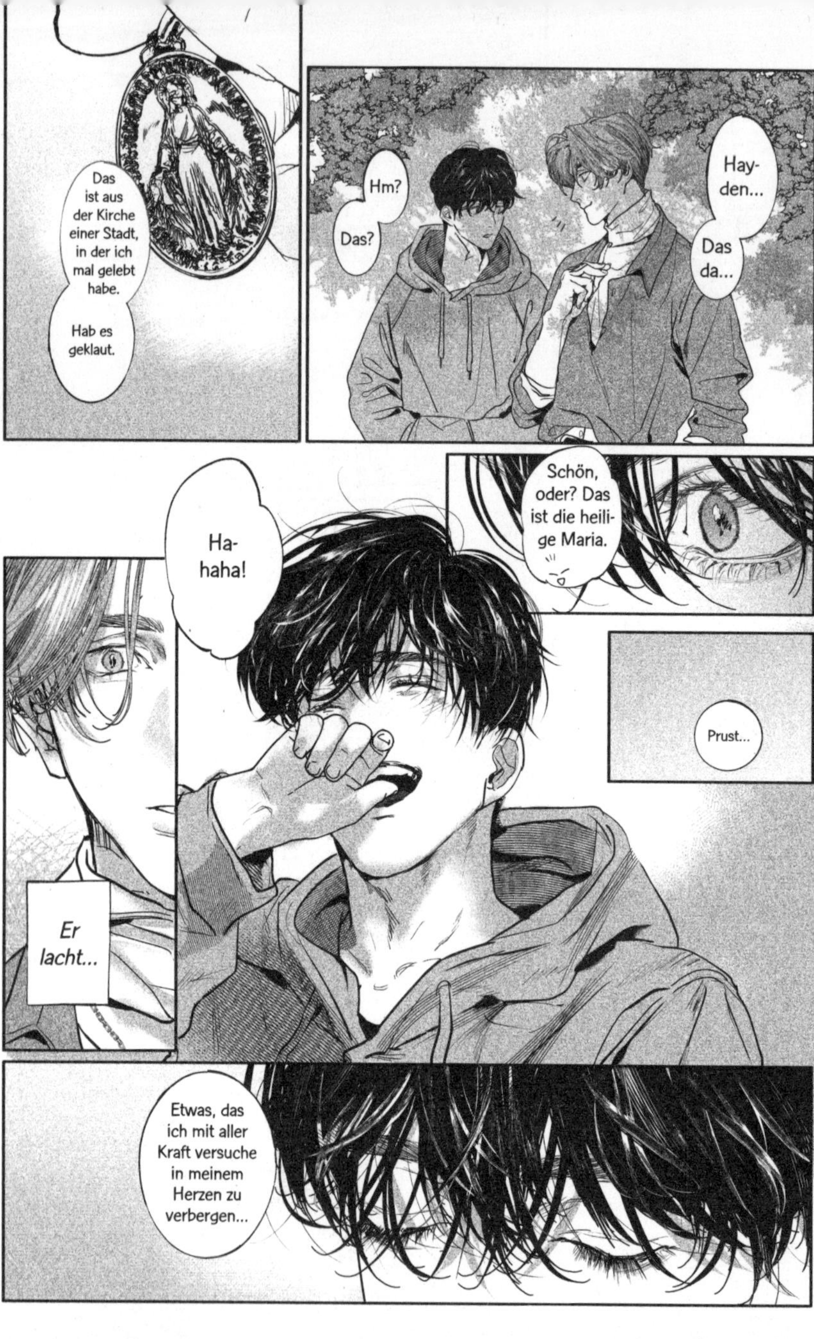
Hayden...
Das da...
Hm?
Das?
Das ist aus der Kirche einer Stadt, in der ich mal gelebt habe.
Hab es geklaut.
Schön, oder? Das ist die heilige Maria.
Prust...
Ha-haha!
Er lacht...
Etwas, das ich mit aller Kraft versuche in meinem Herzen zu verbergen...

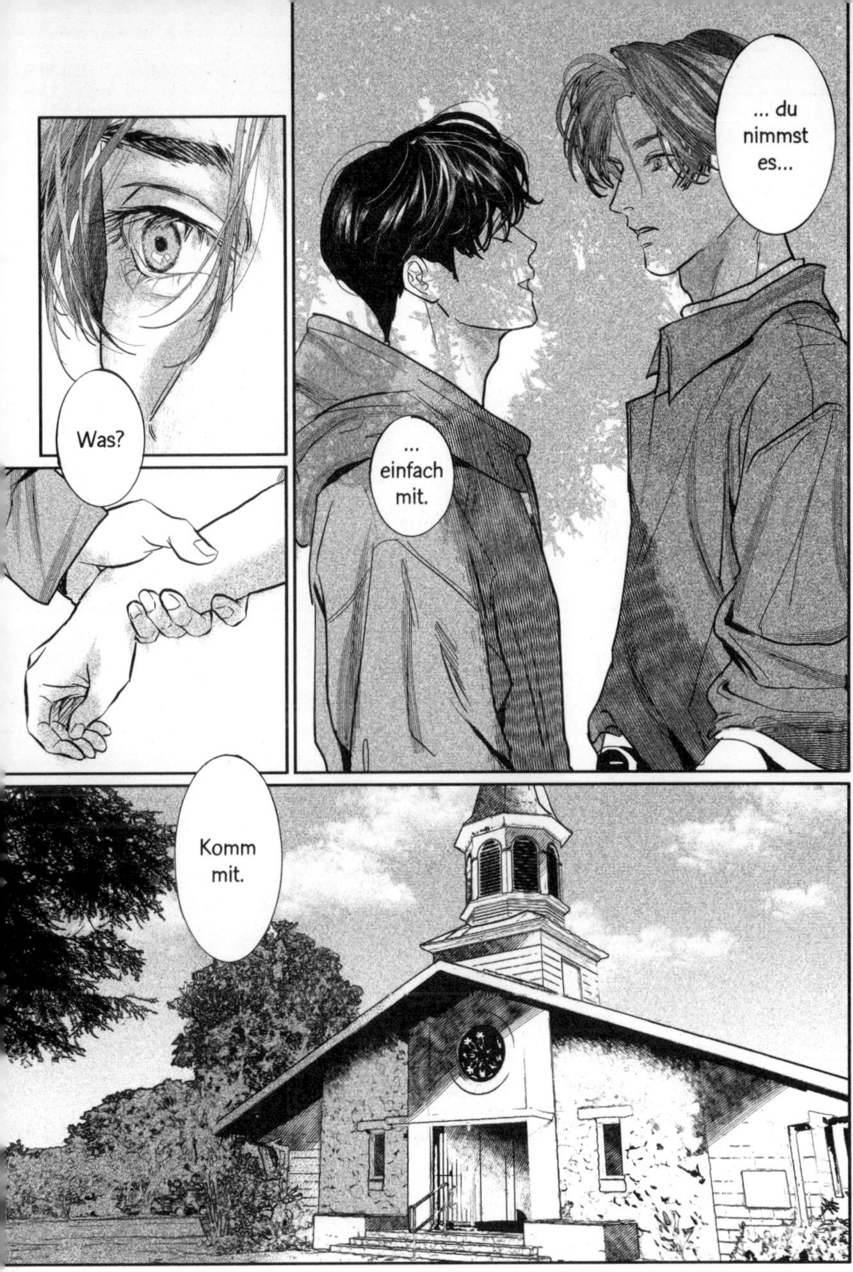
... du nimmst es...
... einfach mit.
Was?
Komm mit.

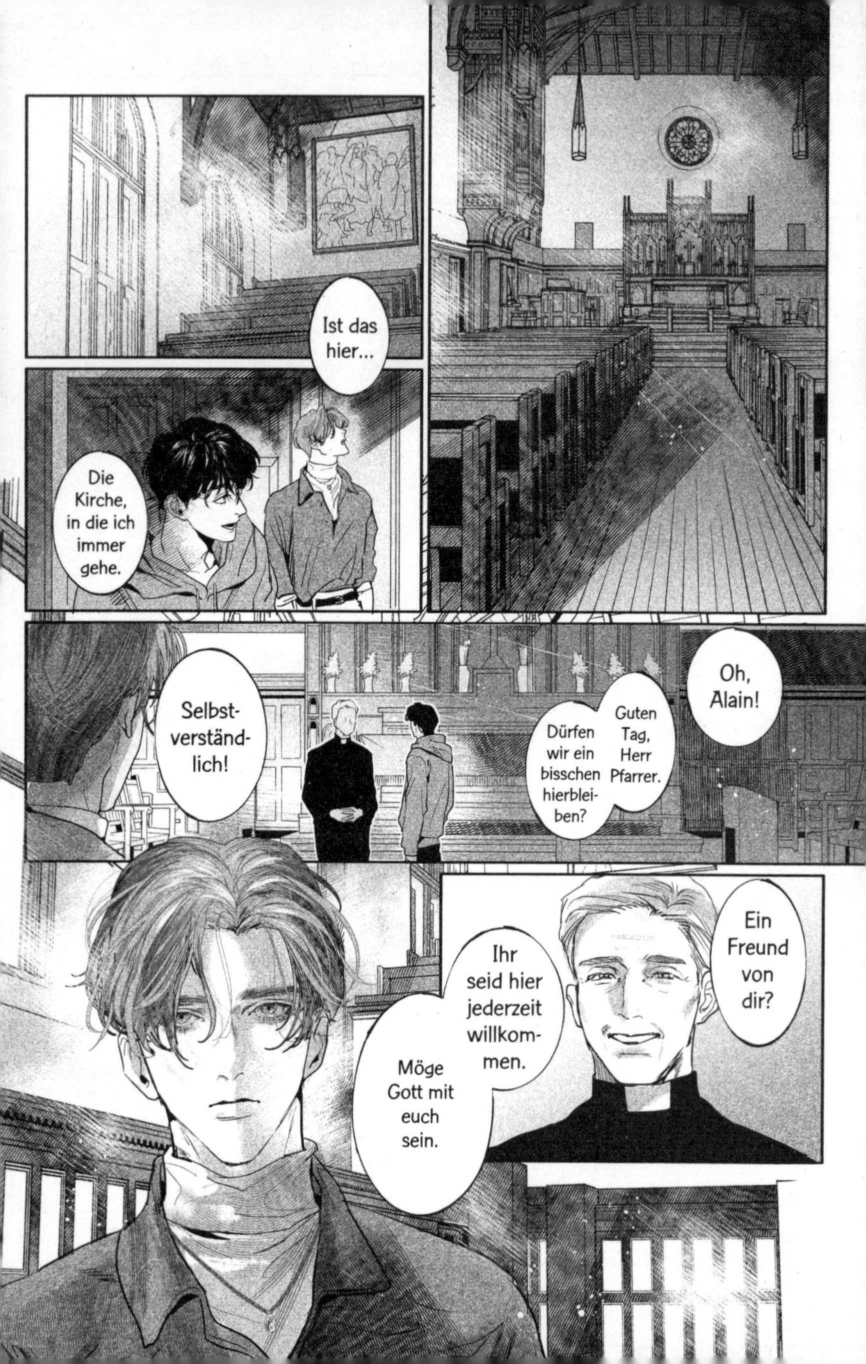
Ist das hier...
Die Kirche, in die ich immer gehe.
Oh, Alain!
Guten Tag, Herr Pfarrer.
Dürfen wir ein bisschen hierbleiben?
Selbstverständlich!
Ein Freund von dir?
Ihr seid hier jederzeit willkommen.
Möge Gott mit euch sein.

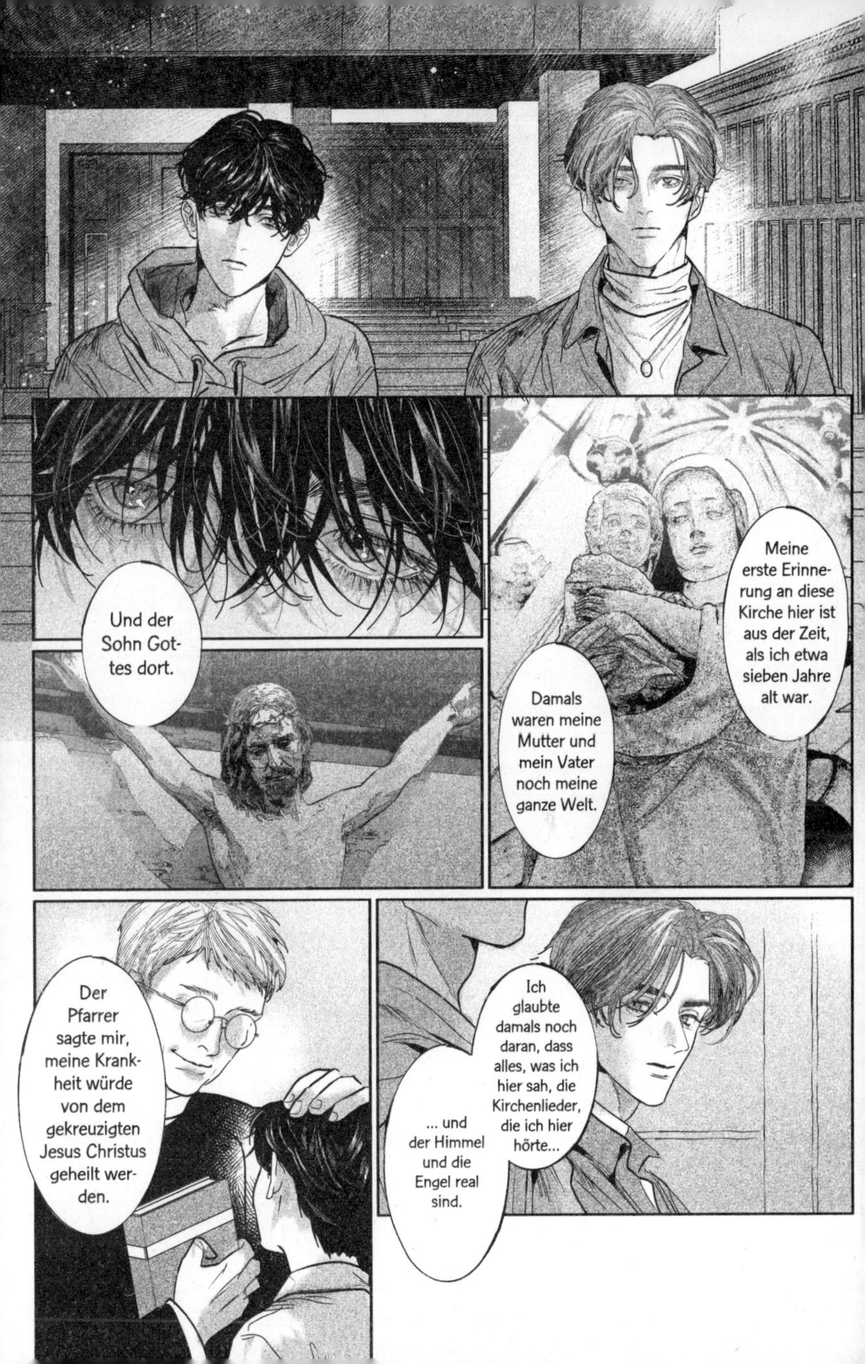
Und der Sohn Gottes dort.
Meine erste Erinnerung an diese Kirche hier ist aus der Zeit, als ich etwa sieben Jahre alt war.
Damals waren meine Mutter und mein Vater noch meine ganze Welt.
Der Pfarrer sagte mir, meine Krankheit würde von dem gekreuzigten Jesus Christus geheilt werden.
Ich glaubte damals noch daran, dass alles, was ich hier sah, die Kirchenlieder, die ich hier hörte...
... und der Himmel und die Engel real sind.

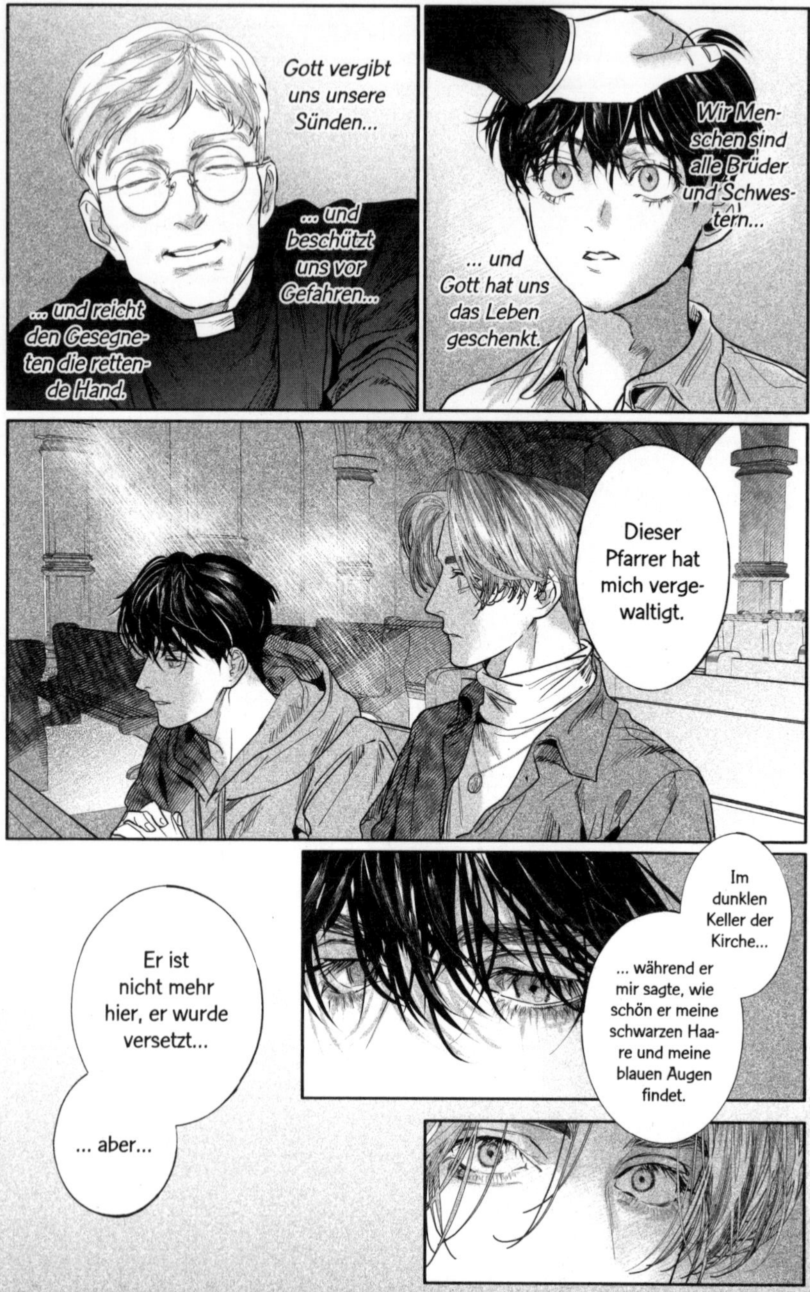
Wir Menschen sind alle Brüder und Schwestern...
... und Gott hat uns das Leben geschenkt.
Gott vergibt uns unsere Sünden...
... und beschützt uns vor Gefahren...
... und reicht den Gesegneten die rettende Hand.
Dieser Pfarrer hat mich vergewaltigt.
Im dunklen Keller der Kirche...
... während er mir sagte, wie schön er meine schwarzen Haare und meine blauen Augen findet.
Er ist nicht mehr hier, er wurde versetzt...
... aber...

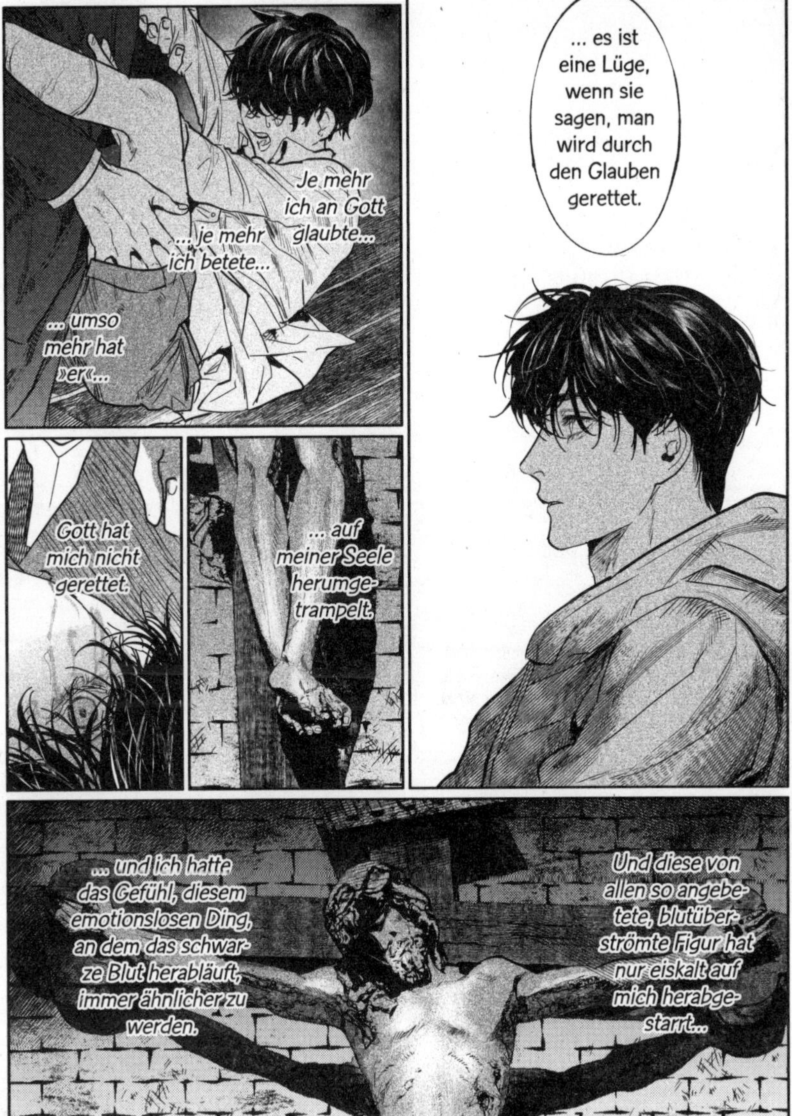
... es ist eine Lüge, wenn sie sagen, man wird durch den Glauben gerettet.
Je mehr ich an Gott glaubte...
... je mehr ich betete...
... umso mehr hat »er«...
... auf meiner Seele herumgetrampelt.
Gott hat mich nicht gerettet.
Und diese von allen so angebetete, blutüberströmte Figur hat nur eiskalt auf mich herabgestarrt...
... und ich hatte das Gefühl, diesem emotionslosen Ding, an dem das schwarze Blut herabläuft, immer ähnlicher zu werden.

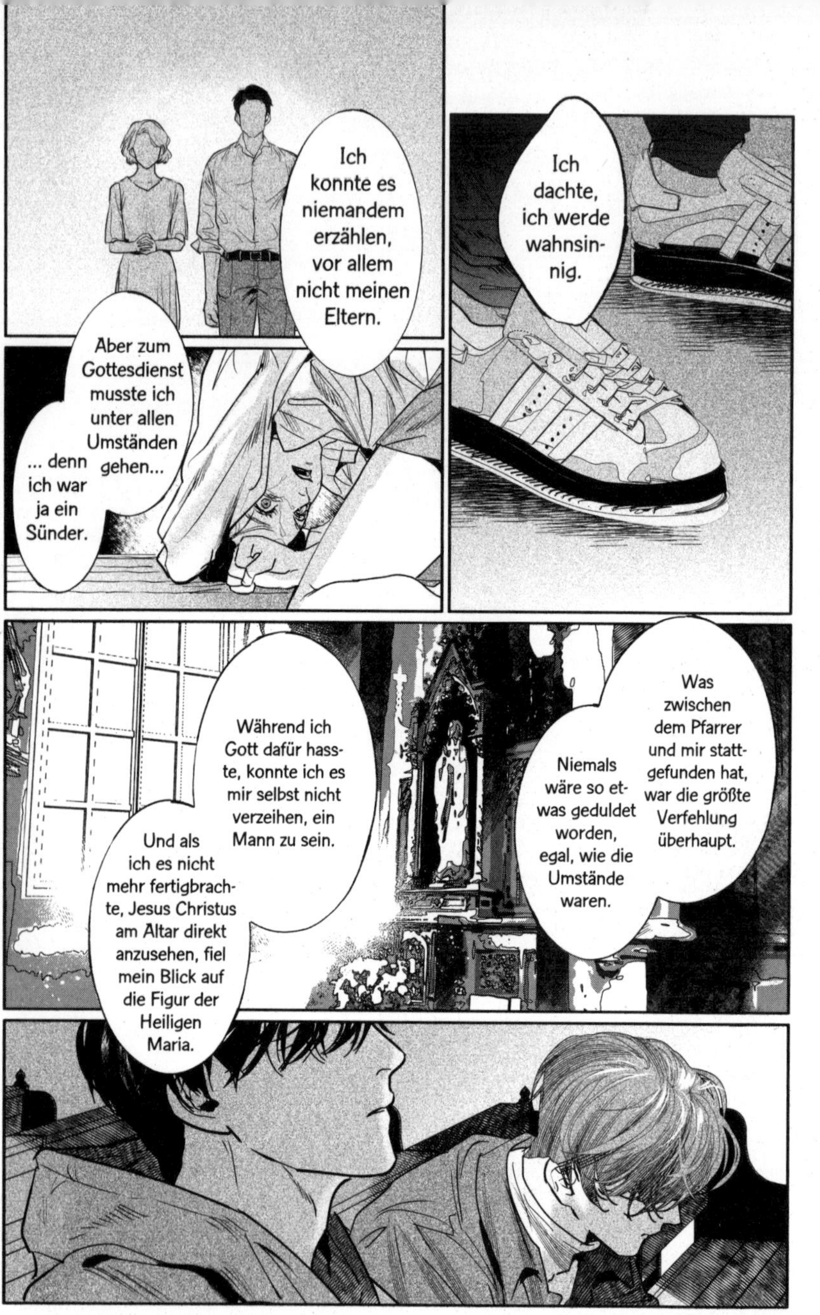
Ich konnte es niemandem erzählen, vor allem nicht meinen Eltern.
Ich dachte, ich werde wahnsinnig.
Aber zum Gottesdienst musste ich unter allen Umständen gehen...
... denn ich war ja ein Sünder.
Was zwischen dem Pfarrer und mir stattgefunden hat, war die größte Verfehlung überhaupt.
Niemals wäre so etwas geduldet worden, egal, wie die Umstände waren.
Während ich Gott dafür hasste, konnte ich es mir selbst nicht verzeihen, ein Mann zu sein.
Und als ich es nicht mehr fertigbrachte, Jesus Christus am Altar direkt anzusehen, fiel mein Blick auf die Figur der Heiligen Maria.

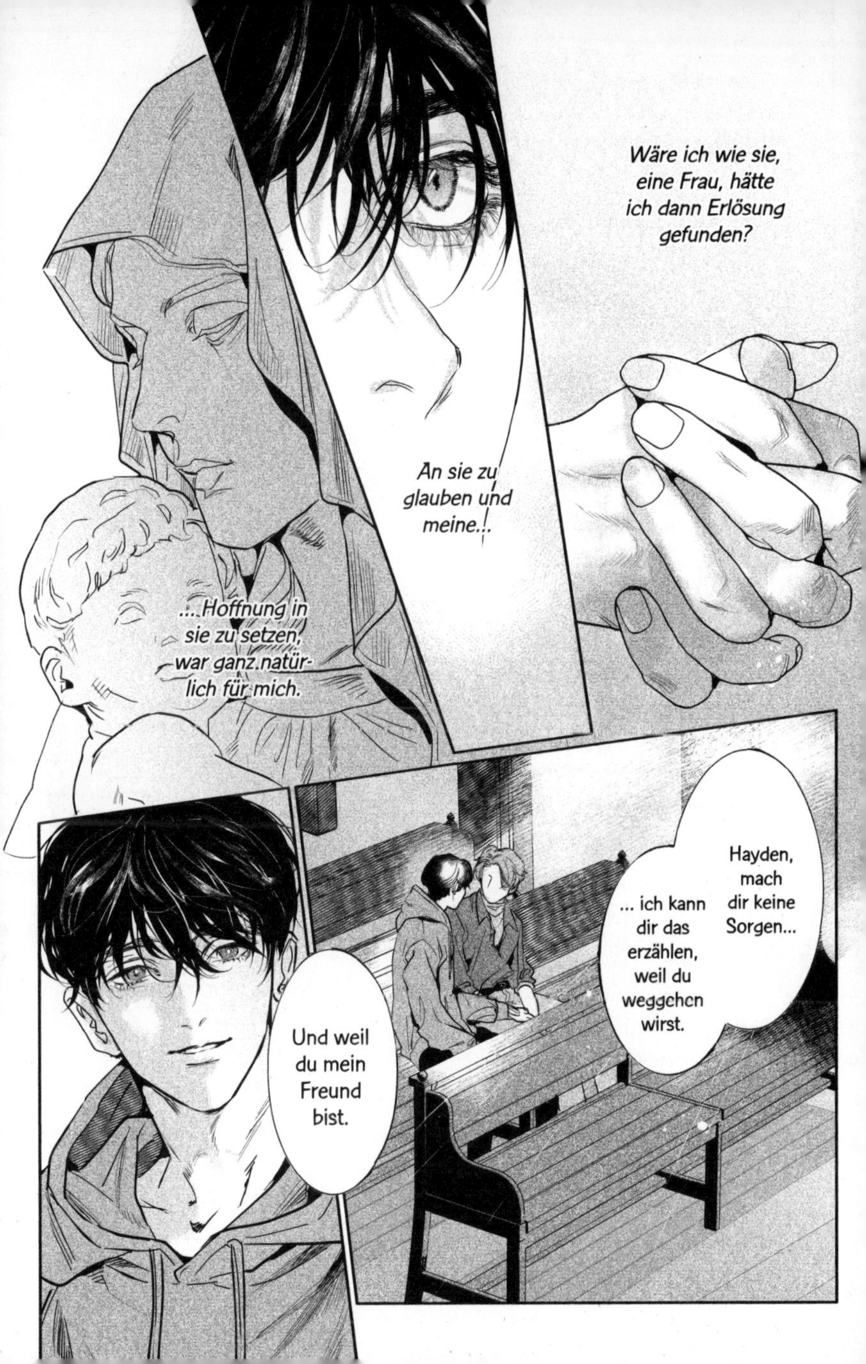
Wäre ich wie sie, eine Frau, hätte ich dann Erlösung gefunden?
An sie zu glauben und meine...
... Hoffnung in sie zu setzen, war ganz natürlich für mich.
Hayden, mach dir keine Sorgen...
... ich kann dir das erzählen, weil du weggehen wirst.
Und weil du mein Freund bist.

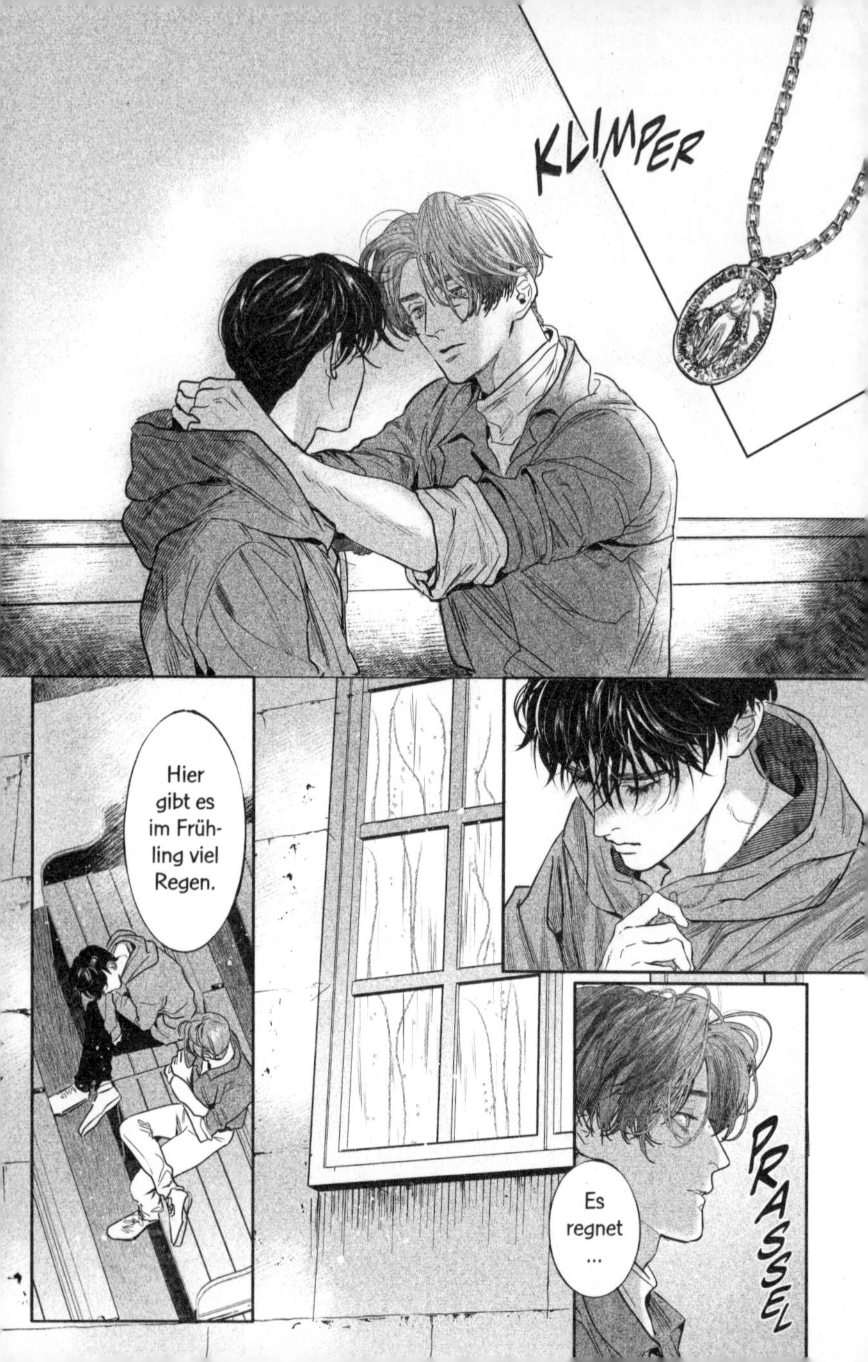
KLIMPER
Hier gibt es im Früh-ling viel Regen.
PRASSEL
Es regnet ...

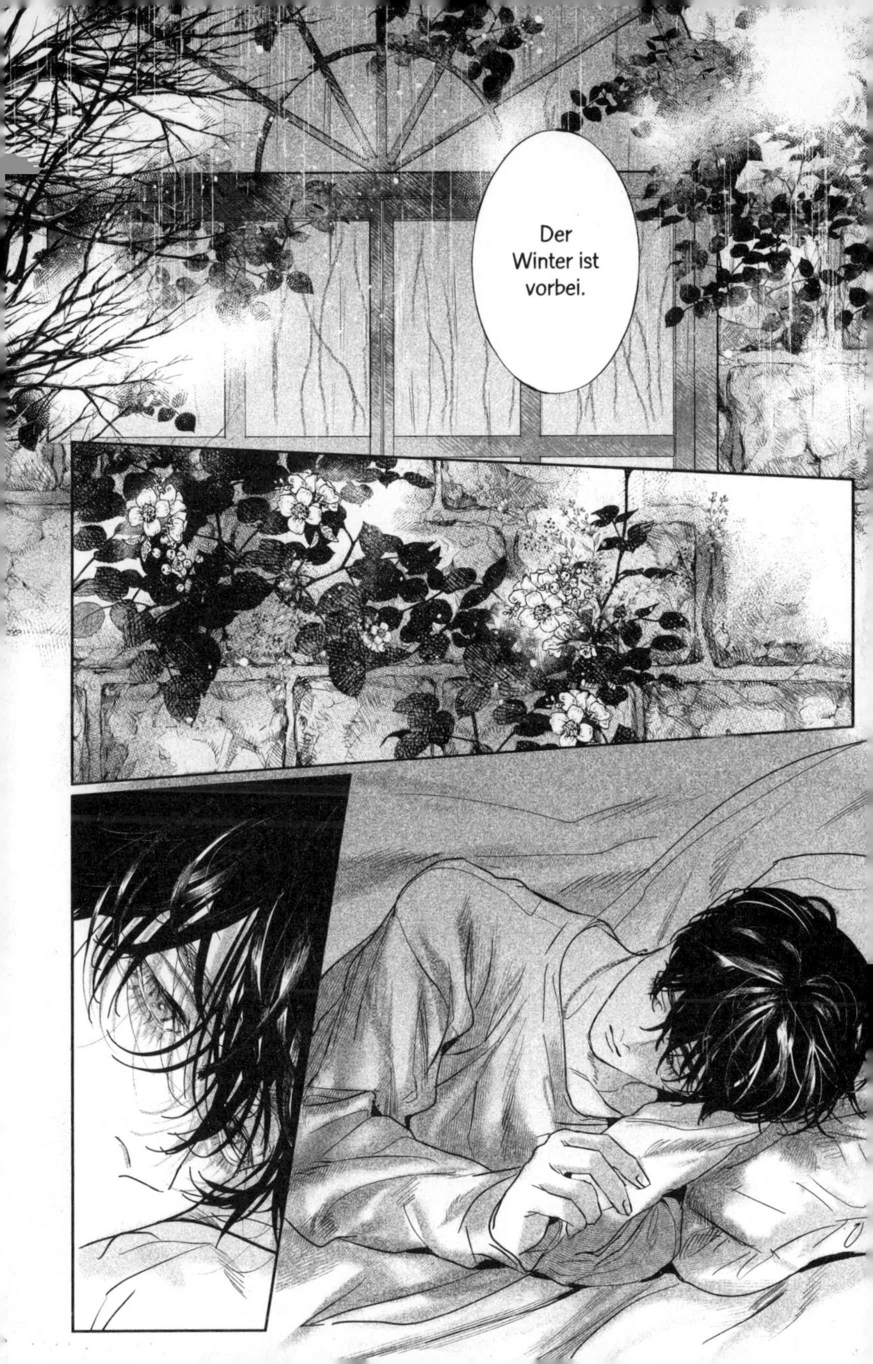
Der Winter ist vorbei.

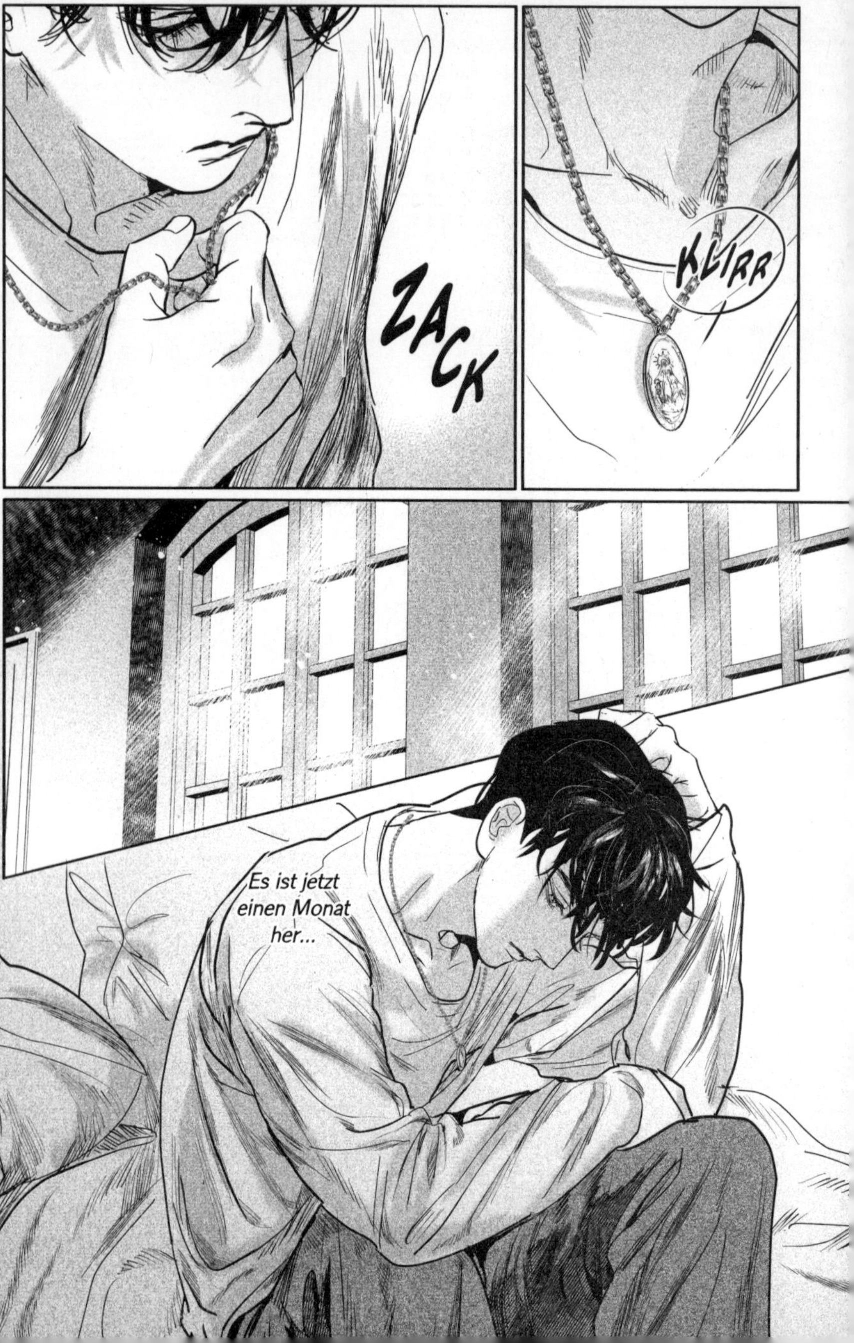
KLIRR
ZACK
Es ist jetzt einen Monat her...

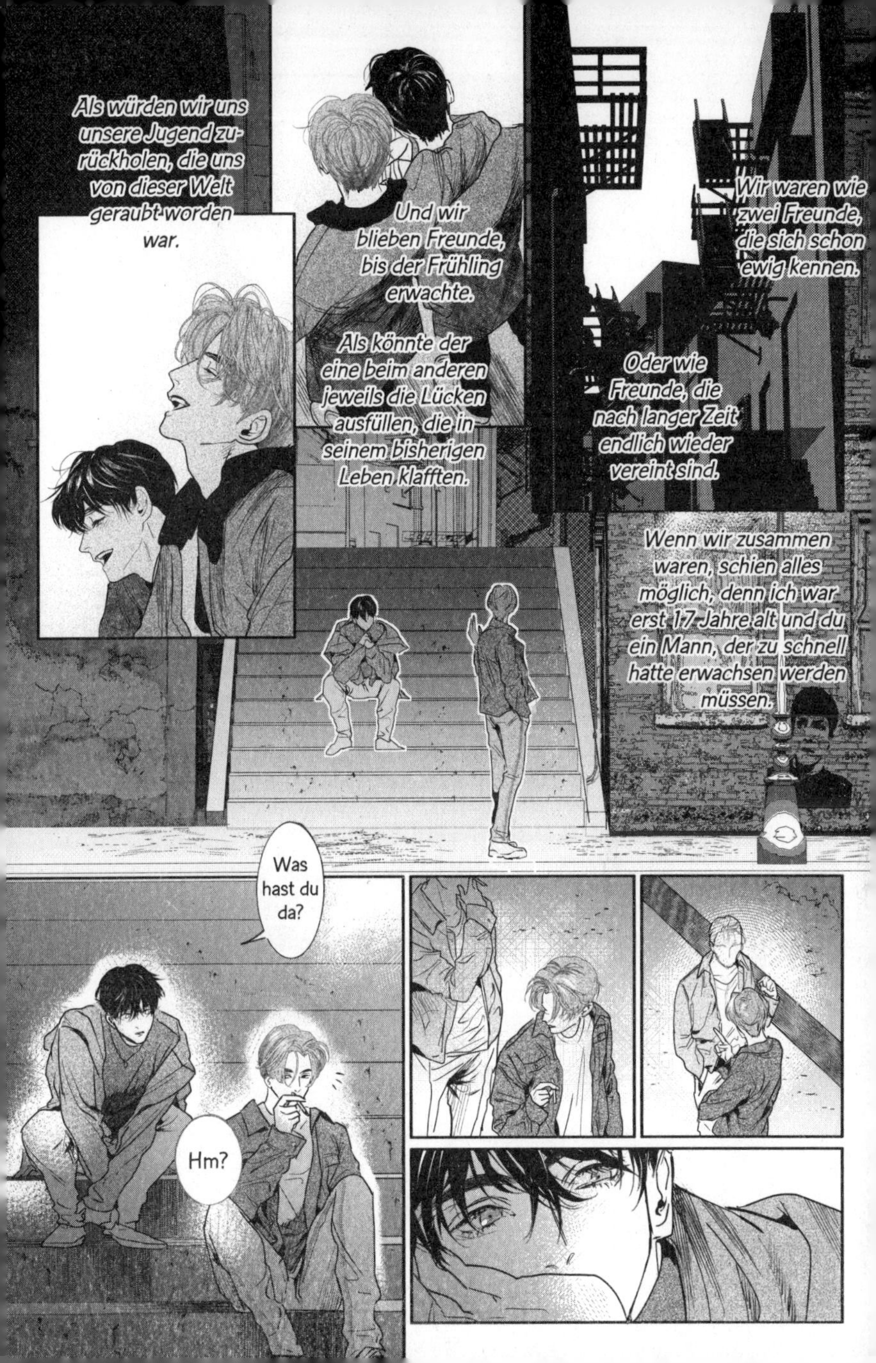
Wir waren wie zwei Freunde, die sich schon ewig kennen.
Oder wie Freunde, die nach langer Zeit endlich wieder vereint sind.
Und wir blieben Freunde, bis der Frühling erwachte.
Als könnte der eine beim anderen jeweils die Lücken ausfüllen, die in seinem bisherigen Leben klafften.
Als würden wir uns unsere Jugend zurückholen, die uns von dieser Welt geraubt worden war.
Wenn wir zusammen waren, schien alles möglich, denn ich war erst 17 Jahre alt und du ein Mann, der zu schnell hatte erwachsen werden müssen.
Was hast du da?
Hm?

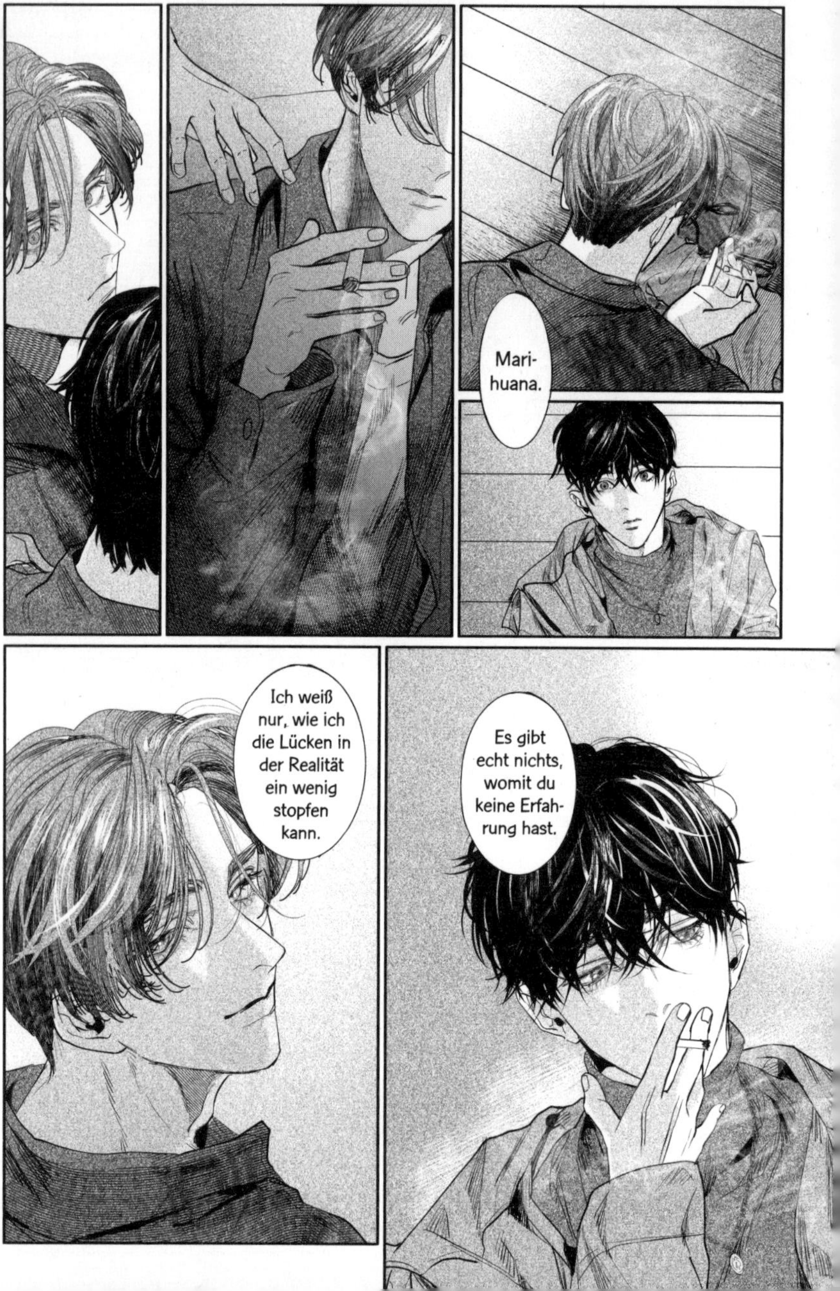
Mari-huana.
Es gibt echt nichts, womit du keine Erfahrung hast.
Ich weiß nur, wie ich die Lücken in der Realität ein wenig stopfen kann.

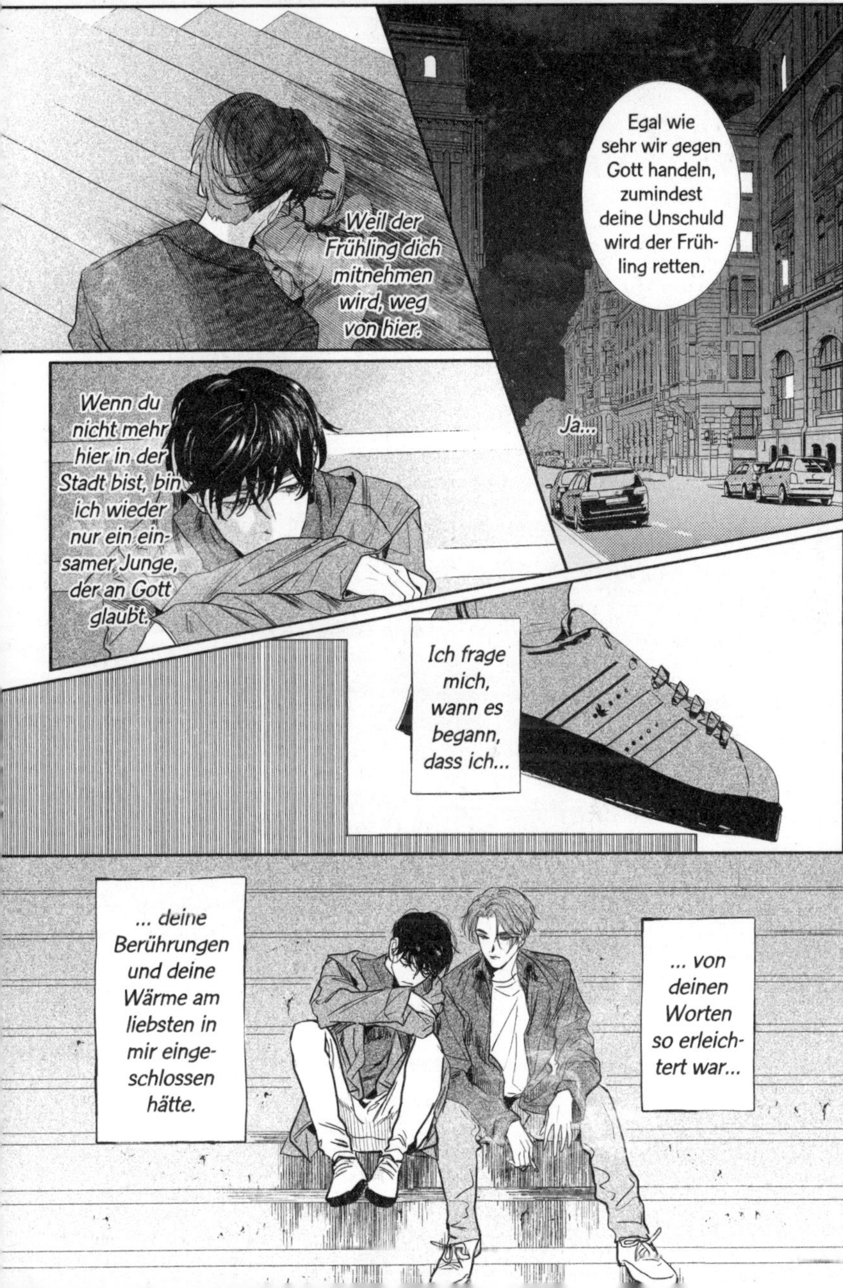

Egal wie sehr wir gegen Gott handeln, zumindest deine Unschuld wird der Frühling retten.
Weil der Frühling dich mitnehmen wird, weg von hier.
Ja...
Wenn du nicht mehr hier in der Stadt bist, bin ich wieder nur ein einsamer Junge, der an Gott glaubt.
Ich frage mich, wann es begann, dass ich...
... von deinen Worten so erleichtert war...
... deine Berührungen und deine Wärme am liebsten in mir eingeschlossen hätte.

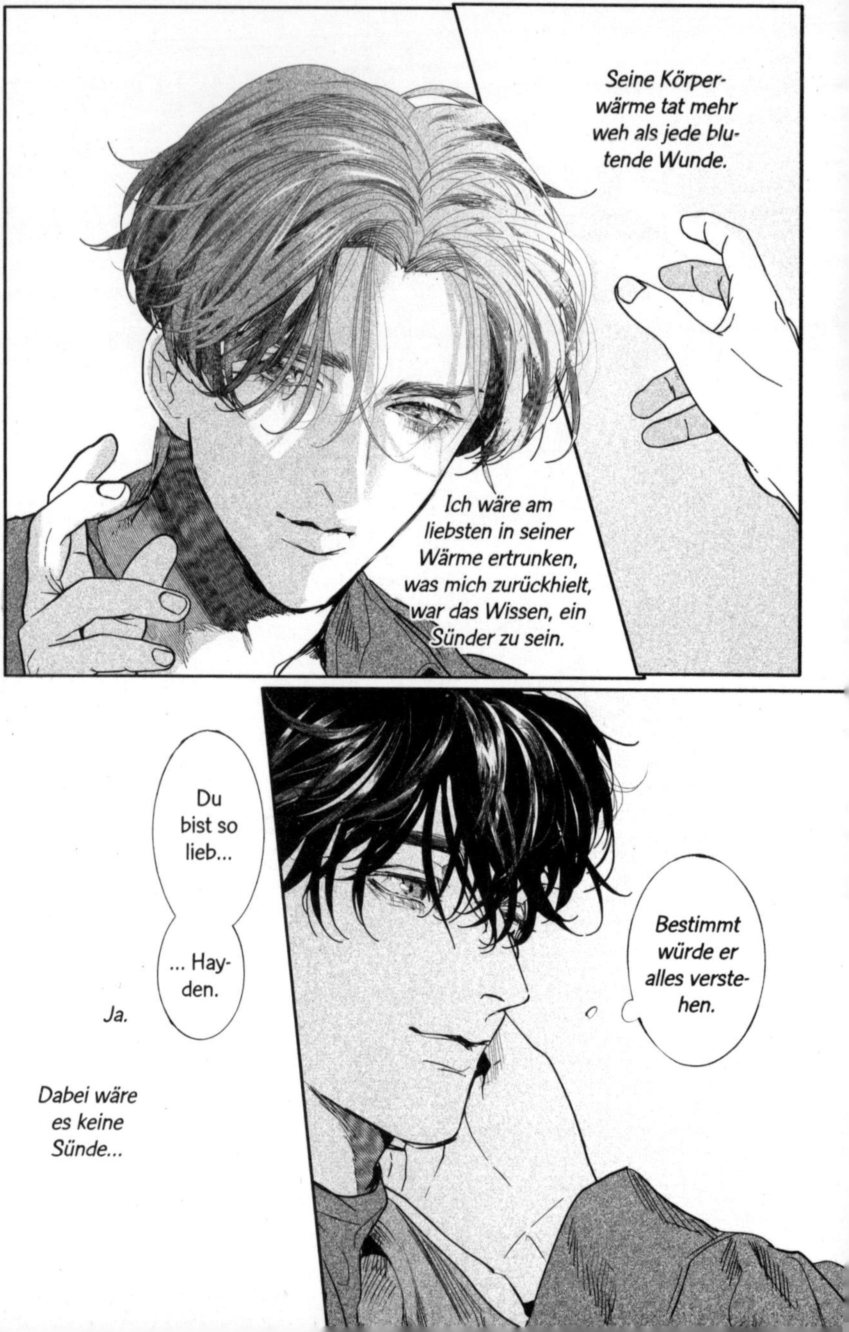
Seine Körperwärme tat mehr weh als jede blutende Wunde.
Ich wäre am liebsten in seiner Wärme ertrunken, was mich zurückhielt, war das Wissen, ein Sünder zu sein.
Bestimmt würde er alles verstehen.
Du bist so lieb...
... Hayden.
Ja.
Dabei wäre es keine Sünde...

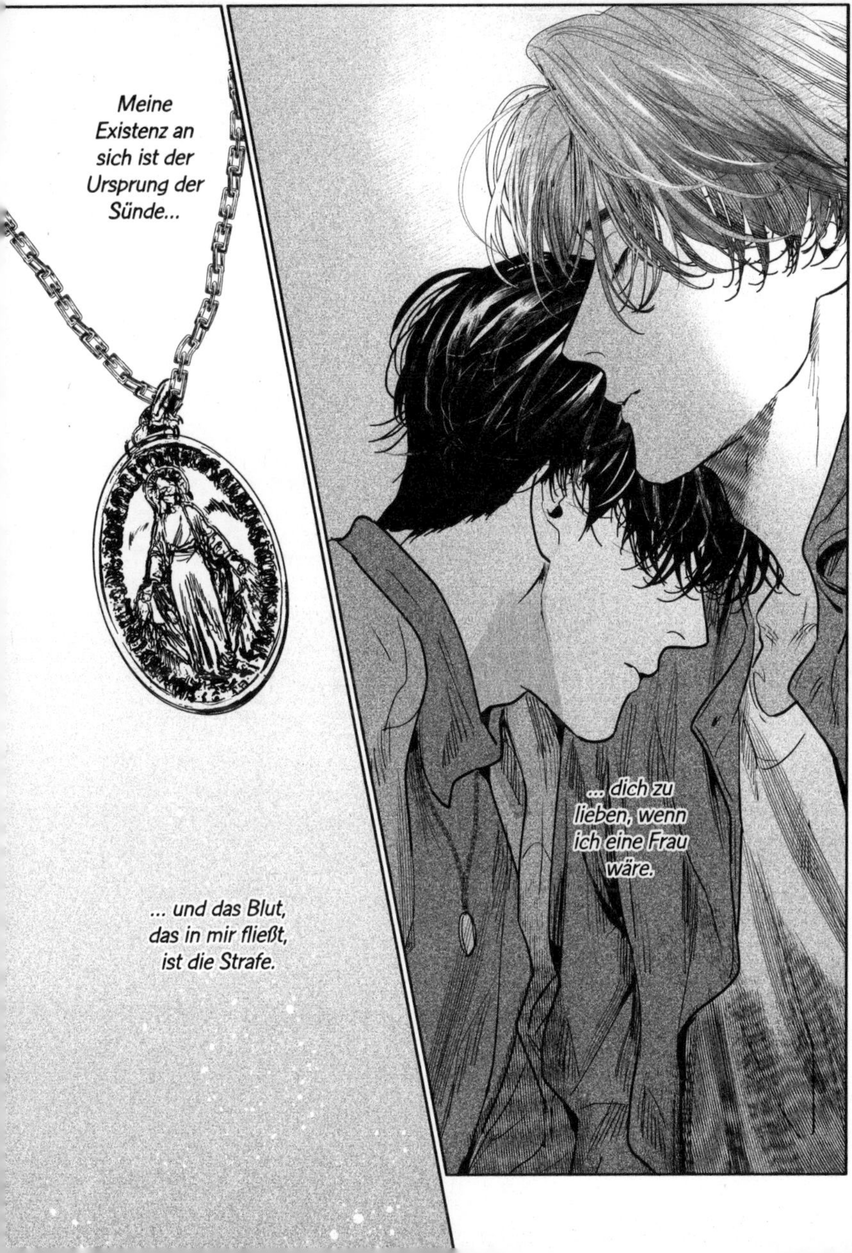
... dich zu lieben, wenn ich eine Frau wäre.
Meine Existenz an sich ist der Ursprung der Sünde...
... und das Blut, das in mir fließt, ist die Strafe.

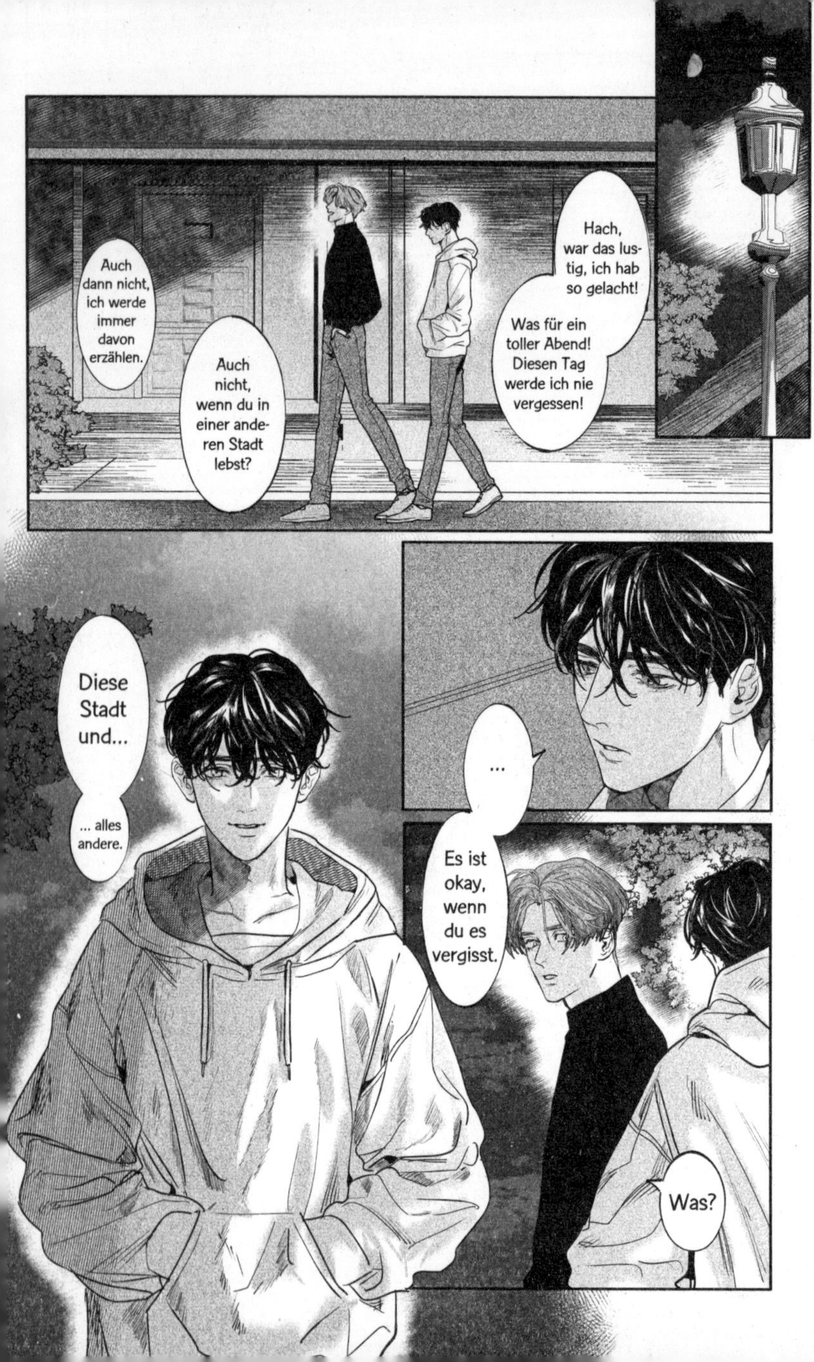
Hach, war das lustig, ich hab so gelacht!
Was für ein toller Abend! Diesen Tag werde ich nie vergessen!
Auch nicht, wenn du in einer anderen Stadt lebst?
Auch dann nicht, ich werde immer davon erzählen.
...
Es ist okay, wenn du es vergisst.
Was?
Diese Stadt und...
... alles andere.

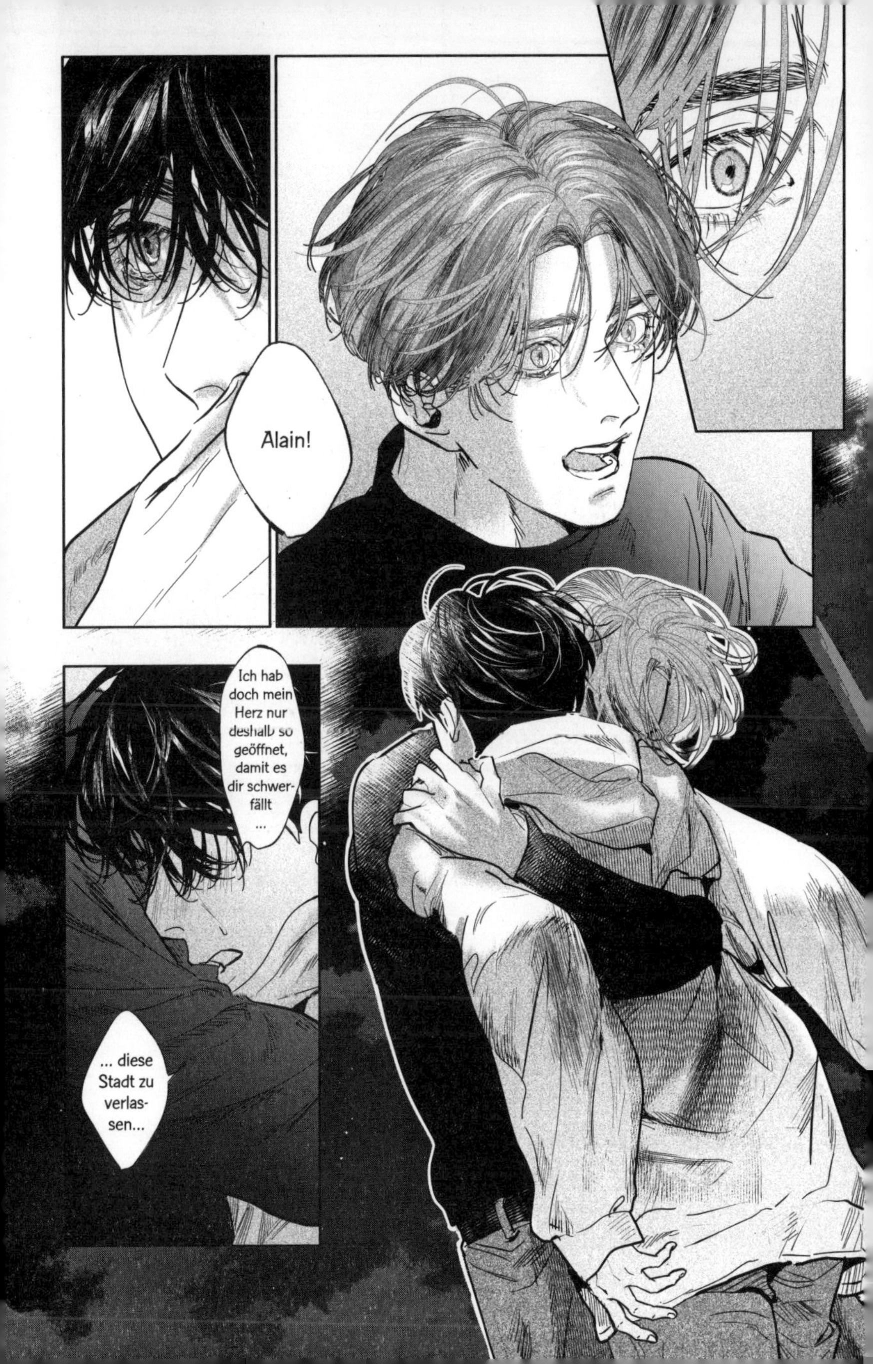
Alain!
Ich hab doch mein Herz nur deshalb so geöffnet, damit es dir schwerfällt ...
... diese Stadt zu verlassen...

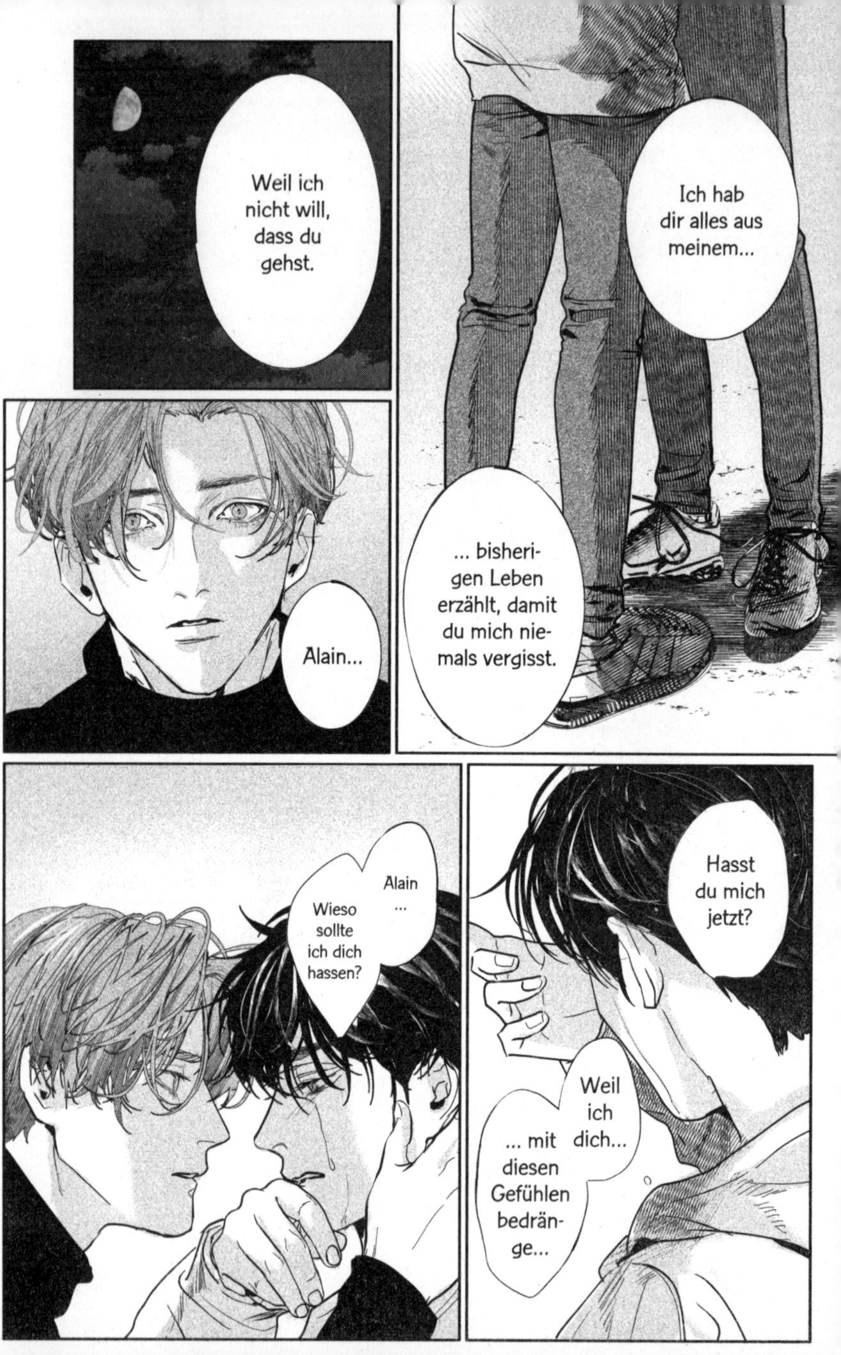
Ich hab dir alles aus meinem...
... bisherigen Leben erzählt, damit du mich niemals vergisst.
Weil ich nicht will, dass du gehst.
Alain...
Hasst du mich jetzt?
Weil ich dich...
... mit diesen Gefühlen bedränge...
Alain ...
Wieso sollte ich dich hassen?

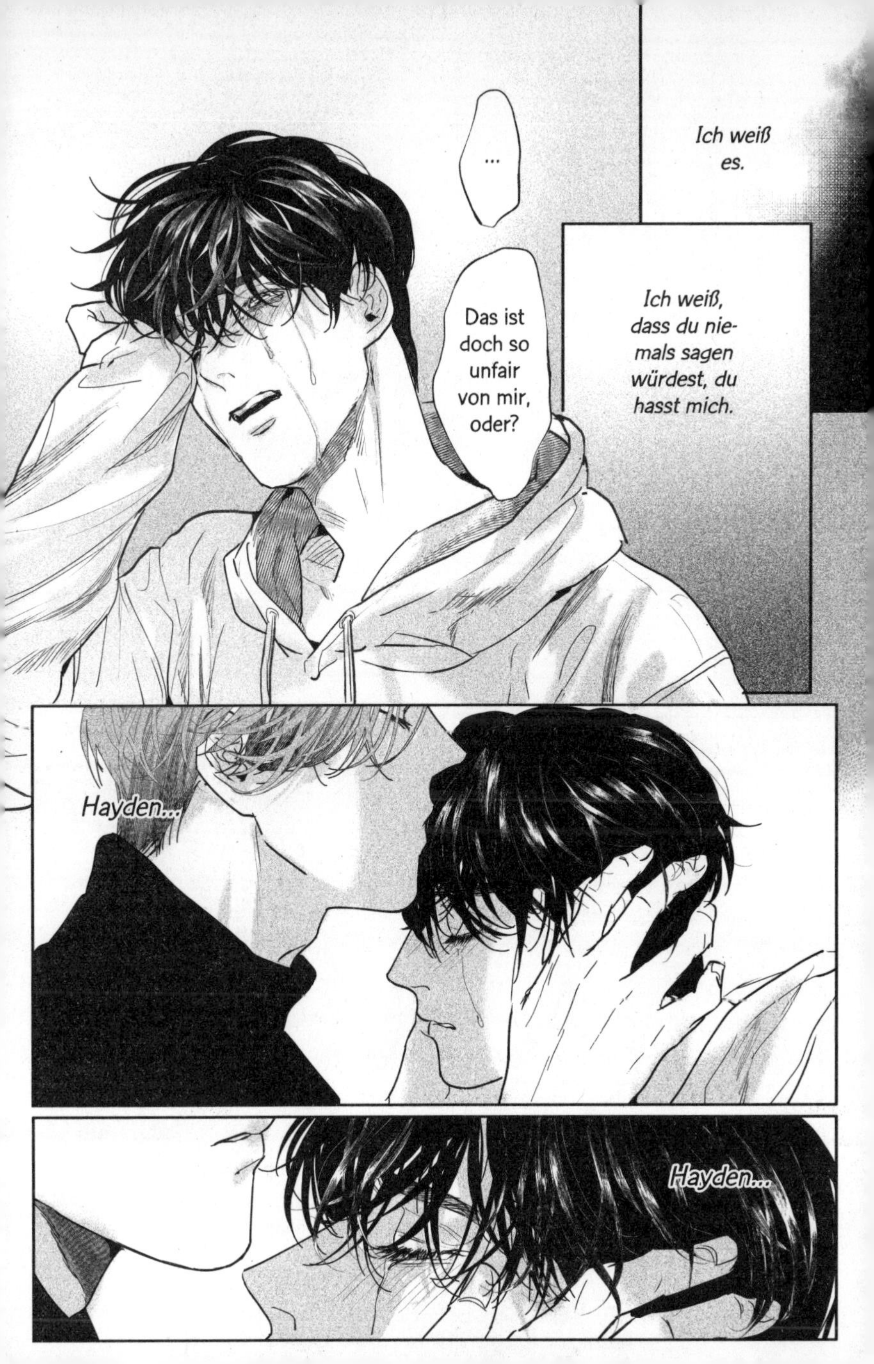
Ich weiß es.
Ich weiß, dass du nie-mals sagen würdest, du hasst mich.
...
Das ist doch so unfair von mir, oder?
Hayden...
Hayden...

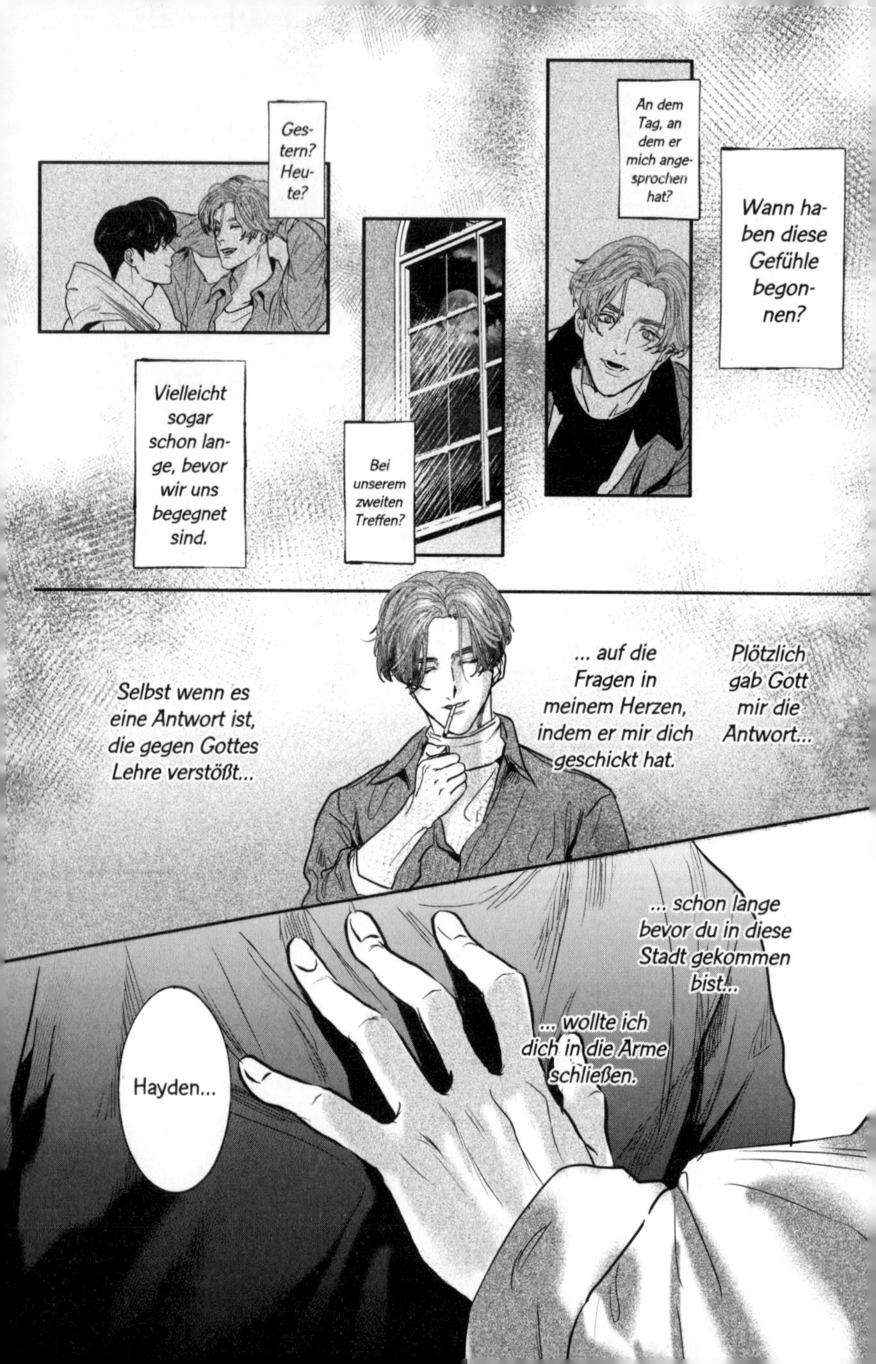

Wann haben diese Gefühle begonnen?
An dem Tag, an dem er mich angesprochen hat?
Bei unserem zweiten Treffen?
Gestern? Heute?
Vielleicht sogar schon lange, bevor wir uns begegnet sind.
Plötzlich gab Gott mir die Antwort...
... auf die Fragen in meinem Herzen, indem er mir dich geschickt hat.
Selbst wenn es eine Antwort ist, die gegen Gottes Lehre verstößt...
... schon lange bevor du in diese Stadt gekommen bist...
... wollte ich dich in die Arme schließen.
Hayden...

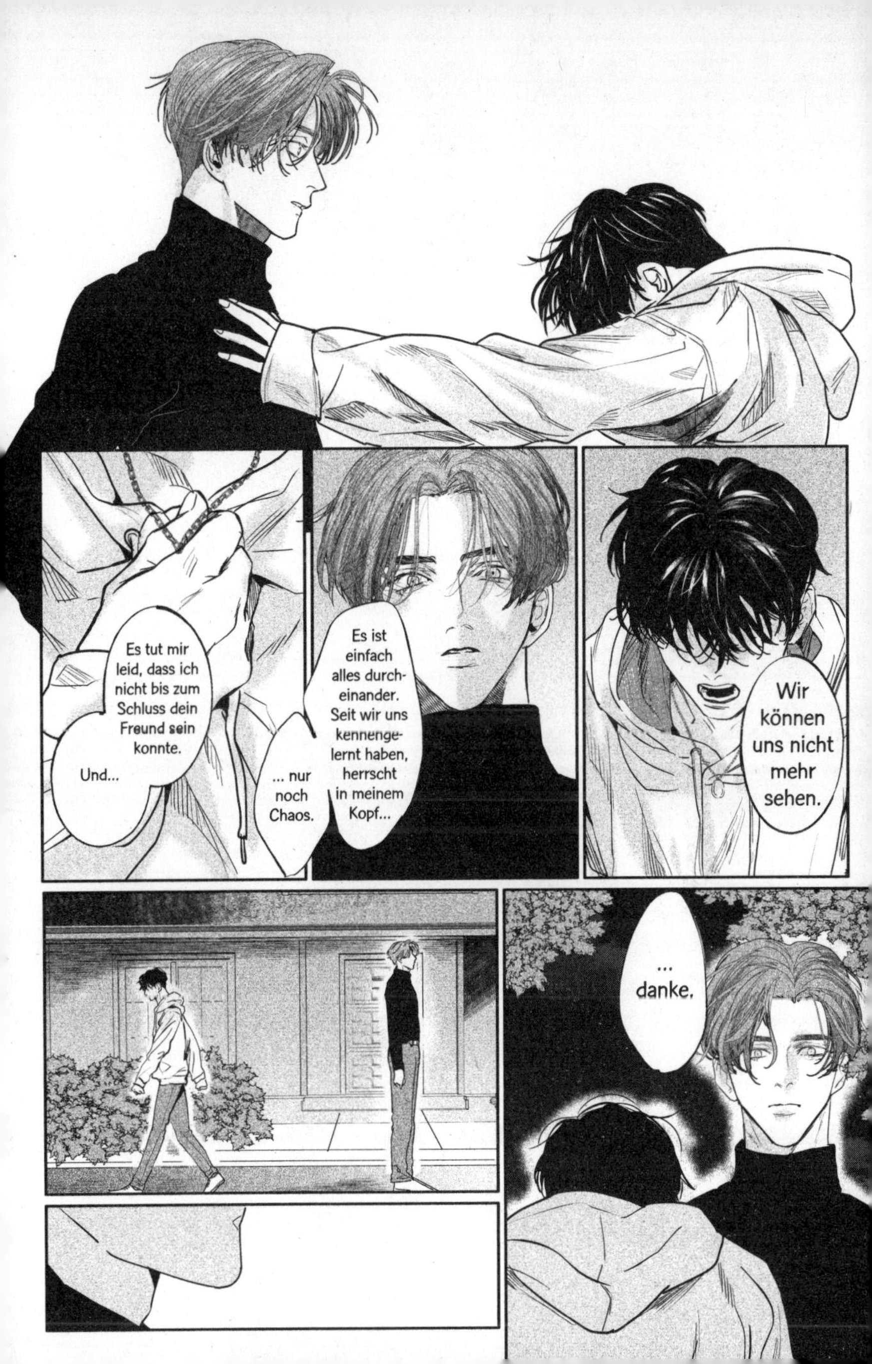
Wir können uns nicht mehr sehen.
Es ist einfach alles durcheinander. Seit wir uns kennengelernt haben, herrscht in meinem Kopf...
... nur noch Chaos.
Es tut mir leid, dass ich nicht bis zum Schluss dein Freund sein konnte.
Und...
... danke.

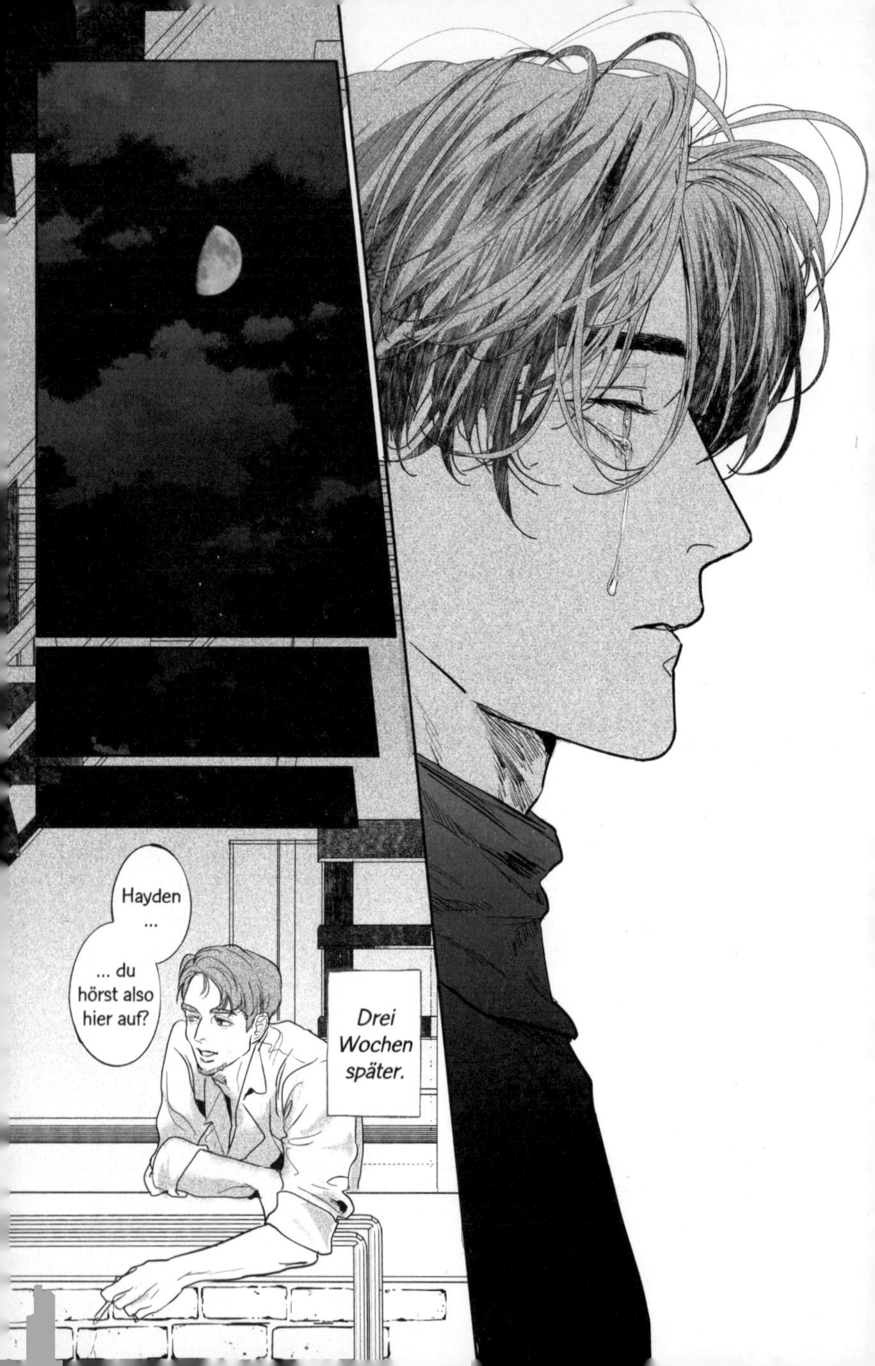
Drei Wochen später.
Hayden ...
... du hörst also hier auf?

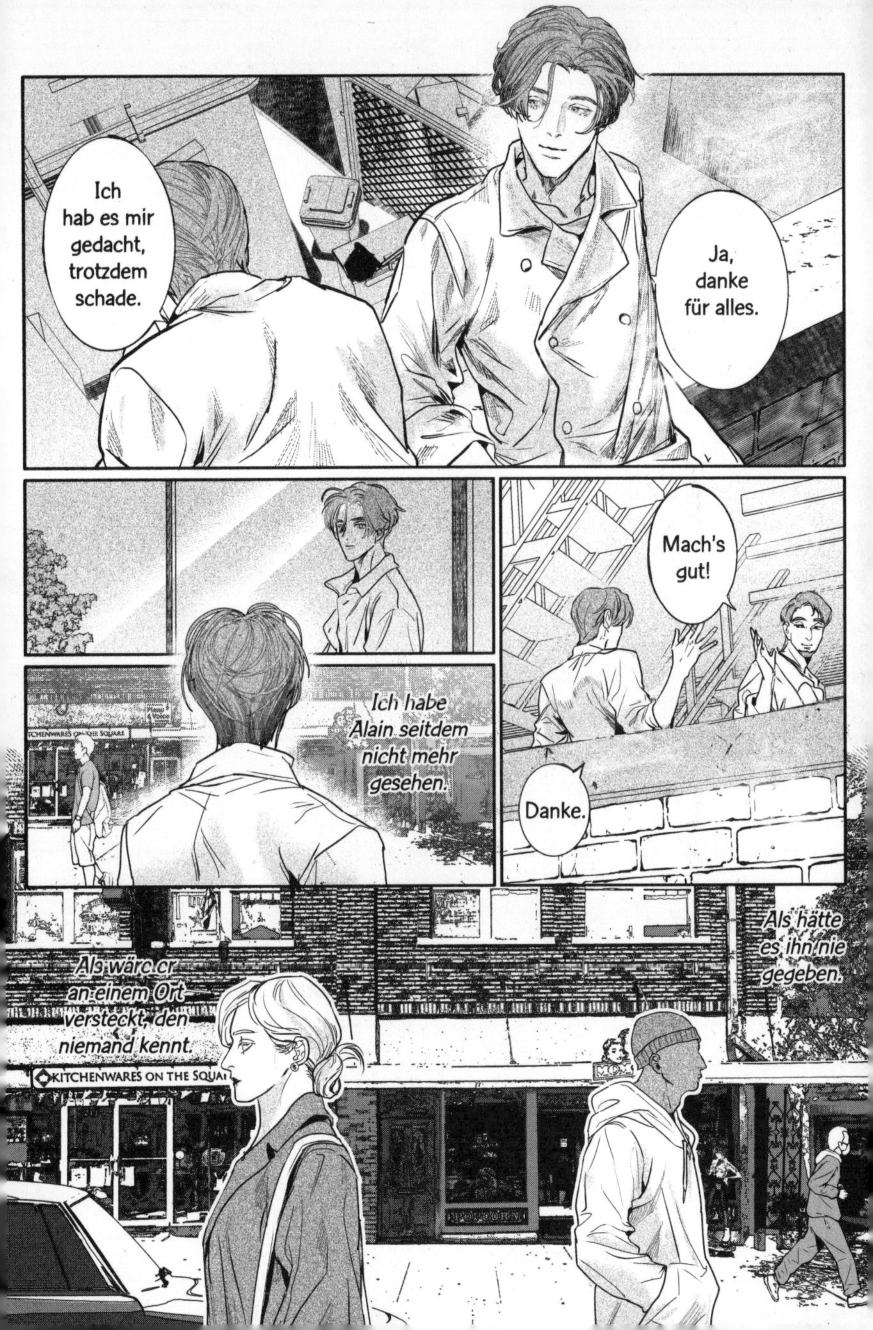
Ja, danke für alles.
Ich hab es mir gedacht, trotzdem schade.
Mach's gut!
Danke.
Ich habe Alain seitdem nicht mehr gesehen.
Als hätte es ihn nie gegeben.
Als wäre er an einem Ort versteckt, den niemand kennt.
KITCHENWARES ON THE SQUA

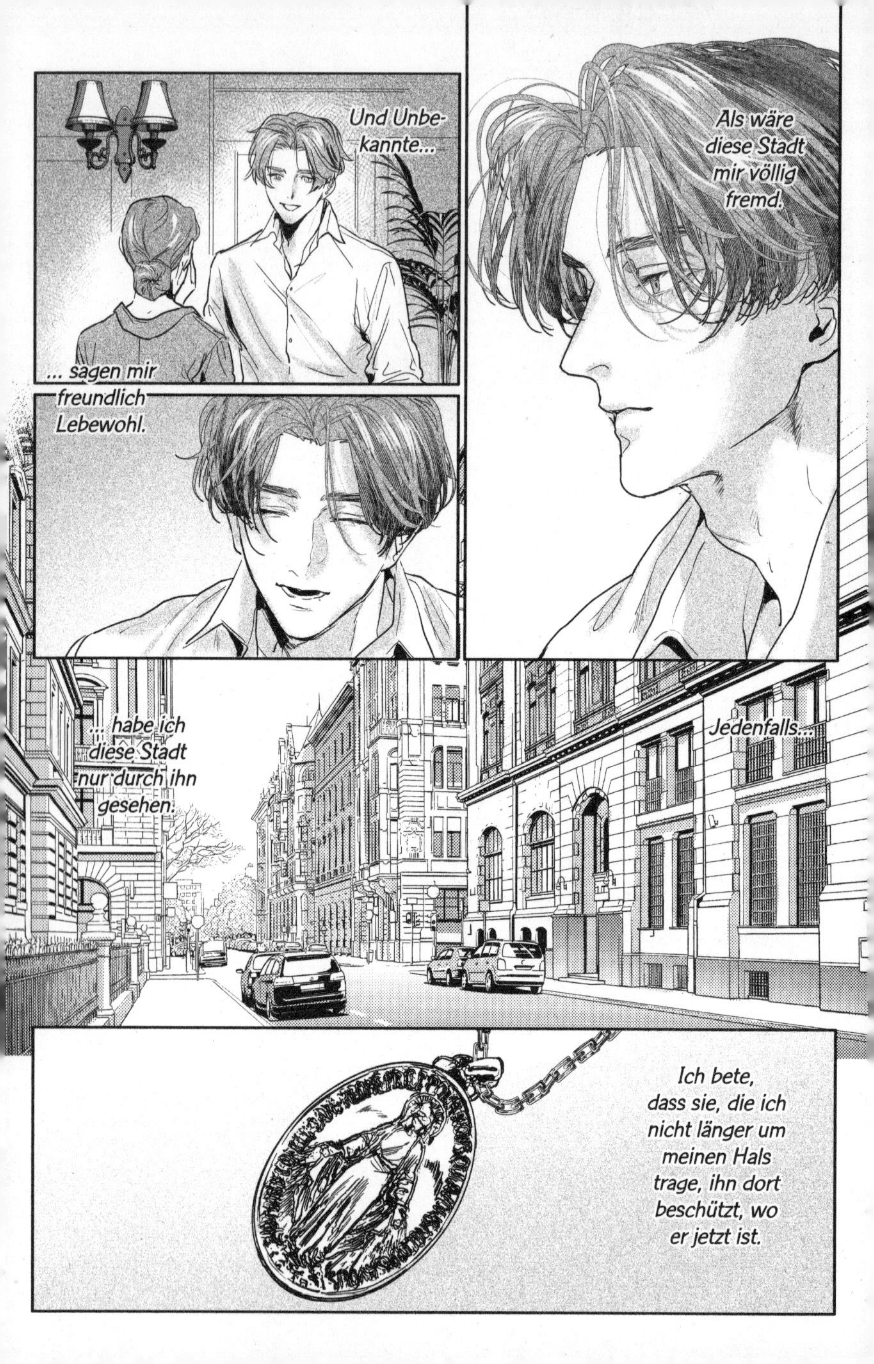
Als wäre diese Stadt mir völlig fremd.
Und Unbekannte...
... sagen mir freundlich Lebewohl.
Jedenfalls...
... habe ich diese Stadt nur durch ihn gesehen.
Ich bete, dass sie, die ich nicht länger um meinen Hals trage, ihn dort beschützt, wo er jetzt ist.

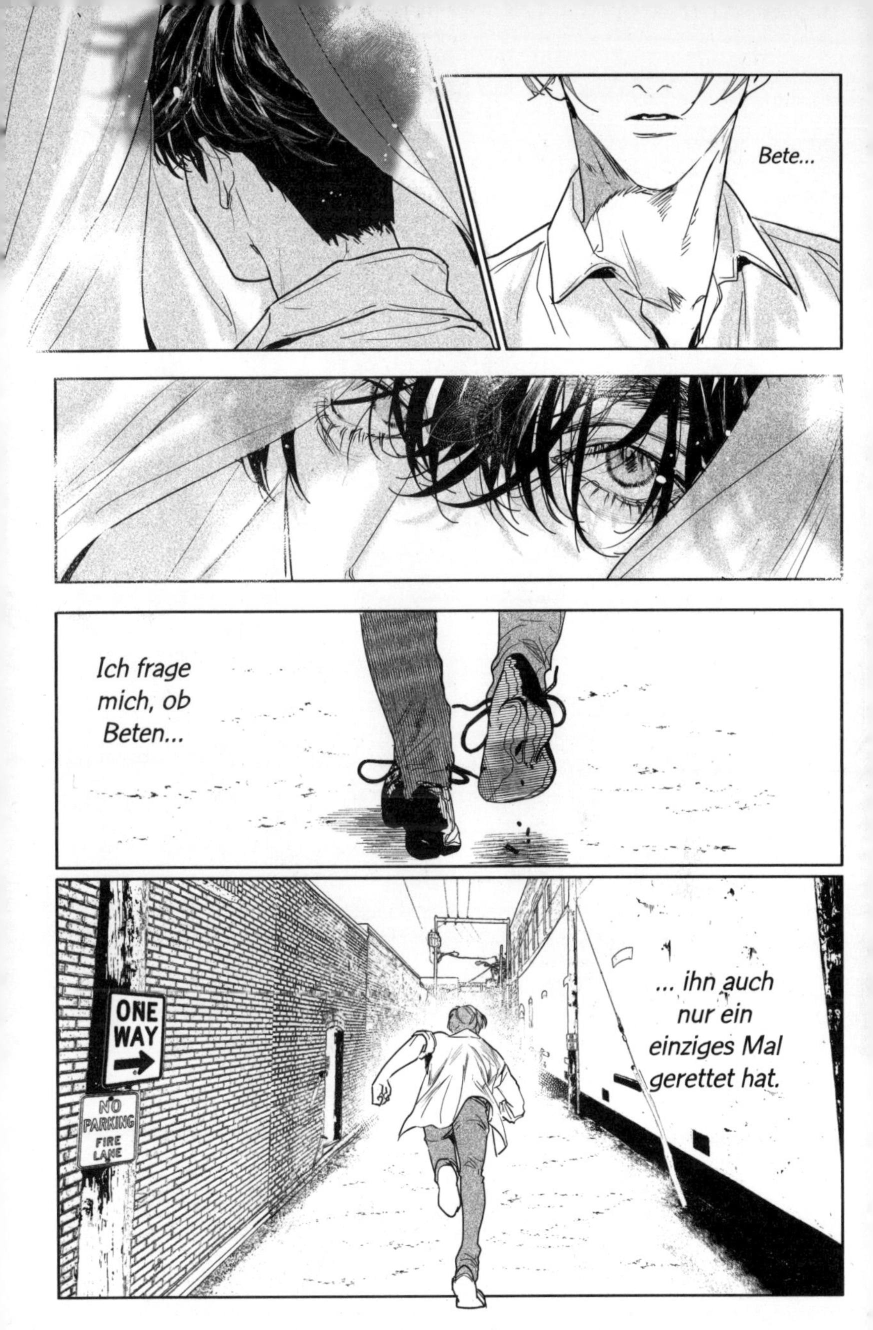
Bete...
Ich frage mich, ob Beten...
... ihn auch nur ein einziges Mal gerettet hat.
ONE WAY
NO PARKING FIRE LANE

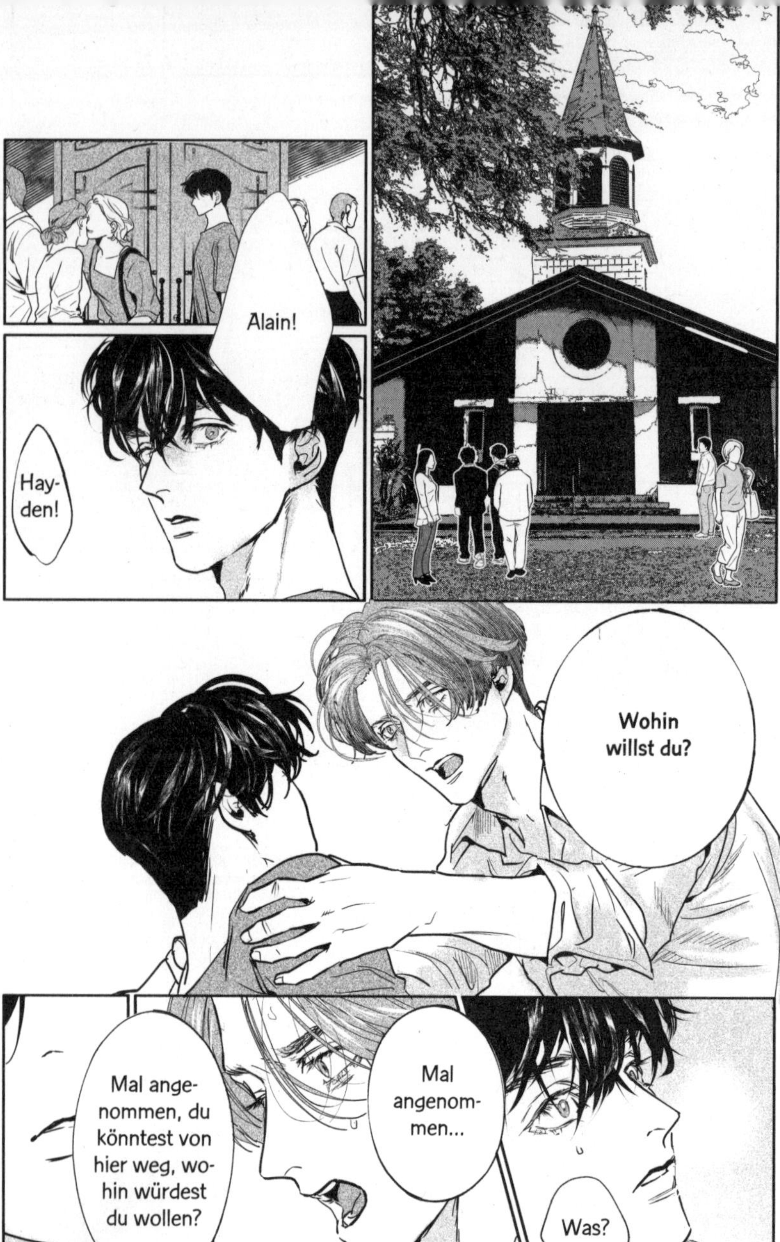
Alain!
Hay-den!
Wohin willst du?
Was?
Mal angenommen...
Mal ange-nommen, du könntest von hier weg, wo-hin würdest du wollen?

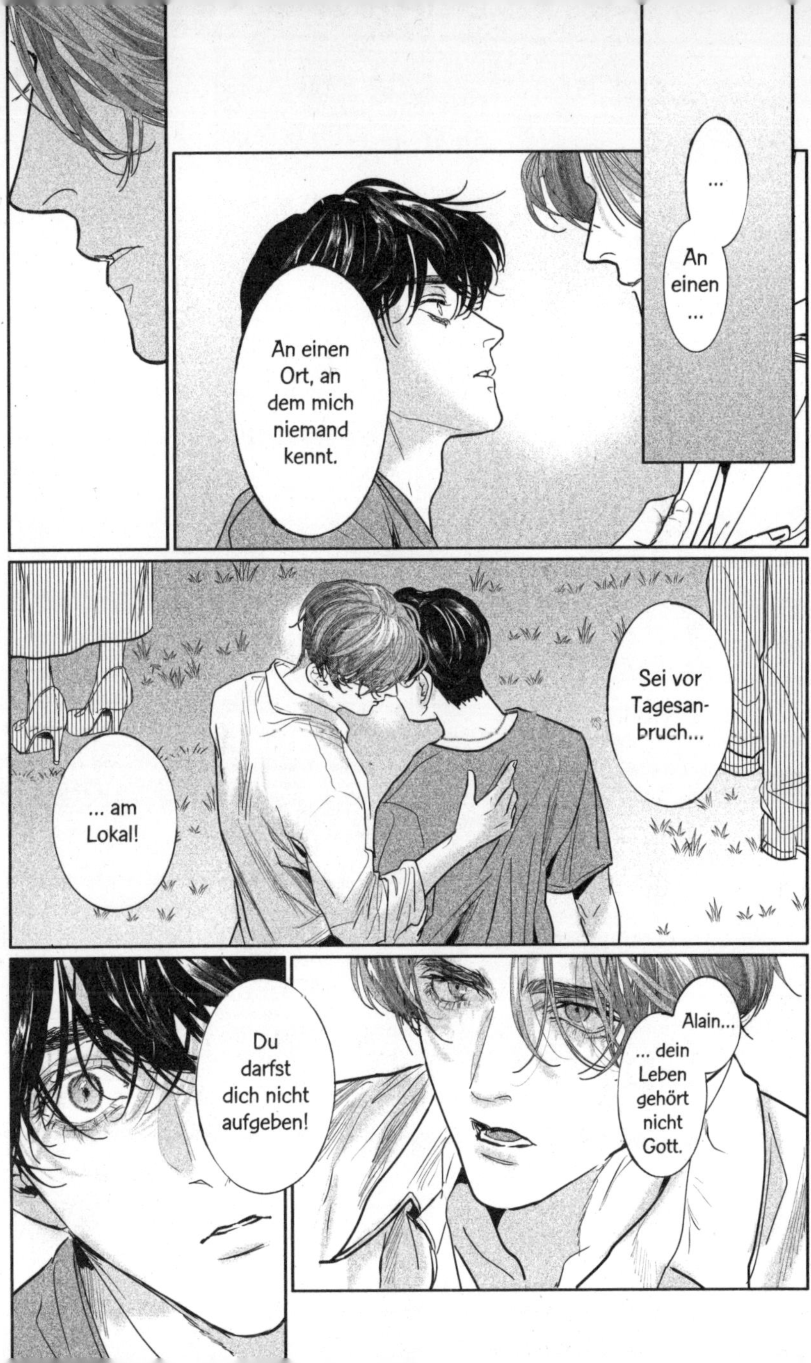
...
An einen ...
An einen Ort, an dem mich niemand kennt.
Sei vor Tagesanbruch...
... am Lokal!
Alain...
... dein Leben gehört nicht Gott.
Du darfst dich nicht aufgeben!

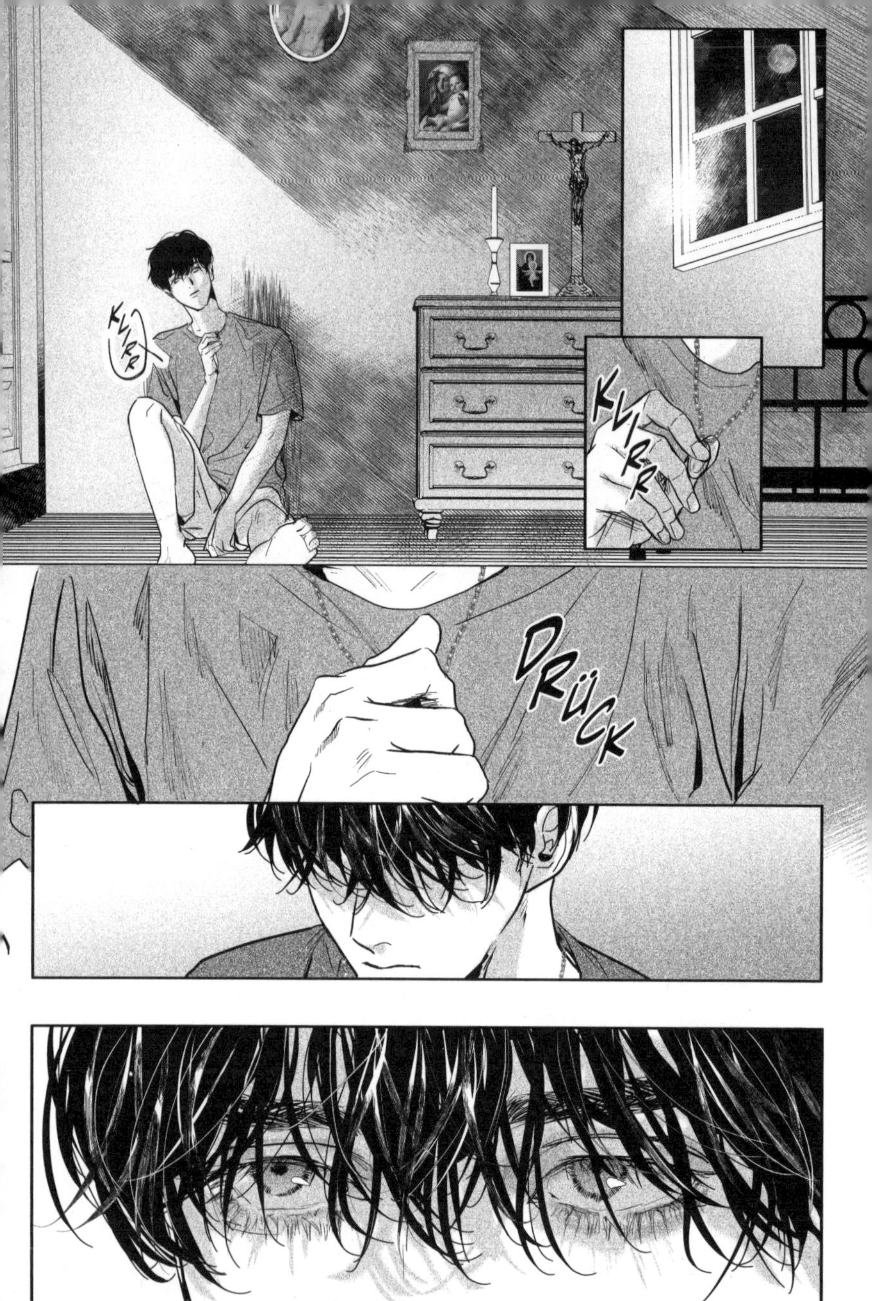
KVIRR
KVIRR
DRÜCK

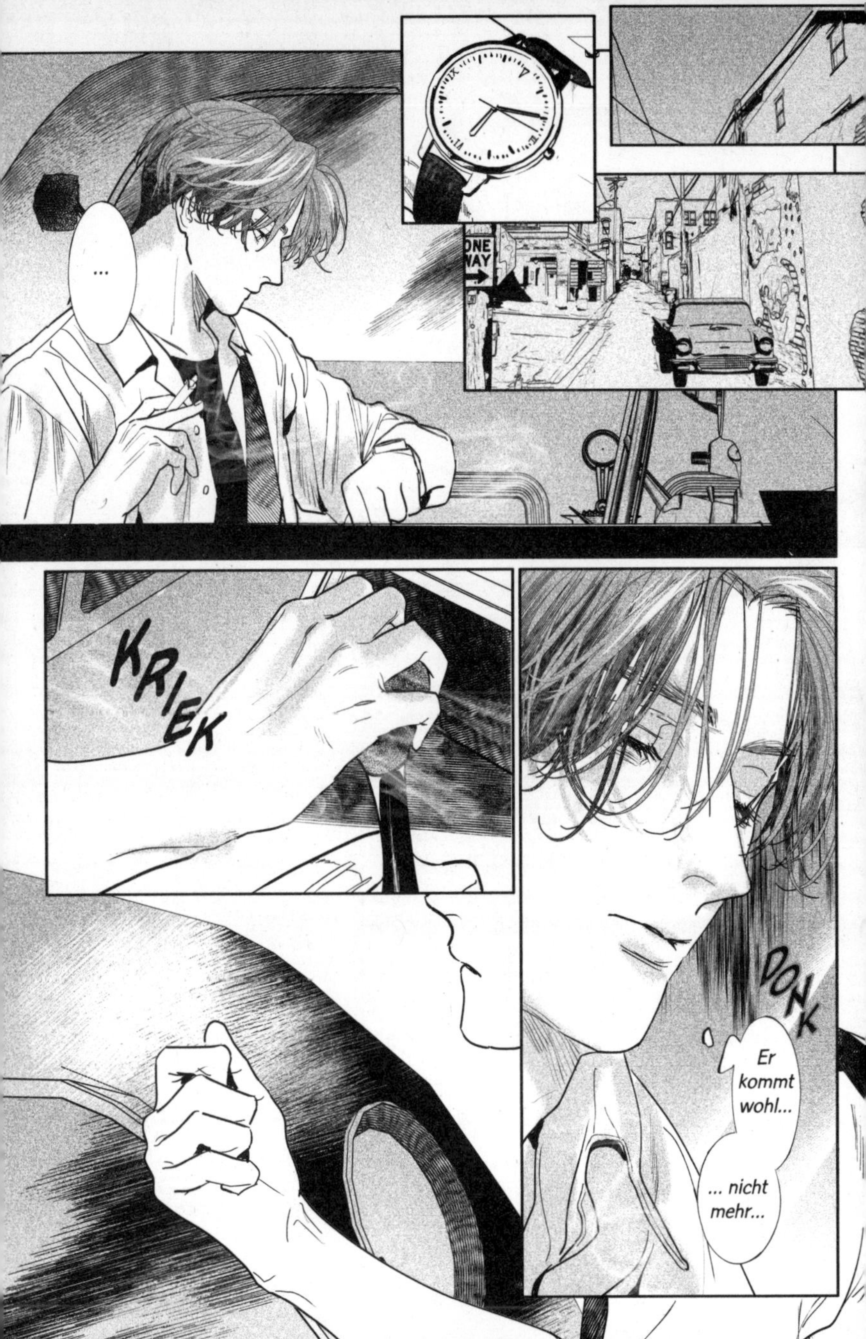

...
ONE WAY
KRIEK
DONK
Er kommt wohl...
... nicht mehr...

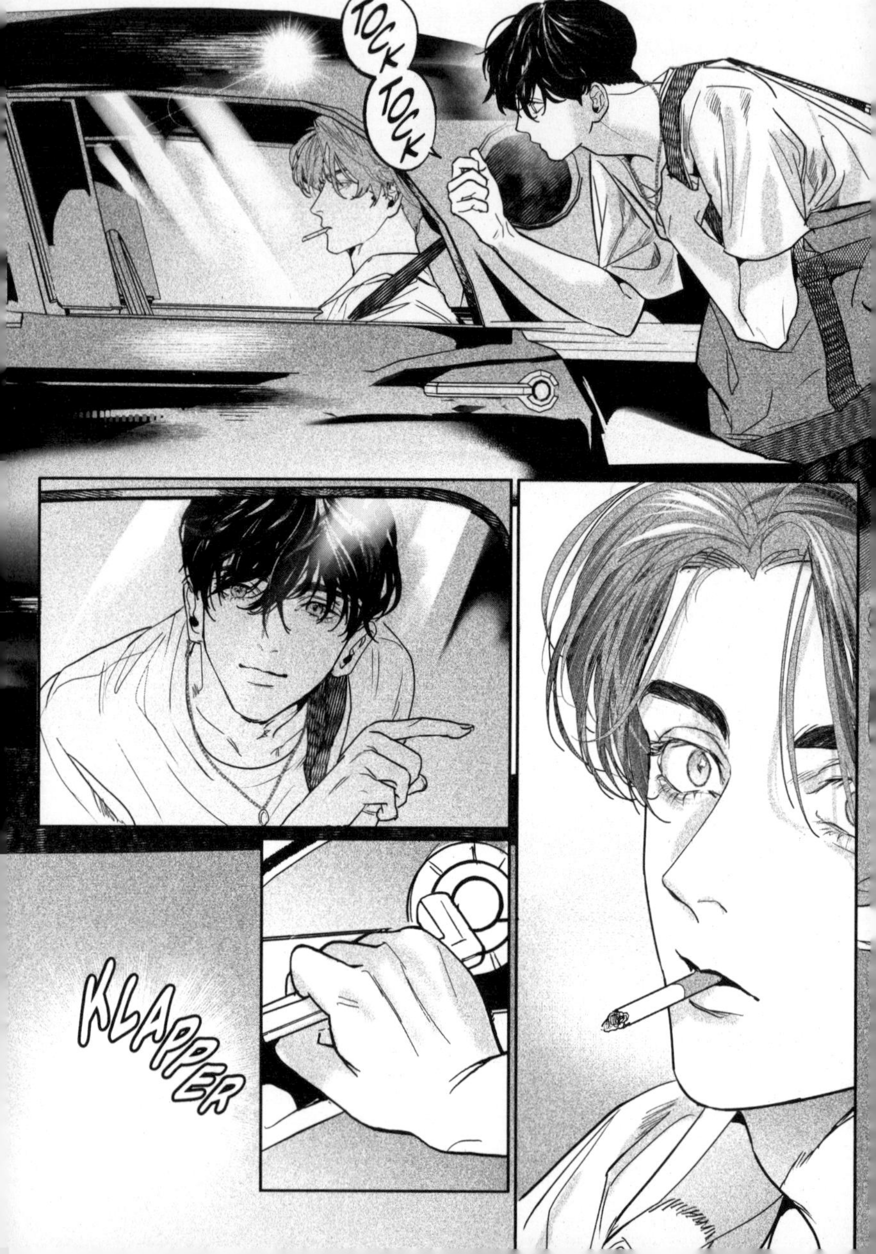
TOCK TOCK
KLAPPER

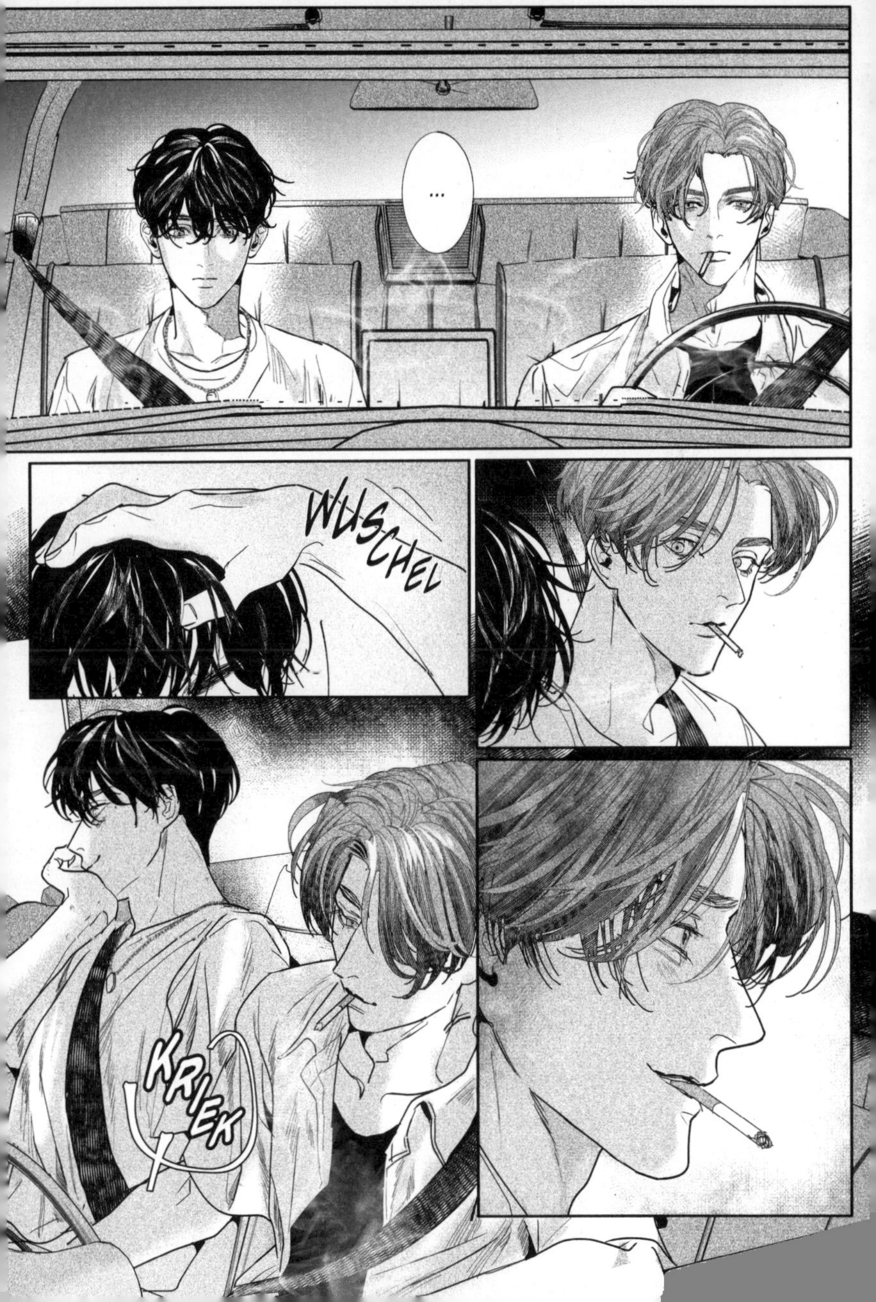
...
WUSCHEL
KRIEK

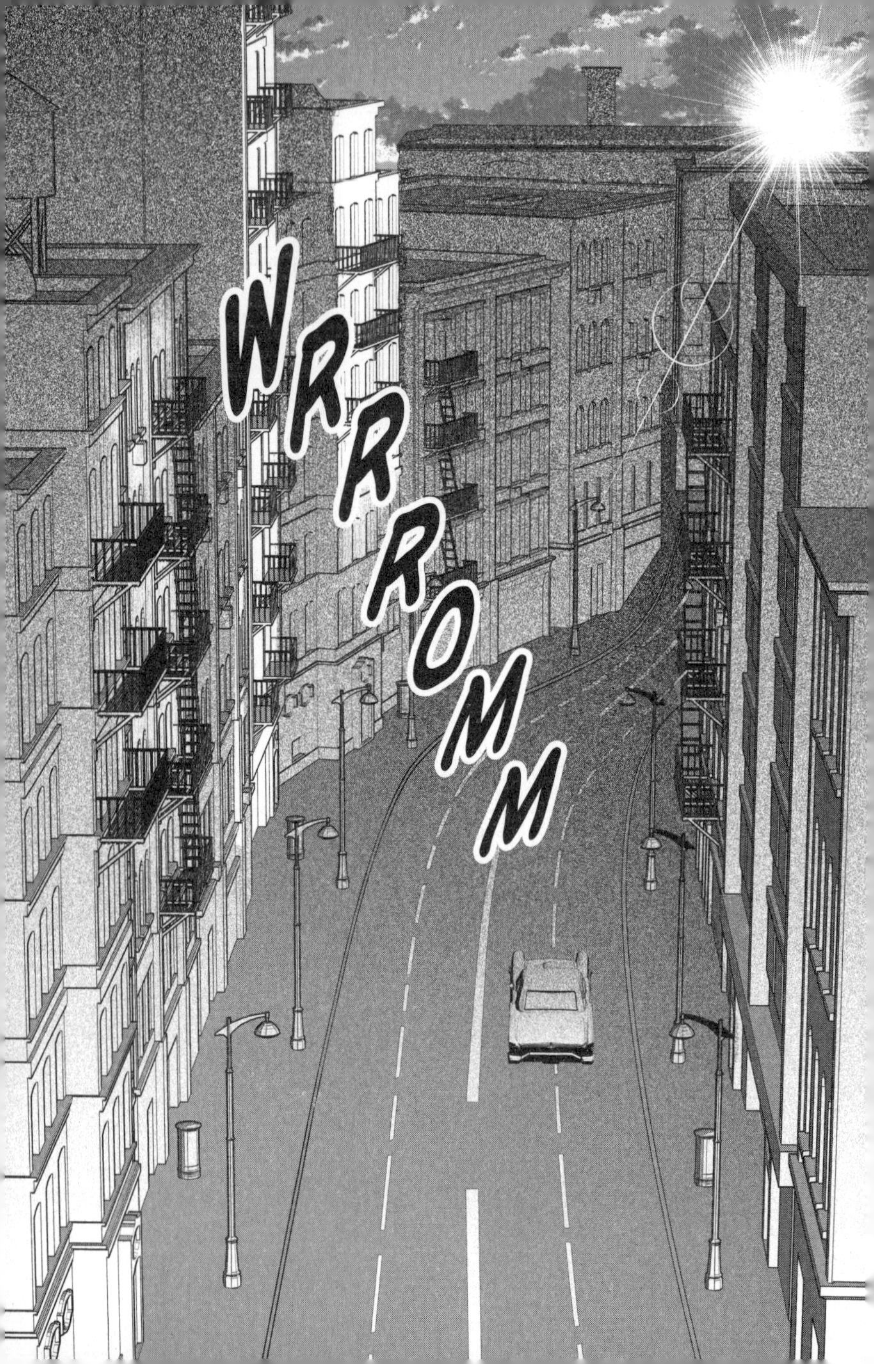
WRRROMM

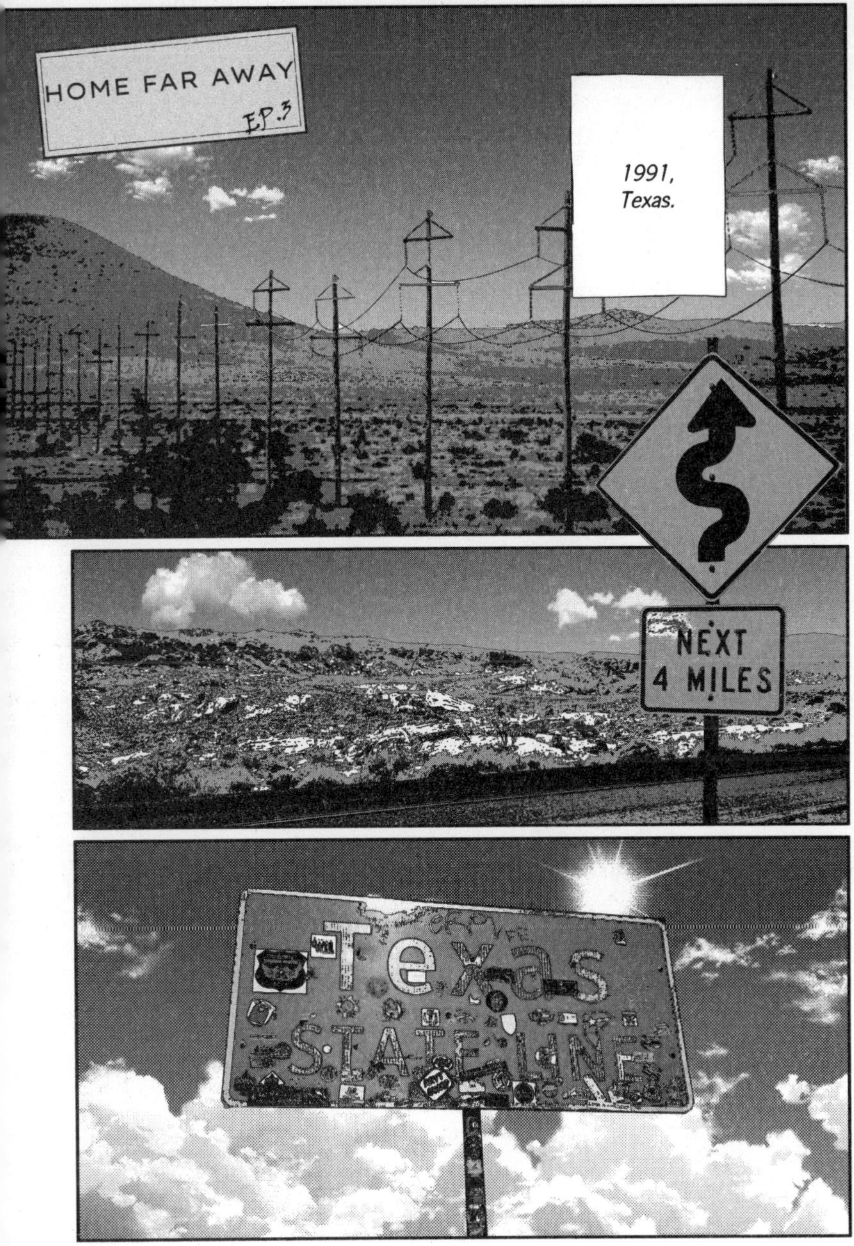
HOME FAR AWAY
EP.3
1991, Texas.
NEXT 4 MILES
Texas STATE LINE

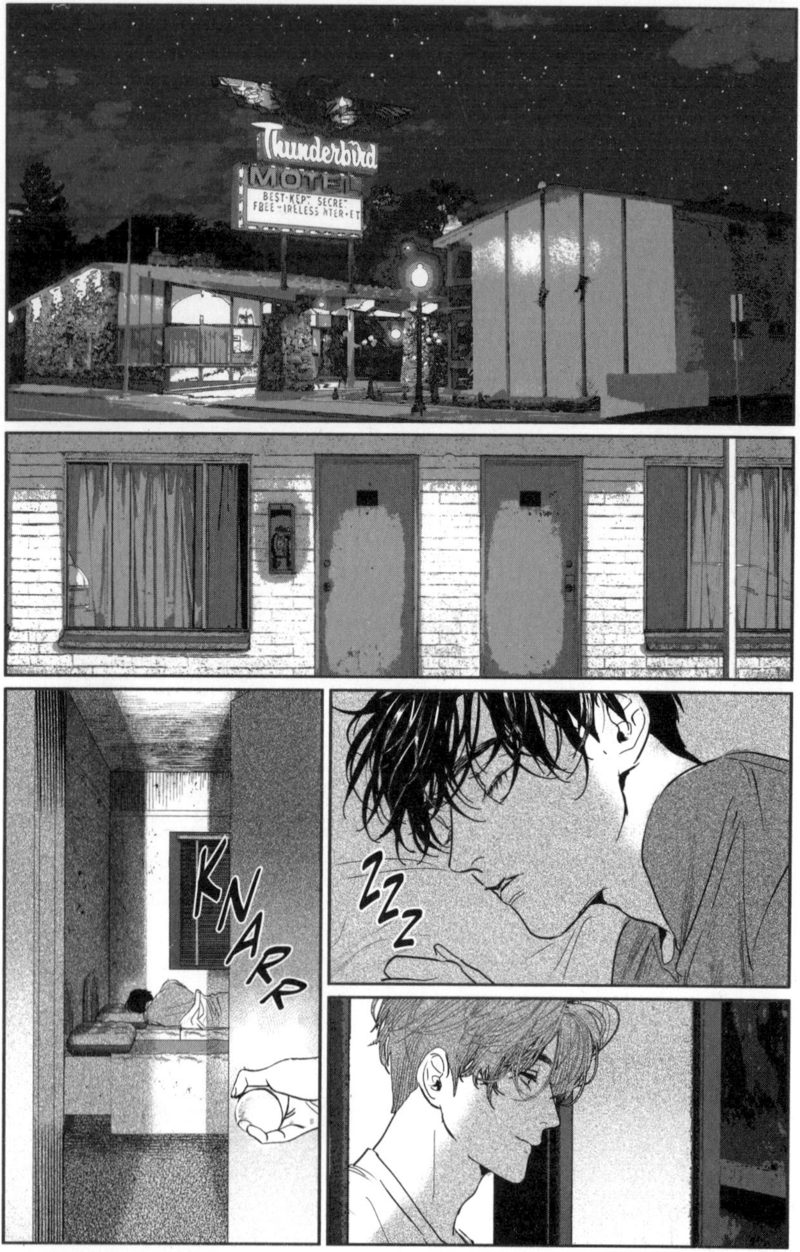
Thunderbird
MOTEL
KNARR
ZZZ

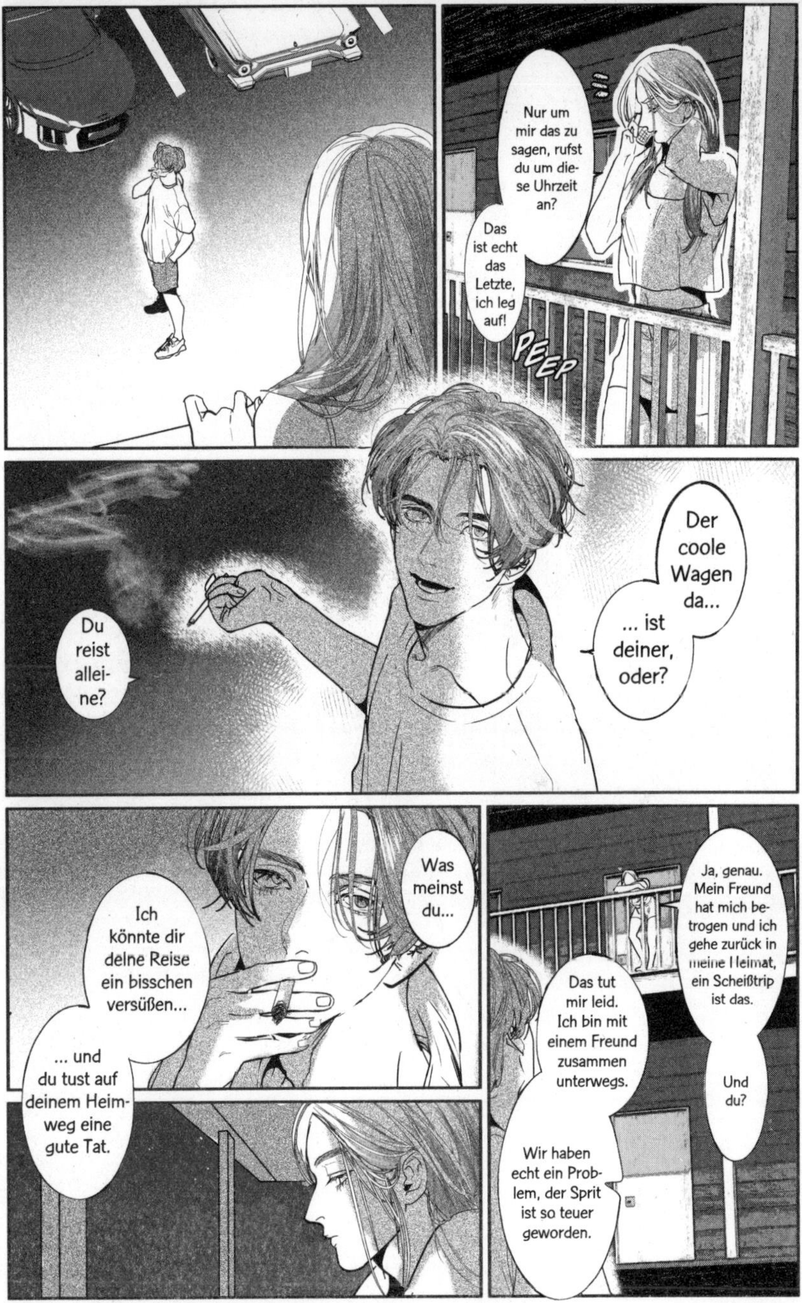
Nur um mir das zu sagen, rufst du um diese Uhrzeit an?
Das ist echt das Letzte, ich leg auf!
PEEP
Der coole Wagen da...
... ist deiner, oder?
Du reist alleine?
Ja, genau. Mein Freund hat mich betrogen und ich gehe zurück in meine Heimat, ein Scheißtrip ist das.
Und du?
Das tut mir leid. Ich bin mit einem Freund zusammen unterwegs.
Wir haben echt ein Problem, der Sprit ist so teuer geworden.
Was meinst du...
Ich könnte dir deine Reise ein bisschen versüßen...
... und du tust auf deinem Heimweg eine gute Tat.

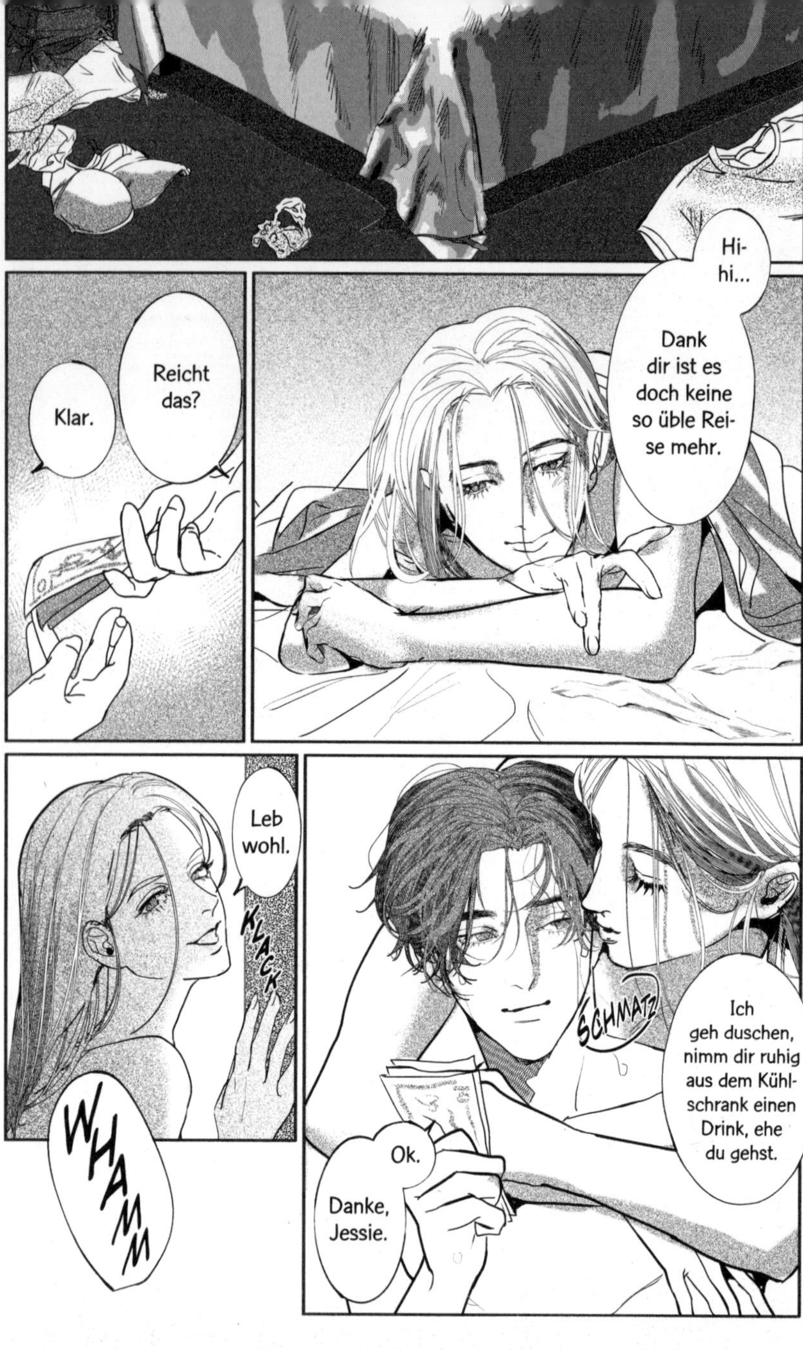
Reicht das?
Klar.
Hi-hi...
Dank dir ist es doch keine so üble Reise mehr.
Leb wohl.
KLACK
WHAMM
SCHMATZ
Ich geh duschen, nimm dir ruhig aus dem Kühlschrank einen Drink, ehe du gehst.
Ok.
Danke, Jessie.

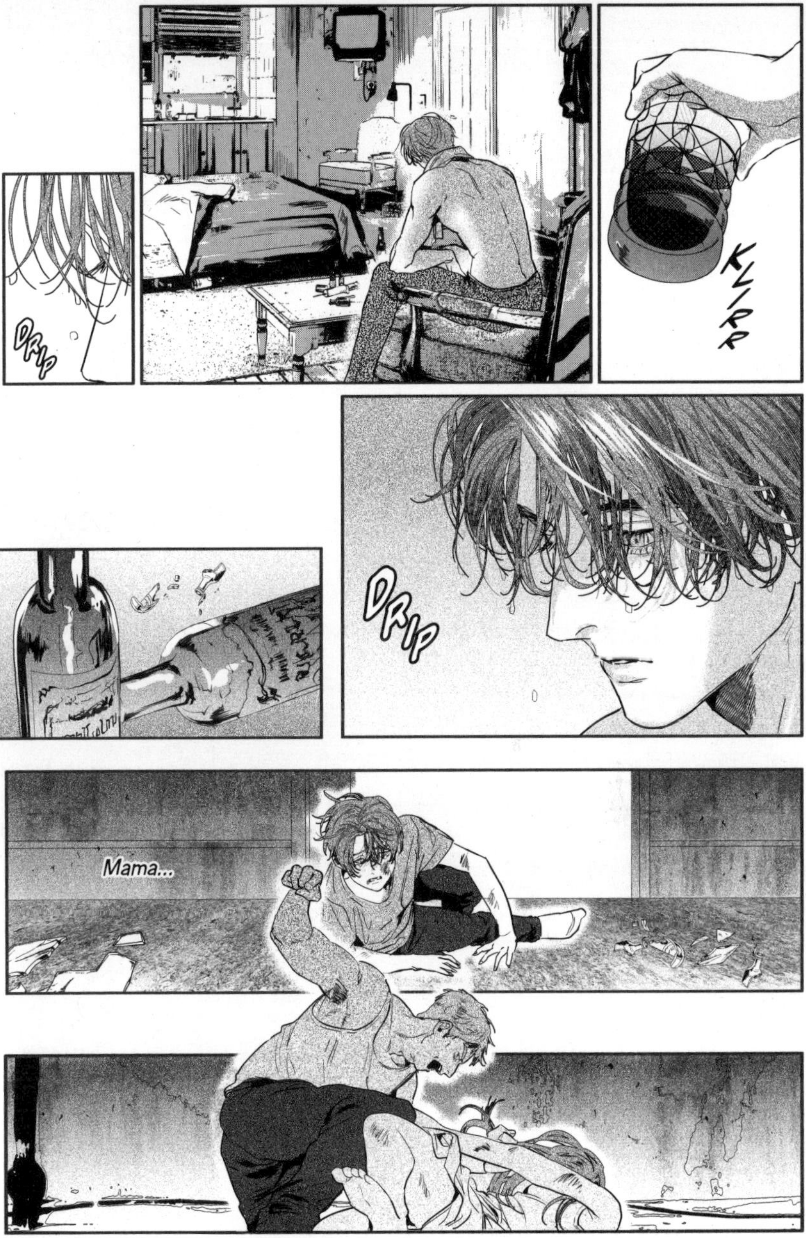
KLIRR
DRIP
DRIP
Mama...

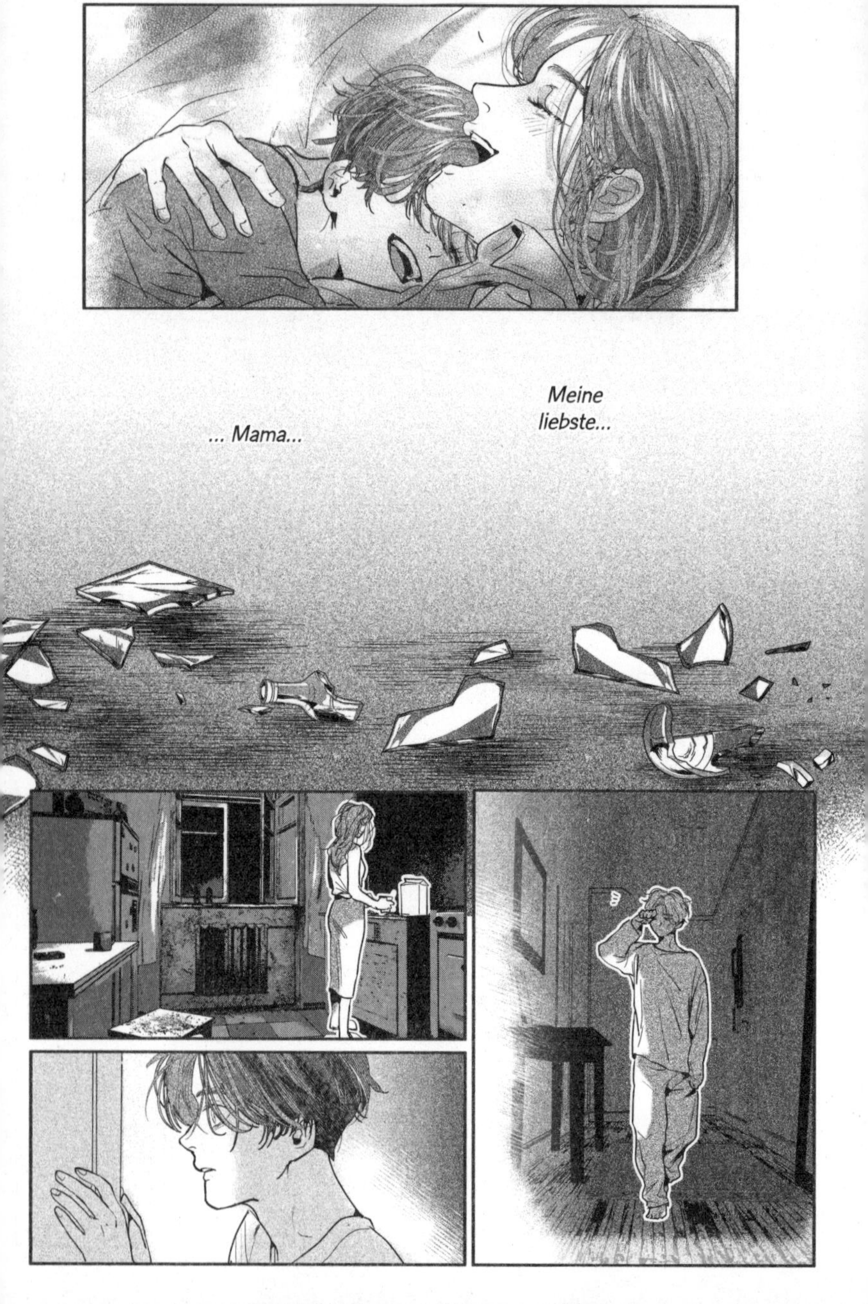
Meine liebste...
... Mama...

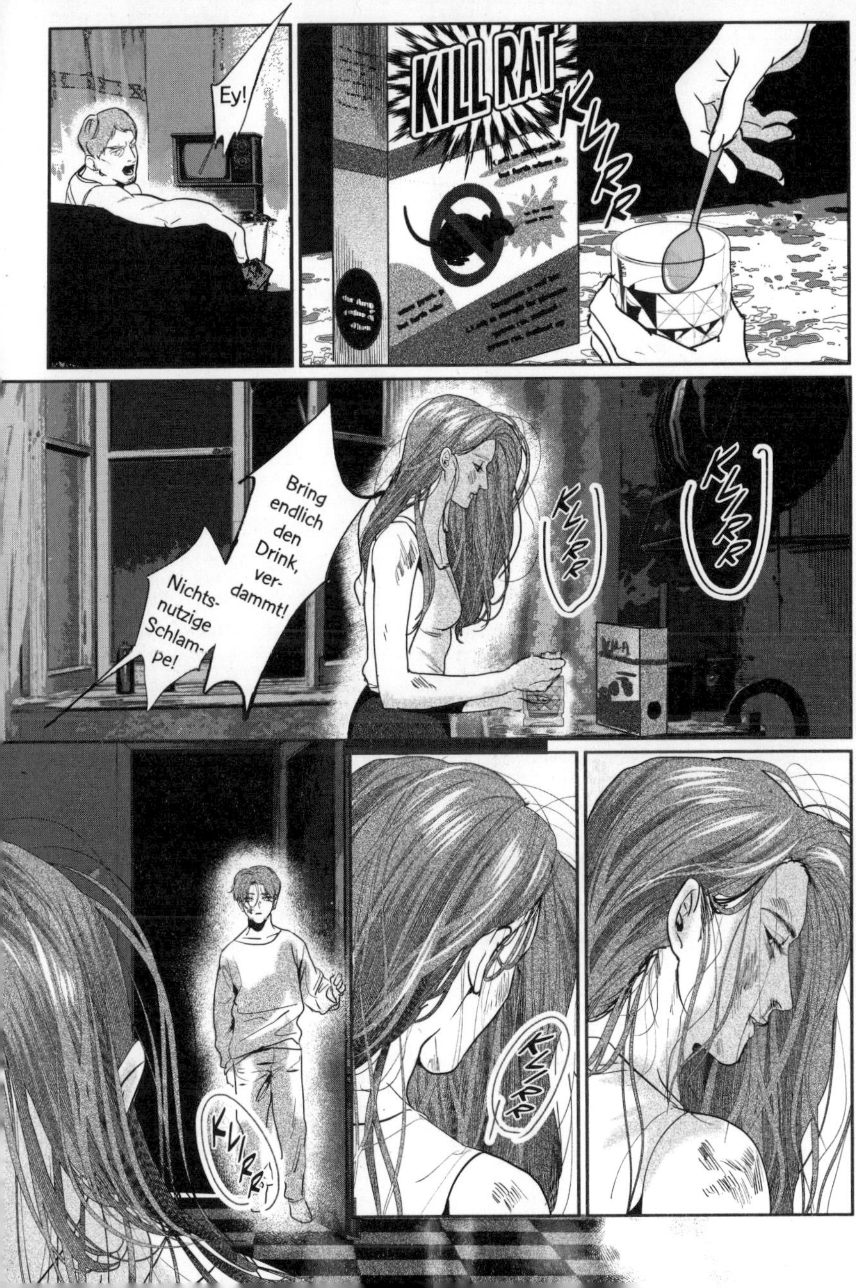
Ey!
KILL RAT
KVIRR
Bring endlich den Drink, ver-dammt!
Nichts-nutzige Schlam-pe!
KVIRR
KVIRR
KVIRR
KVIRR
KVIRR

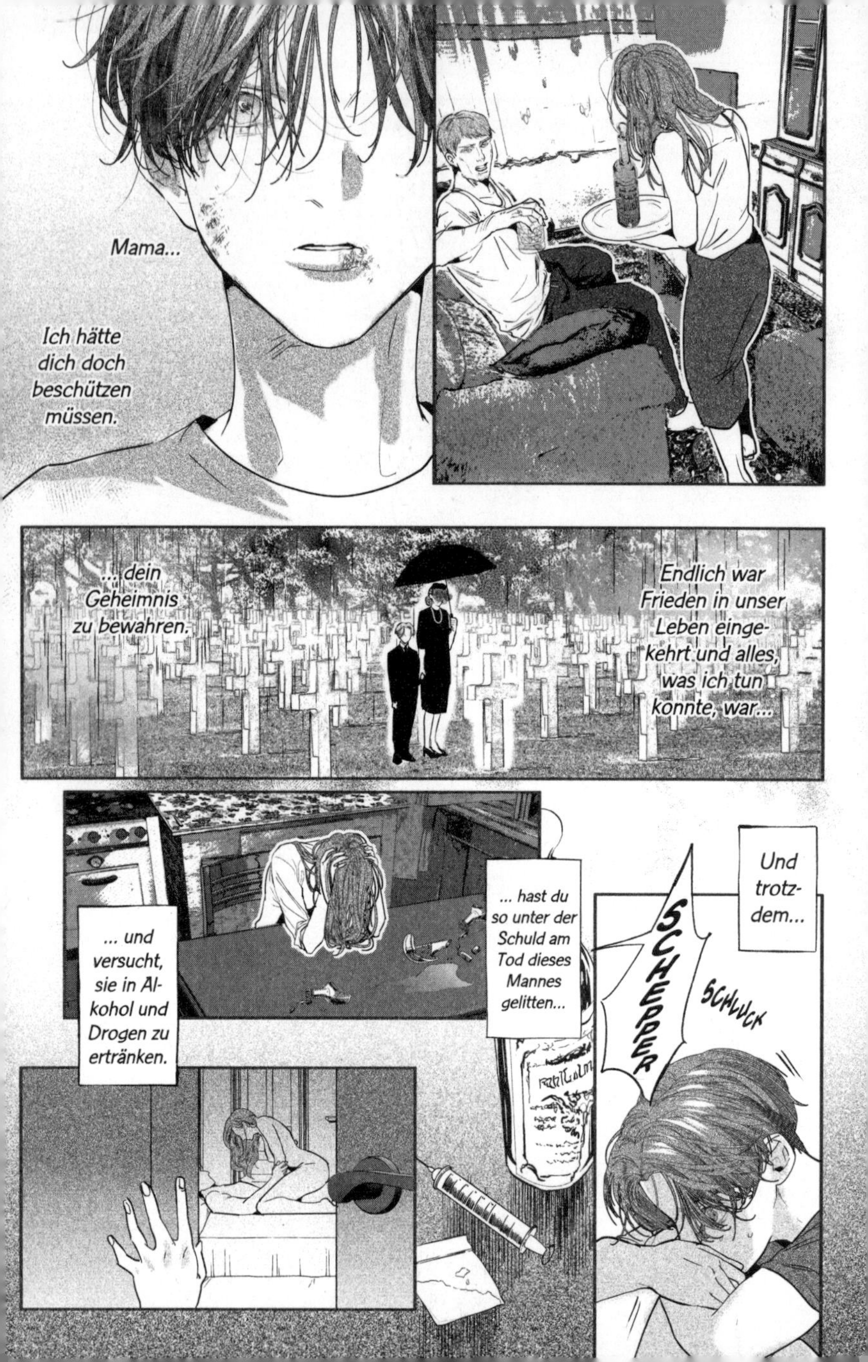
Mama...
Ich hätte dich doch beschützen müssen.
Endlich war Frieden in unser Leben eingekehrt und alles, was ich tun konnte, war...
... dein Geheimnis zu bewahren.
Und trotzdem...
SCHEPPER
SCHLUCK
... hast du so unter der Schuld am Tod dieses Mannes gelitten...
... und versucht, sie in Alkohol und Drogen zu ertränken.

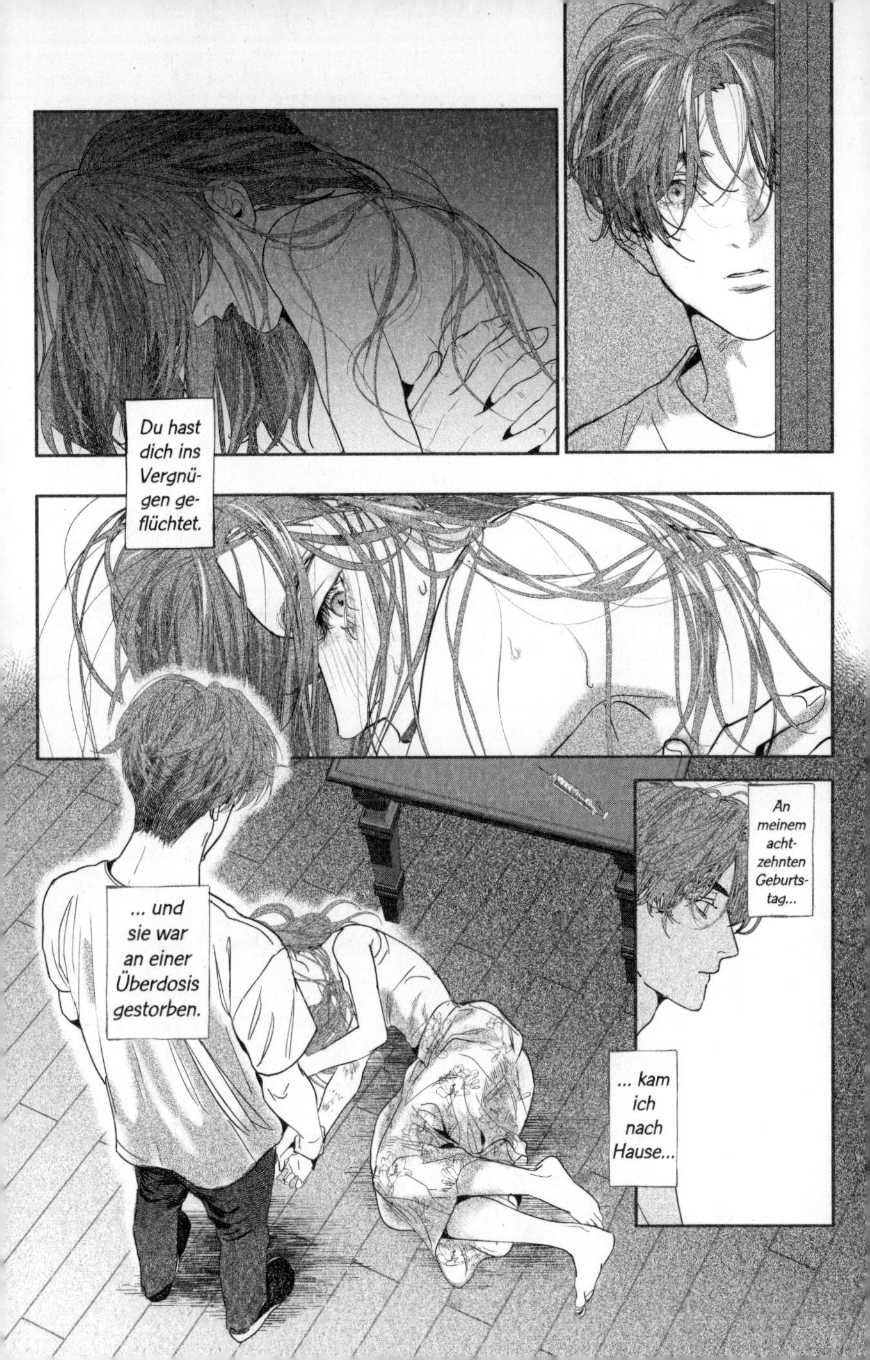
Du hast dich ins Vergnügen geflüchtet.
An meinem achtzehnten Geburtstag...
... kam ich nach Hause...
... und sie war an einer Überdosis gestorben.

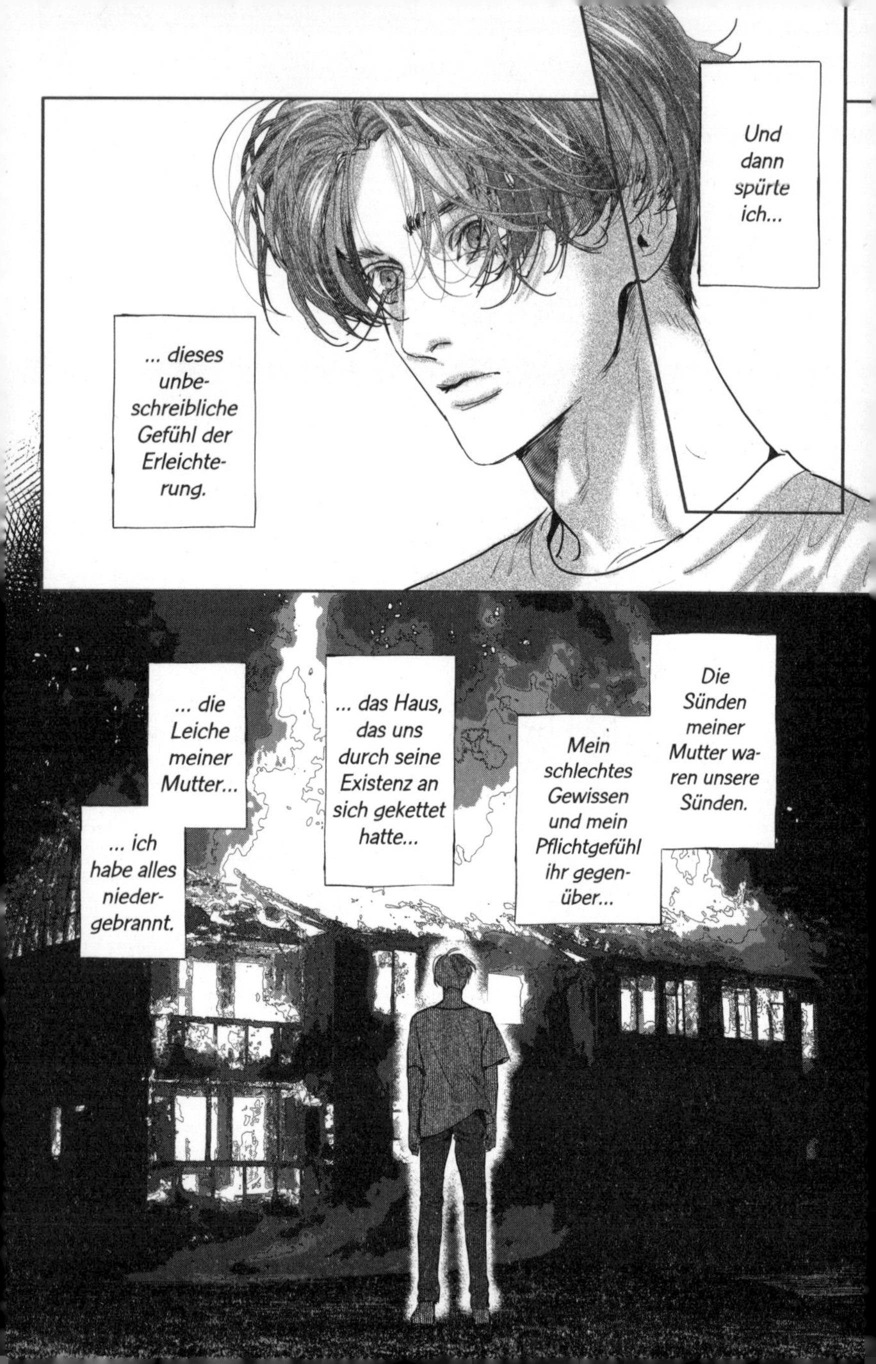
Und dann spürte ich...
... dieses unbeschreibliche Gefühl der Erleichterung.
Die Sünden meiner Mutter waren unsere Sünden.
Mein schlechtes Gewissen und mein Pflichtgefühl ihr gegenüber...
... das Haus, das uns durch seine Existenz an sich gekettet hatte...
... die Leiche meiner Mutter...
... ich habe alles niedergebrannt.

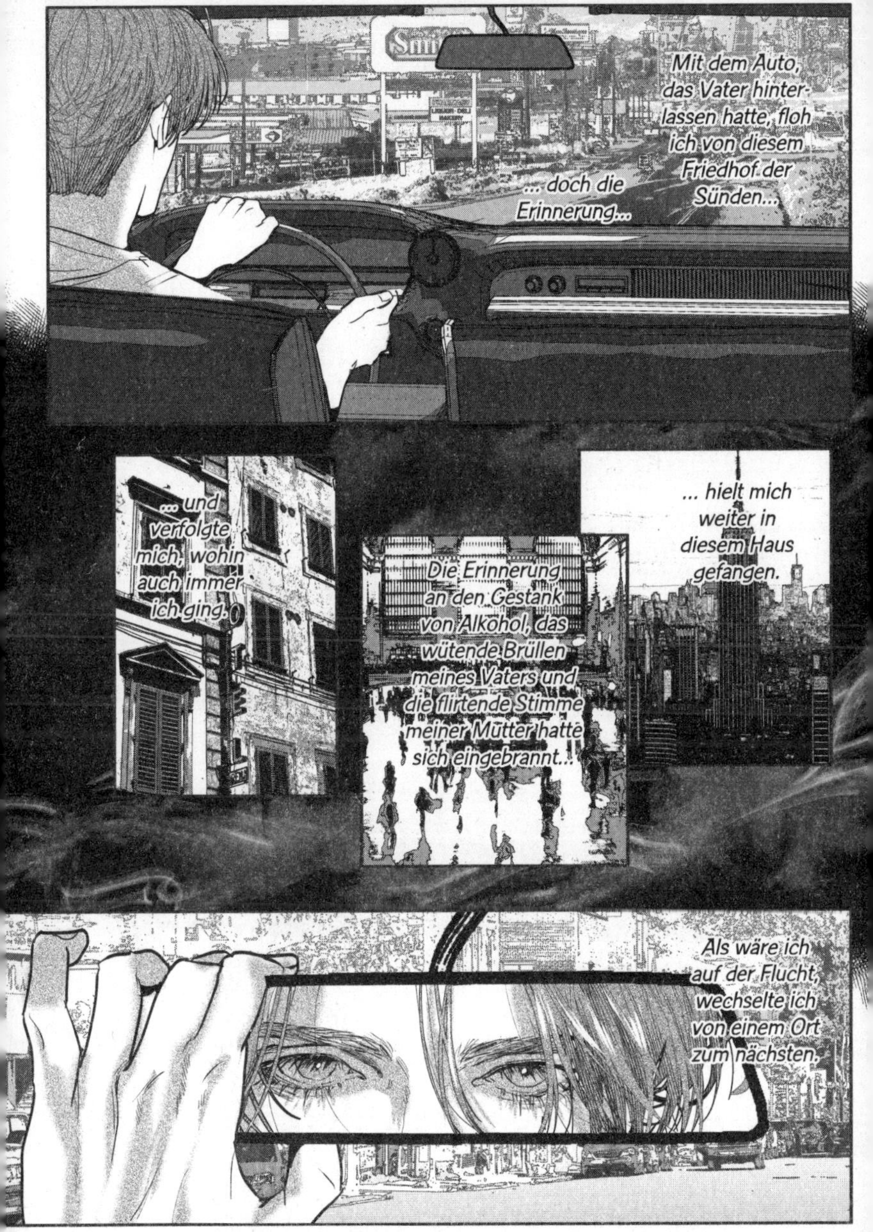
Mit dem Auto, das Vater hinterlassen hatte, floh ich von diesem Friedhof der Sünden...
... doch die Erinnerung...
... hielt mich weiter in diesem Haus gefangen.
Die Erinnerung an den Gestank von Alkohol, das wütende Brüllen meines Vaters und die flirtende Stimme meiner Mutter hatte sich eingebrannt...
... und verfolgte mich, wohin auch immer ich ging.
Als wäre ich auf der Flucht, wechselte ich von einem Ort zum nächsten.

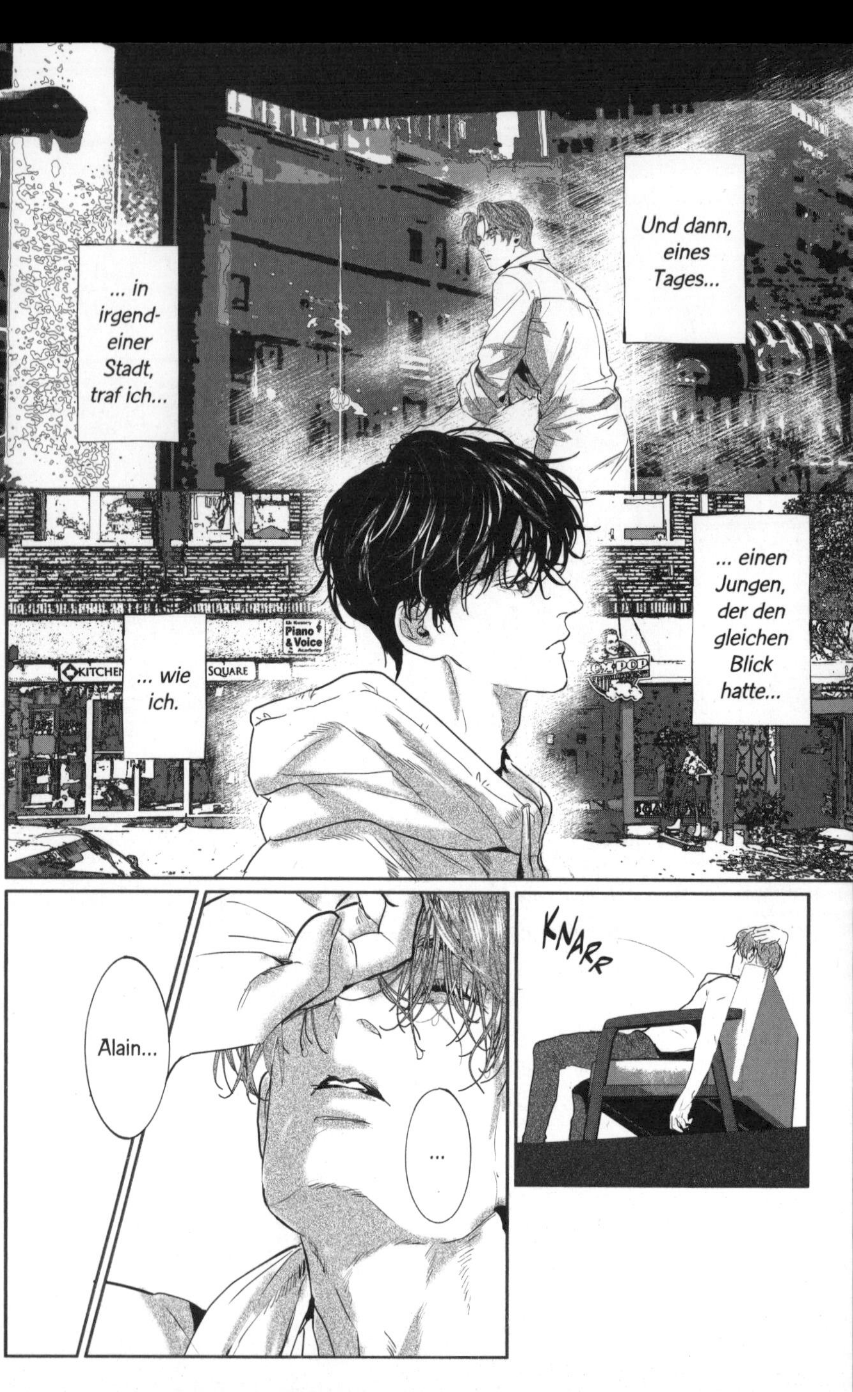
Und dann, eines Tages...
... in irgendeiner Stadt, traf ich...
... einen Jungen, der den gleichen Blick hatte...
... wie ich.
Piano & Voice
KITCHEN
SQUARE
KNARR
Alain...
...

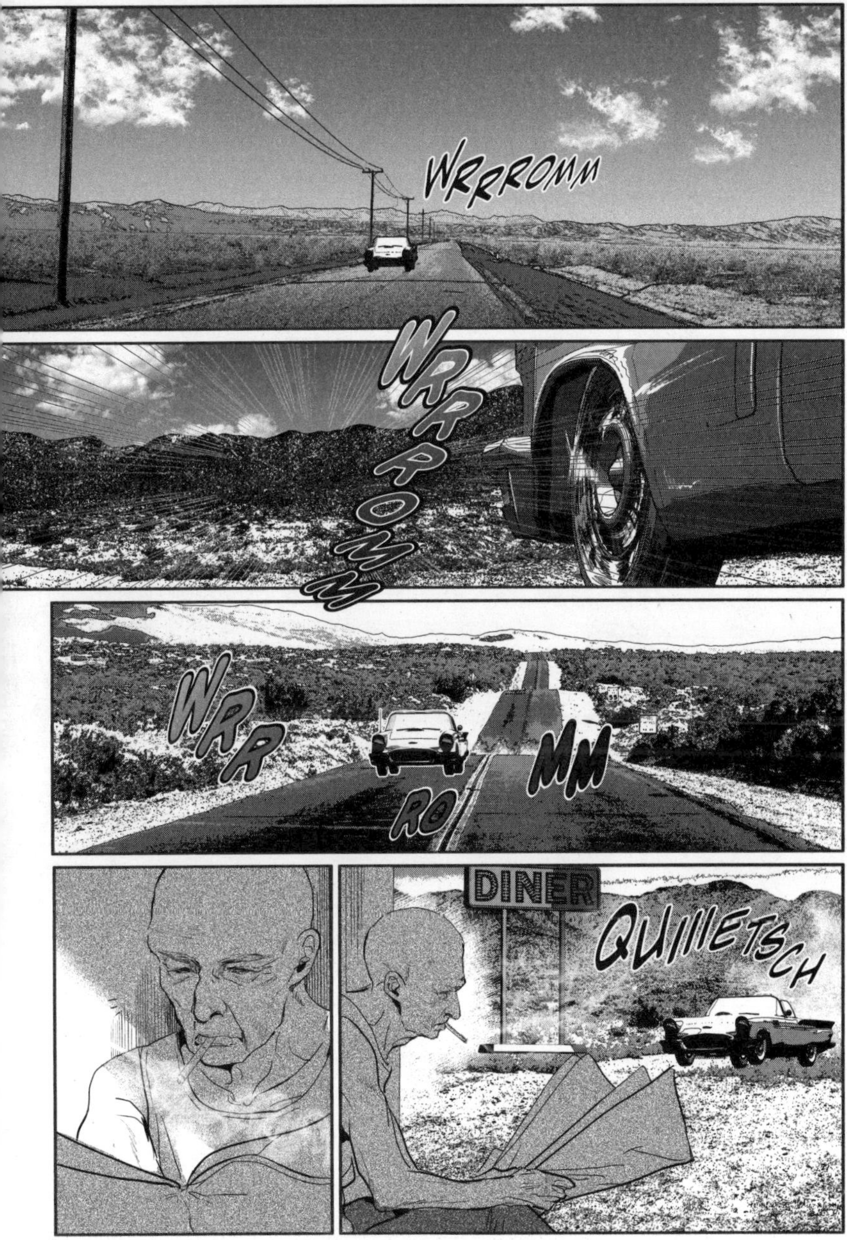
WRRROMM
WRRROMMM
WRR
RO
MM
DINER
QUIIIETSCH

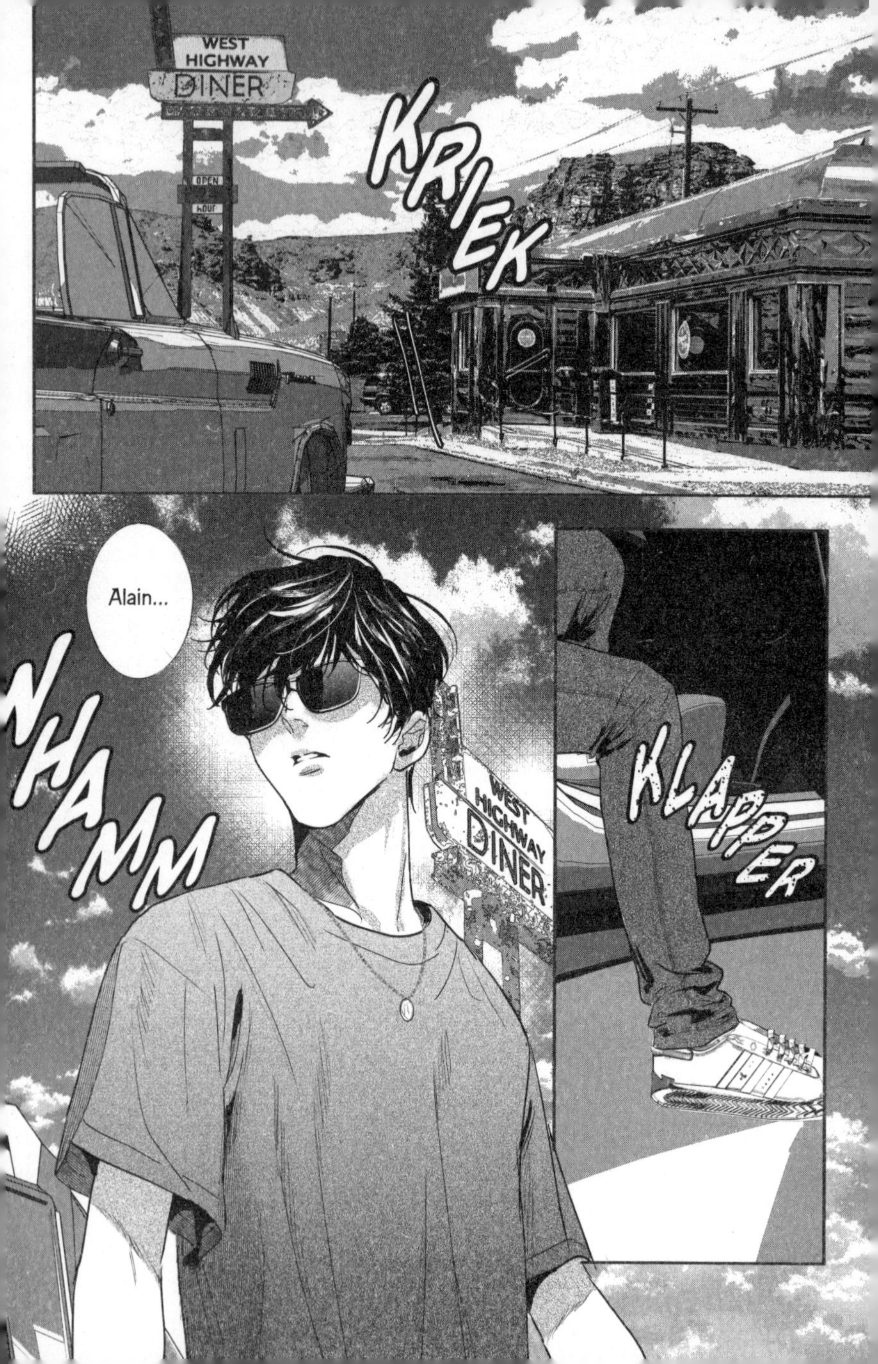
WEST
HIGHWAY
DINER
OPEN
KRIEK
Alain...
WHAMM
KLAPPER

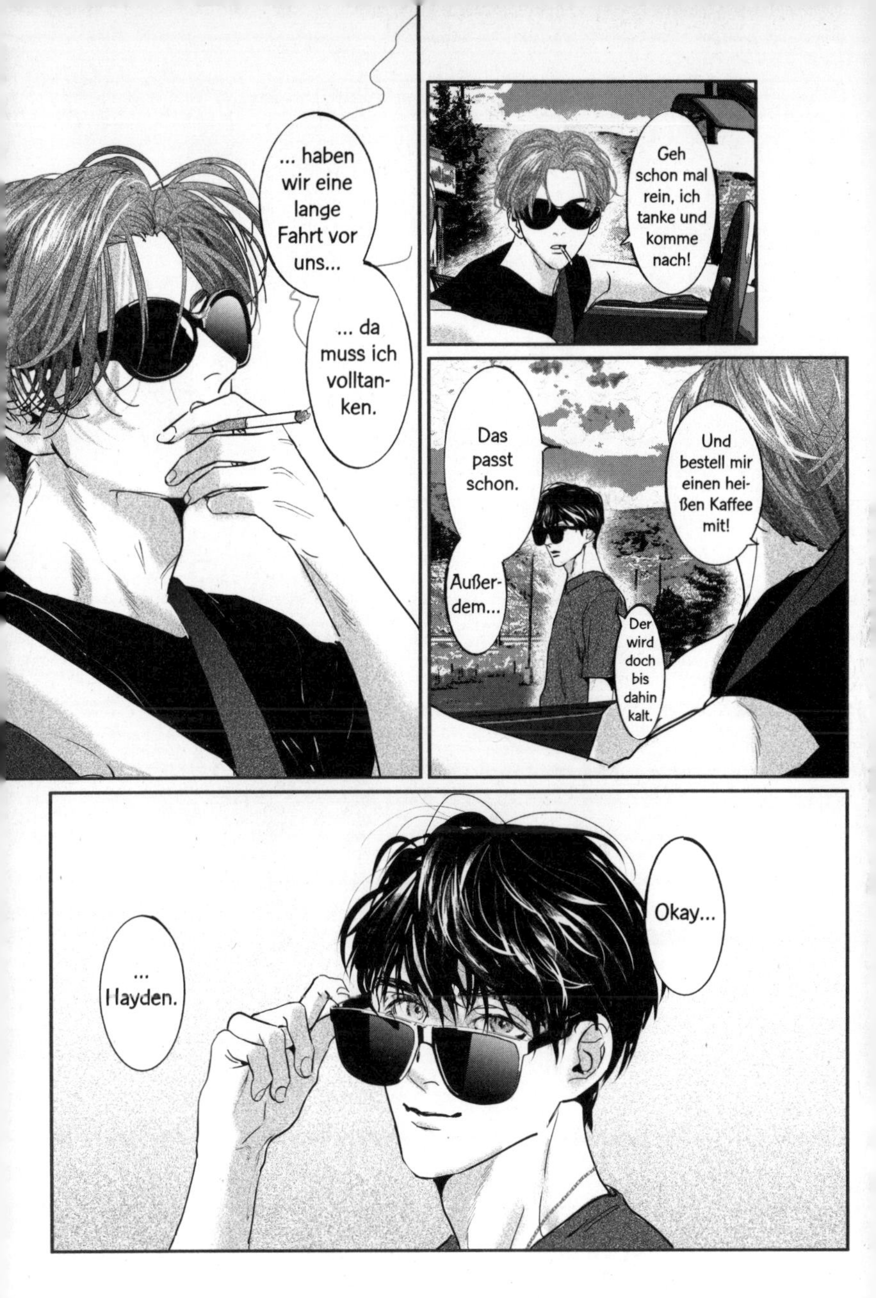
Geh schon mal rein, ich tanke und komme nach!
... haben wir eine lange Fahrt vor uns...
... da muss ich volltanken.
Und bestell mir einen heißen Kaffee mit!
Das passt schon.
Außerdem...
Der wird doch bis dahin kalt.
Okay...
... Hayden.

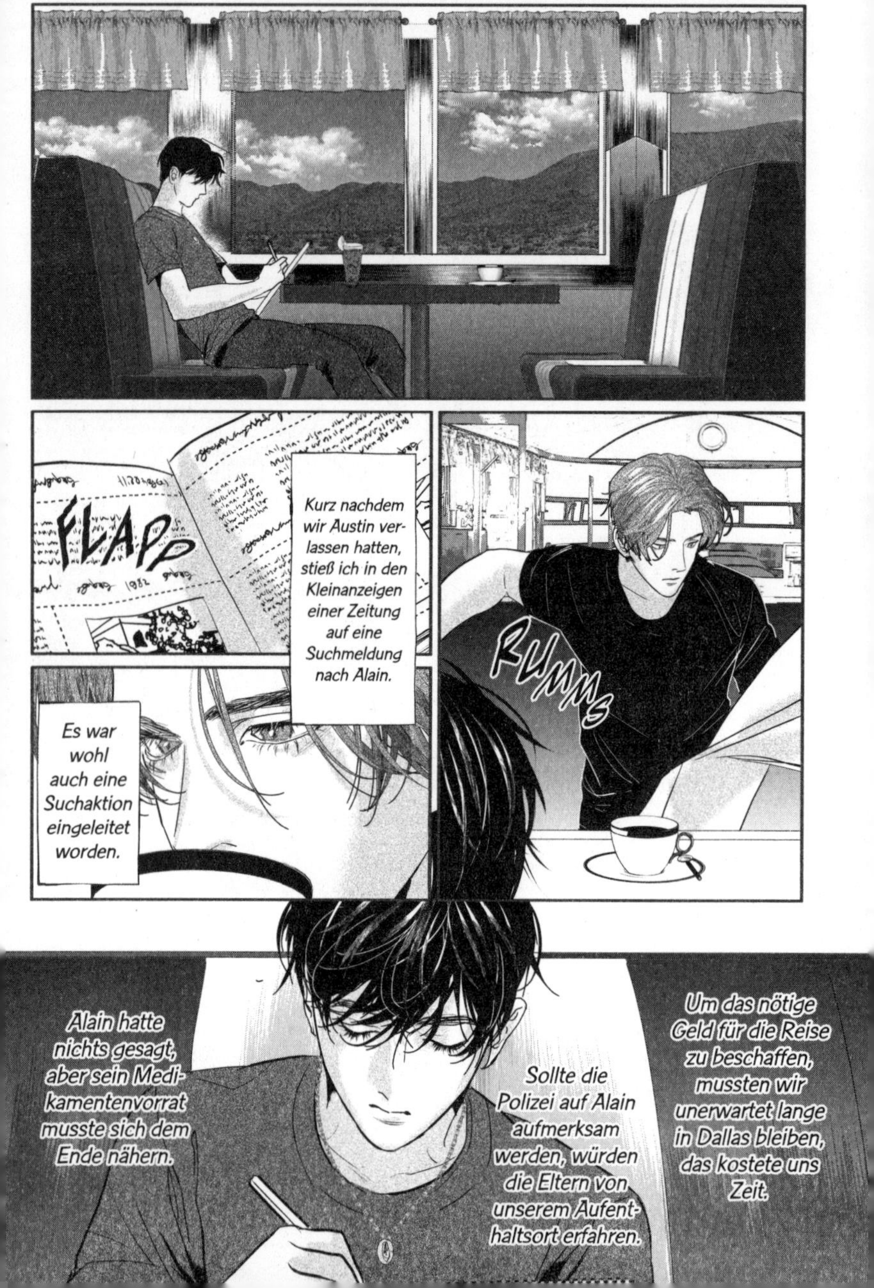
RUMMS
FLAPP
Kurz nachdem wir Austin verlassen hatten, stieß ich in den Kleinanzeigen einer Zeitung auf eine Suchmeldung nach Alain.
Es war wohl auch eine Suchaktion eingeleitet worden.
Um das nötige Geld für die Reise zu beschaffen, mussten wir unerwartet lange in Dallas bleiben, das kostete uns Zeit.
Sollte die Polizei auf Alain aufmerksam werden, würden die Eltern von unserem Aufenthaltsort erfahren.
Alain hatte nichts gesagt, aber sein Medikamentenvorrat musste sich dem Ende nähern.

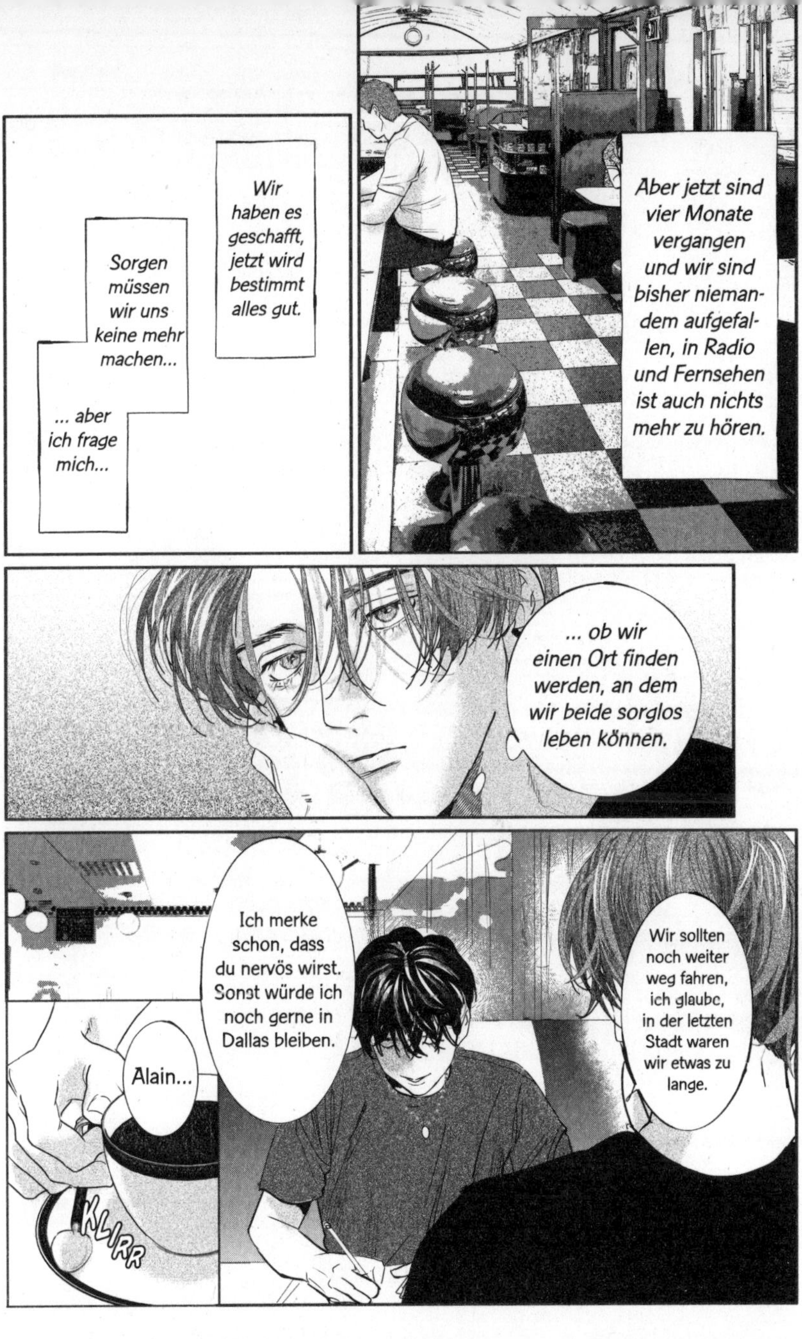

Aber jetzt sind vier Monate vergangen und wir sind bisher niemandem aufgefallen, in Radio und Fernsehen ist auch nichts mehr zu hören.
Wir haben es geschafft, jetzt wird bestimmt alles gut.
Sorgen müssen wir uns keine mehr machen...
... aber ich frage mich...
... ob wir einen Ort finden werden, an dem wir beide sorglos leben können.
Wir sollten noch weiter weg fahren, ich glaube, in der letzten Stadt waren wir etwas zu lange.
Ich merke schon, dass du nervös wirst. Sonst würde ich noch gerne in Dallas bleiben.
Alain...
KLIRR

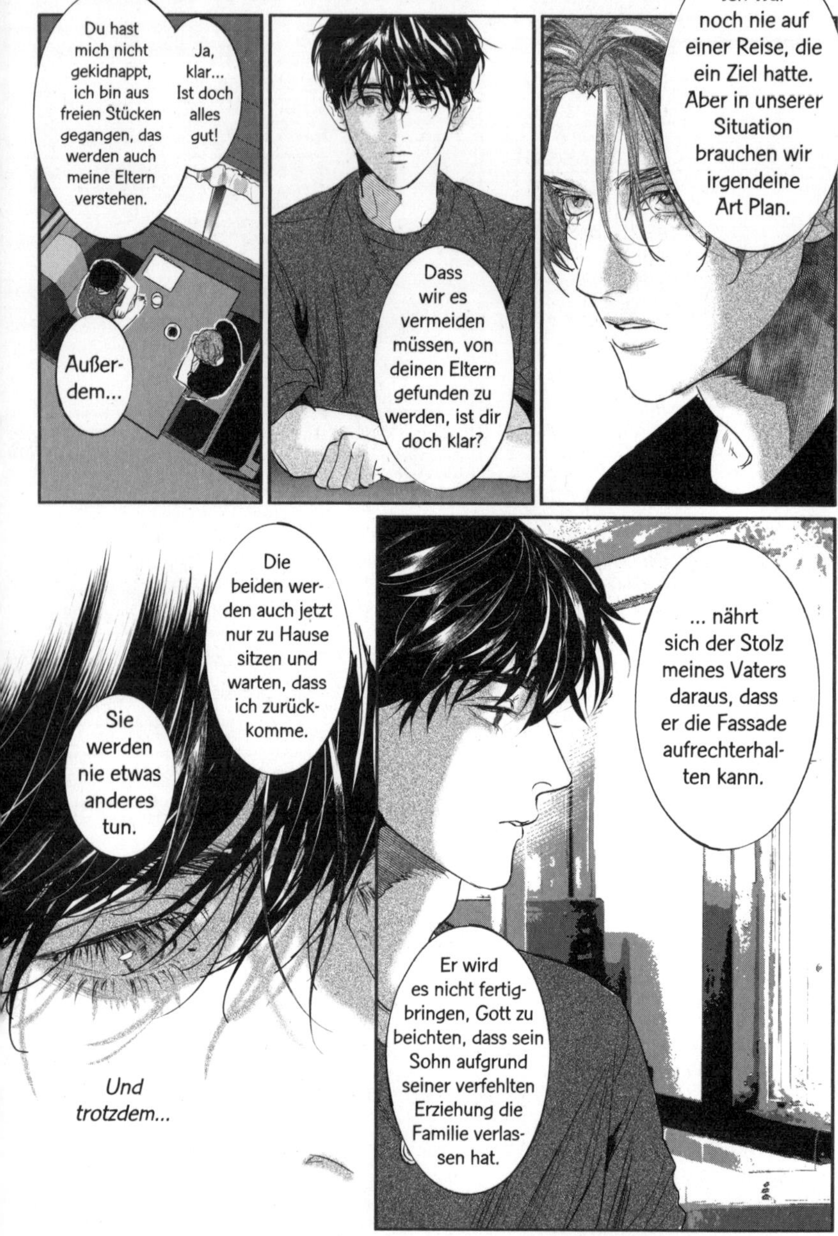
Ich war noch nie auf einer Reise, die ein Ziel hatte. Aber in unserer Situation brauchen wir irgendeine Art Plan.
Dass wir es vermeiden müssen, von deinen Eltern gefunden zu werden, ist dir doch klar?
Ja, klar... Ist doch alles gut!
Du hast mich nicht gekidnappt, ich bin aus freien Stücken gegangen, das werden auch meine Eltern verstehen.
Außerdem...
Die beiden werden auch jetzt nur zu Hause sitzen und warten, dass ich zurückkomme.
Sie werden nie etwas anderes tun.
Und trotzdem...
... nährt sich der Stolz meines Vaters daraus, dass er die Fassade aufrechterhalten kann.
Er wird es nicht fertigbringen, Gott zu beichten, dass sein Sohn aufgrund seiner verfehlten Erziehung die Familie verlassen hat.

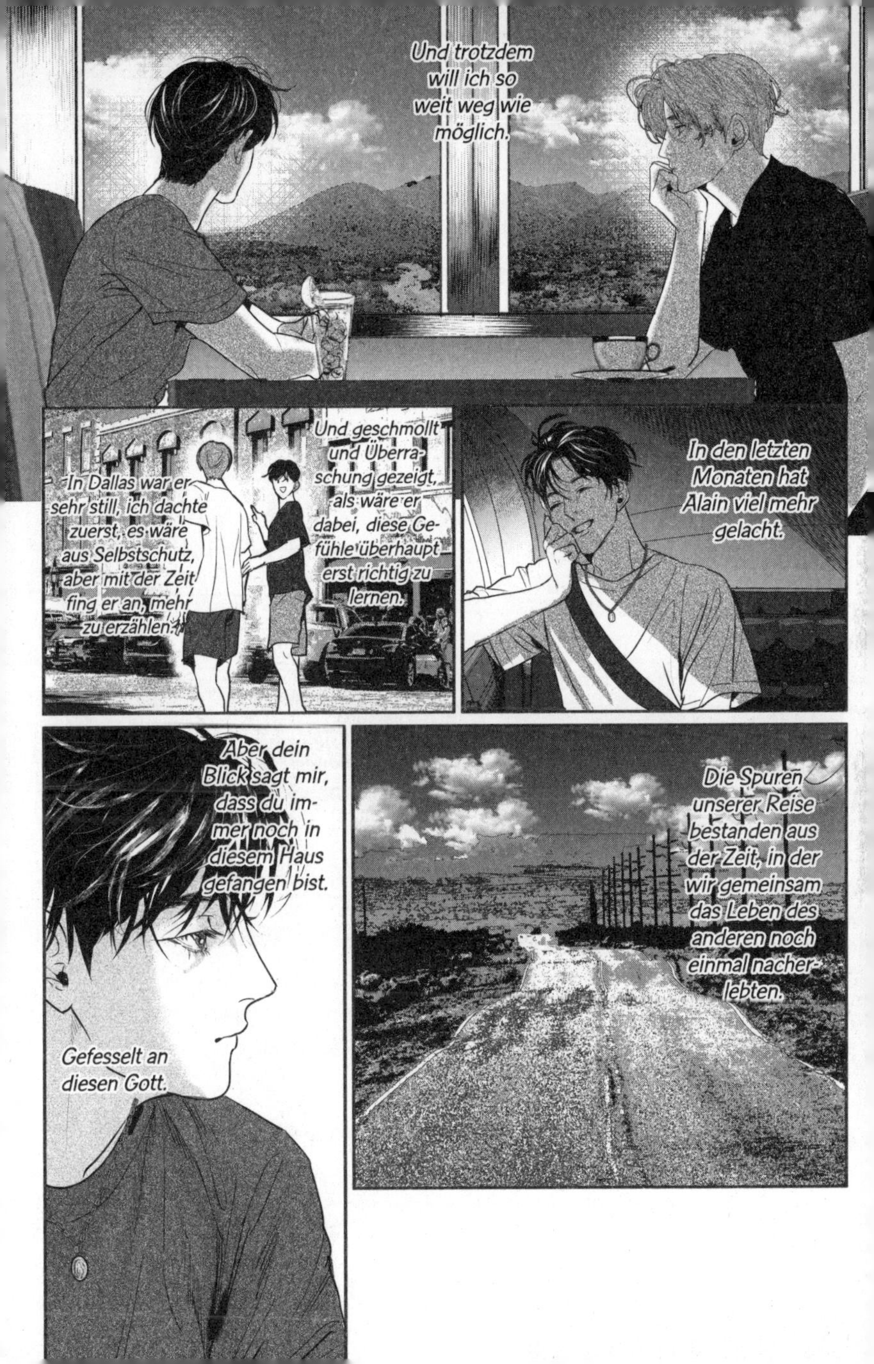
Und trotzdem will ich so weit weg wie möglich.
Und geschmollt und Überraschung gezeigt, als wäre er dabei, diese Gefühle überhaupt erst richtig zu lernen.
In Dallas war er sehr still, ich dachte zuerst, es wäre aus Selbstschutz, aber mit der Zeit fing er an, mehr zu erzählen.
In den letzten Monaten hat Alain viel mehr gelacht.
Die Spuren unserer Reise bestanden aus der Zeit, in der wir gemeinsam das Leben des anderen noch einmal nacherlebten.
Aber dein Blick sagt mir, dass du immer noch in diesem Haus gefangen bist.
Gefesselt an diesen Gott.

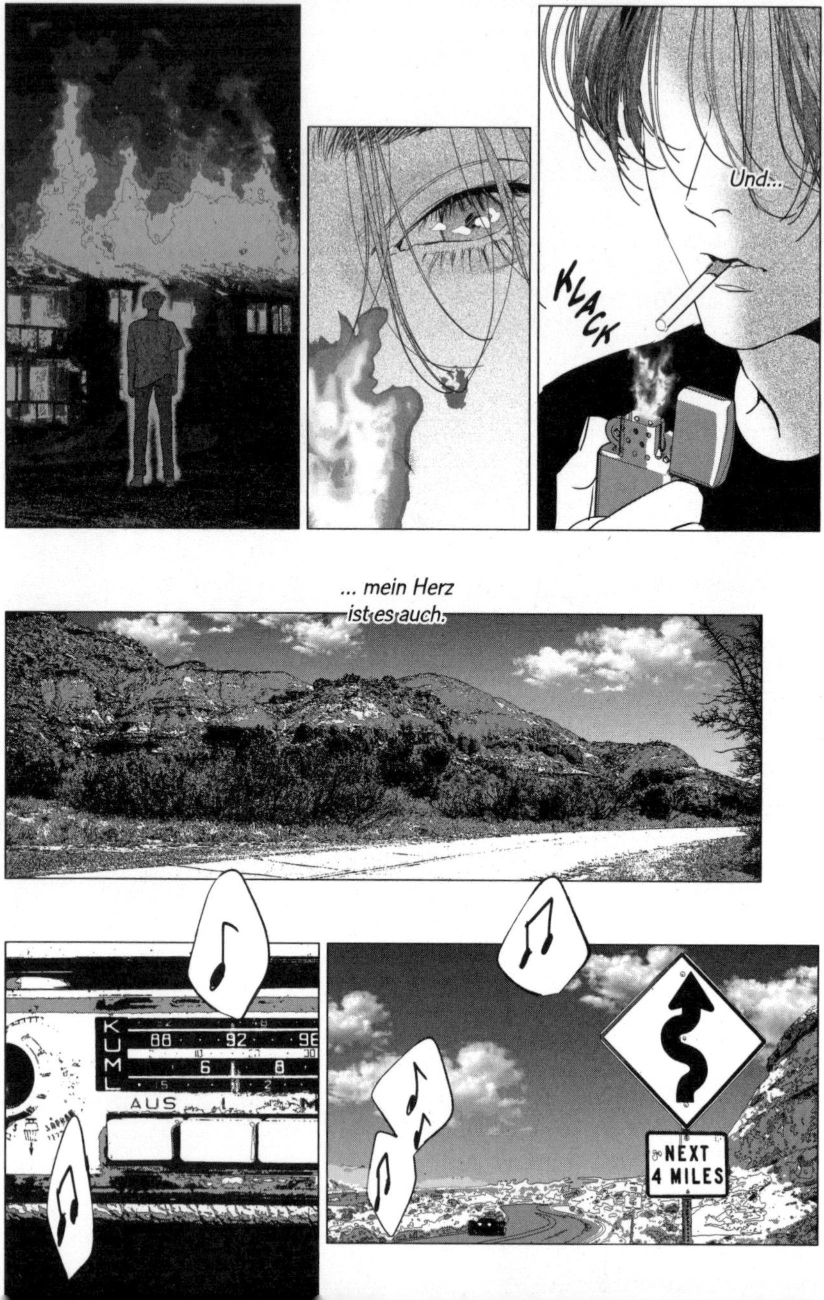
Und...
KLACK
... mein Herz ist es auch.
KUML
88 92 96
AUS
NEXT 4 MILES

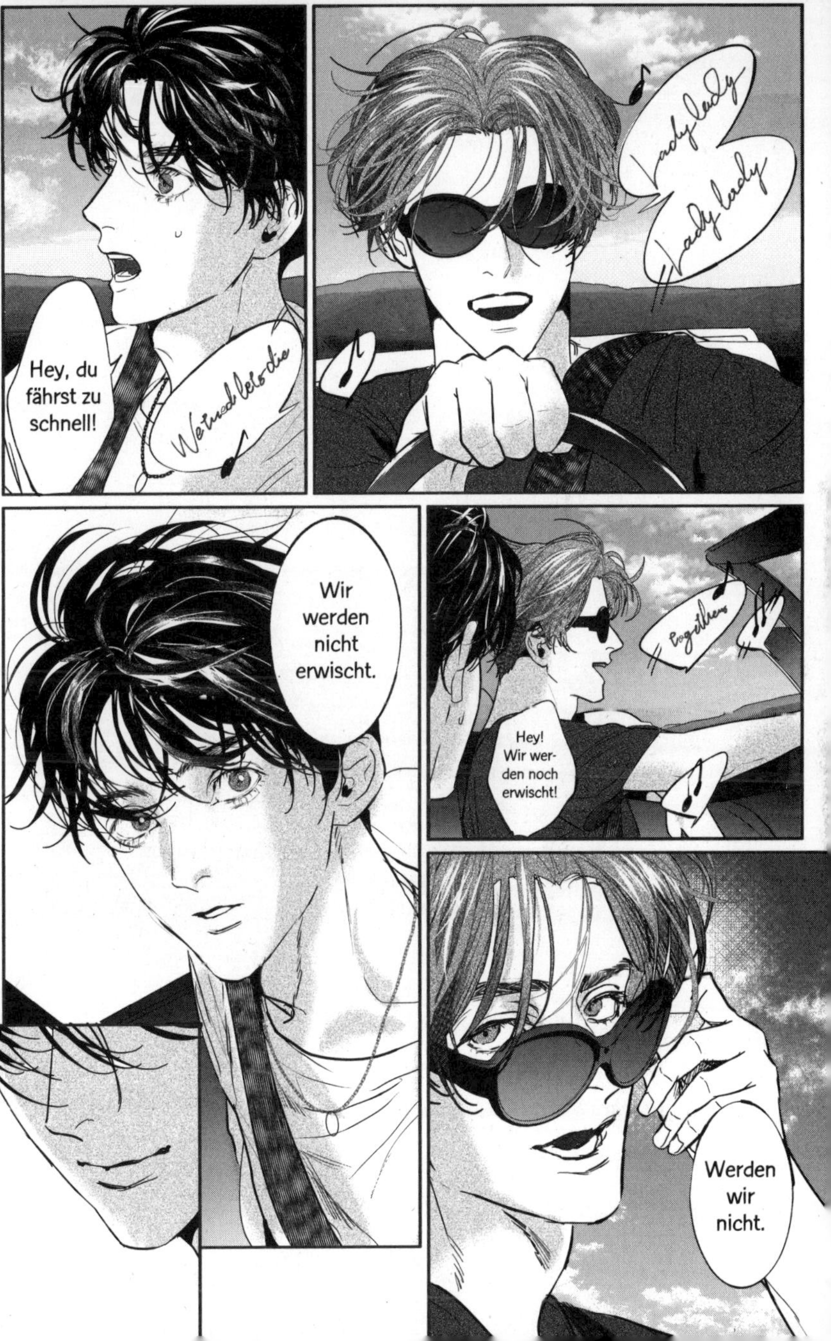
Lady lady
Lady lady
Hey, du fährst zu schnell!
together
Hey! Wir wer-den noch erwischt!
Wir werden nicht erwischt.
Werden wir nicht.

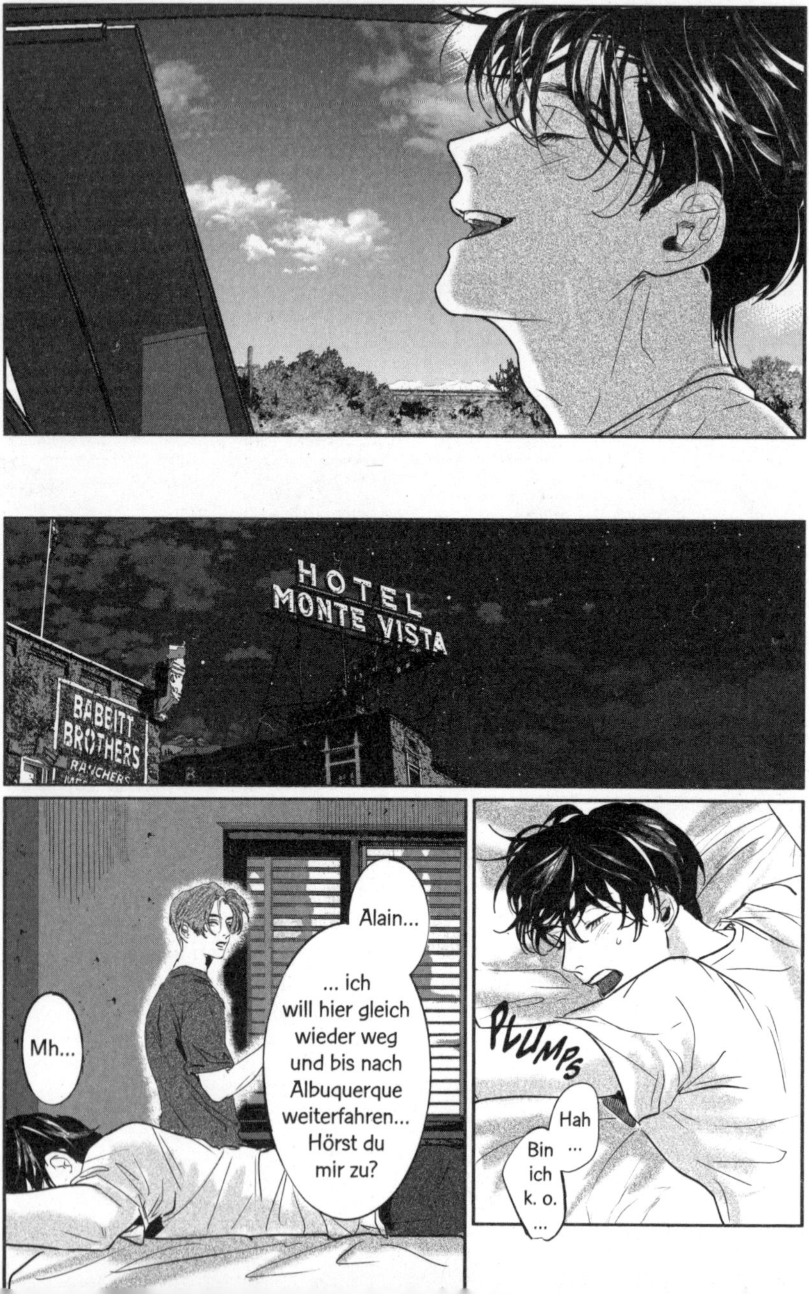
HOTEL
MONTE VISTA
BABEITT
BROTHERS
RANCHERS
Alain...
... ich will hier gleich wieder weg und bis nach Albuquerque weiterfahren... Hörst du mir zu?
Mh...
PLUMPS
Hah ...
Bin ich k. o. ...

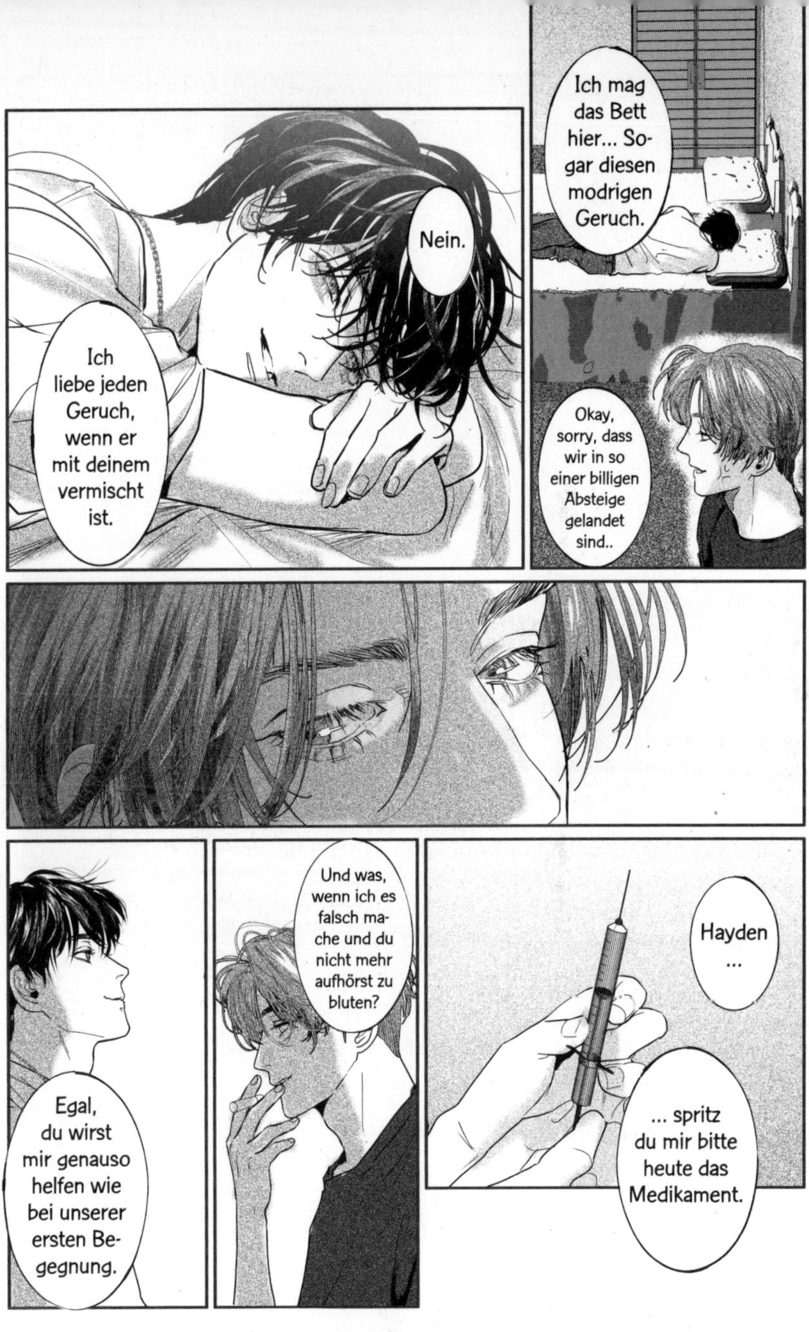

Ich mag das Bett hier... Sogar diesen modrigen Geruch.
Okay, sorry, dass wir in so einer billigen Absteige gelandet sind..
Nein.
Ich liebe jeden Geruch, wenn er mit deinem vermischt ist.
Hayden ...
... spritz du mir bitte heute das Medikament.
Und was, wenn ich es falsch mache und du nicht mehr aufhörst zu bluten?
Egal, du wirst mir genauso helfen wie bei unserer ersten Begegnung.

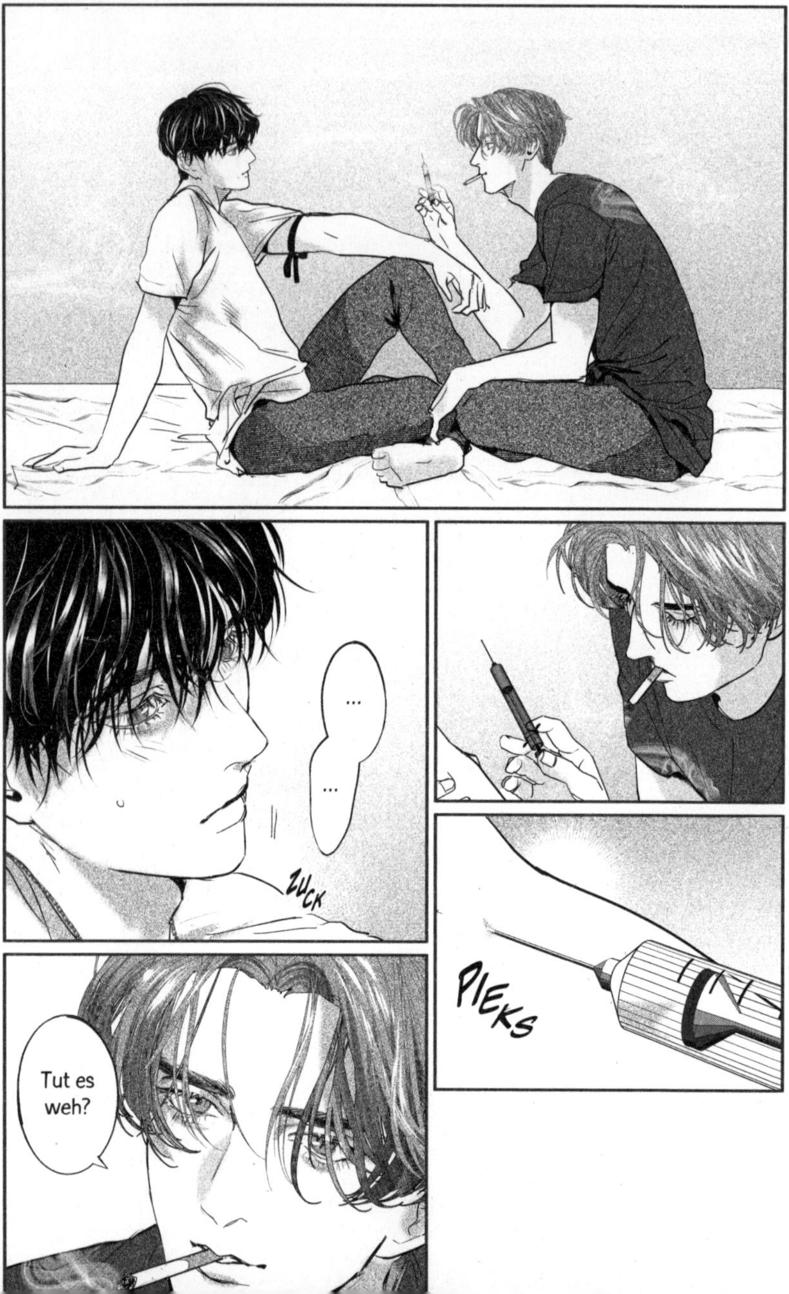
...
...
ZUCK
PIEKS
Tut es weh?

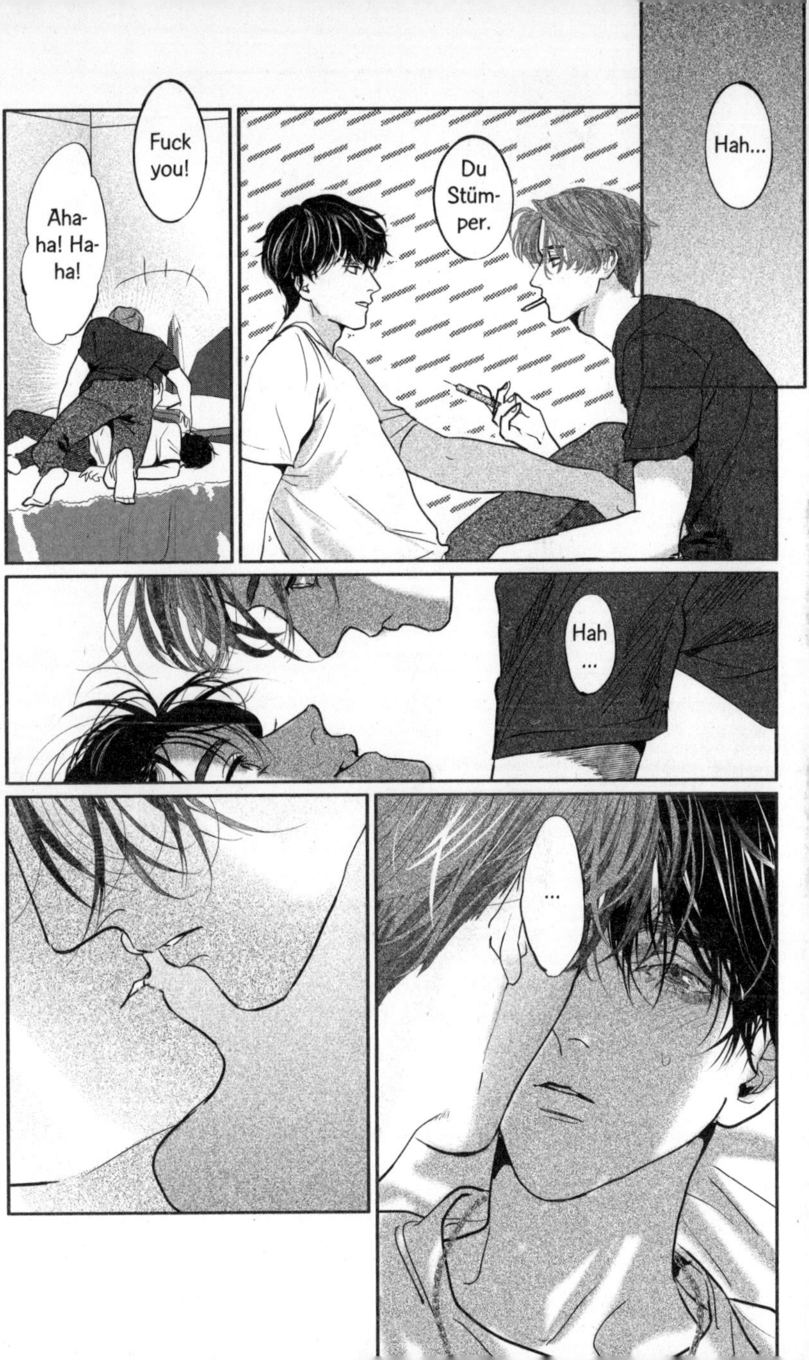
Hah...
Du Stümper.
Fuck you!
Aha-ha! Ha-ha!
Hah ...
...

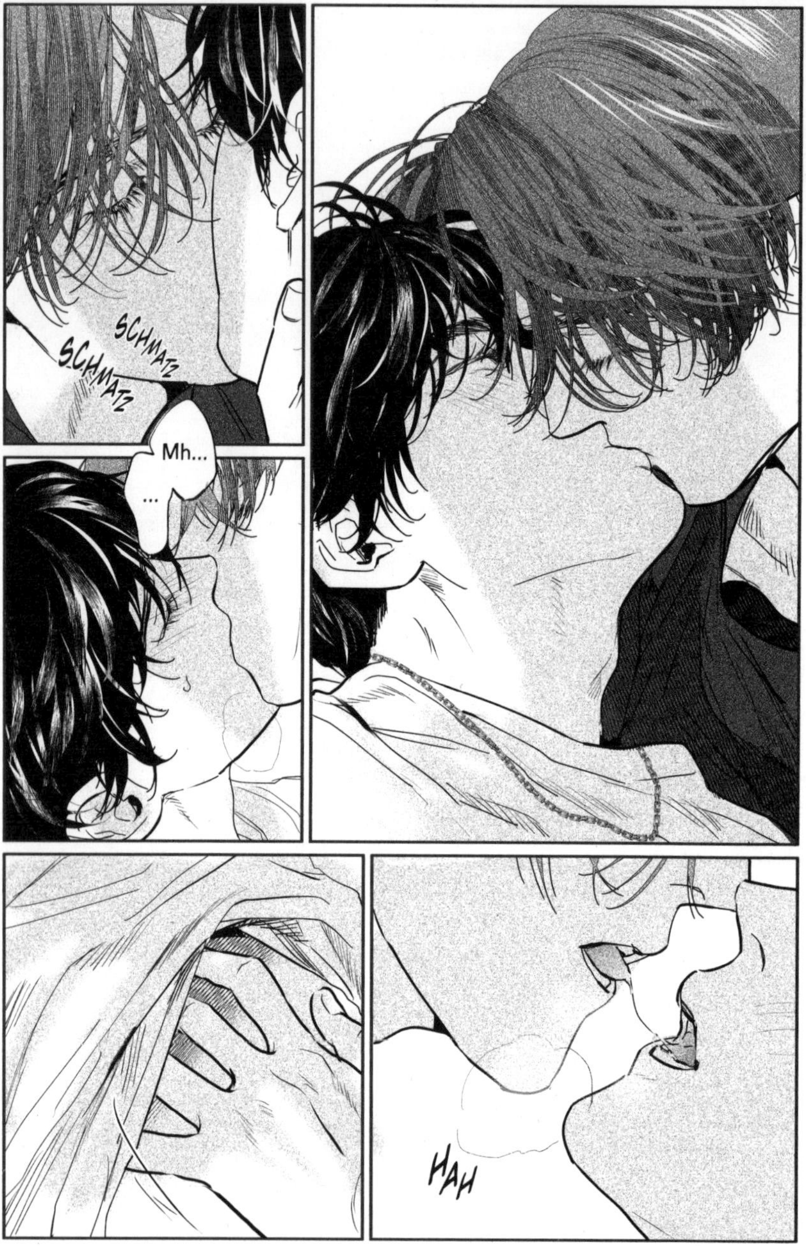
SCHMATZ
SCHMATZ
Mh...
...
HAH

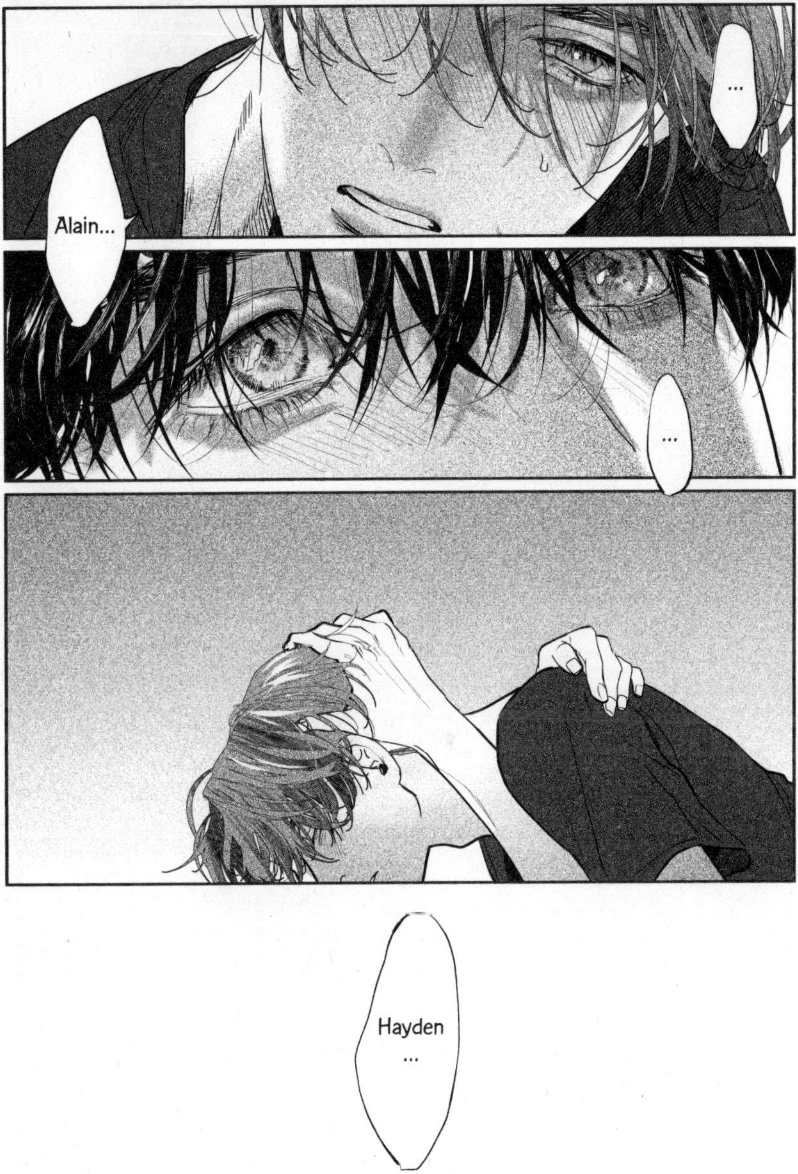
...
Alain...
...
Hayden ...

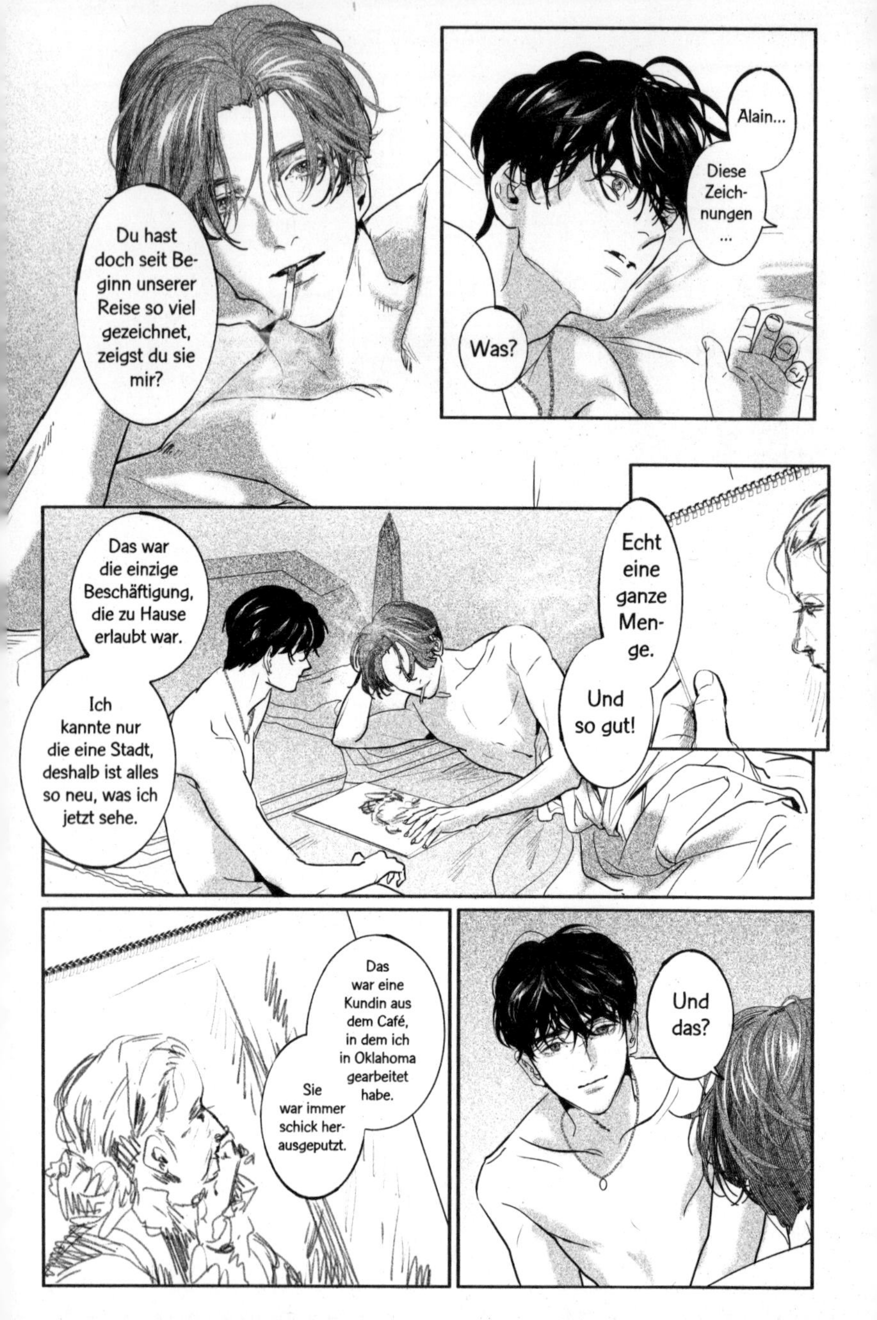
Du hast doch seit Beginn unserer Reise so viel gezeichnet, zeigst du sie mir?
Alain...
Diese Zeichnungen ...
Was?
Das war die einzige Beschäftigung, die zu Hause erlaubt war.
Ich kannte nur die eine Stadt, deshalb ist alles so neu, was ich jetzt sehe.
Echt eine ganze Menge.
Und so gut!
Das war eine Kundin aus dem Café, in dem ich in Oklahoma gearbeitet habe.
Sie war immer schick herausgeputzt.
Und das?

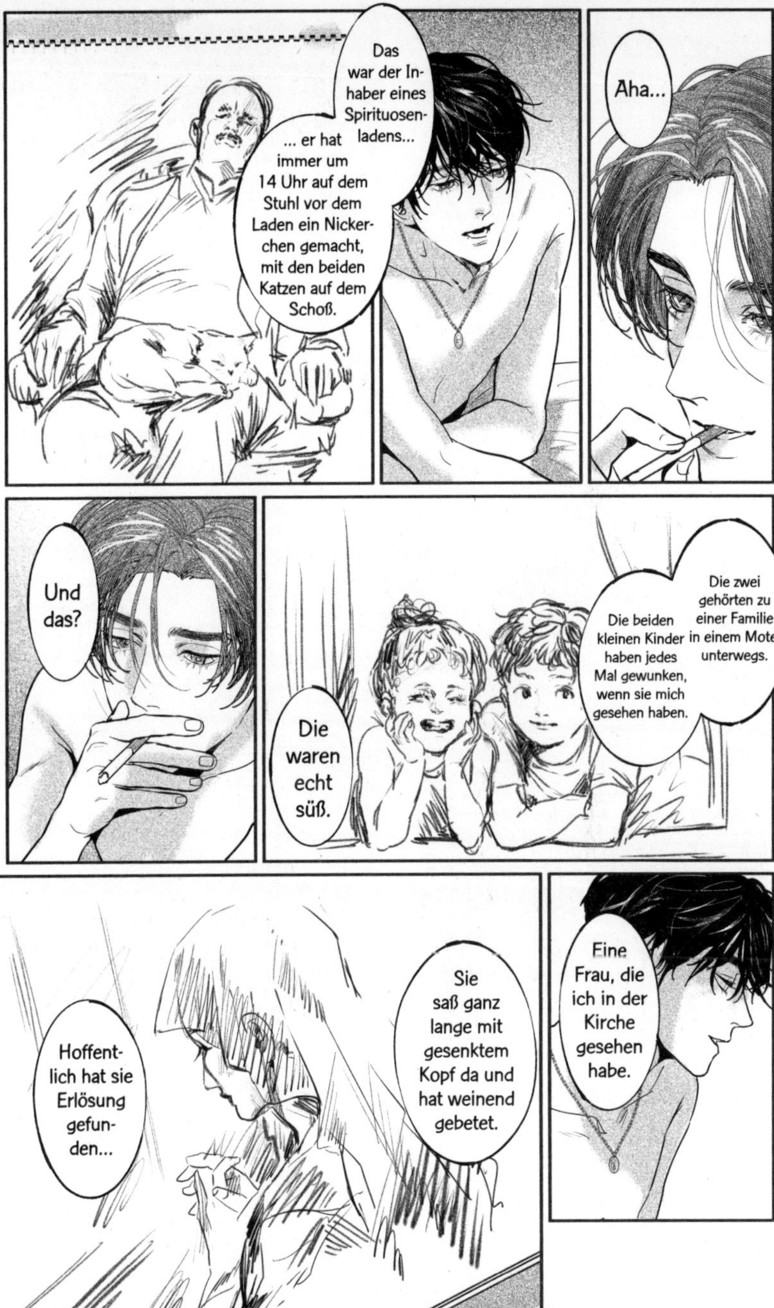

Aha...
Das war der Inhaber eines Spirituosenladens...
... er hat immer um 14 Uhr auf dem Stuhl vor dem Laden ein Nickerchen gemacht, mit den beiden Katzen auf dem Schoß.
Die zwei gehörten zu einer Familie in einem Motel unterwegs.
Die beiden kleinen Kinder haben jedes Mal gewunken, wenn sie mich gesehen haben.
Die waren echt süß.
Und das?
Eine Frau, die ich in der Kirche gesehen habe.
Sie saß ganz lange mit gesenktem Kopf da und hat weinend gebetet.
Hoffentlich hat sie Erlösung gefunden...

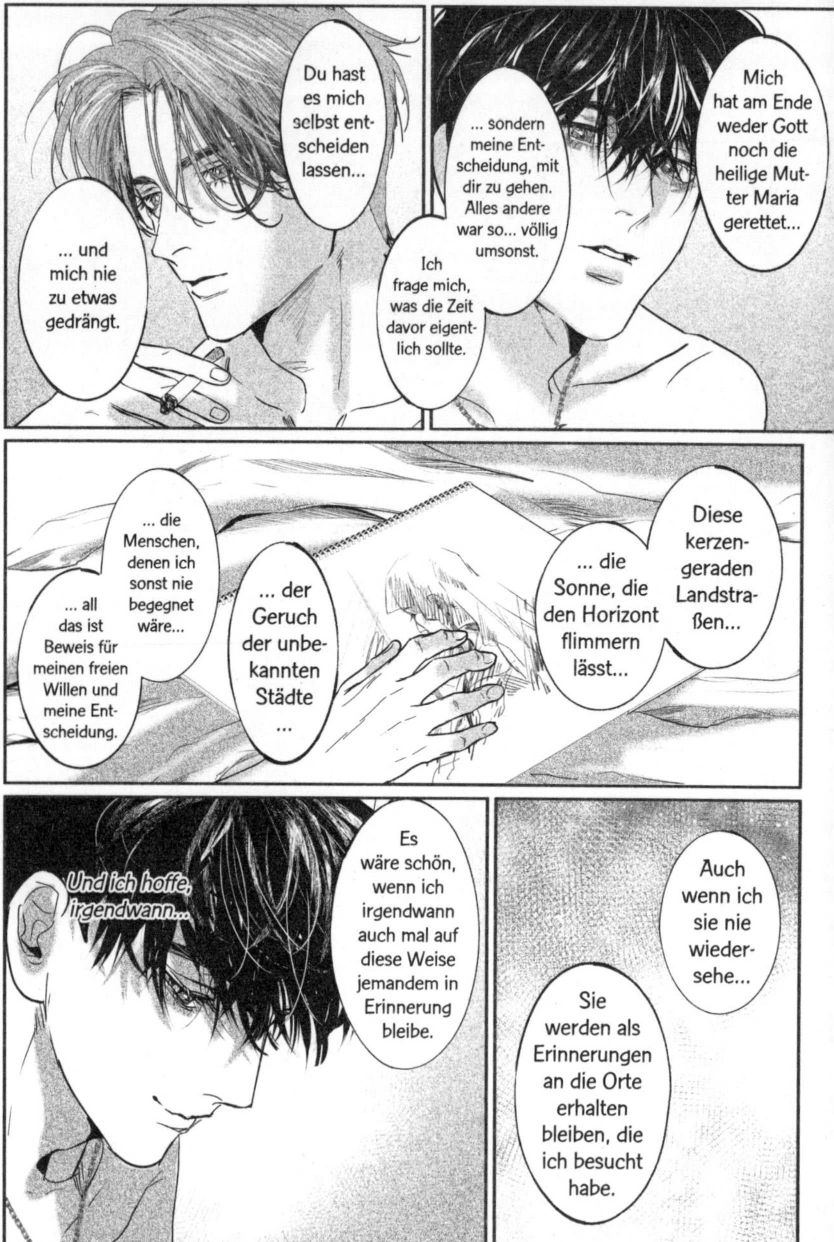
Mich hat am Ende weder Gott noch die heilige Mutter Maria gerettet...
... sondern meine Entscheidung, mit dir zu gehen. Alles andere war so... völlig umsonst.
Ich frage mich, was die Zeit davor eigentlich sollte.
Du hast es mich selbst entscheiden lassen...
... und mich nie zu etwas gedrängt.
Diese kerzengeraden Landstraßen...
... die Sonne, die den Horizont flimmern lässt...
... der Geruch der unbekannten Städte ...
... die Menschen, denen ich sonst nie begegnet wäre...
... all das ist Beweis für meinen freien Willen und meine Entscheidung.
Auch wenn ich sie nie wiedersehe...
Sie werden als Erinnerungen an die Orte erhalten bleiben, die ich besucht habe.
Es wäre schön, wenn ich irgendwann auch mal auf diese Weise jemandem in Erinnerung bleibe.
Und ich hoffe, irgendwann...

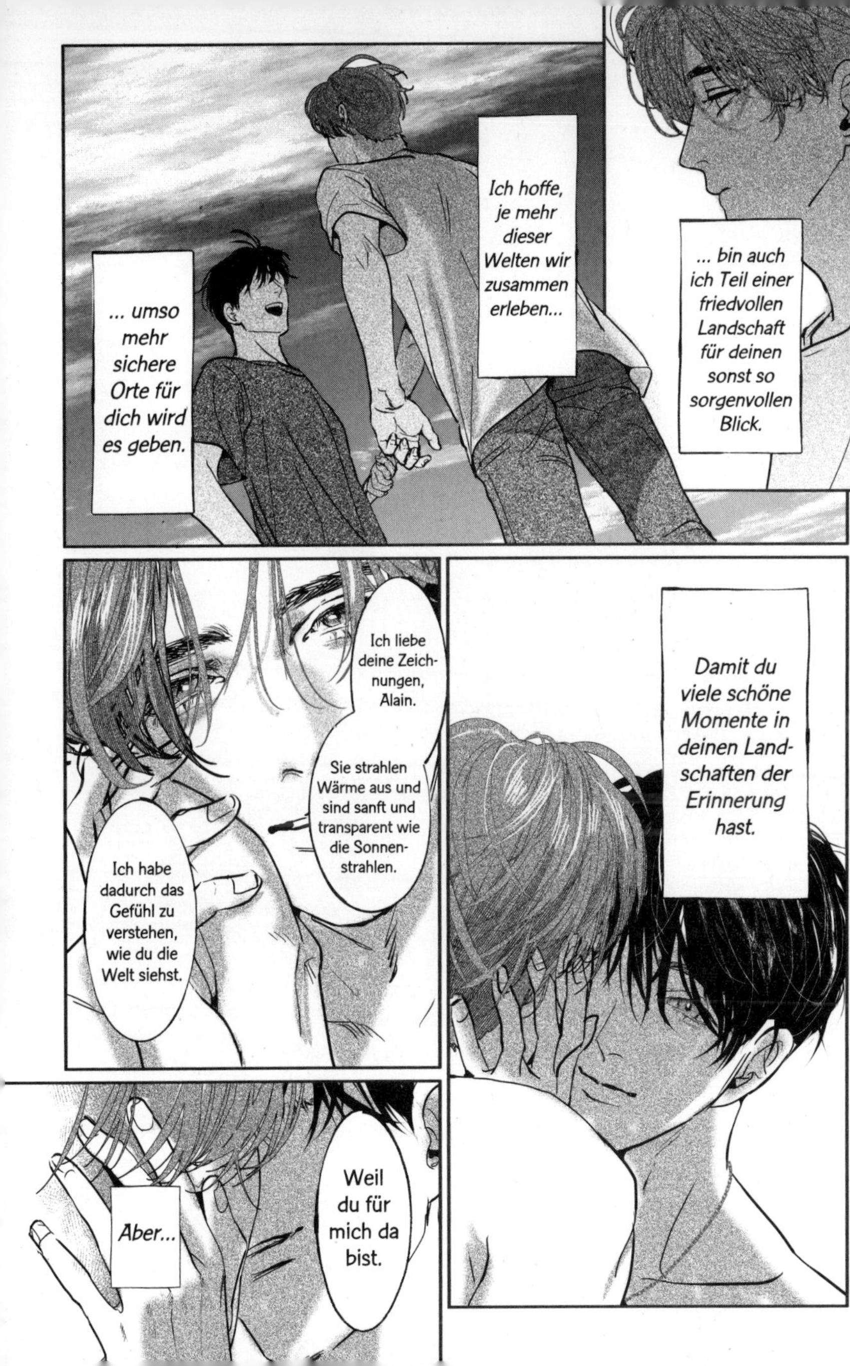
... bin auch ich Teil einer friedvollen Landschaft für deinen sonst so sorgenvollen Blick.
Ich hoffe, je mehr dieser Welten wir zusammen erleben...
... umso mehr sichere Orte für dich wird es geben.
Damit du viele schöne Momente in deinen Landschaften der Erinnerung hast.
Ich liebe deine Zeichnungen, Alain.
Sie strahlen Wärme aus und sind sanft und transparent wie die Sonnenstrahlen.
Ich habe dadurch das Gefühl zu verstehen, wie du die Welt siehst.
Weil du für mich da bist.
Aber...

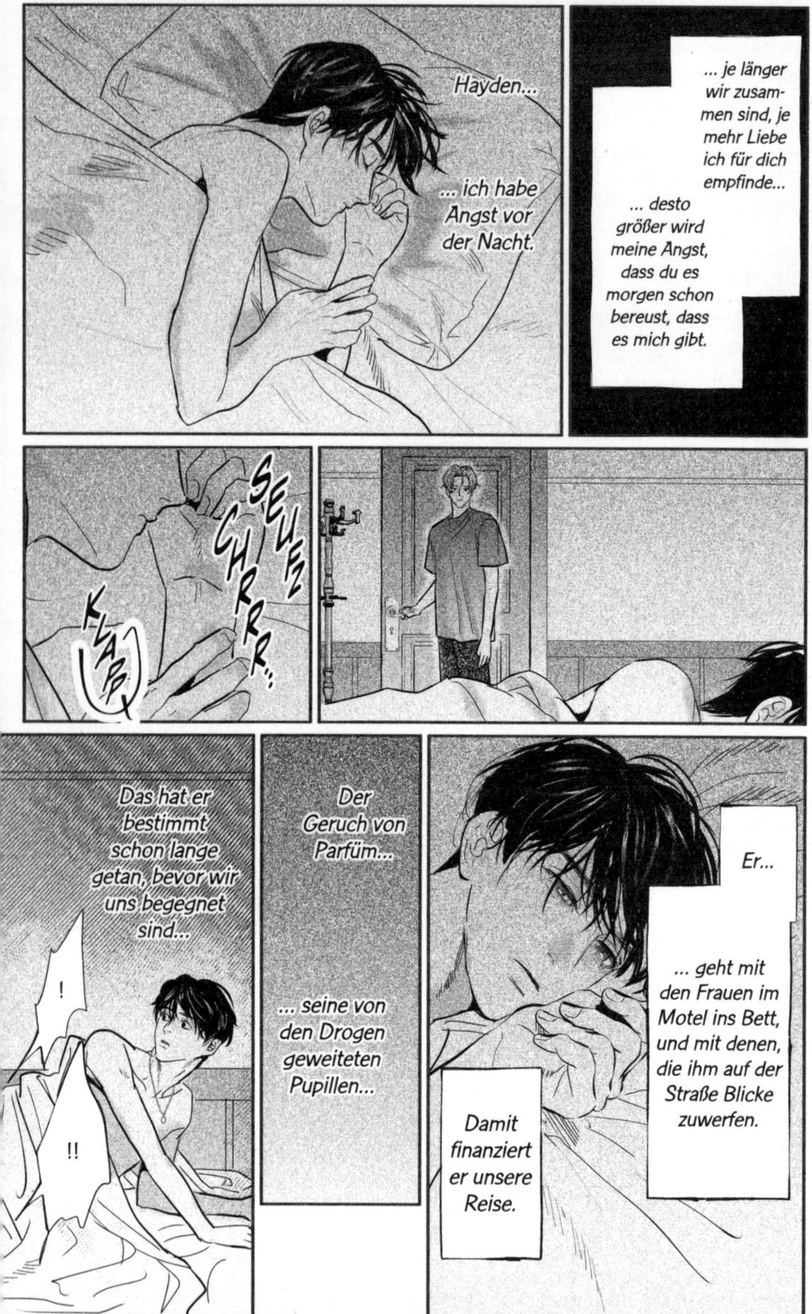

Hayden...
... ich habe Angst vor der Nacht.
... je länger wir zusammen sind, je mehr Liebe ich für dich empfinde...
... desto größer wird meine Angst, dass du es morgen schon bereust, dass es mich gibt.
SEUFZ
CHRRR...
KLAPP
Das hat er bestimmt schon lange getan, bevor wir uns begegnet sind...
!
!!
Der Geruch von Parfüm...
... seine von den Drogen geweiteten Pupillen...
Er...
... geht mit den Frauen im Motel ins Bett, und mit denen, die ihm auf der Straße Blicke zuwerfen.
Damit finanziert er unsere Reise.

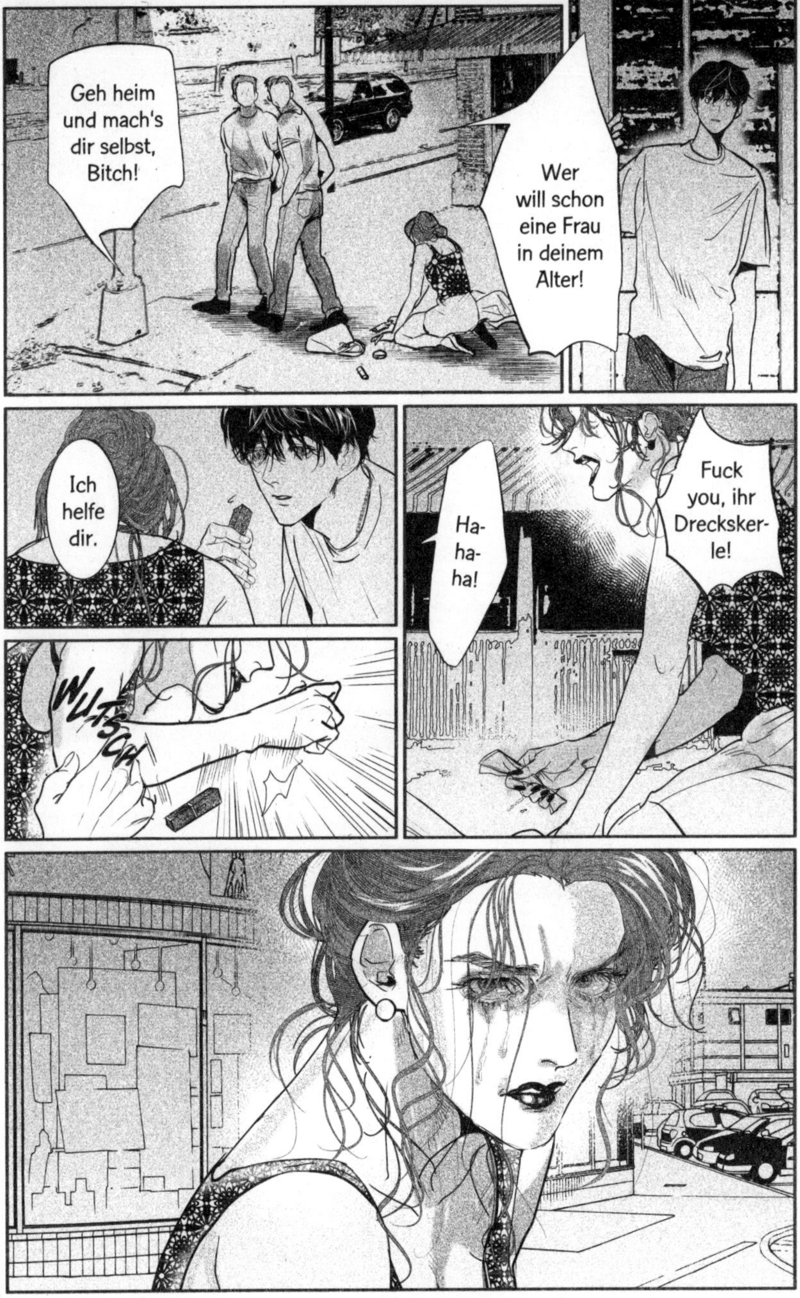
Wer will schon eine Frau in deinem Alter!
Geh heim und mach's dir selbst, Bitch!
Ich helfe dir.
Fuck you, ihr Dreckskerle!
Ha-ha-ha!
WUTSCH

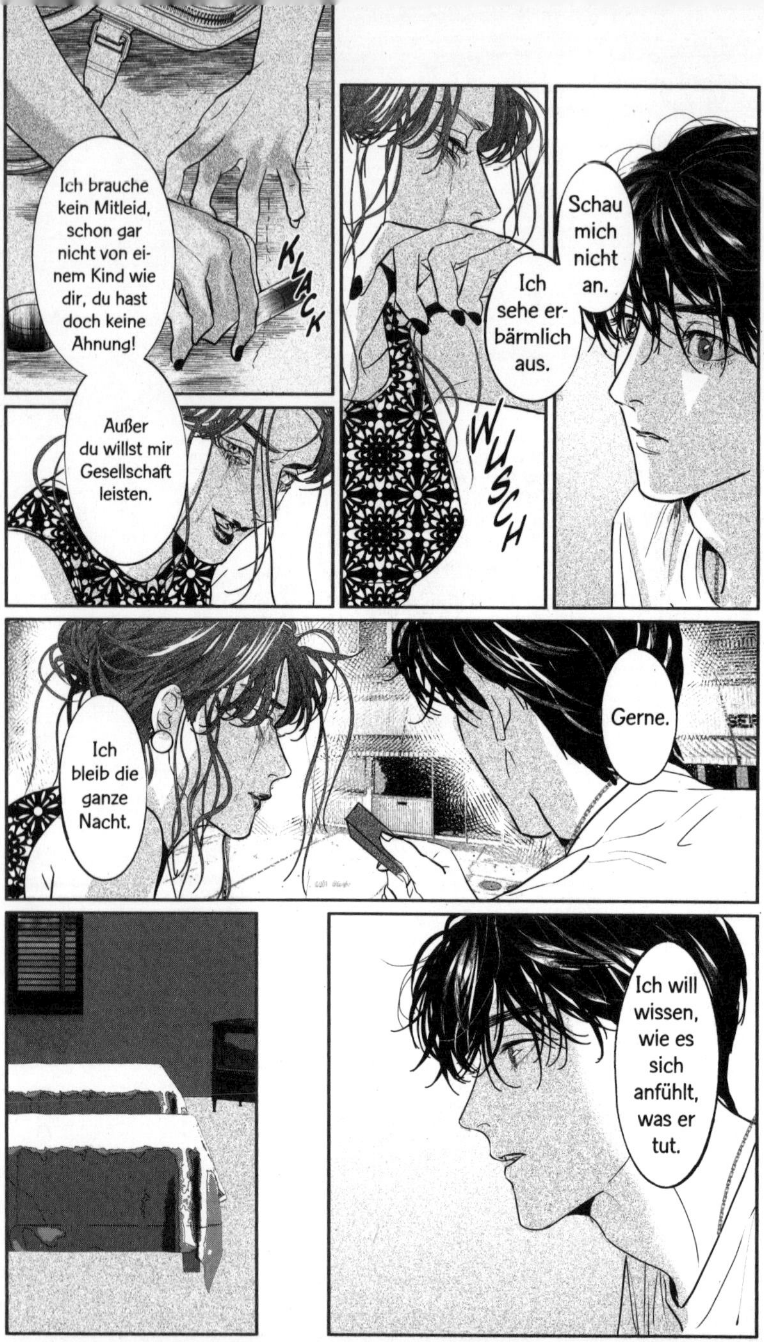
Schau mich nicht an.
Ich sehe erbärmlich aus.
WUSCH
KLACK
Ich brauche kein Mitleid, schon gar nicht von einem Kind wie dir, du hast doch keine Ahnung!
Außer du willst mir Gesellschaft leisten.
Gerne.
Ich bleib die ganze Nacht.
Ich will wissen, wie es sich anfühlt, was er tut.

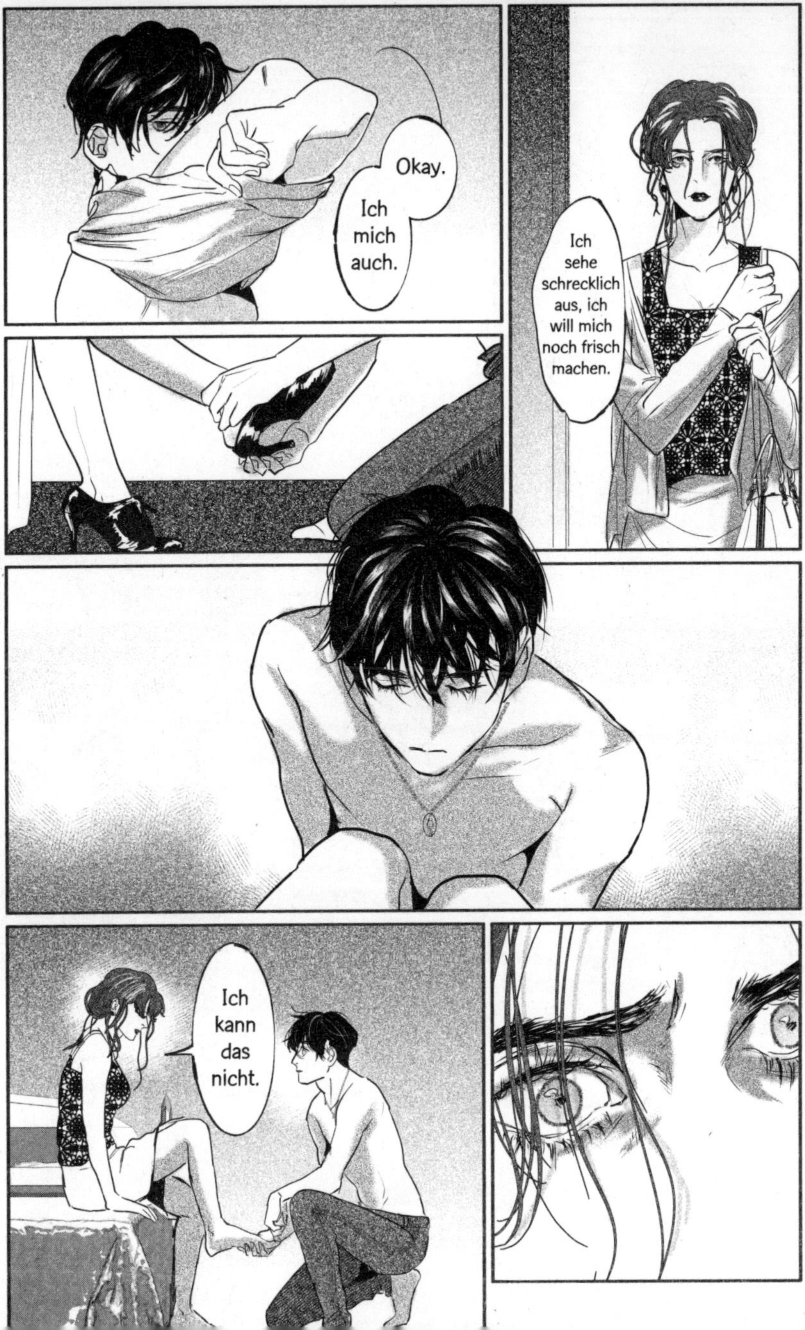
Ich sehe schrecklich aus, ich will mich noch frisch machen.
Okay.
Ich mich auch.
Ich kann das nicht.

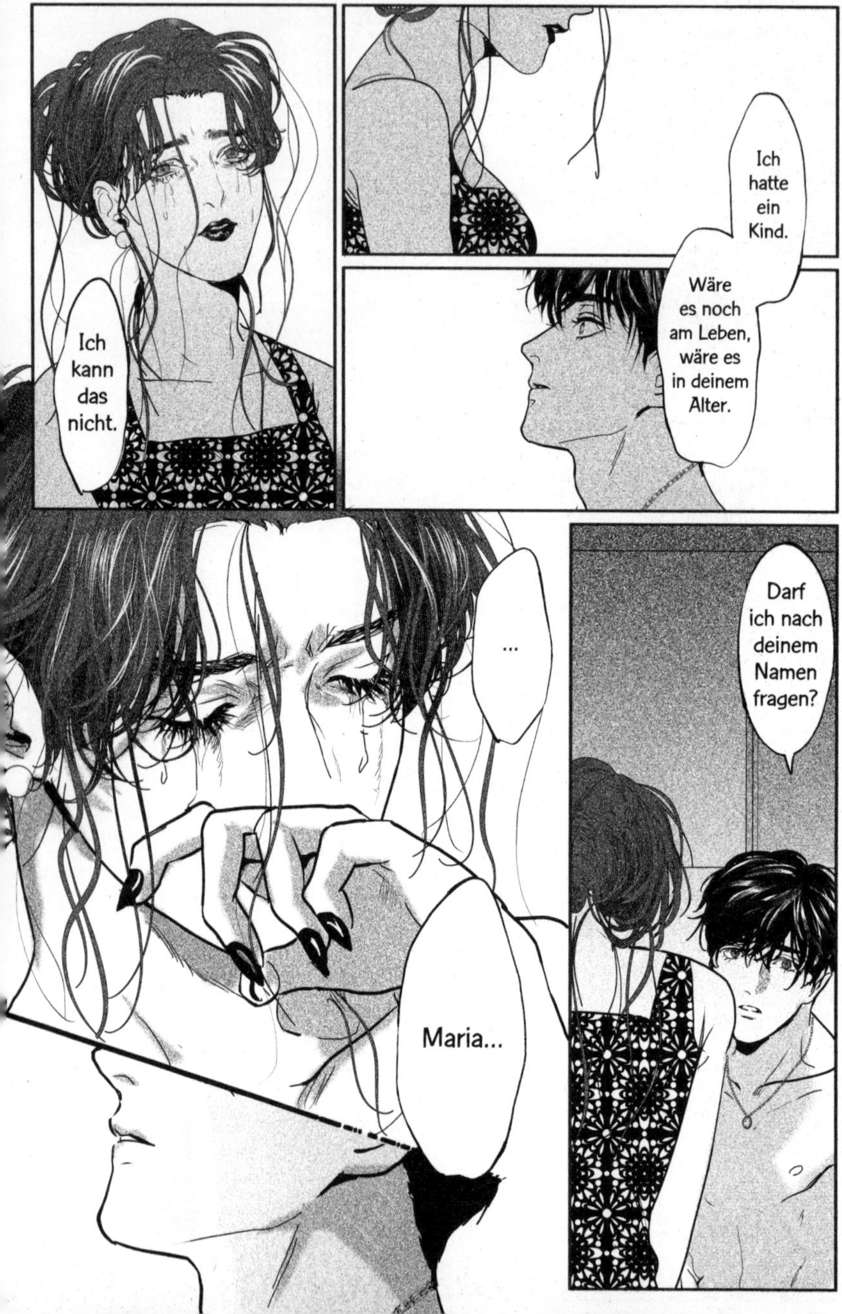
Ich hatte ein Kind.
Wäre es noch am Leben, wäre es in deinem Alter.
Ich kann das nicht.
Darf ich nach deinem Namen fragen?
...
Maria...

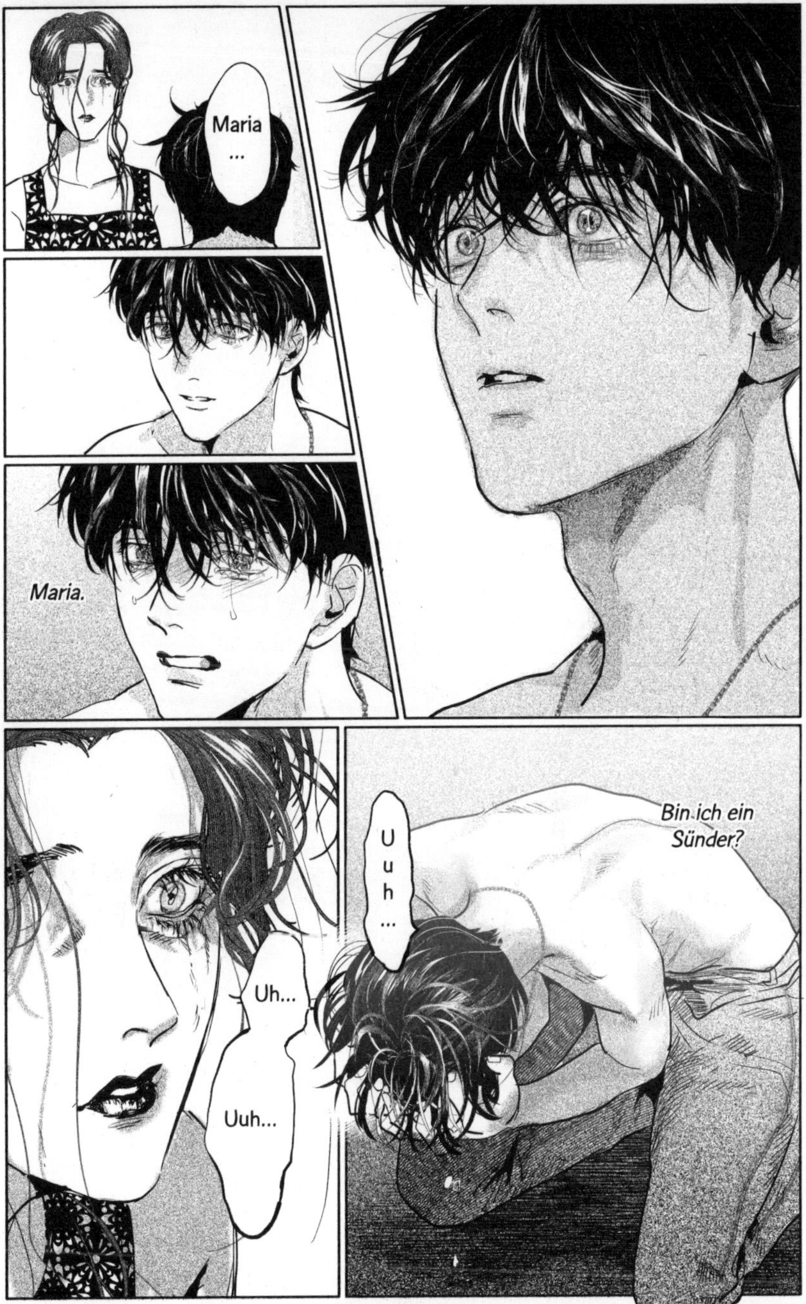
Maria
...
Maria.
Bin ich ein Sünder?
Uuh ...
Uh...
Uuh...

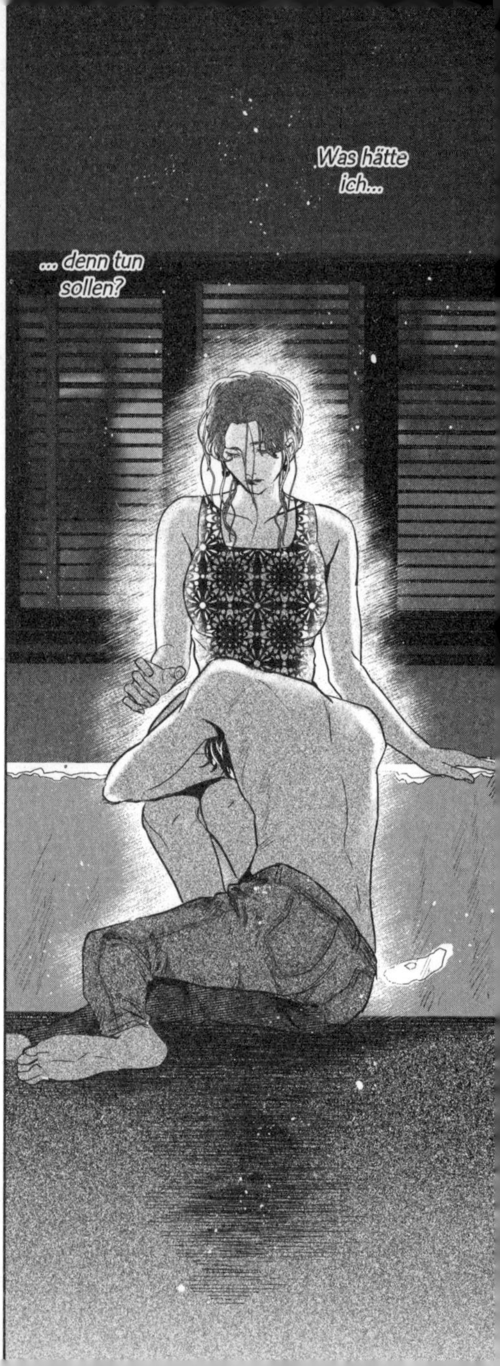
Was hätte ich...
... denn tun sollen?

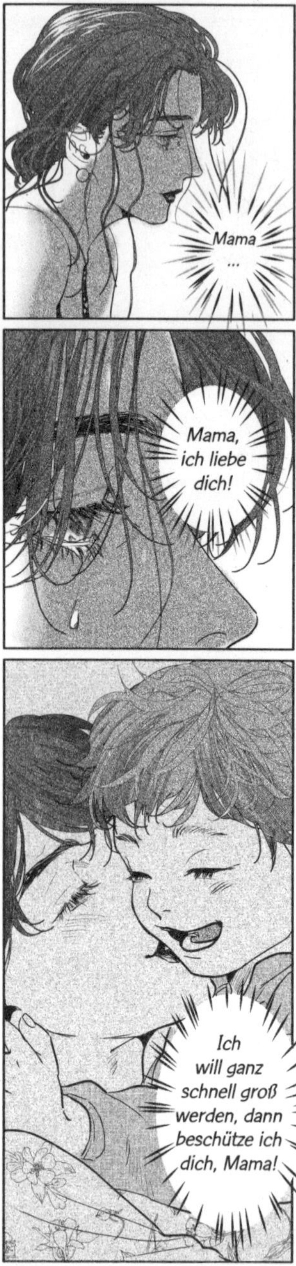
Mama ...
Mama, ich liebe dich!
Ich will ganz schnell groß werden, dann beschütze ich dich, Mama!

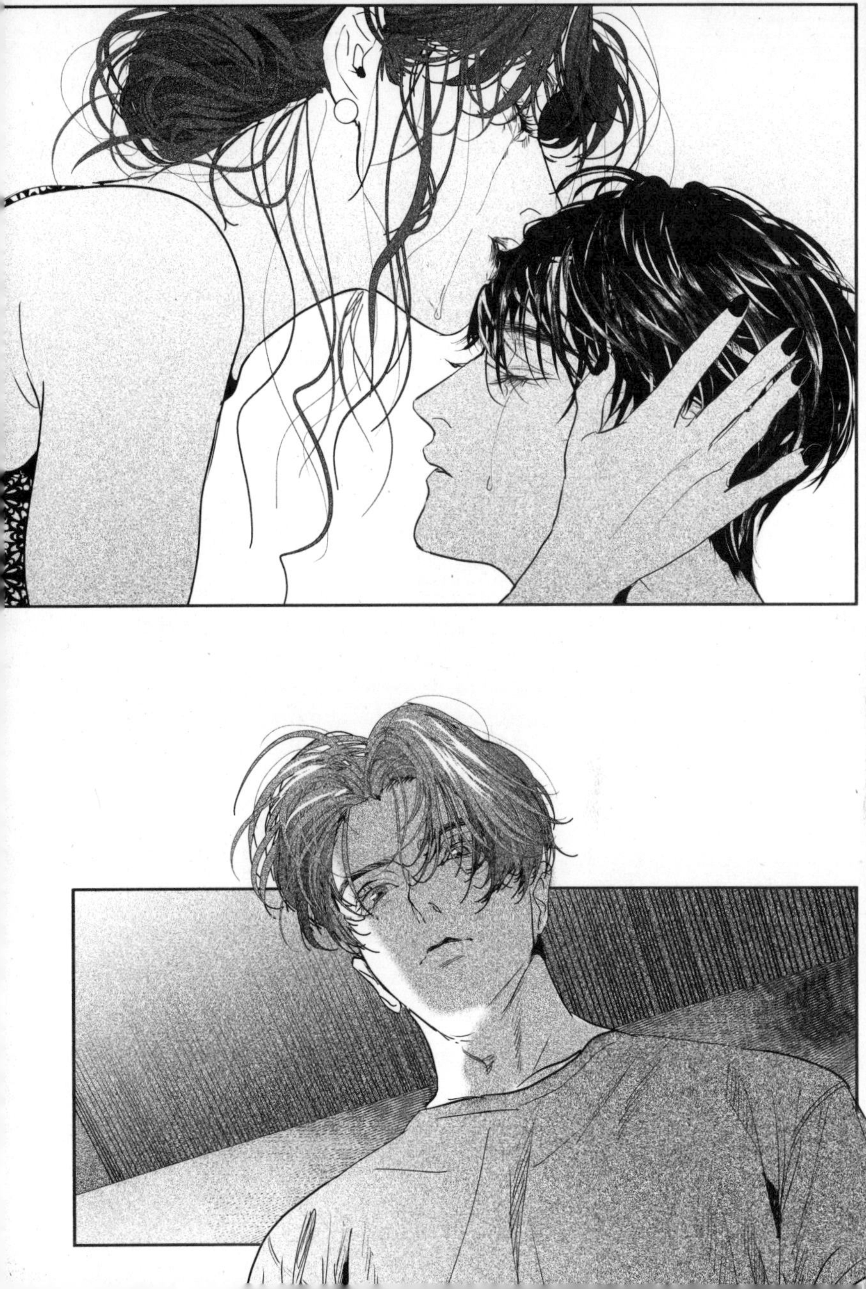

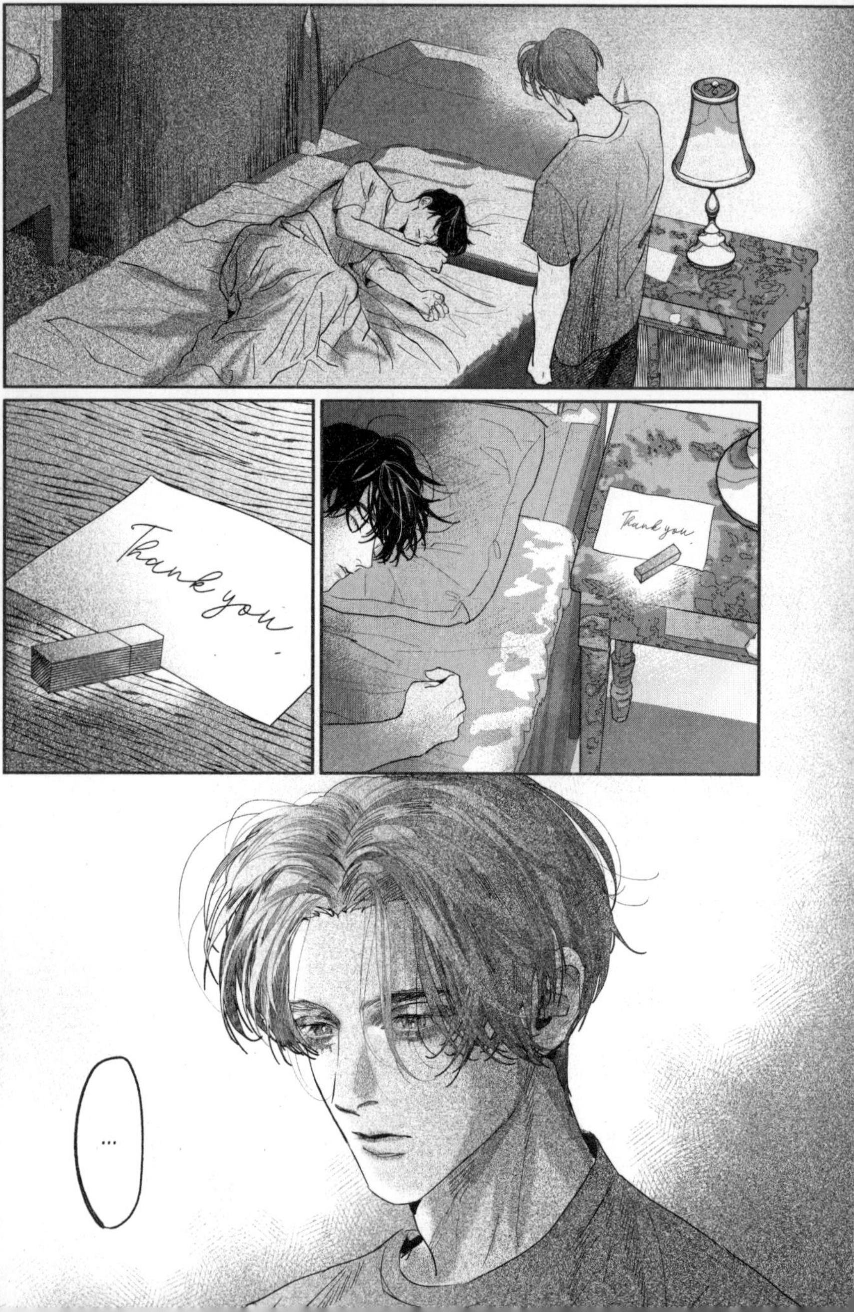
Thank you
Thank you.
...

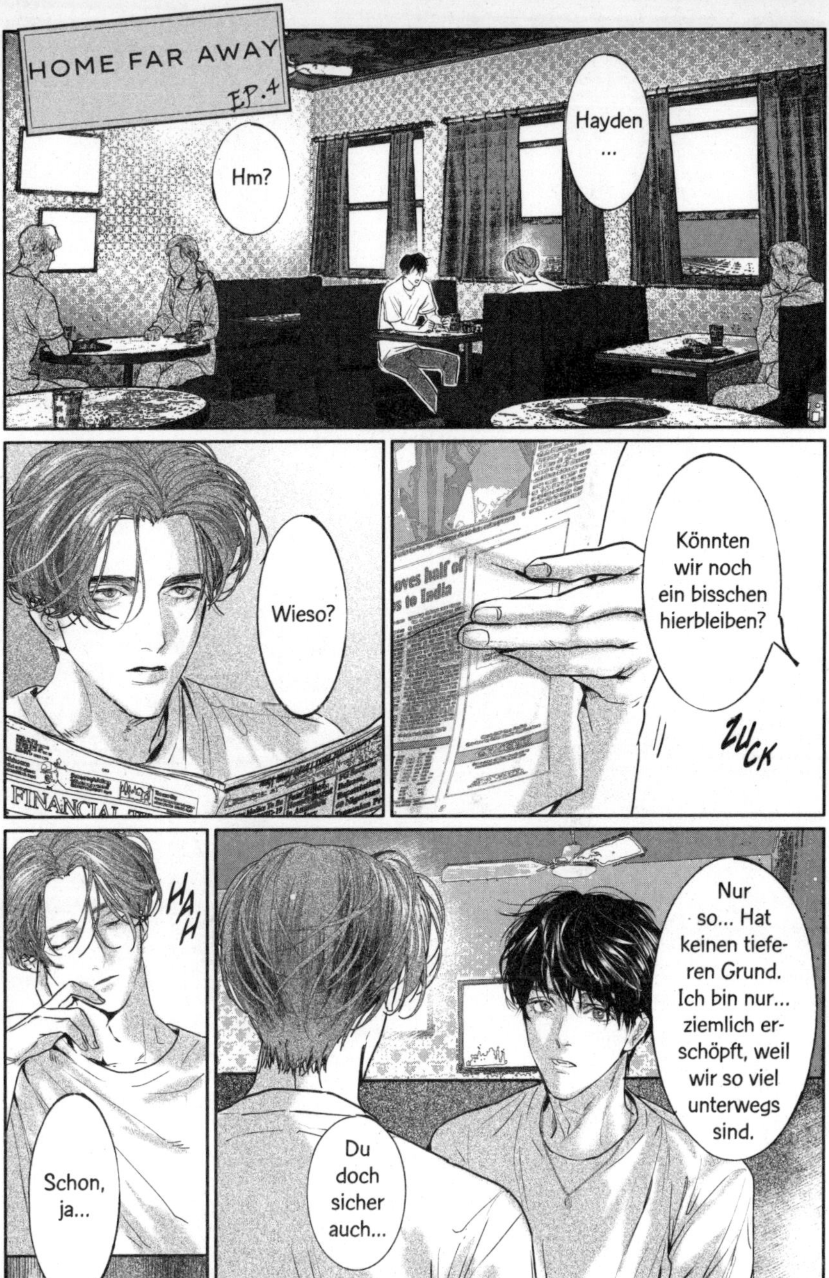
HOME FAR AWAY
EP.4
Hayden ...
Hm?
Könnten wir noch ein bisschen hierbleiben?
Wieso?
ZUCK
Nur so... Hat keinen tiefe-ren Grund. Ich bin nur... ziemlich er-schöpft, weil wir so viel unterwegs sind.
Du doch sicher auch...
HAH
Schon, ja...

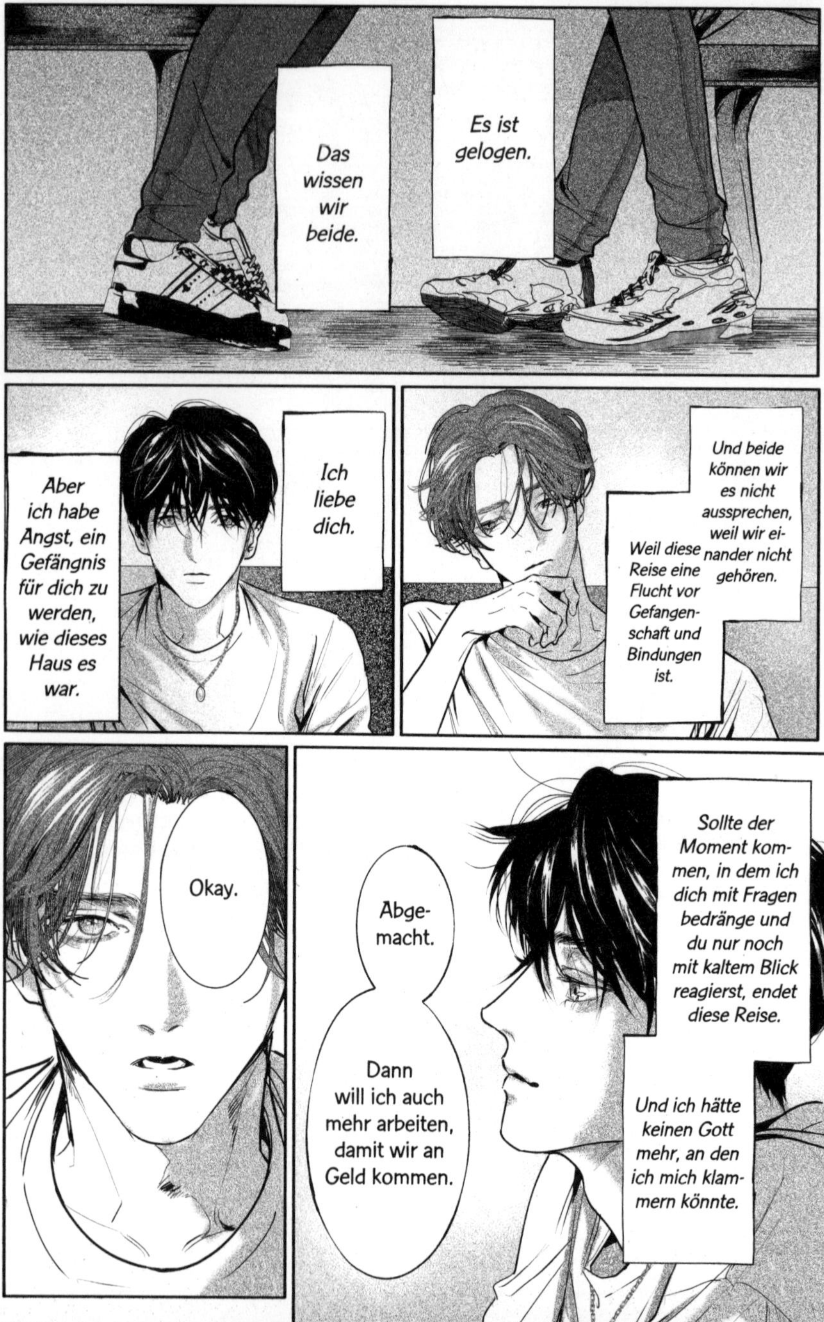

Es ist gelogen.
Das wissen wir beide.
Und beide können wir es nicht aussprechen, weil wir einander nicht gehören.
Weil diese Reise eine Flucht vor Gefangenschaft und Bindungen ist.
Ich liebe dich.
Aber ich habe Angst, ein Gefängnis für dich zu werden, wie dieses Haus es war.
Sollte der Moment kommen, in dem ich dich mit Fragen bedränge und du nur noch mit kaltem Blick reagierst, endet diese Reise.
Und ich hätte keinen Gott mehr, an den ich mich klammern könnte.
Abgemacht.
Dann will ich auch mehr arbeiten, damit wir an Geld kommen.
Okay.

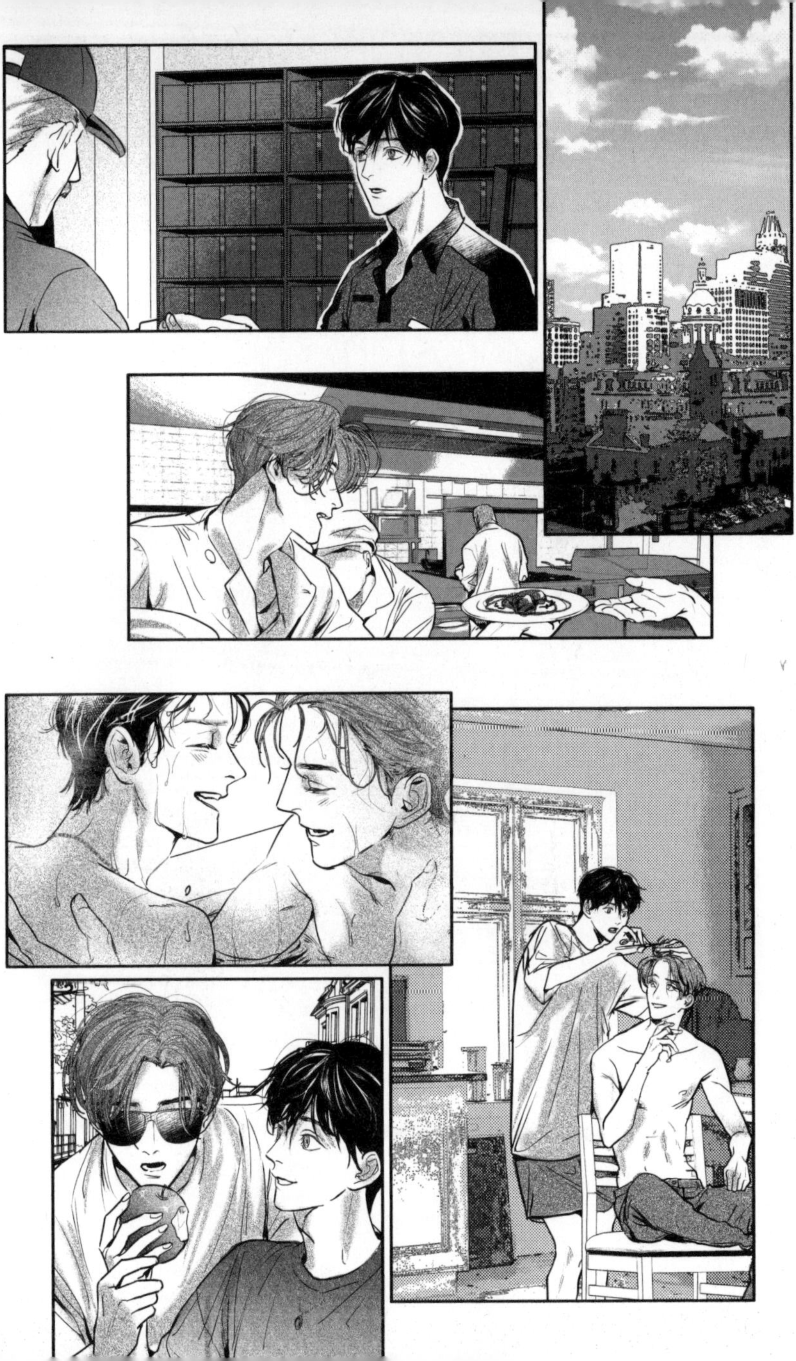

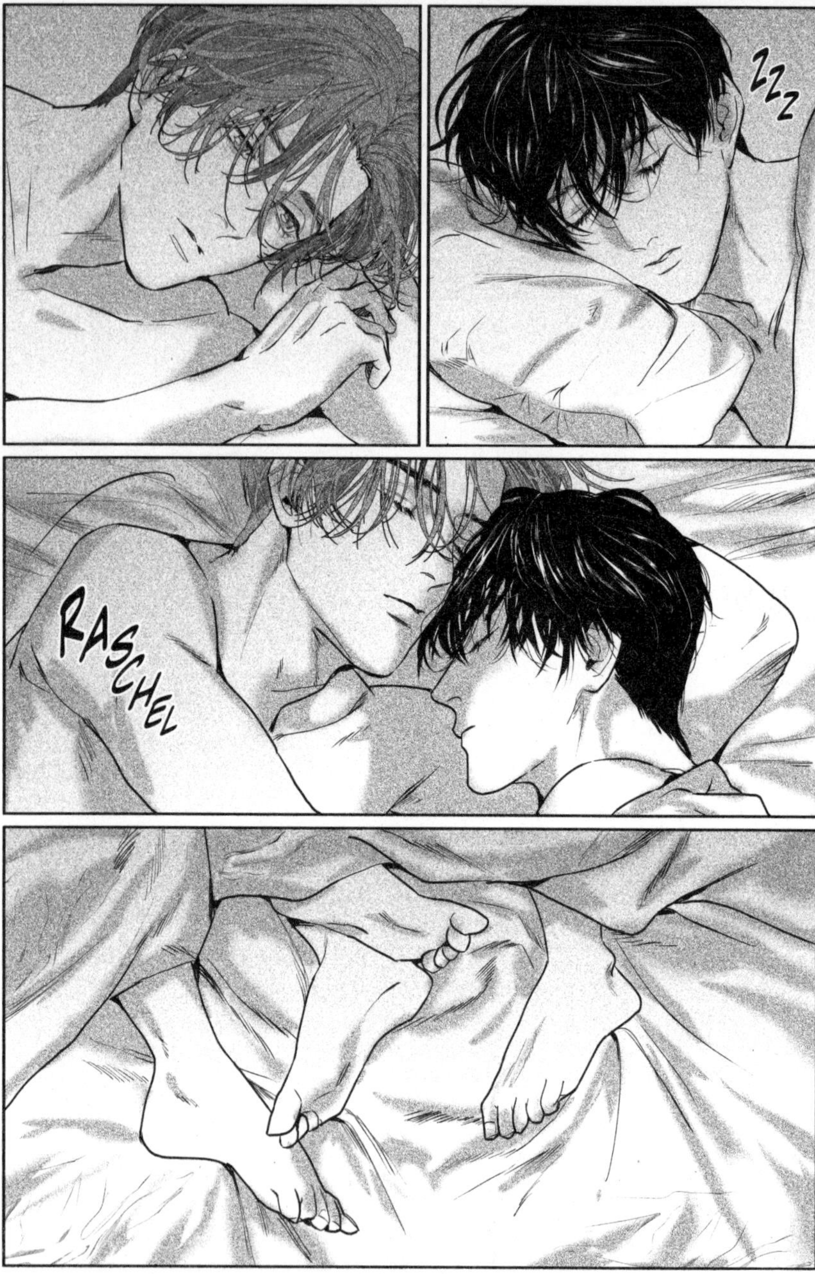
ZZZ
RASCHEL

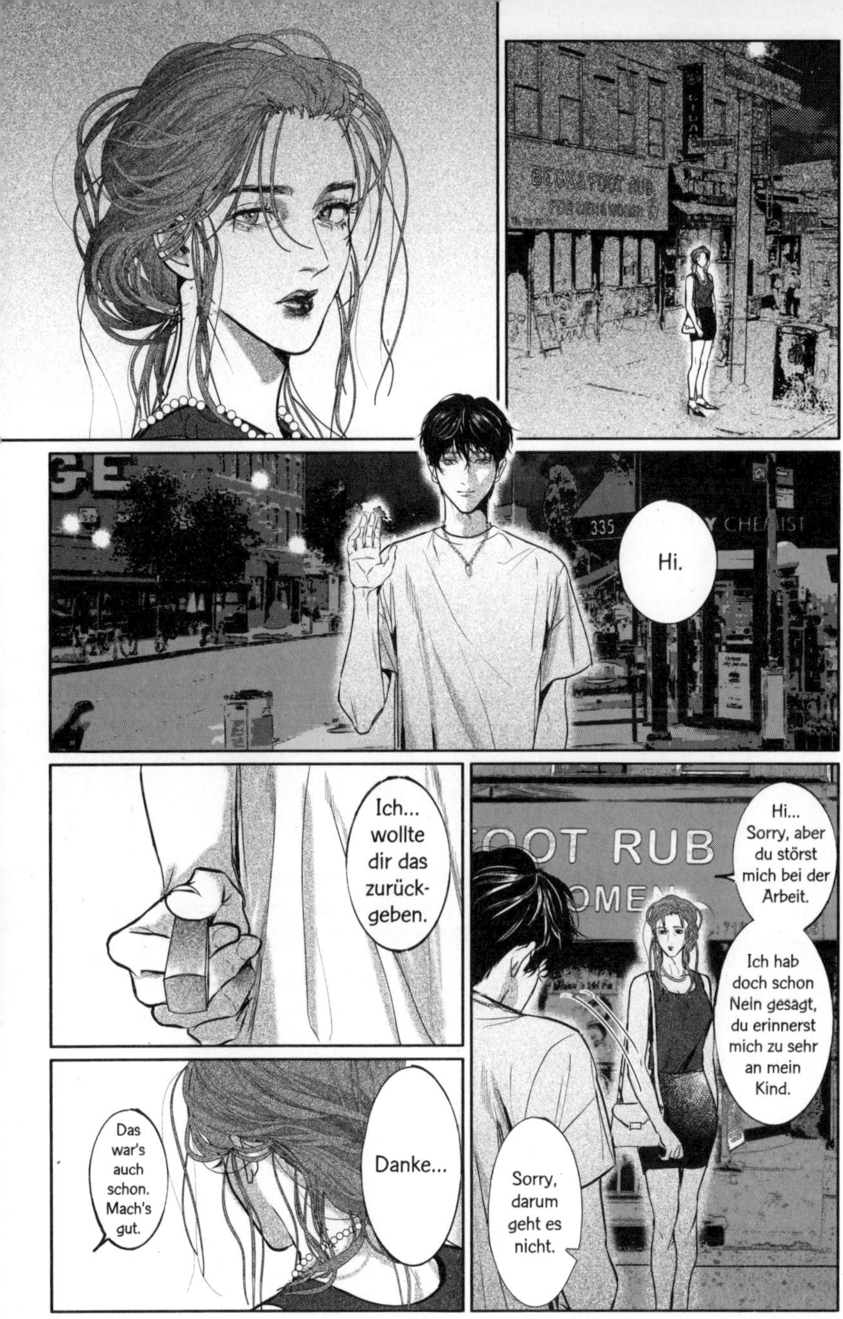
Hi.
Hi... Sorry, aber du störst mich bei der Arbeit.
Ich hab doch schon Nein gesagt, du erinnerst mich zu sehr an mein Kind.
Sorry, darum geht es nicht.
Ich... wollte dir das zurückgeben.
Danke...
Das war's auch schon. Mach's gut.

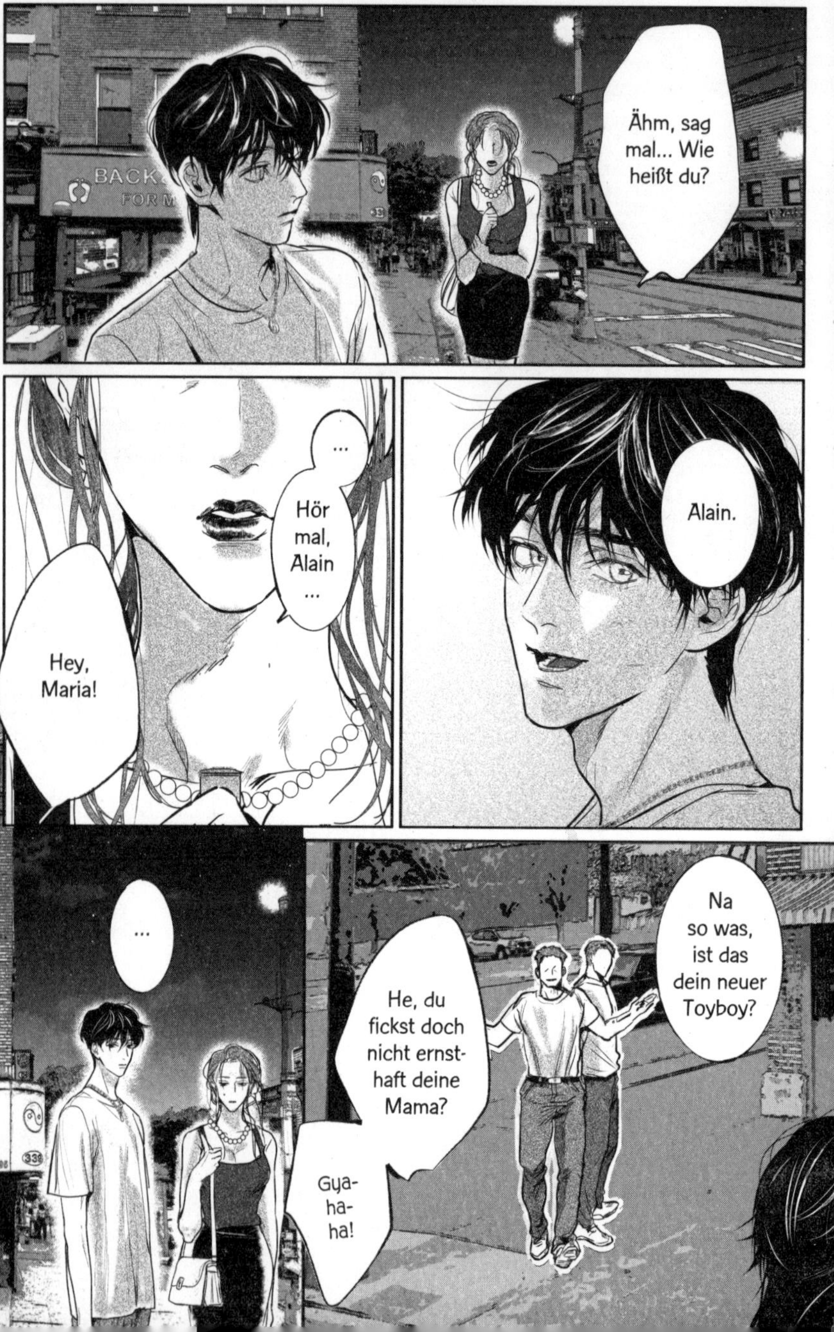
Ähm, sag mal... Wie heißt du?
Alain.
...
Hör mal, Alain ...
Hey, Maria!
Na so was, ist das dein neuer Toyboy?
He, du fickst doch nicht ernsthaft deine Mama?
Gya-ha-ha!
...

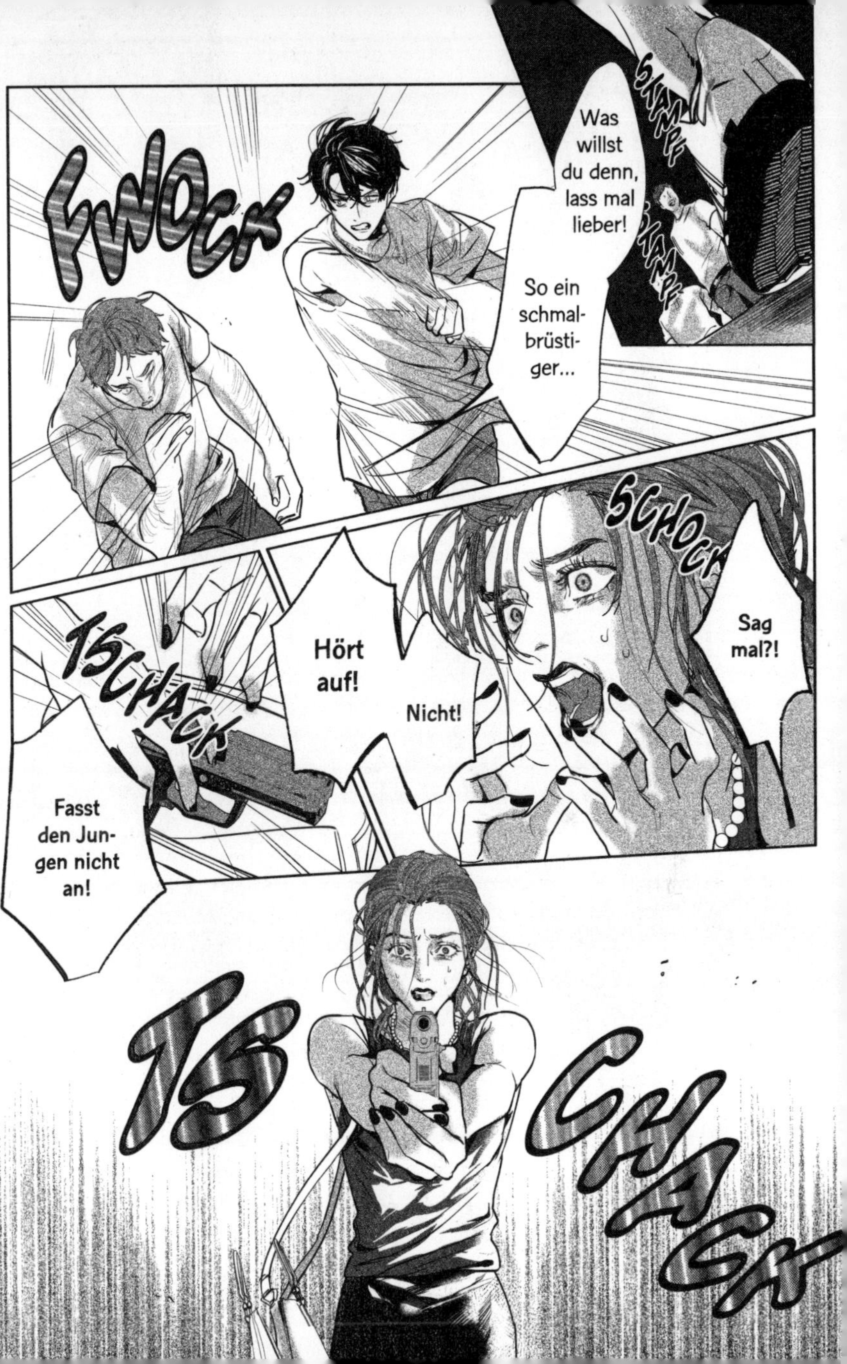
Was willst du denn, lass mal lieber!
So ein schmalbrüstiger...
FWOCK
SCHOCK
Sag mal?!
Nicht!
Hört auf!
TSCHACK
Fasst den Jungen nicht an!
TSCHACK

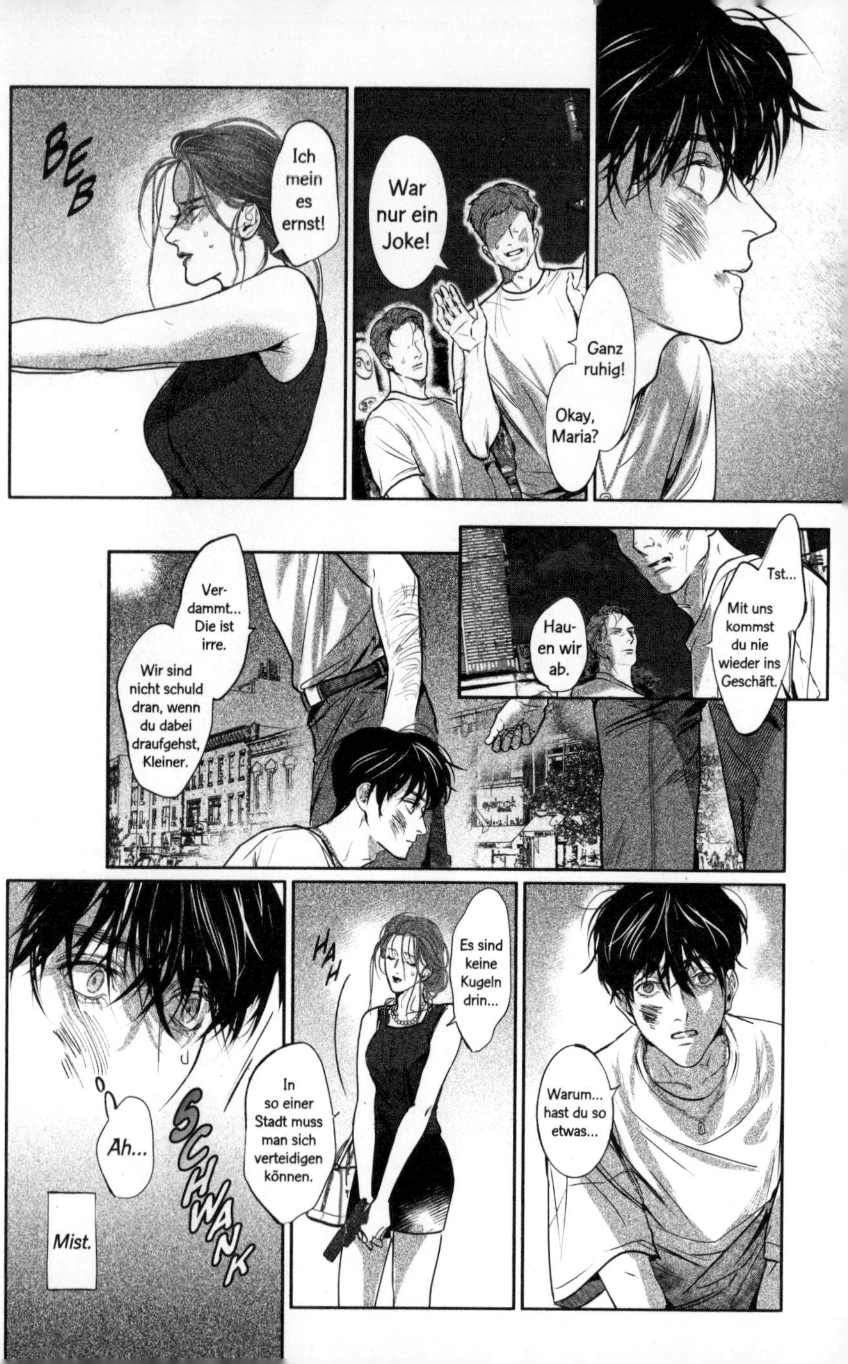
Ganz ruhig!
Okay, Maria?
War nur ein Joke!
Ich mein es ernst!
BEB
Tst...
Mit uns kommst du nie wieder ins Geschäft.
Hau-en wir ab.
Ver-dammt... Die ist irre.
Wir sind nicht schuld dran, wenn du dabei draufgehst, Kleiner.
Warum... hast du so etwas...
Es sind keine Kugeln drin...
HAH
In so einer Stadt muss man sich verteidigen können.
Äh...
SCHWANK
Mist.

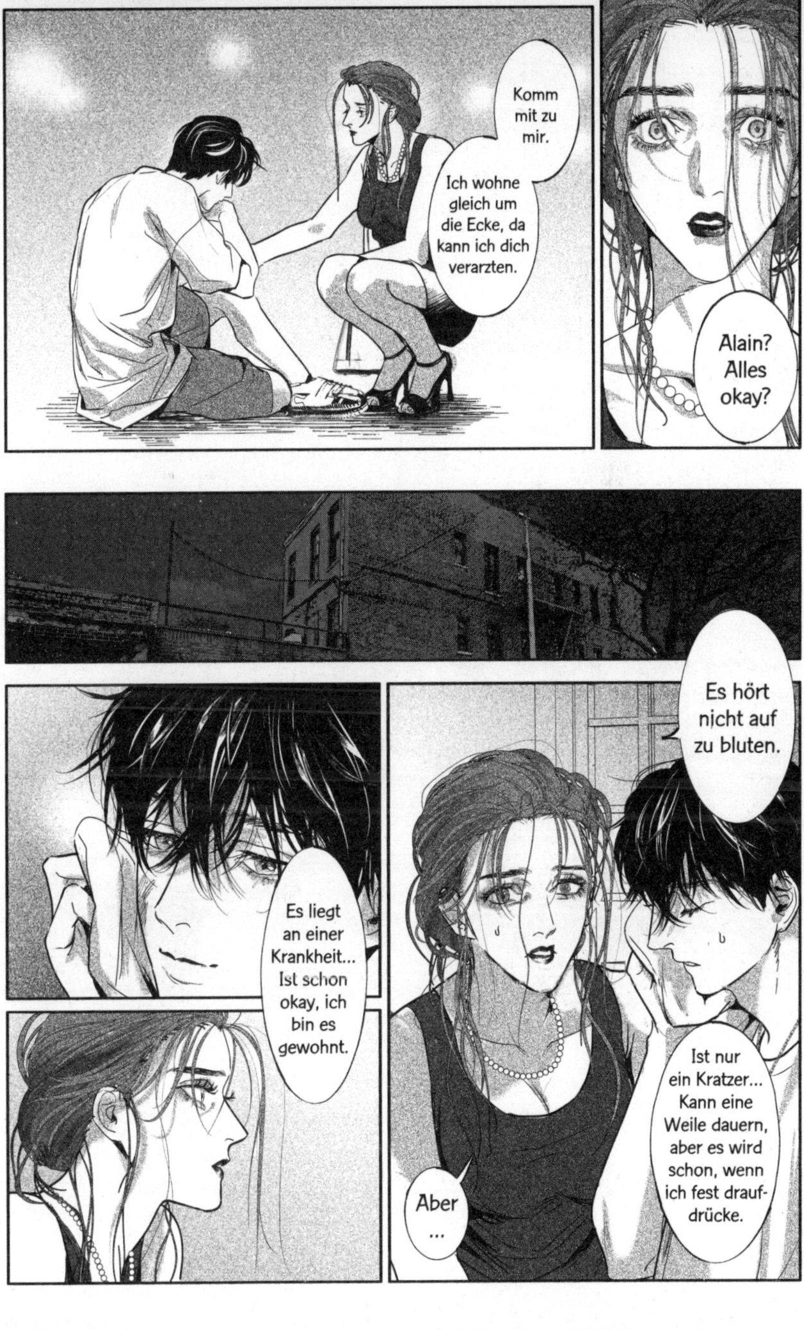
Alain? Alles okay?
Komm mit zu mir.
Ich wohne gleich um die Ecke, da kann ich dich verarzten.
Es hört nicht auf zu bluten.
Ist nur ein Kratzer... Kann eine Weile dauern, aber es wird schon, wenn ich fest drauf-drücke.
Aber ...
Es liegt an einer Krankheit... Ist schon okay, ich bin es gewohnt.

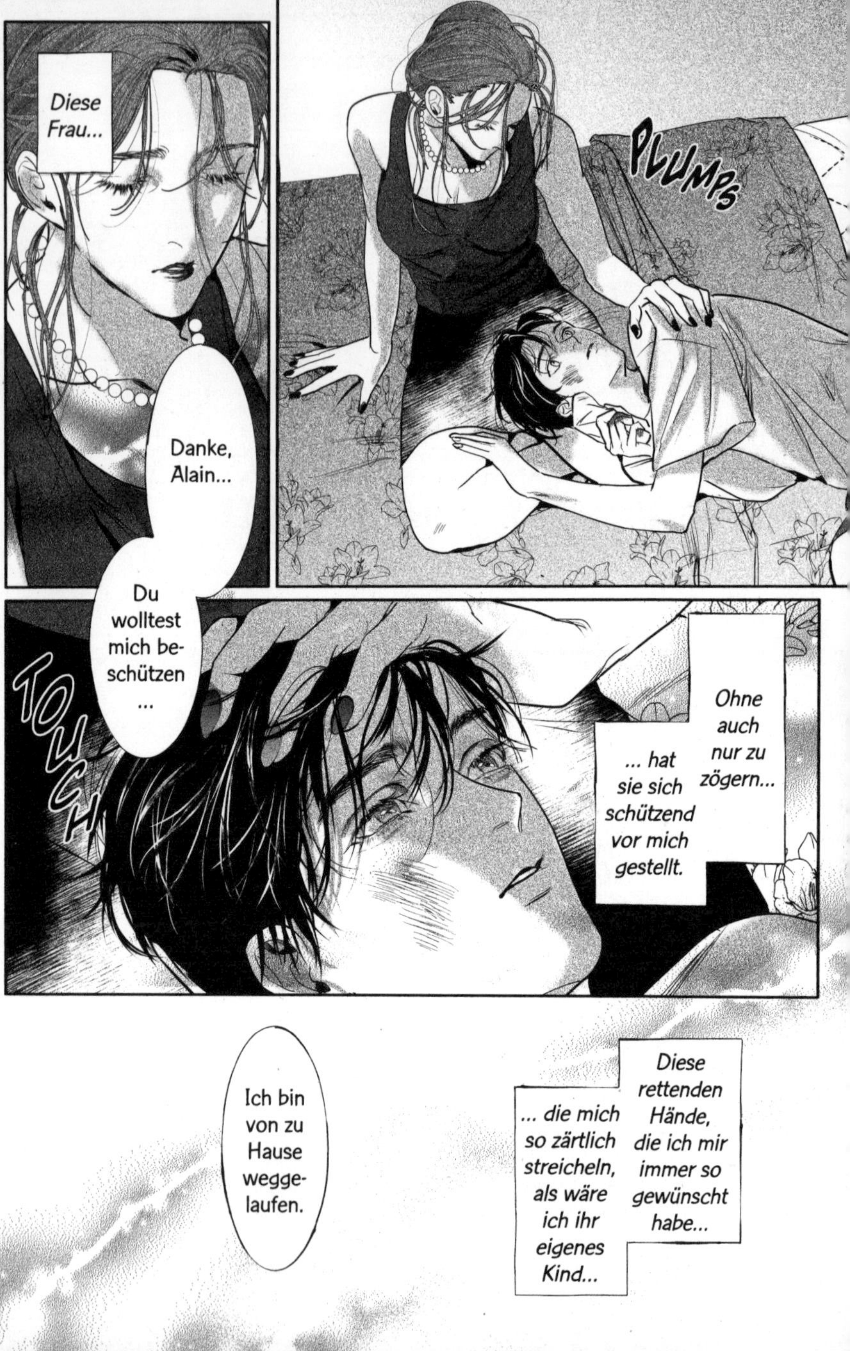
PLUMPS
Diese Frau...
Danke, Alain...
Du wolltest mich beschützen ...
Ohne auch nur zu zögern...
... hat sie sich schützend vor mich gestellt.
TOUCH
Diese rettenden Hände, die ich mir immer so gewünscht habe...
... die mich so zärtlich streicheln, als wäre ich ihr eigenes Kind...
Ich bin von zu Hause weggelaufen.

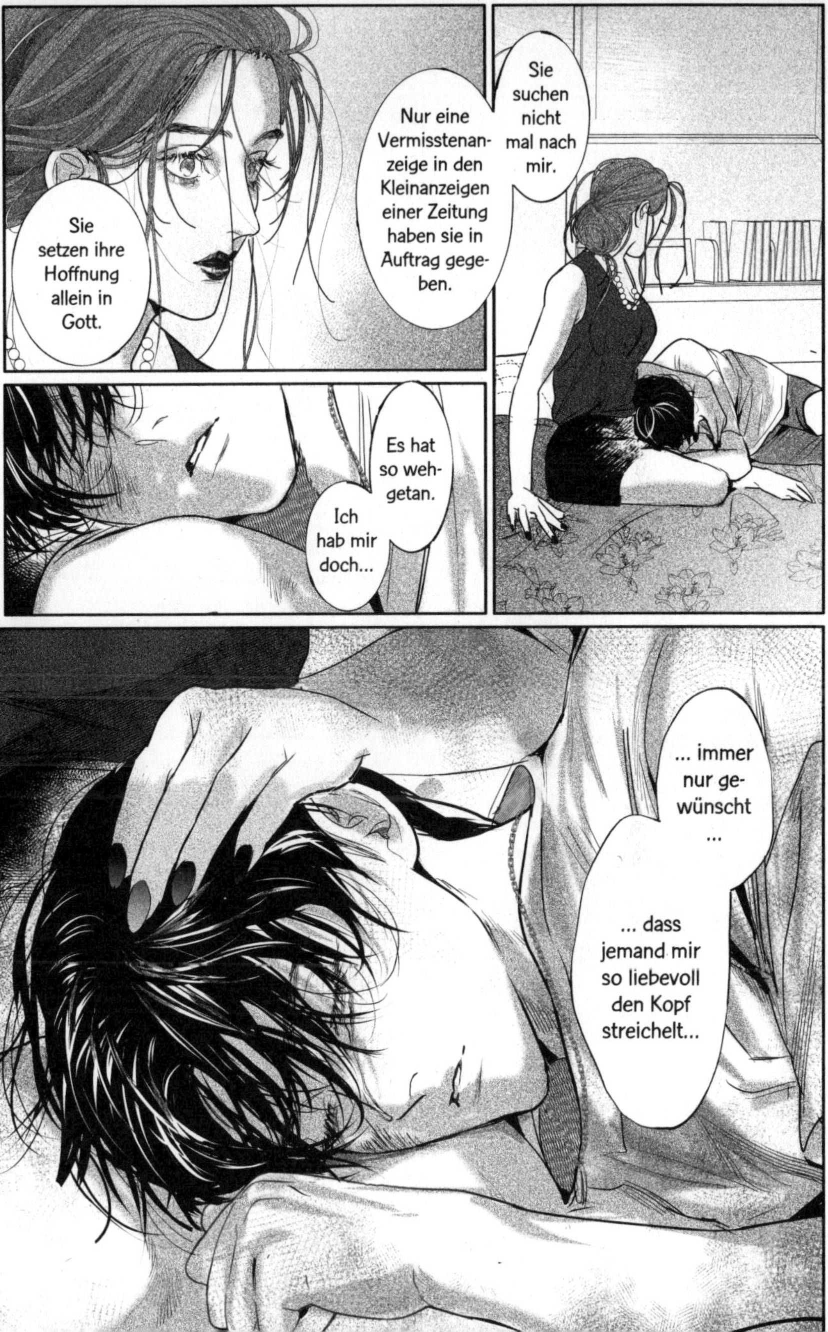
Sie suchen nicht mal nach mir.
Nur eine Vermisstenanzeige in den Kleinanzeigen einer Zeitung haben sie in Auftrag gegeben.
Sie setzen ihre Hoffnung allein in Gott.
Es hat so wehgetan.
Ich hab mir doch...
... immer nur gewünscht ...
... dass jemand mir so liebevoll den Kopf streichelt...

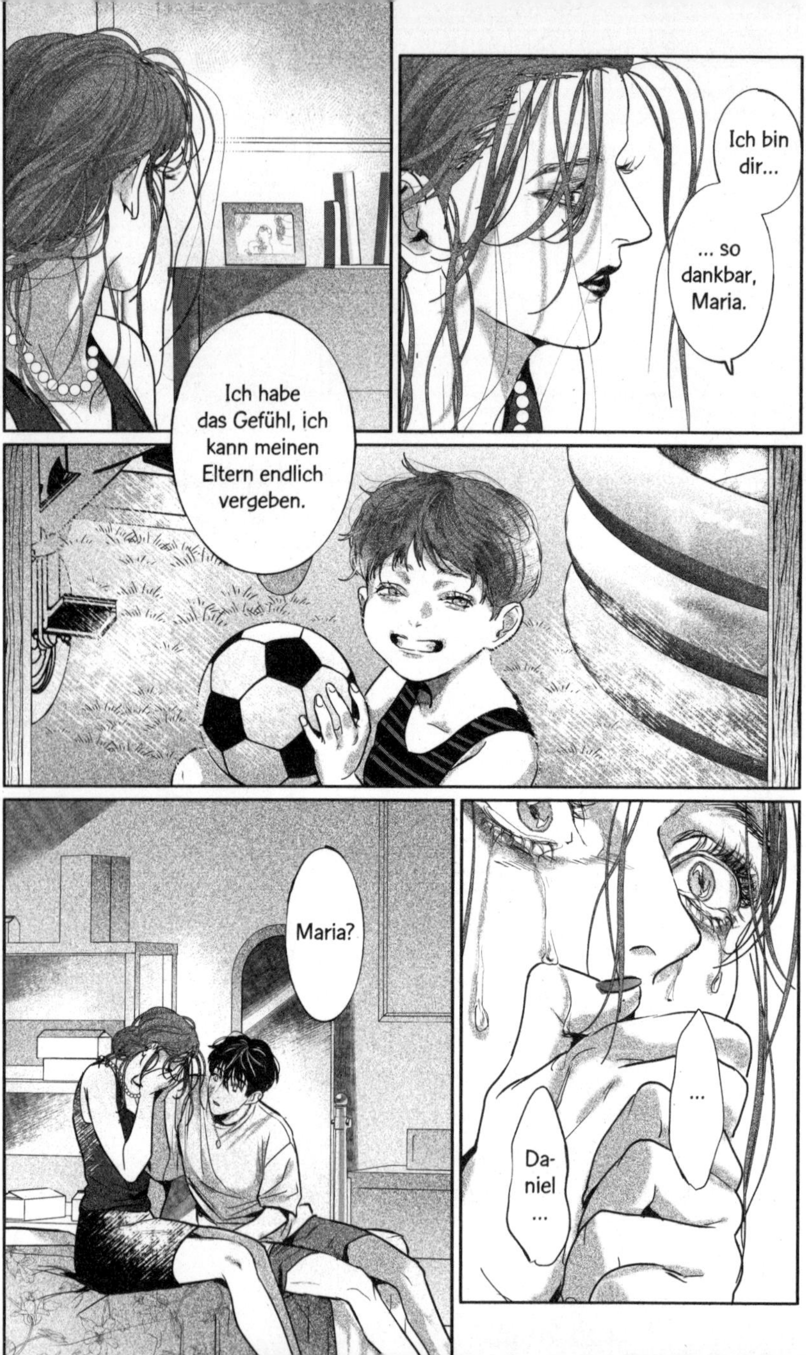
Ich bin dir...
... so dankbar, Maria.
Ich habe das Gefühl, ich kann meinen Eltern endlich vergeben.
...
Da-niel ...
Maria?

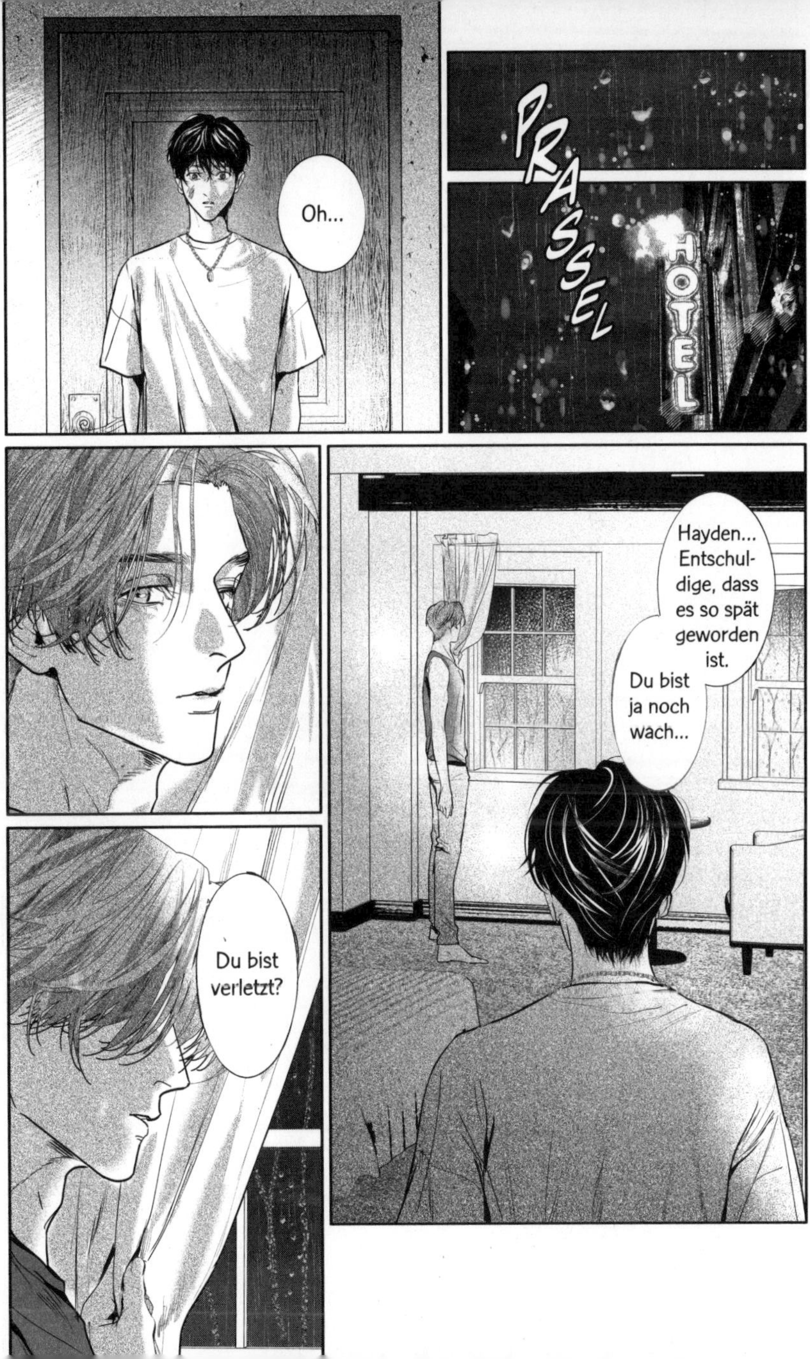
PRASSEL
HOTEL
Oh...
Hayden... Entschuldige, dass es so spät geworden ist.
Du bist ja noch wach...
Du bist verletzt?

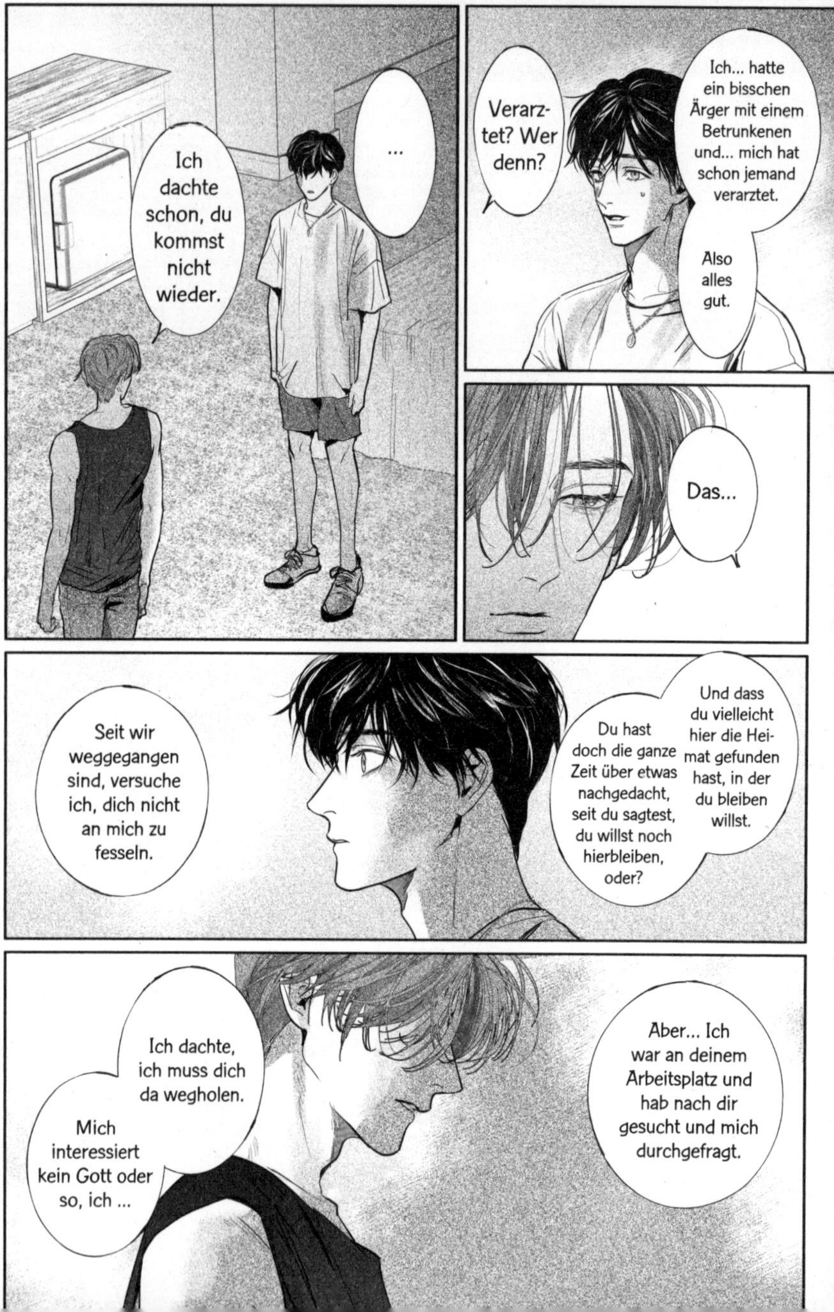
Ich dachte schon, du kommst nicht wieder.
...
Ich... hatte ein bisschen Ärger mit einem Betrunkenen und... mich hat schon jemand verarztet.
Also alles gut.
Verarz-tet? Wer denn?
Das...
Seit wir weggegangen sind, versuche ich, dich nicht an mich zu fesseln.
Du hast doch die ganze Zeit über etwas nachgedacht, seit du sagtest, du willst noch hierbleiben, oder?
Und dass du vielleicht hier die Hei-mat gefunden hast, in der du bleiben willst.
Aber... Ich war an deinem Arbeitsplatz und hab nach dir gesucht und mich durchgefragt.
Ich dachte, ich muss dich da wegholen.
Mich interessiert kein Gott oder so, ich ...

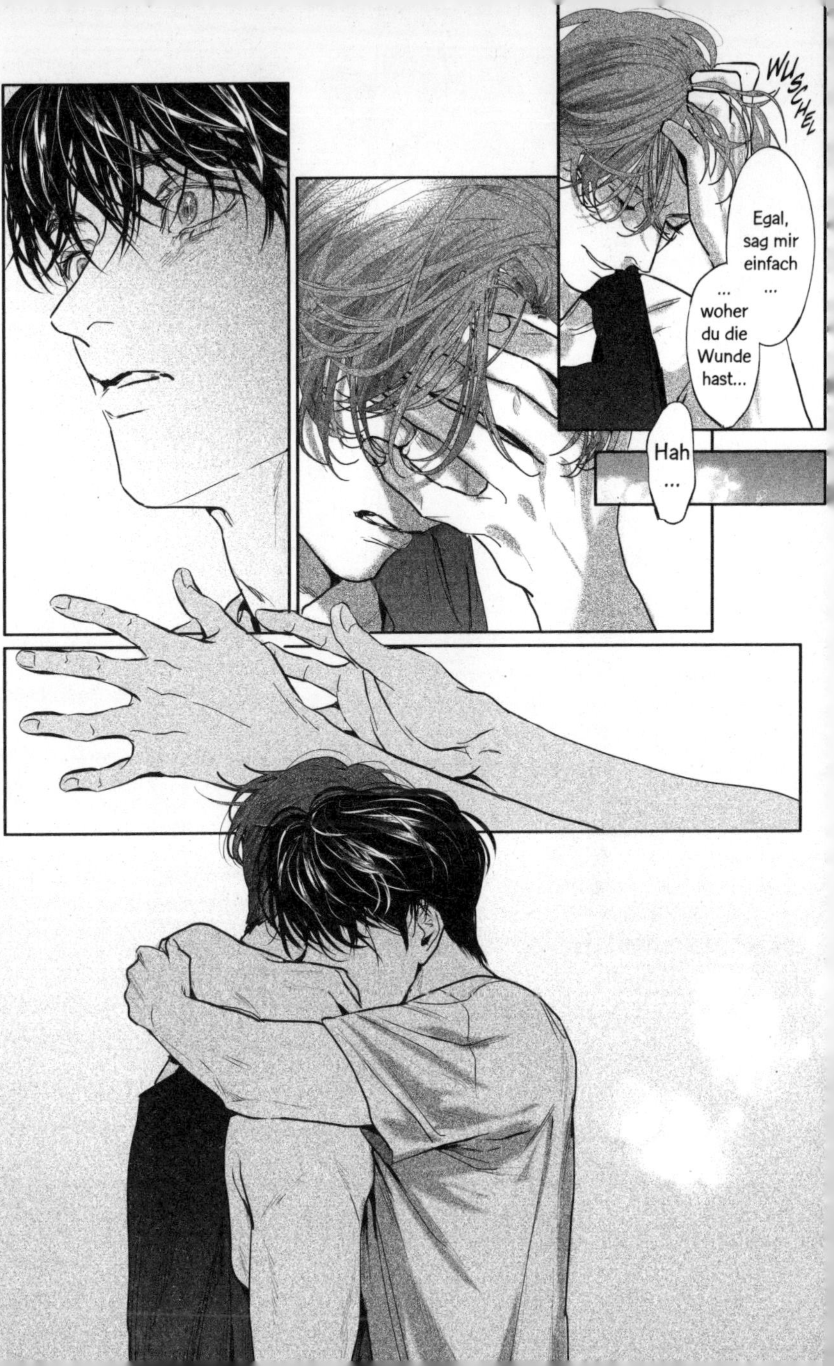
WUSCHEL
Egal, sag mir einfach ...
... woher du die Wunde hast...
Hah ...

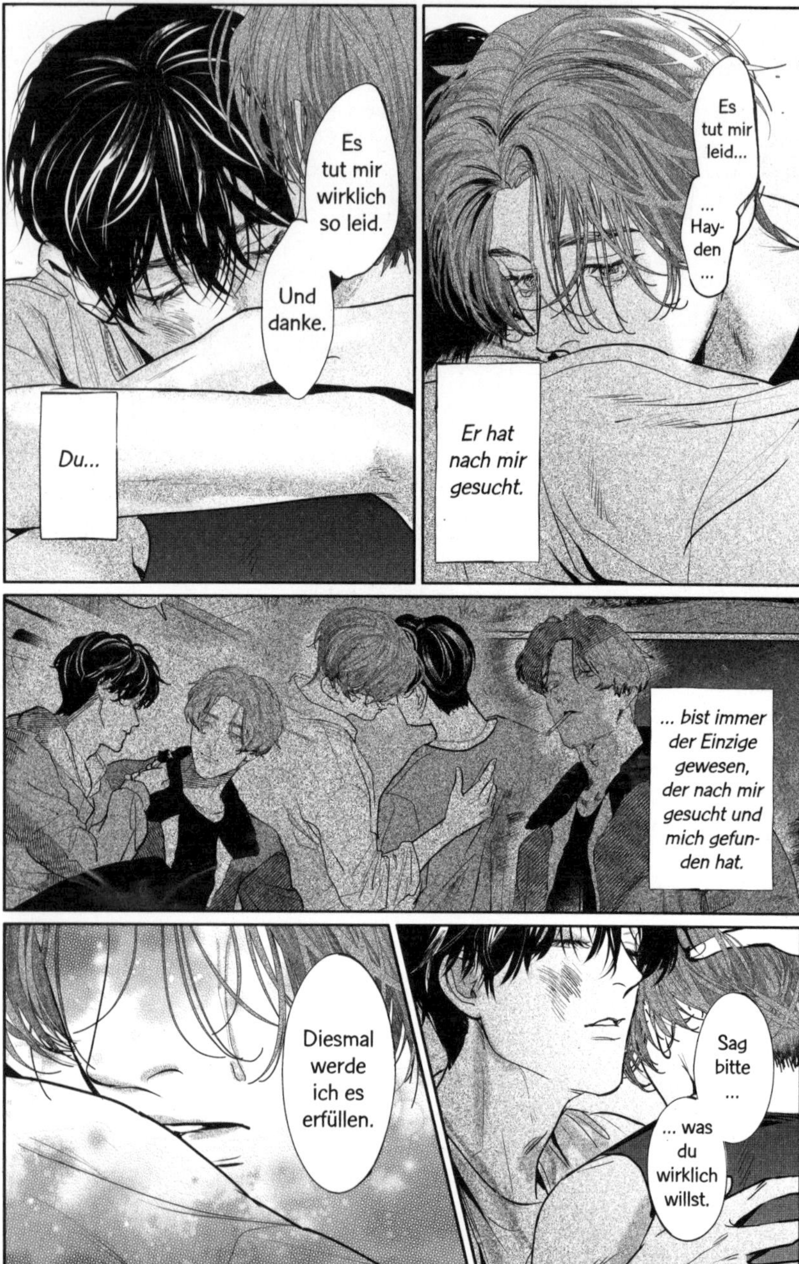
Es tut mir leid... ... Hayden ...
Er hat nach mir gesucht.
Es tut mir wirklich so leid.
Und danke.
Du...
... bist immer der Einzige gewesen, der nach mir gesucht und mich gefunden hat.
Sag bitte ...
... was du wirklich willst.
Diesmal werde ich es erfüllen.

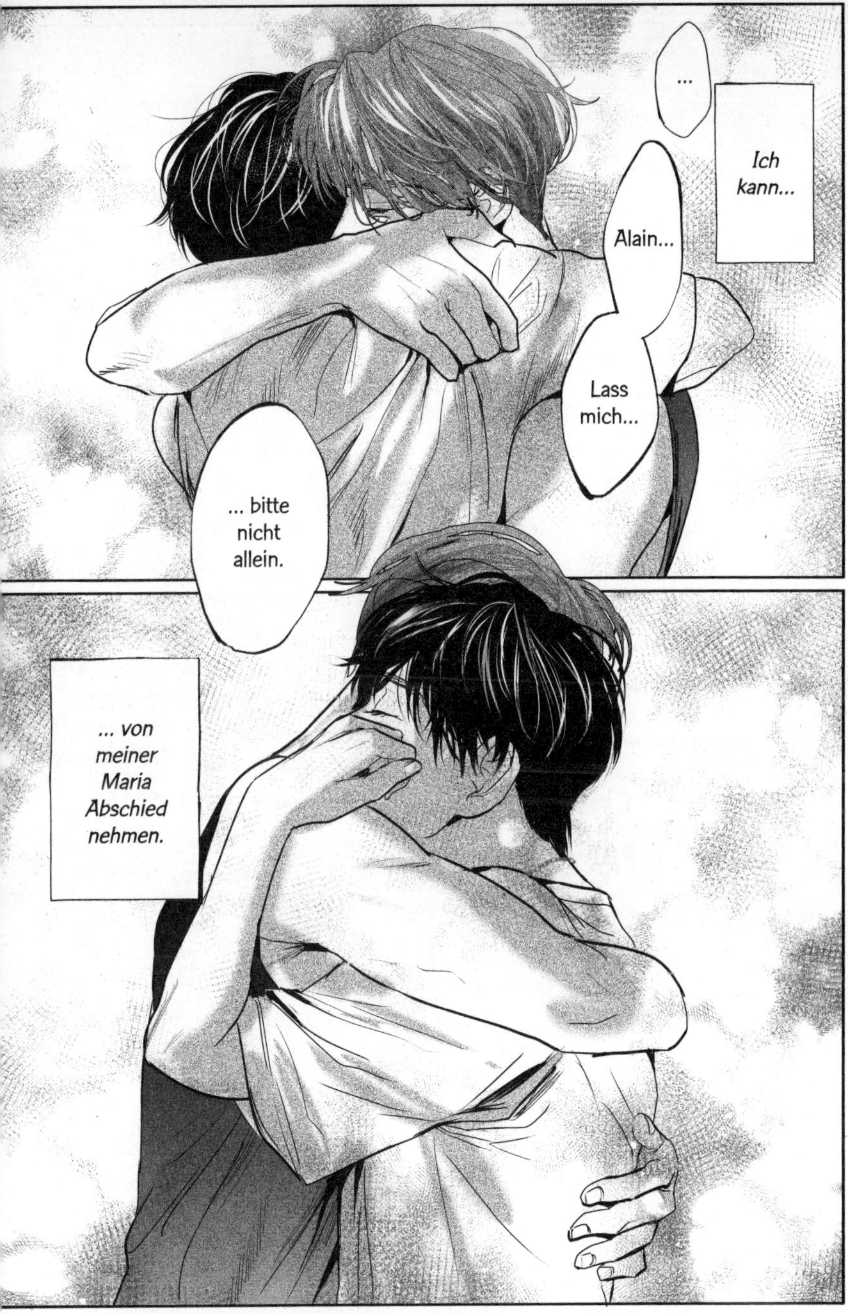
...
Ich kann...
Alain...
Lass mich...
... bitte nicht allein.
... von meiner Maria Abschied nehmen.

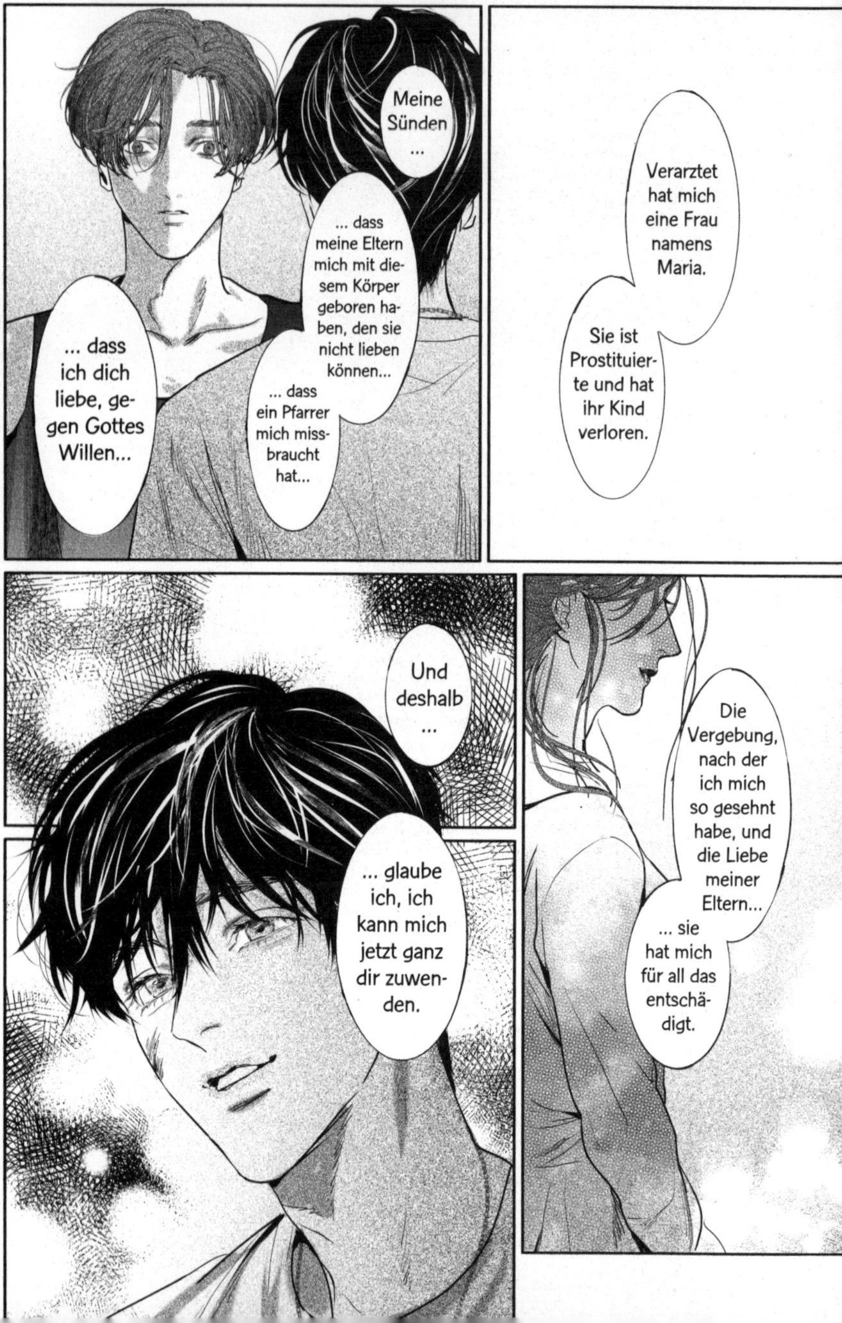
Verarztet hat mich eine Frau namens Maria.
Sie ist Prostituierte und hat ihr Kind verloren.
Meine Sünden ...
... dass meine Eltern mich mit diesem Körper geboren haben, den sie nicht lieben können...
... dass ein Pfarrer mich missbraucht hat...
... dass ich dich liebe, gegen Gottes Willen...
Die Vergebung, nach der ich mich so gesehnt habe, und die Liebe meiner Eltern...
... sie hat mich für all das entschädigt.
Und deshalb ...
... glaube ich, ich kann mich jetzt ganz dir zuwenden.

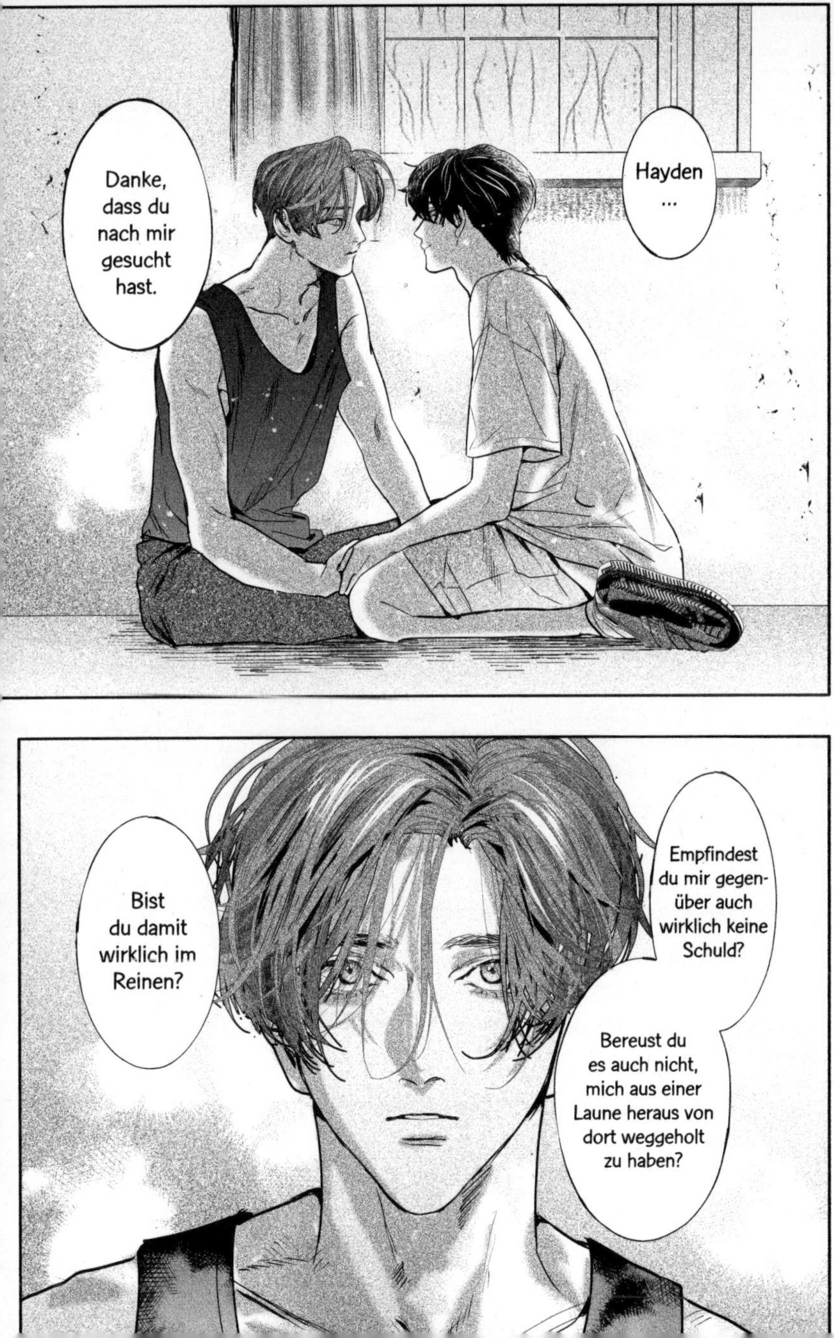
Hayden …
Danke, dass du nach mir gesucht hast.
Empfindest du mir gegenüber auch wirklich keine Schuld?
Bereust du es auch nicht, mich aus einer Laune heraus von dort weggeholt zu haben?
Bist du damit wirklich im Reinen?

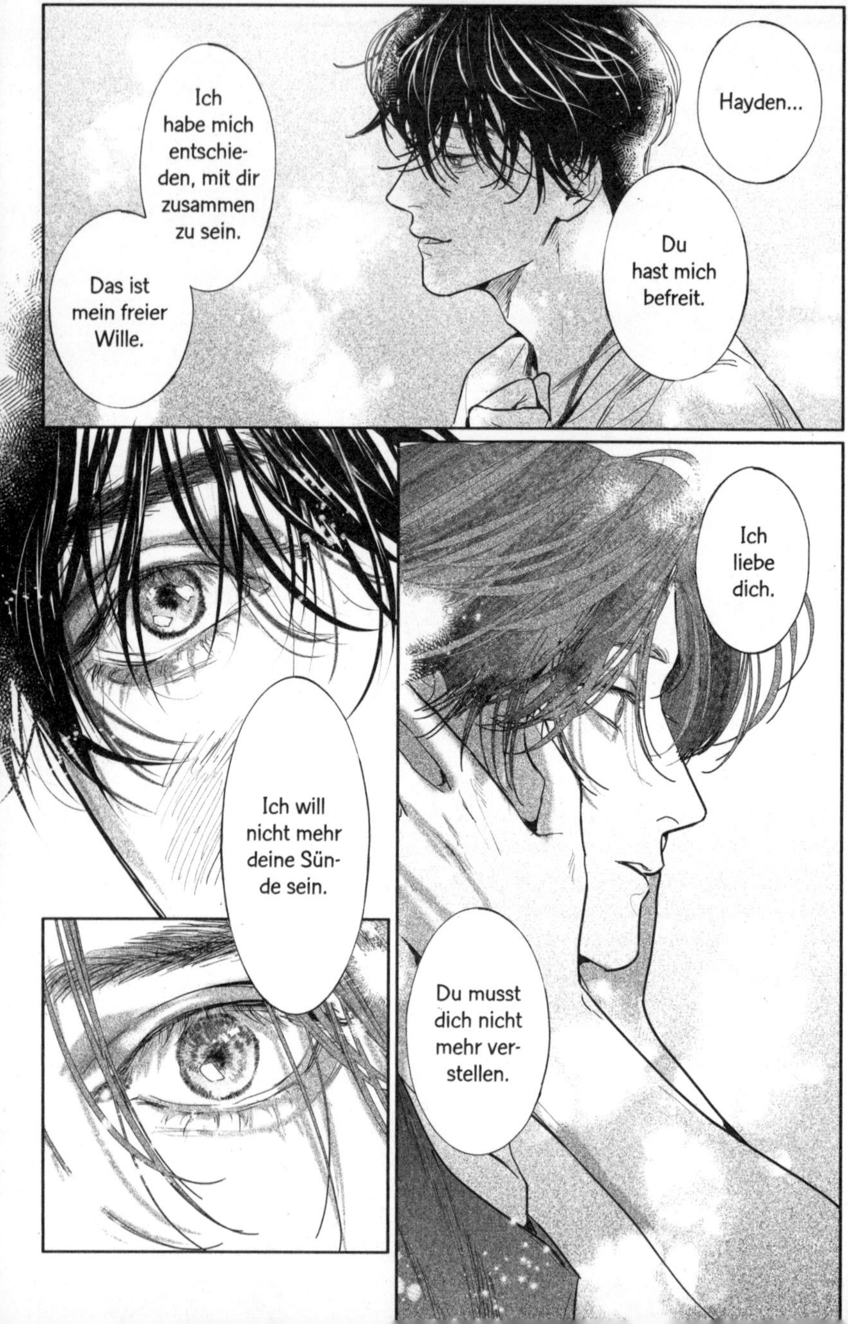
Hayden...
Du hast mich befreit.
Ich habe mich entschieden, mit dir zusammen zu sein.
Das ist mein freier Wille.
Ich liebe dich.
Du musst dich nicht mehr verstellen.
Ich will nicht mehr deine Sünde sein.

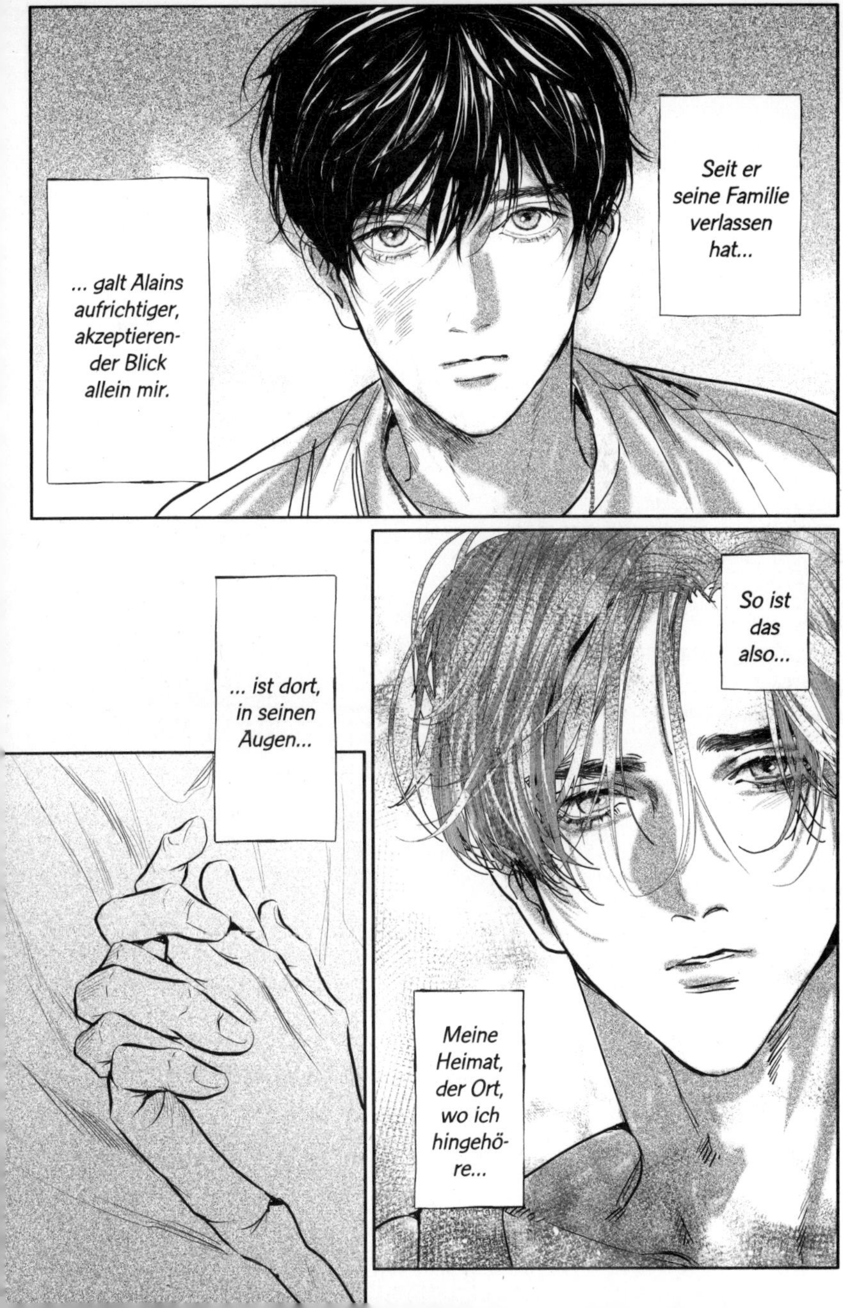
Seit er seine Familie verlassen hat...
... galt Alains aufrichtiger, akzeptierender Blick allein mir.
So ist das also...
Meine Heimat, der Ort, wo ich hingehöre...
... ist dort, in seinen Augen...

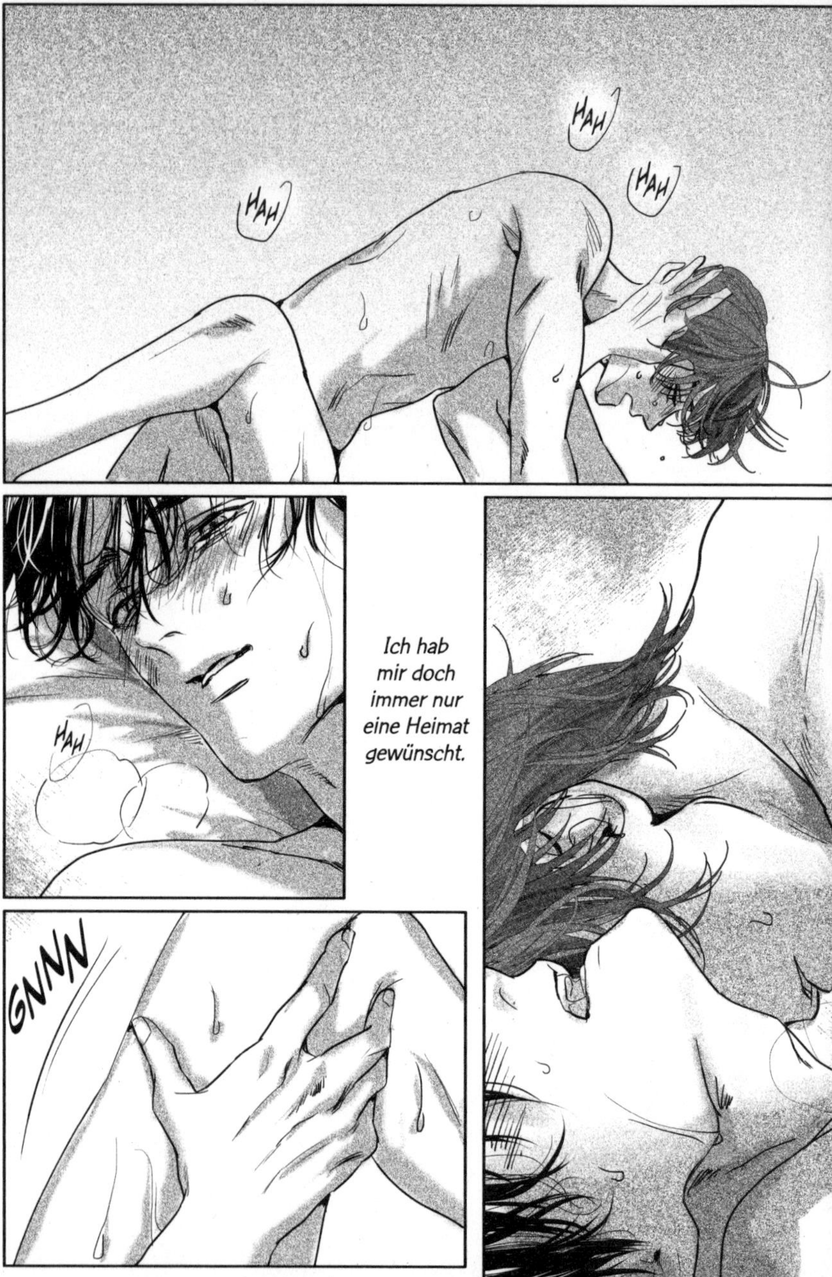
HAH
HAH
HAH
Ich hab mir doch immer nur eine Heimat gewünscht.
HAH
GNNN

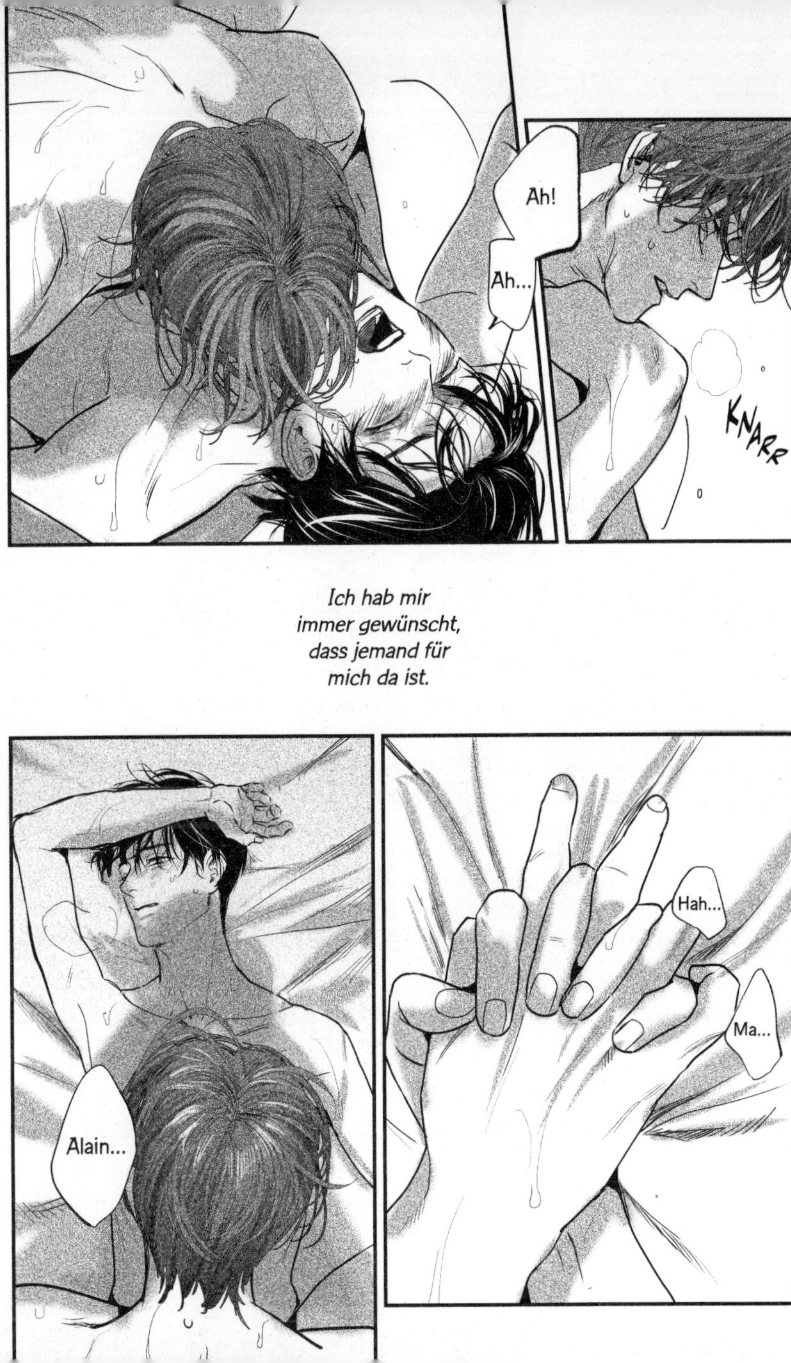
Ah!
Ah...
KNARR
Ich hab mir immer gewünscht, dass jemand für mich da ist.
Hah...
Ma...
Alain...

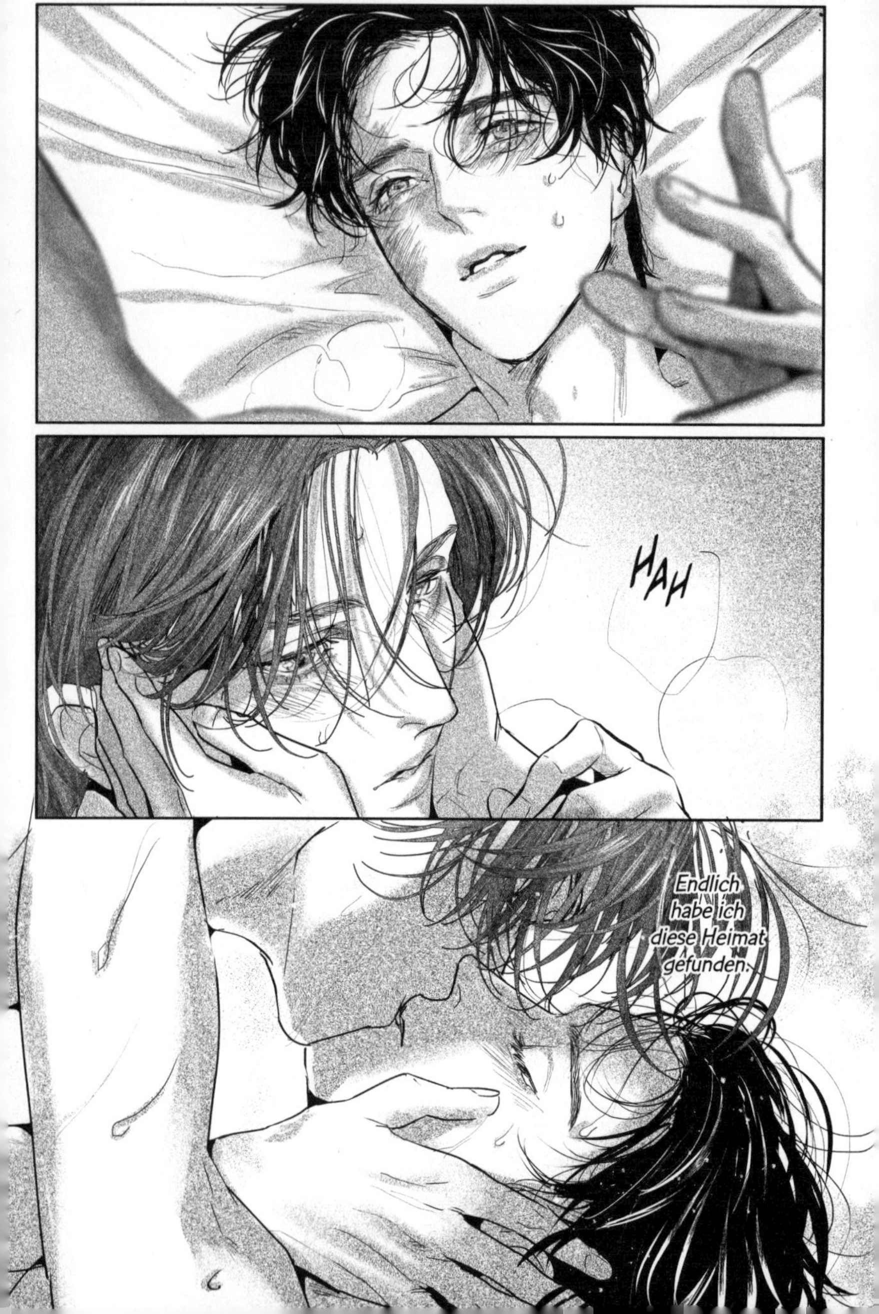
HAH
Endlich habe ich diese Heimat gefunden.

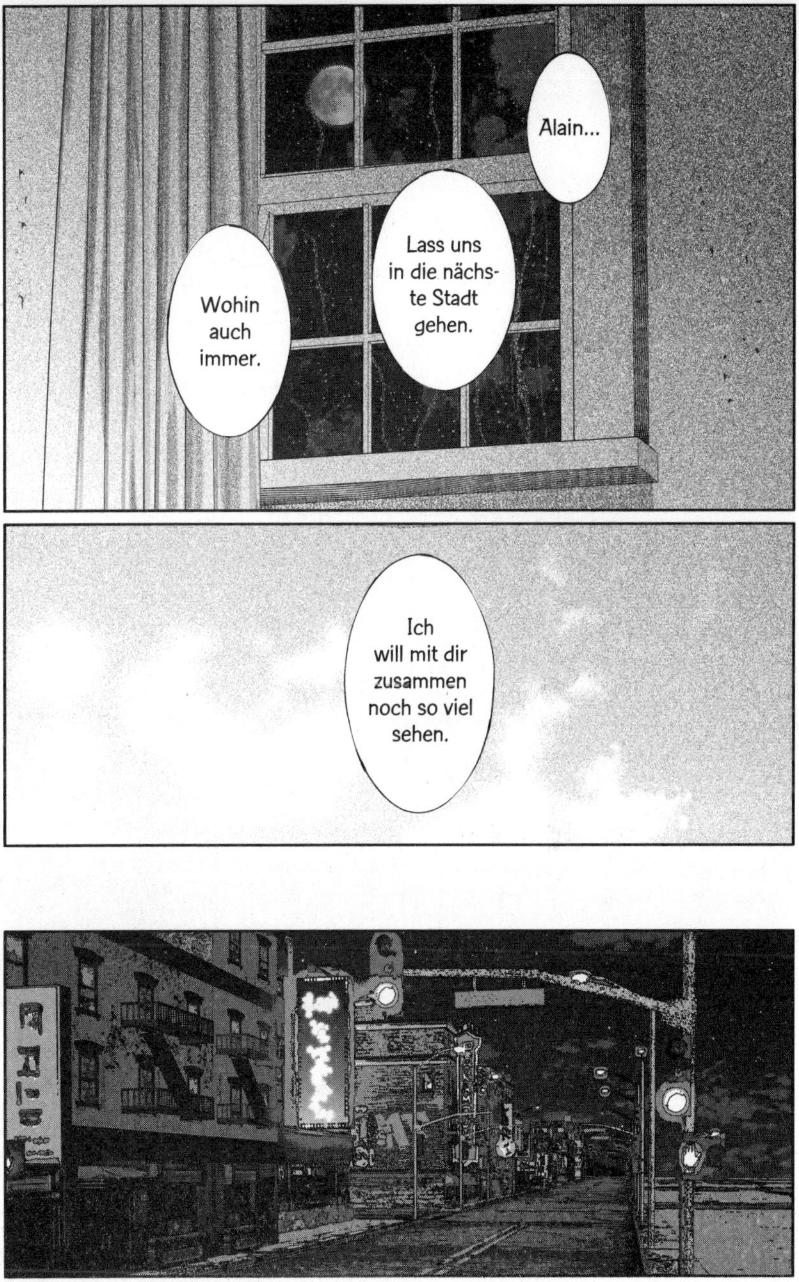
Alain...
Lass uns in die nächste Stadt gehen.
Wohin auch immer.
Ich will mit dir zusammen noch so viel sehen.

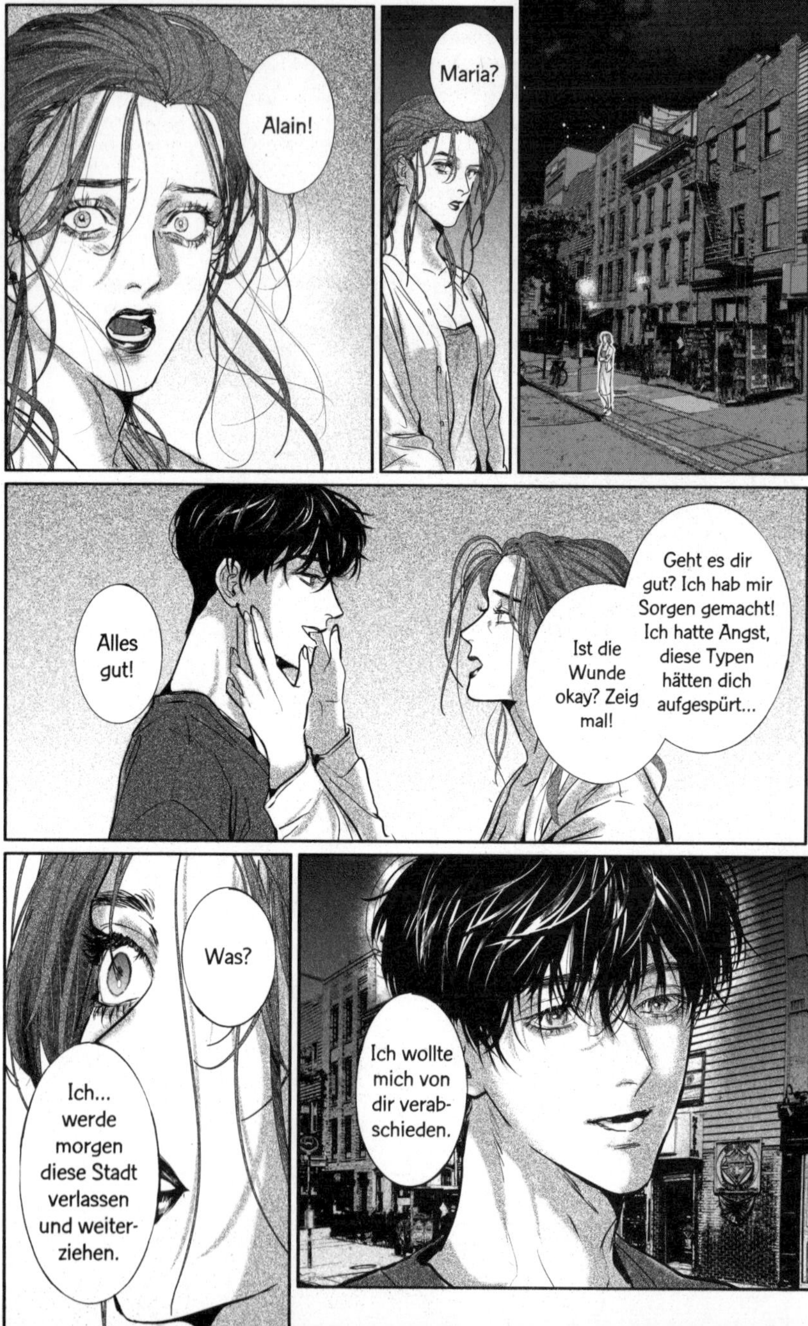
Maria?
Alain!
Geht es dir gut? Ich hab mir Sorgen gemacht! Ich hatte Angst, diese Typen hätten dich aufgespürt...
Ist die Wunde okay? Zeig mal!
Alles gut!
Ich wollte mich von dir verabschieden.
Was?
Ich... werde morgen diese Stadt verlassen und weiterziehen.

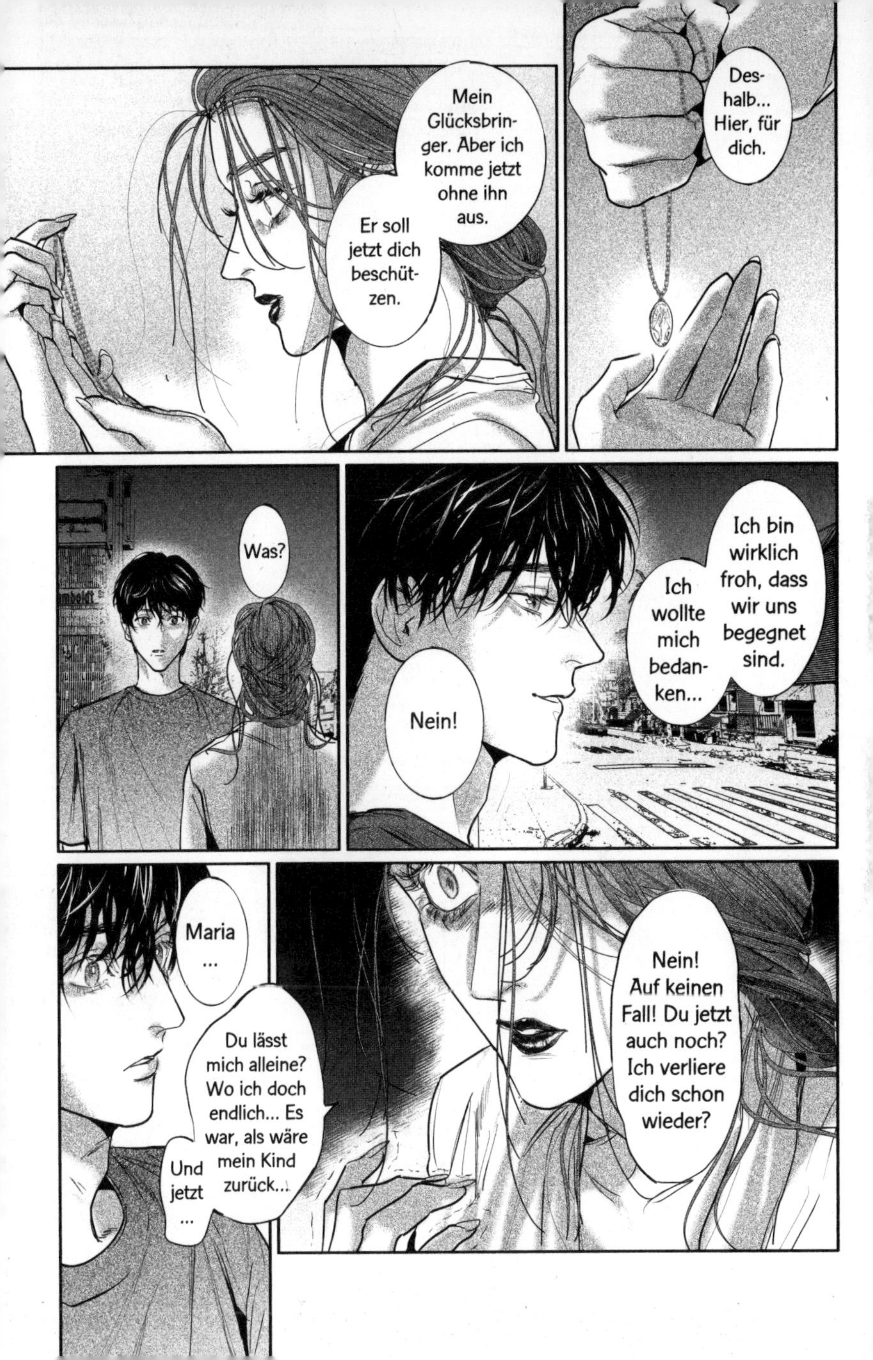
Deshalb... Hier, für dich.
Mein Glücksbringer. Aber ich komme jetzt ohne ihn aus.
Er soll jetzt dich beschützen.
Ich bin wirklich froh, dass wir uns begegnet sind.
Ich wollte mich bedanken...
Nein!
Was?
Nein! Auf keinen Fall! Du jetzt auch noch? Ich verliere dich schon wieder?
Maria ...
Du lässt mich alleine? Wo ich doch endlich... Es war, als wäre mein Kind zurück...
Und jetzt ...

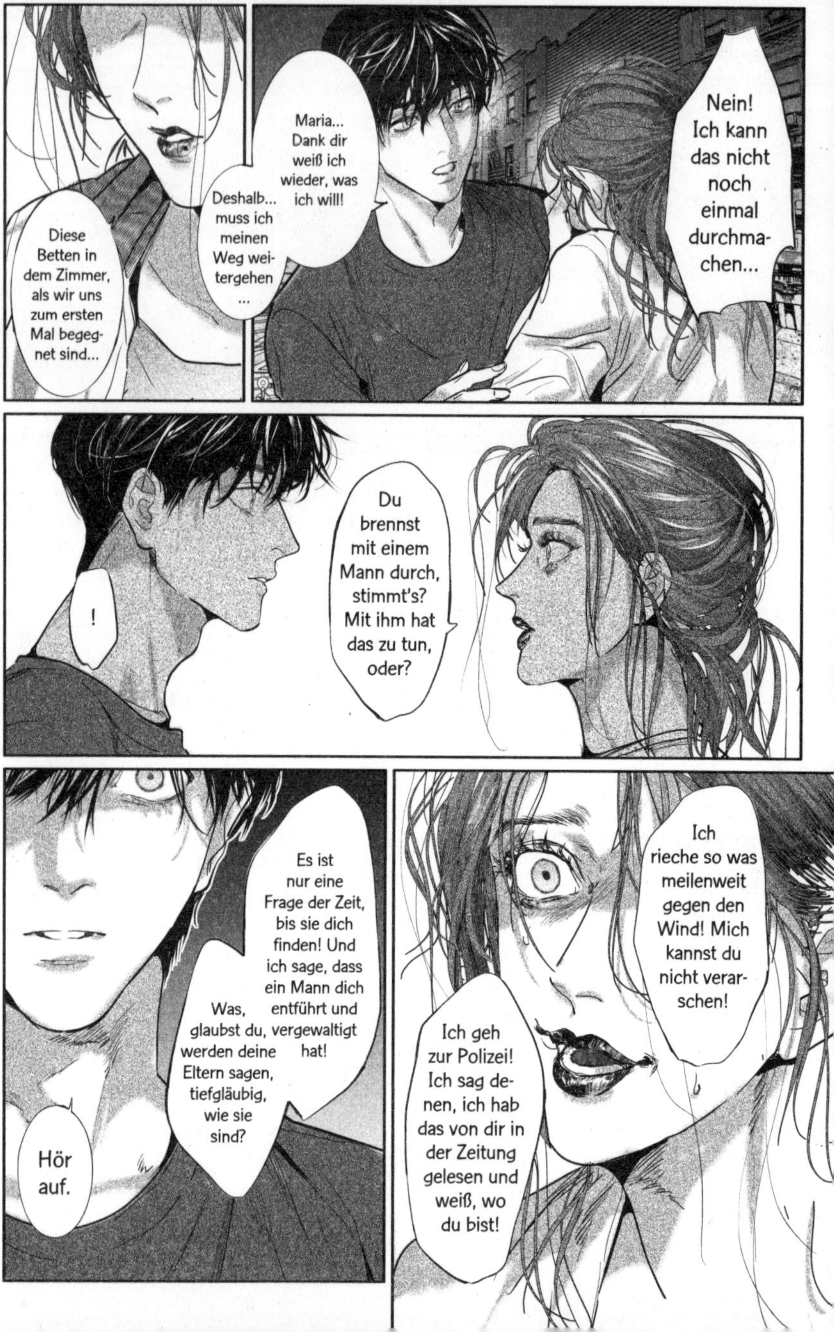
Nein! Ich kann das nicht noch einmal durchmachen...
Maria... Dank dir weiß ich wieder, was ich will!
Deshalb... muss ich meinen Weg weitergehen...
Diese Betten in dem Zimmer, als wir uns zum ersten Mal begegnet sind...
Du brennst mit einem Mann durch, stimmt's? Mit ihm hat das zu tun, oder?
!
Ich rieche so was meilenweit gegen den Wind! Mich kannst du nicht verarschen!
Ich geh zur Polizei! Ich sag denen, ich hab das von dir in der Zeitung gelesen und weiß, wo du bist!
Es ist nur eine Frage der Zeit, bis sie dich finden! Und ich sage, dass ein Mann dich entführt und vergewaltigt hat!
Was, glaubst du, werden deine Eltern sagen, tiefgläubig, wie sie sind?
Hör auf.

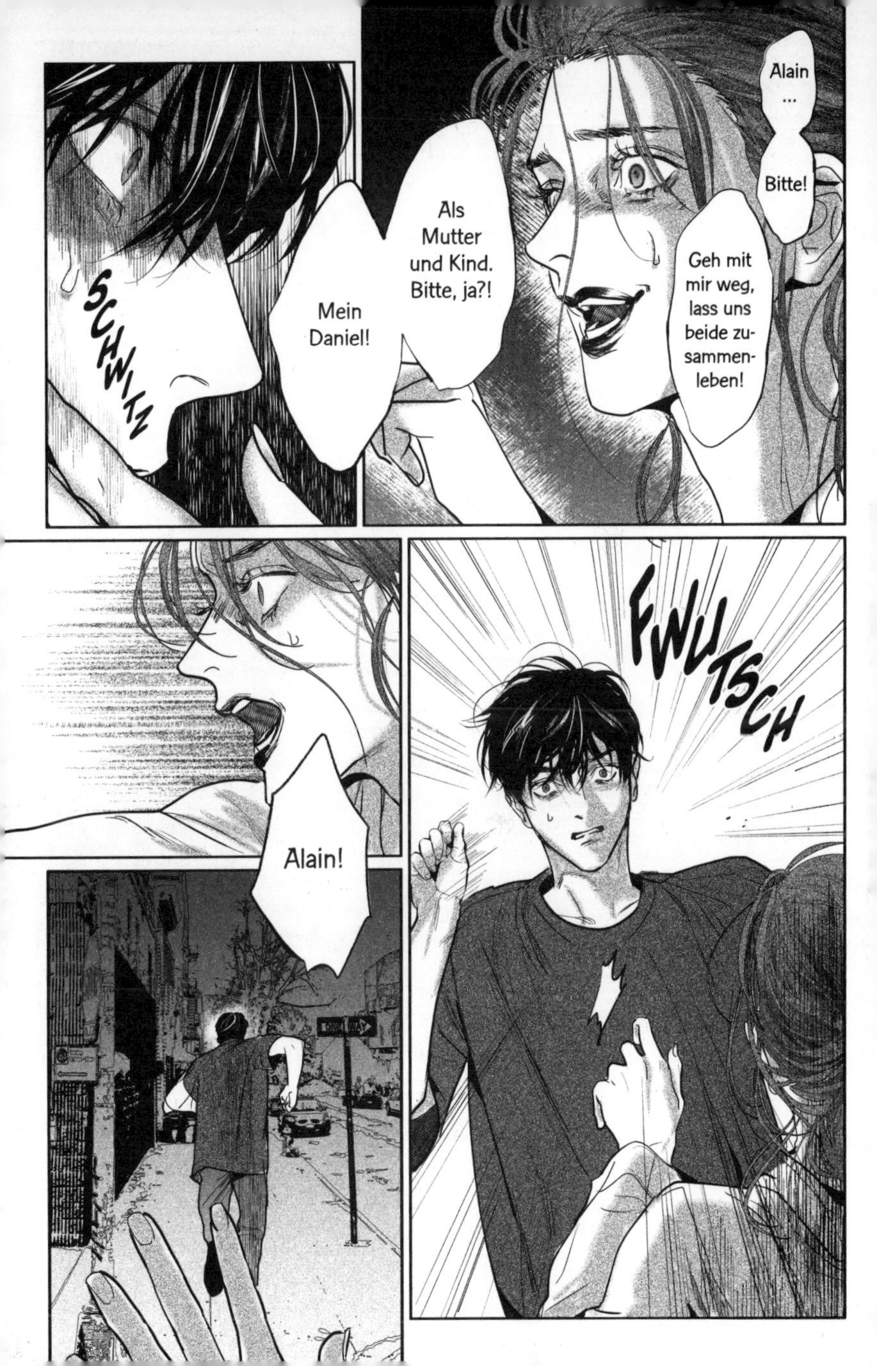

Alain ... Bitte!
Geh mit mir weg, lass uns beide zusammenleben!
Als Mutter und Kind. Bitte, ja?!
Mein Daniel!
SCHWITZ
FWUTSCH
Alain!

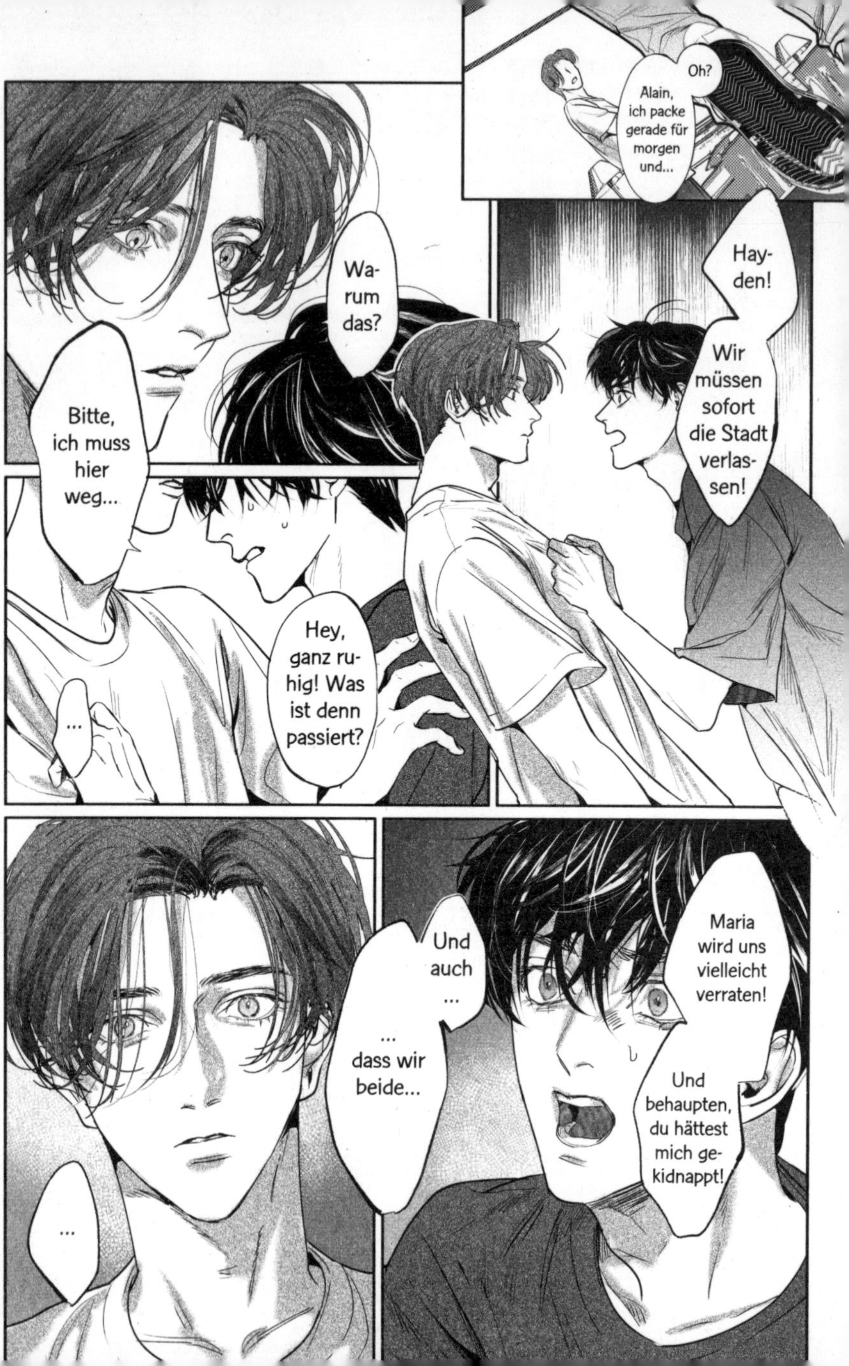
Oh?
Alain, ich packe gerade für morgen und...
Hayden!
Wir müssen sofort die Stadt verlassen!
Warum das?
Bitte, ich muss hier weg...
Hey, ganz ruhig! Was ist denn passiert?
...
Maria wird uns vielleicht verraten!
Und behaupten, du hättest mich gekidnappt!
Und auch ...
... dass wir beide...
...

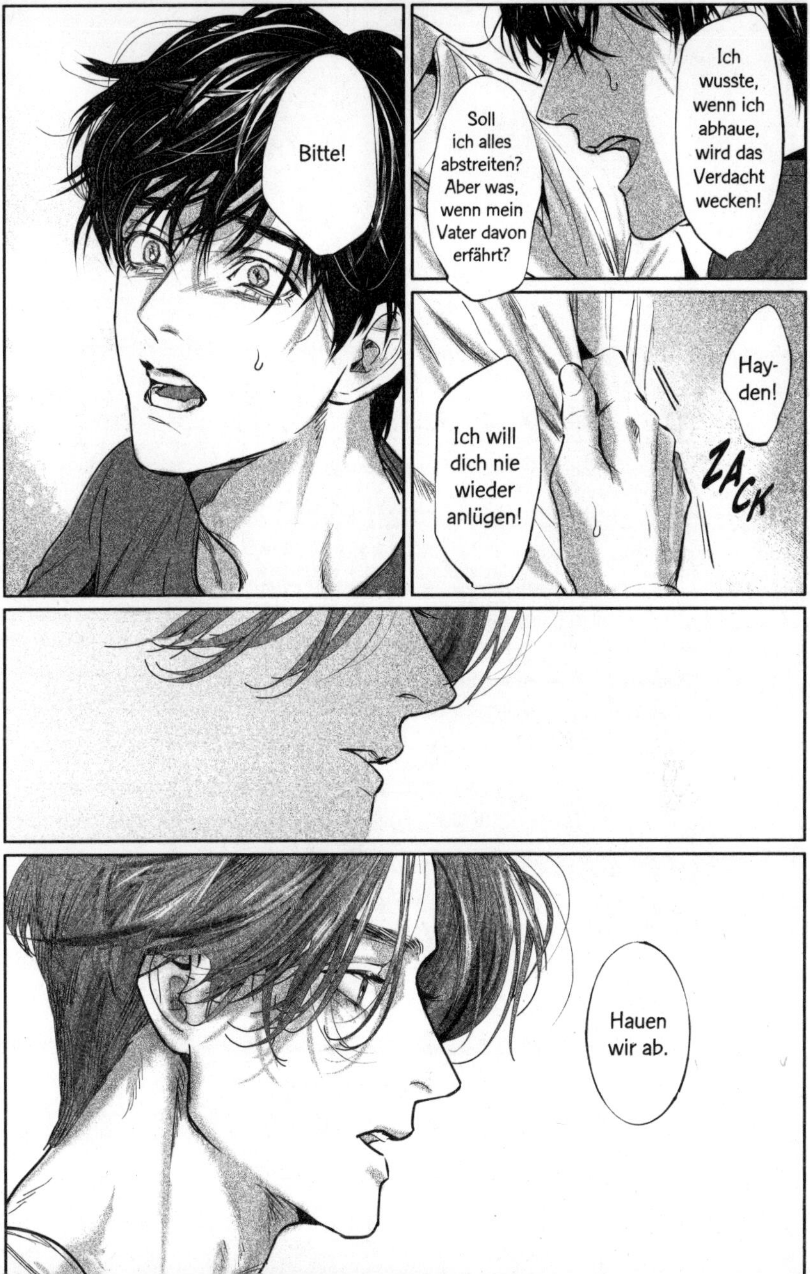
Ich wusste, wenn ich abhaue, wird das Verdacht wecken!
Soll ich alles abstreiten? Aber was, wenn mein Vater davon erfährt?
Bitte!
Hay- den!
ZACK
Ich will dich nie wieder anlügen!
Hauen wir ab.

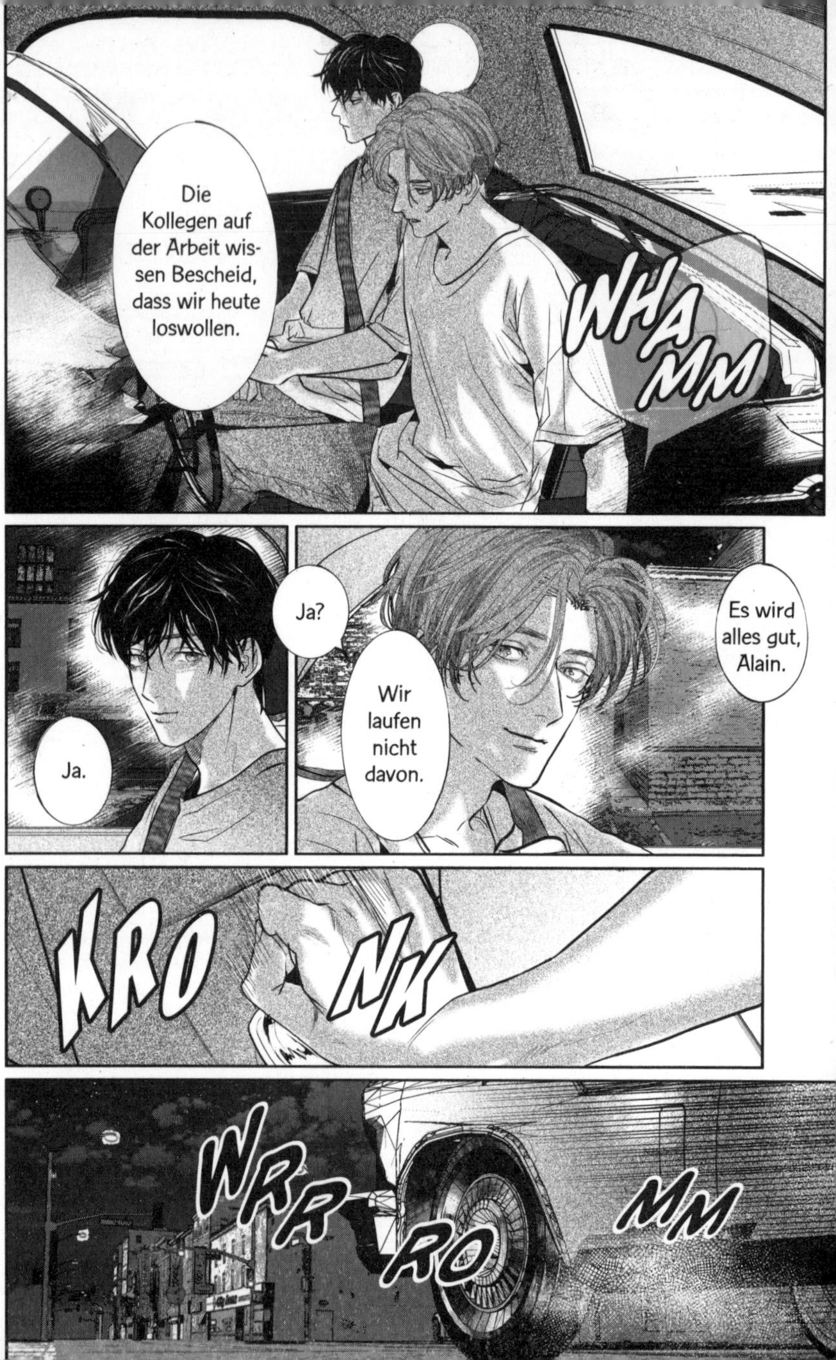
Die Kollegen auf der Arbeit wissen Bescheid, dass wir heute loswollen.
WHAMM
Es wird alles gut, Alain.
Ja?
Wir laufen nicht davon.
Ja.
KRONK
WRRROMM

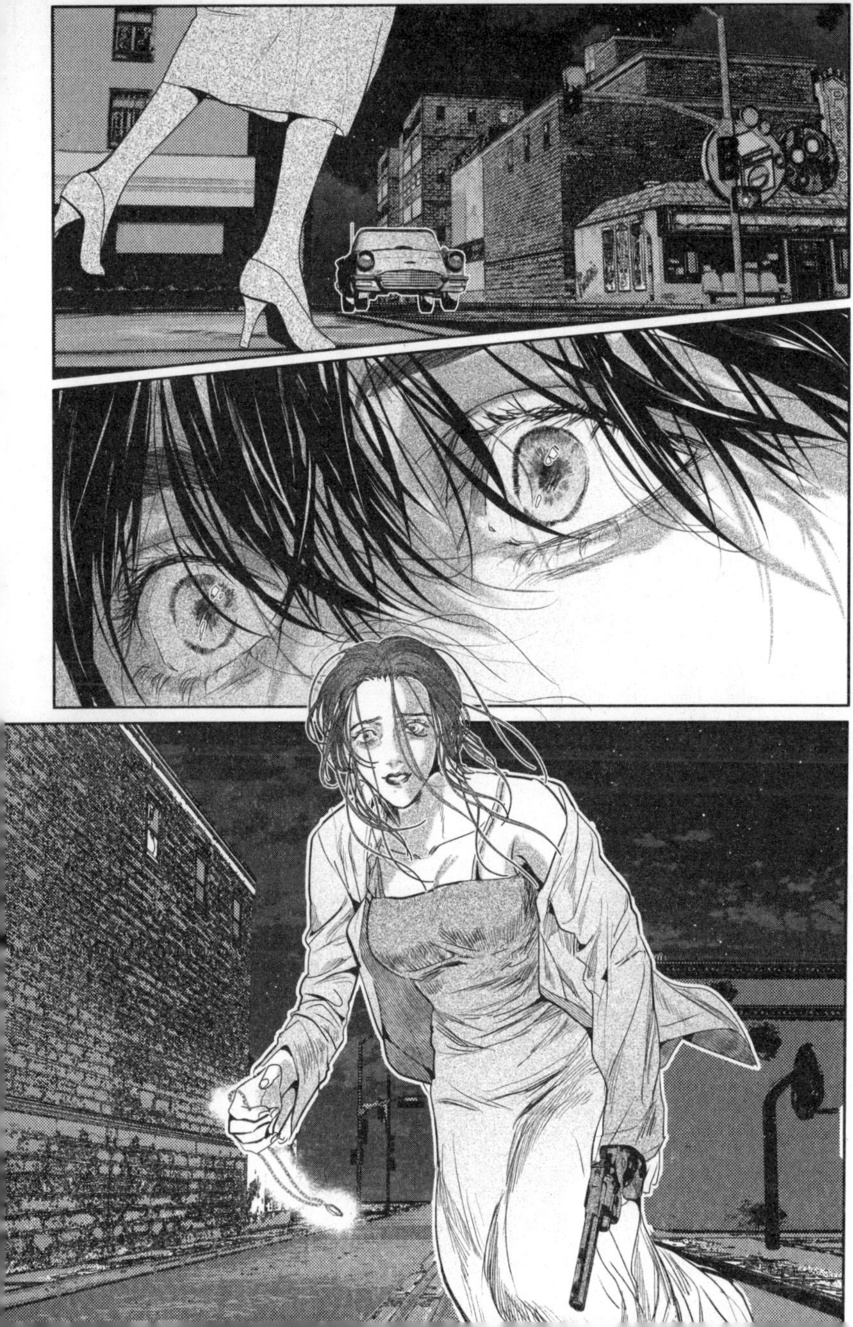

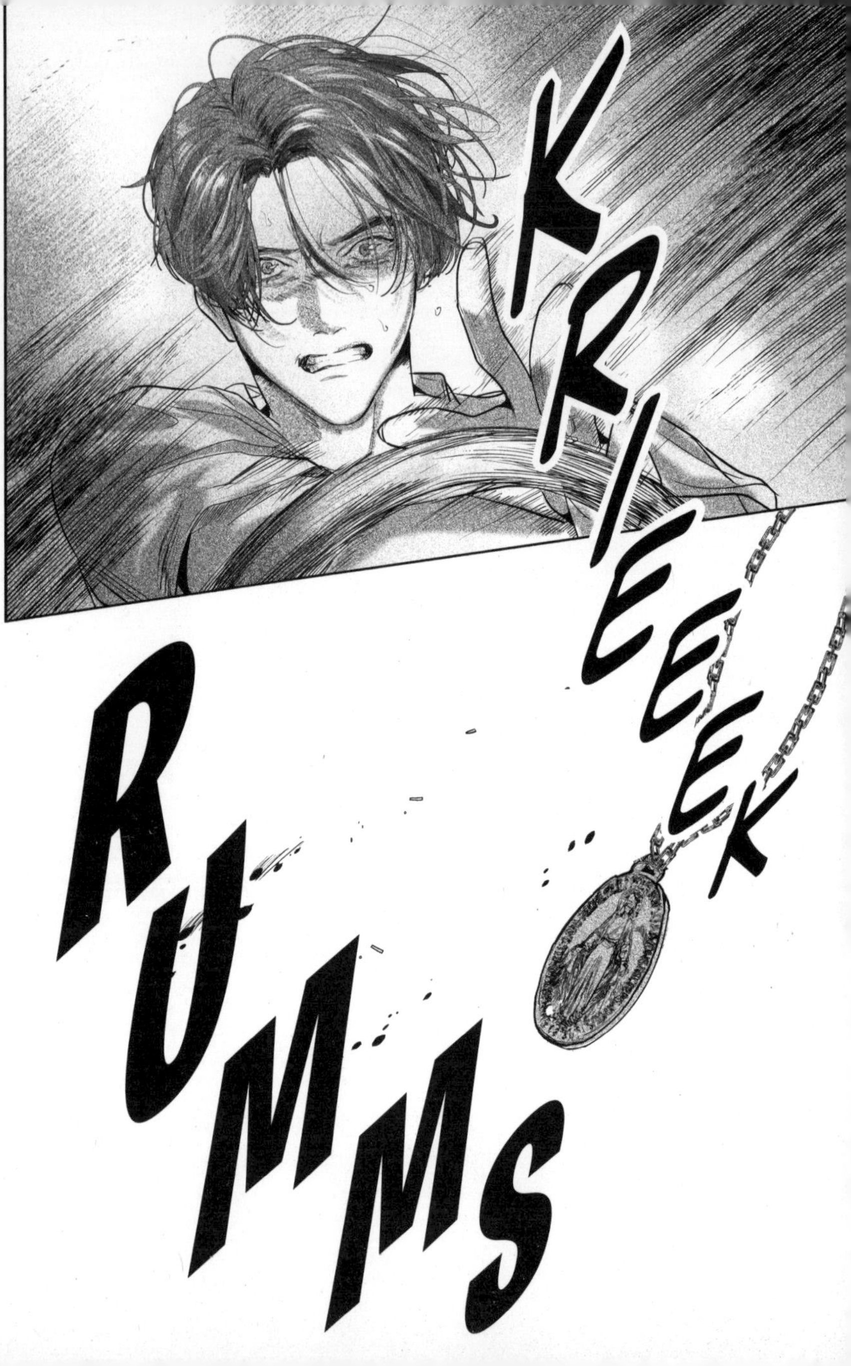
KRIEEEEK
RUMMS

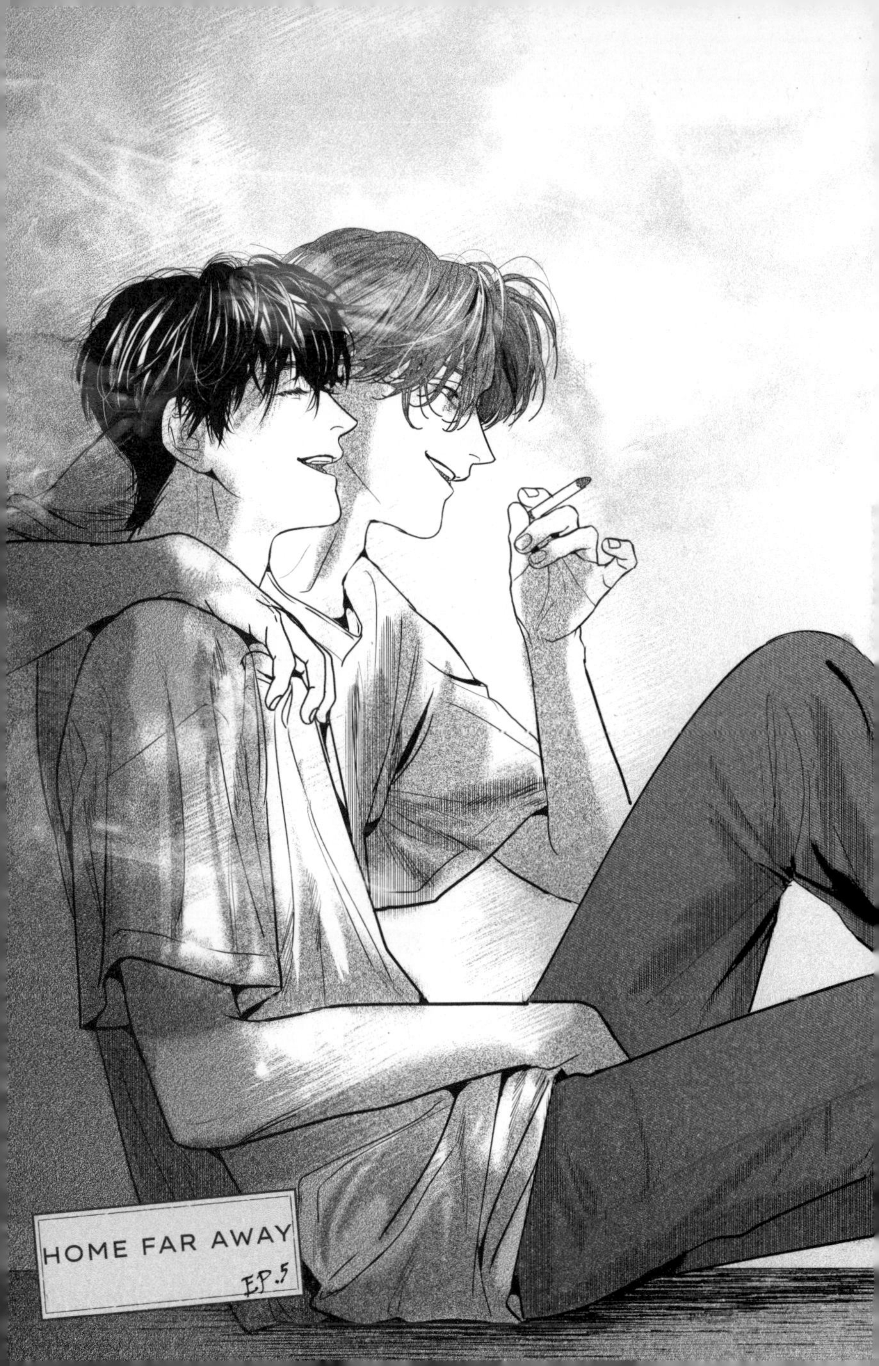
HOME FAR AWAY
EP.5

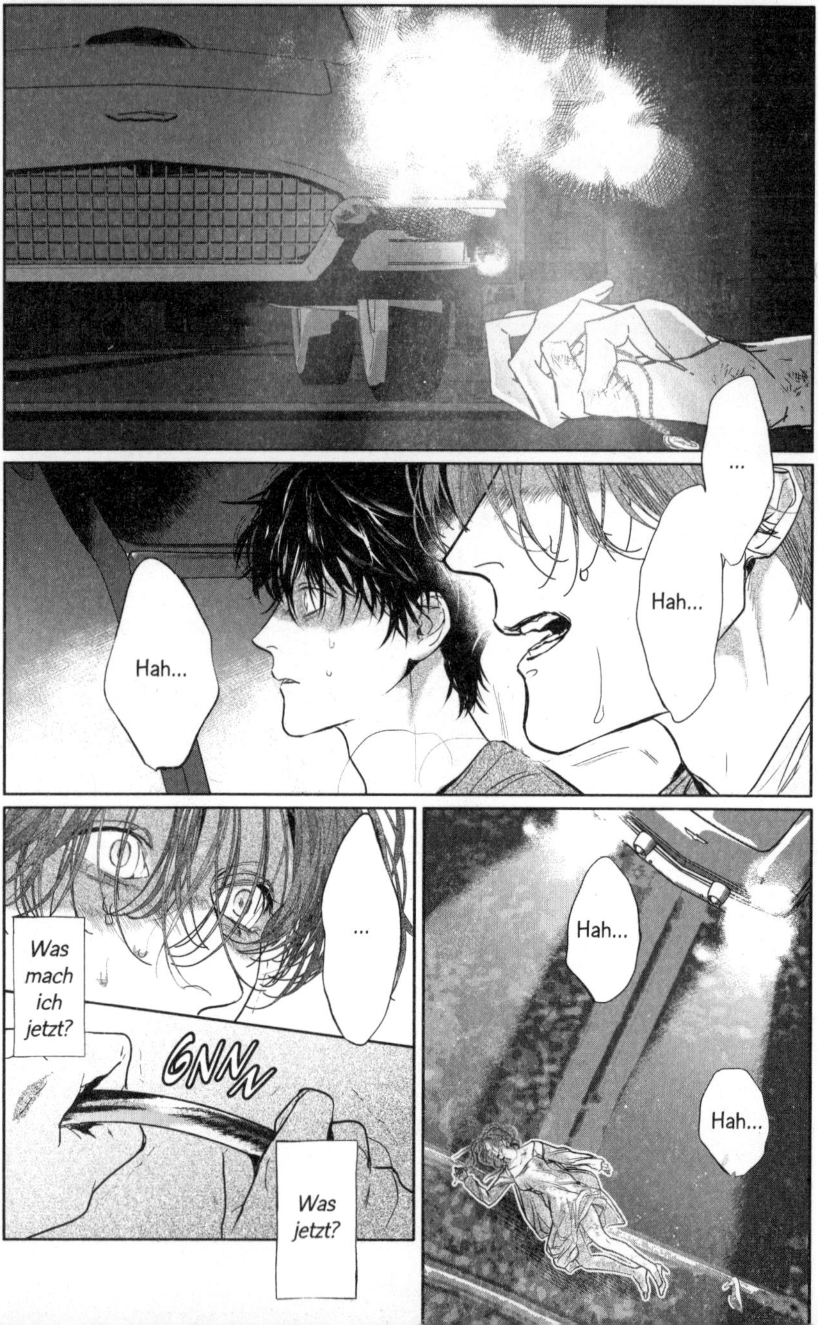
...
Hah...
Hah...
Hah...
Hah...
...
Was mach ich jetzt?
GNNN
Was jetzt?

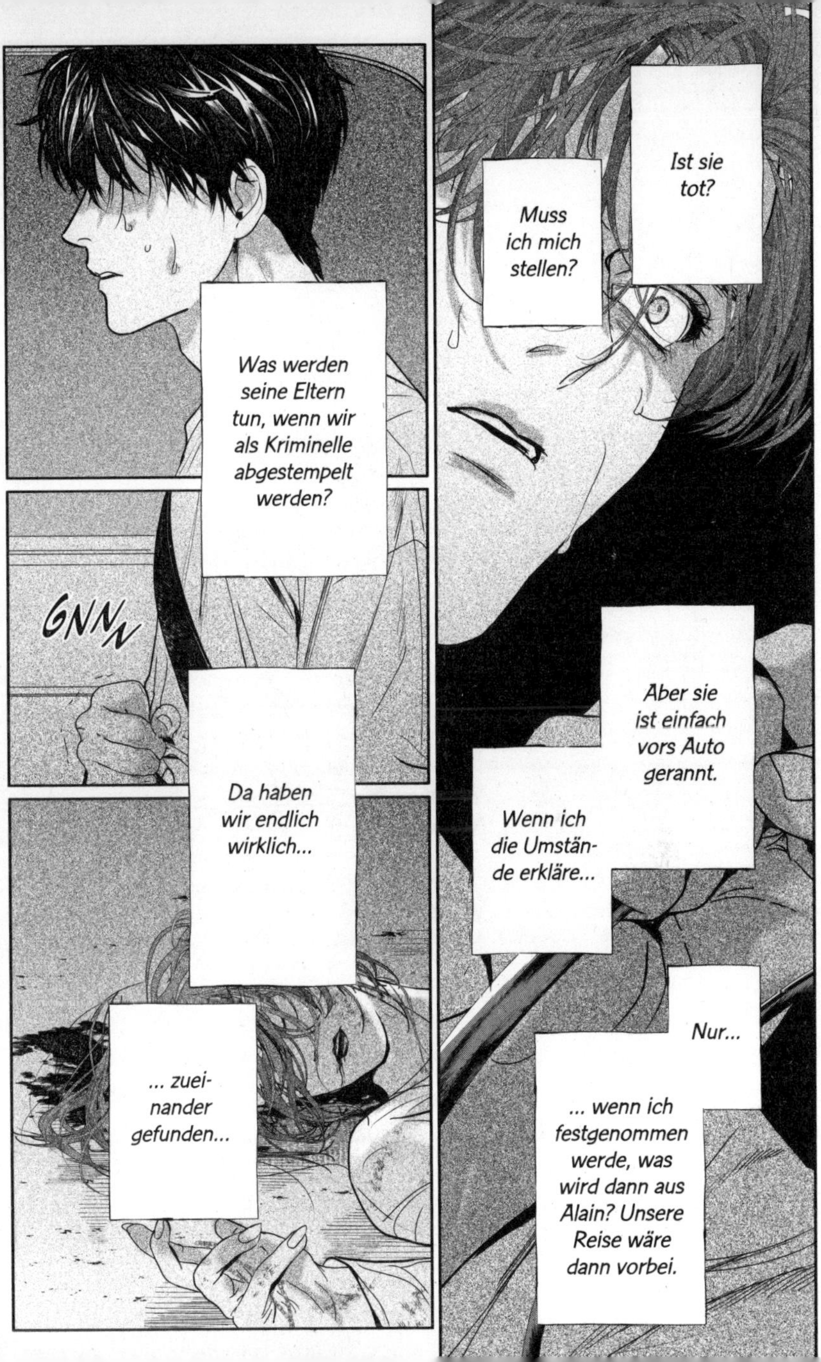
Ist sie tot?
Muss ich mich stellen?
Aber sie ist einfach vors Auto gerannt.
Wenn ich die Umstän-de erkläre...
Nur...
... wenn ich festgenommen werde, was wird dann aus Alain? Unsere Reise wäre dann vorbei.
Was werden seine Eltern tun, wenn wir als Kriminelle abgestempelt werden?
GNNN
Da haben wir endlich wirklich...
... zuei-nander gefunden...

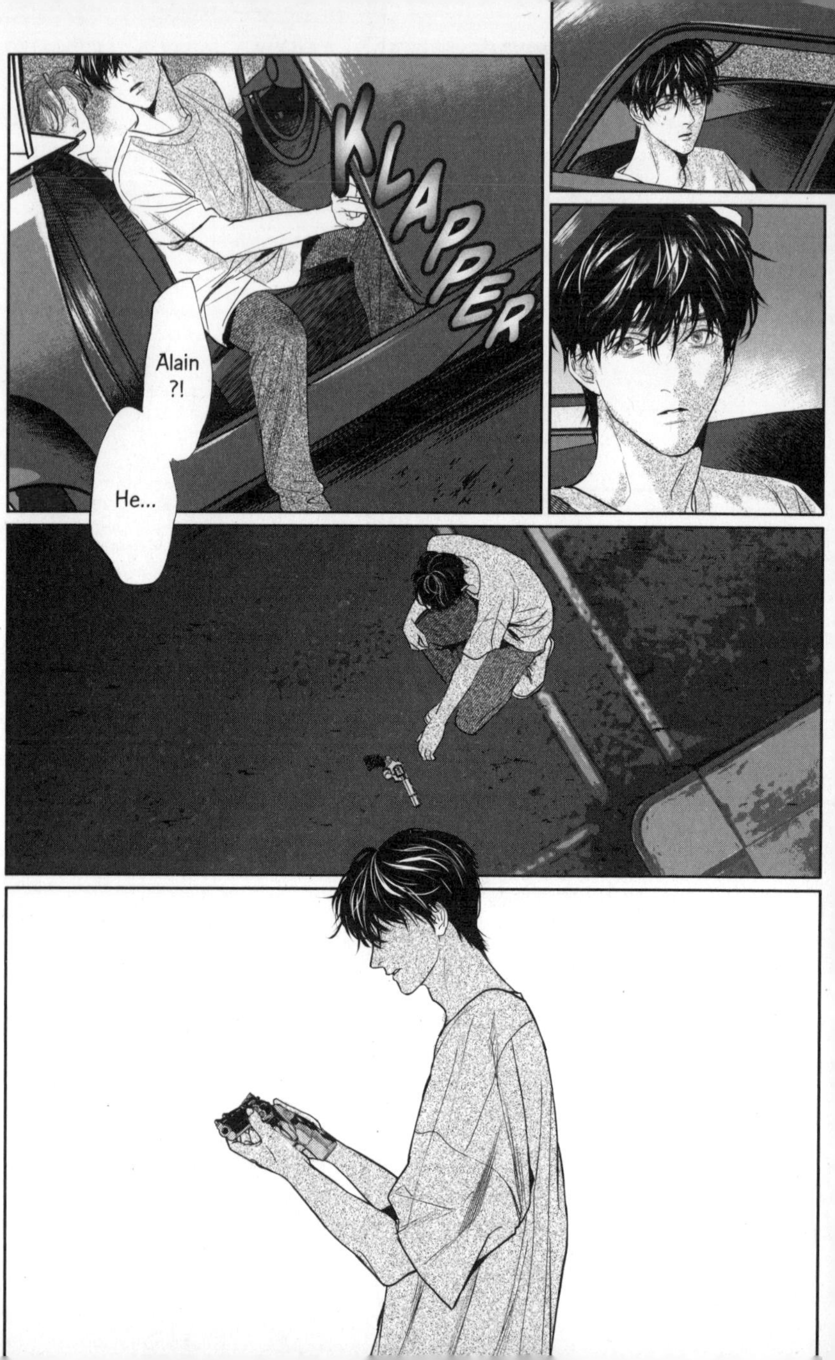
KLAPPER
Alain ?!
He...

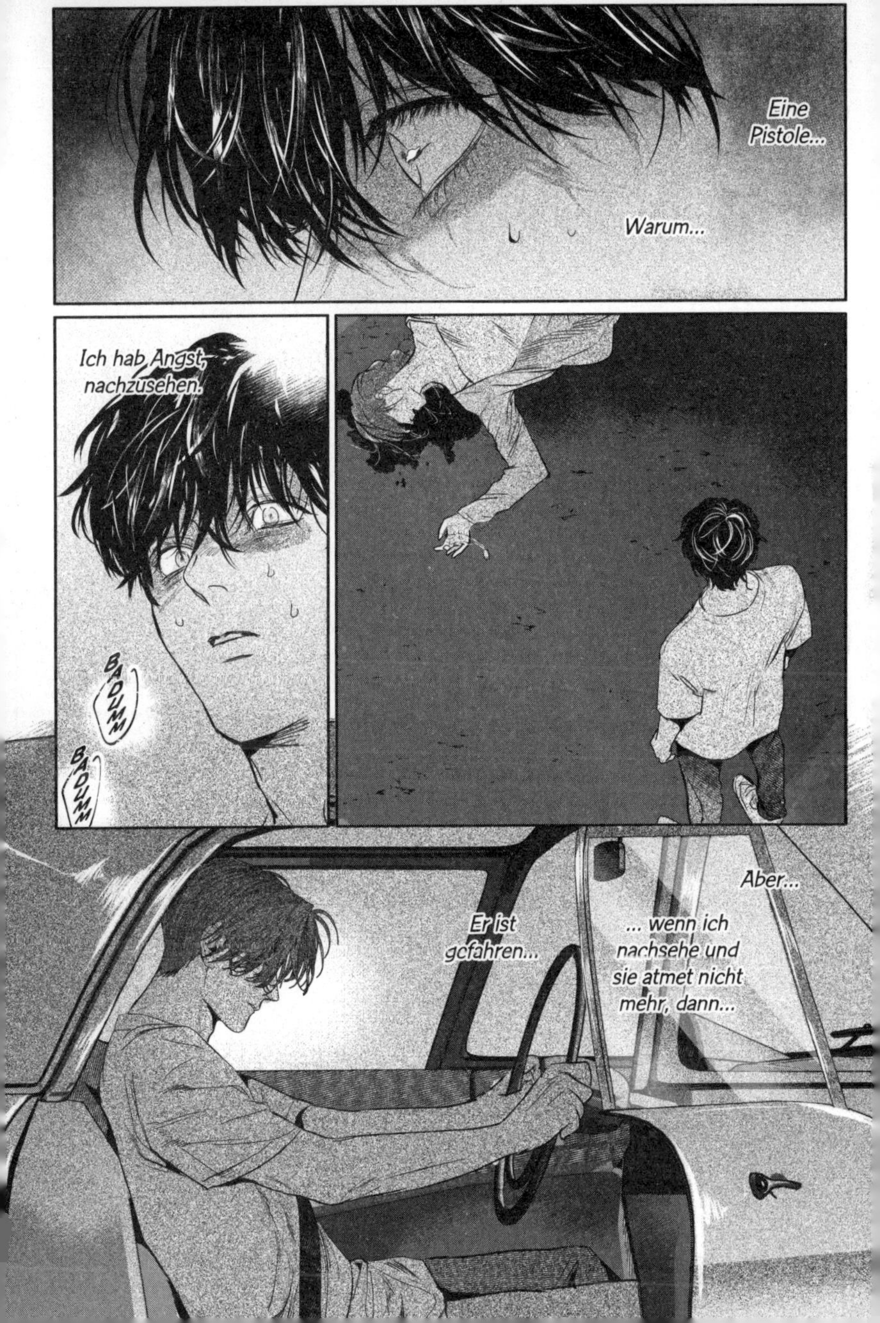

Eine Pistole...
Warum...
Ich hab Angst, nachzusehen.
BADUMM
BADUMM
Aber...
... wenn ich nachsehe und sie atmet nicht mehr, dann...
Er ist gefahren...

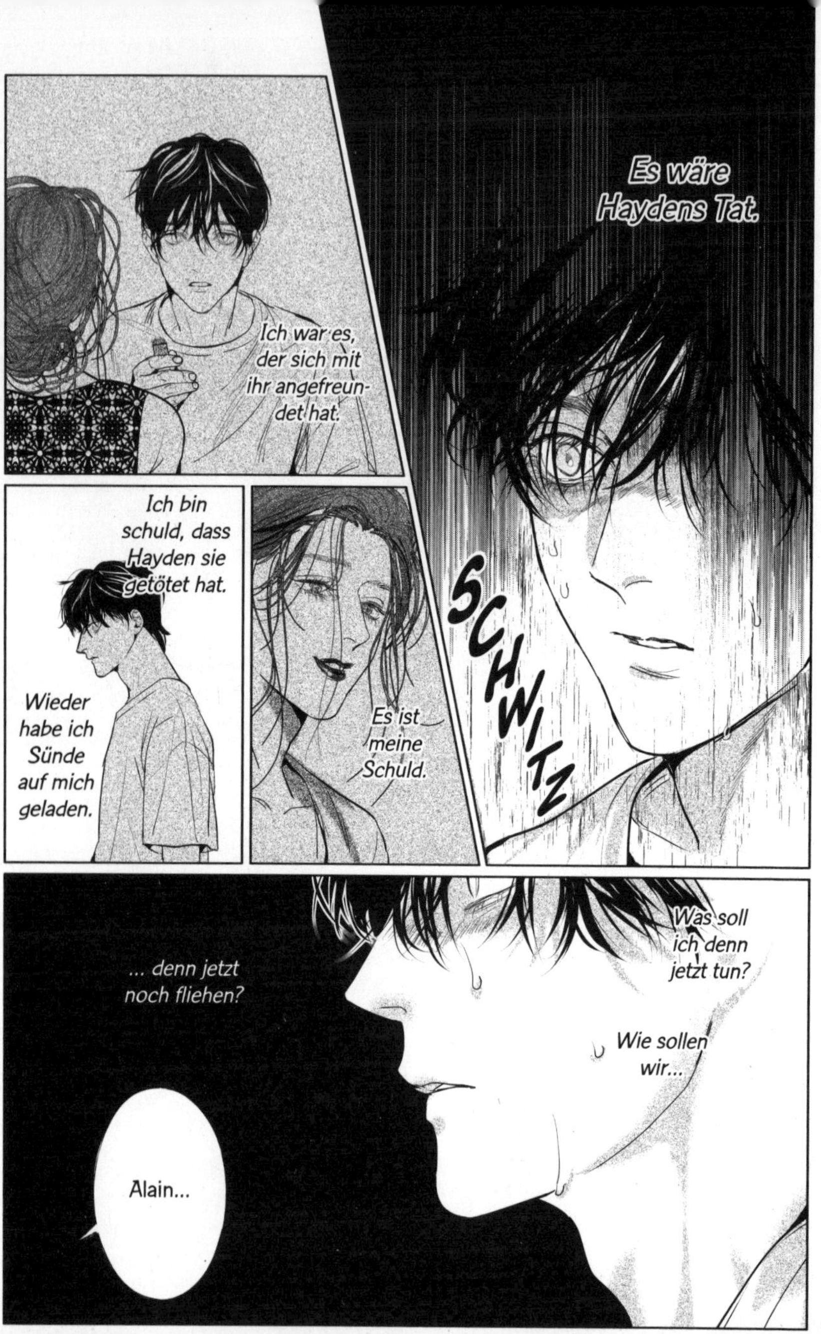
Es wäre Haydens Tat.
Ich war es, der sich mit ihr angefreundet hat.
SCHWITZ
Es ist meine Schuld.
Ich bin schuld, dass Hayden sie getötet hat.
Wieder habe ich Sünde auf mich geladen.
Was soll ich denn jetzt tun?
Wie sollen wir...
... denn jetzt noch fliehen?
Alain...

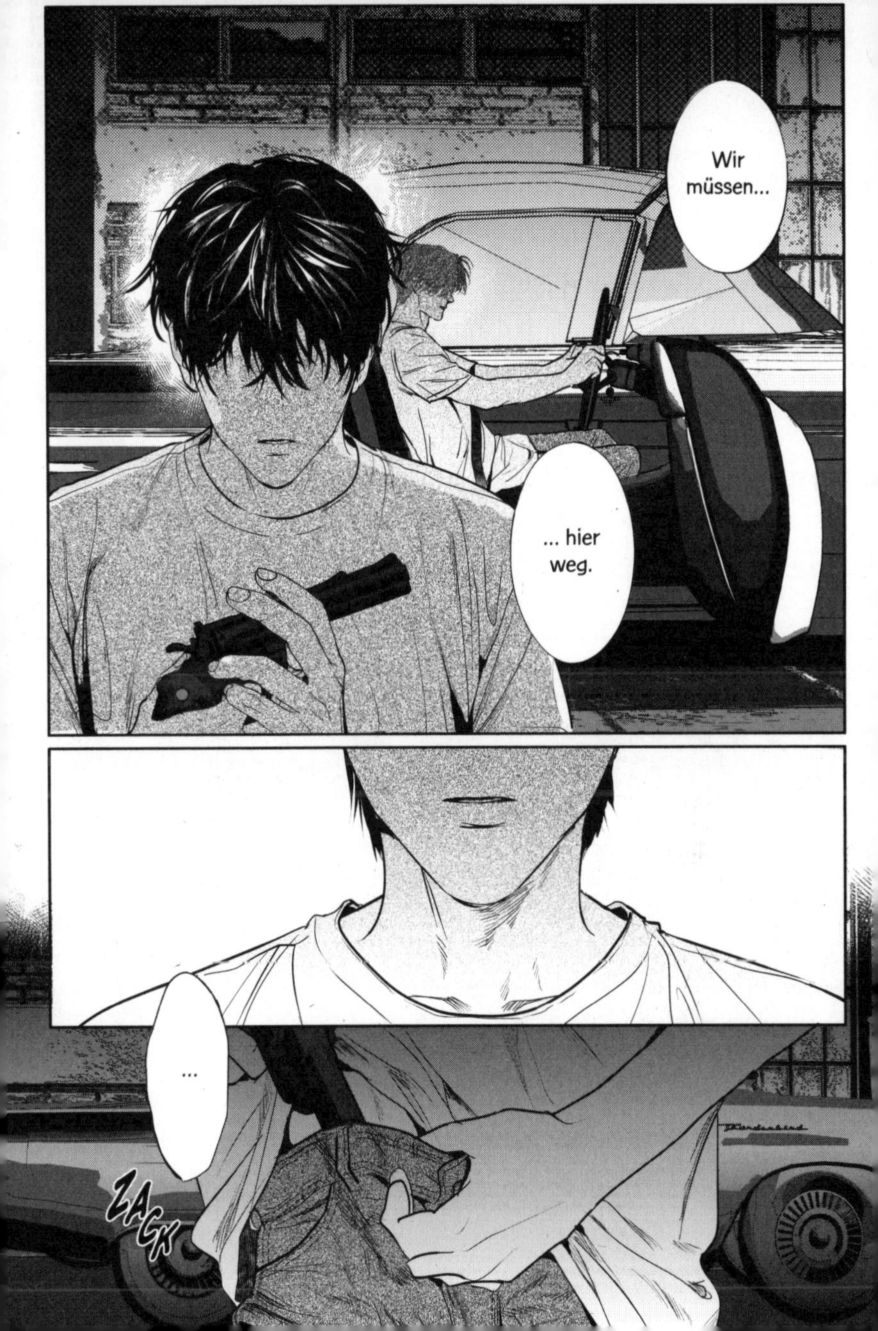
Wir müssen...
... hier weg.
...
ZACK

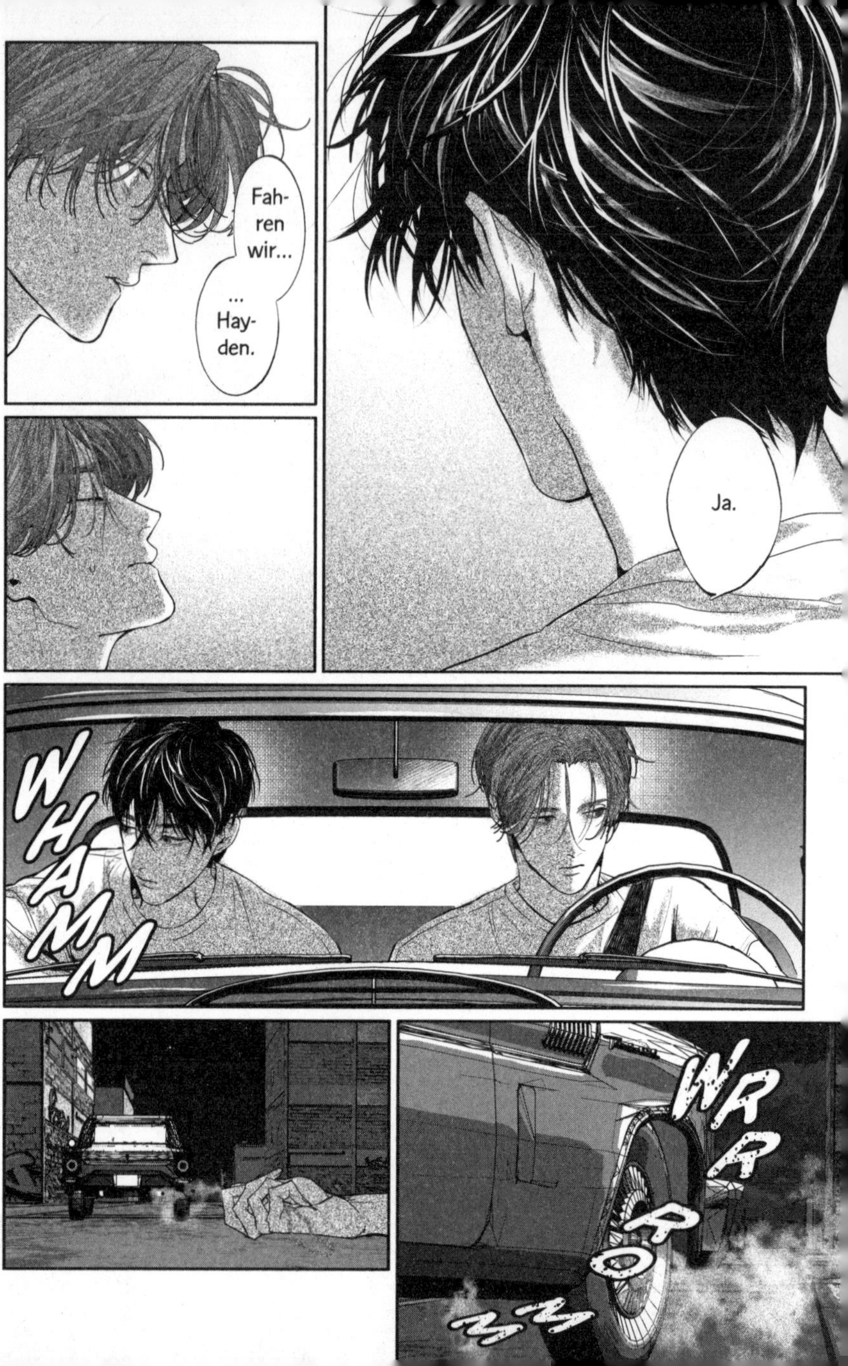

Fahren wir...
... Hayden.
Ja.
WHAMM
WRRROMM

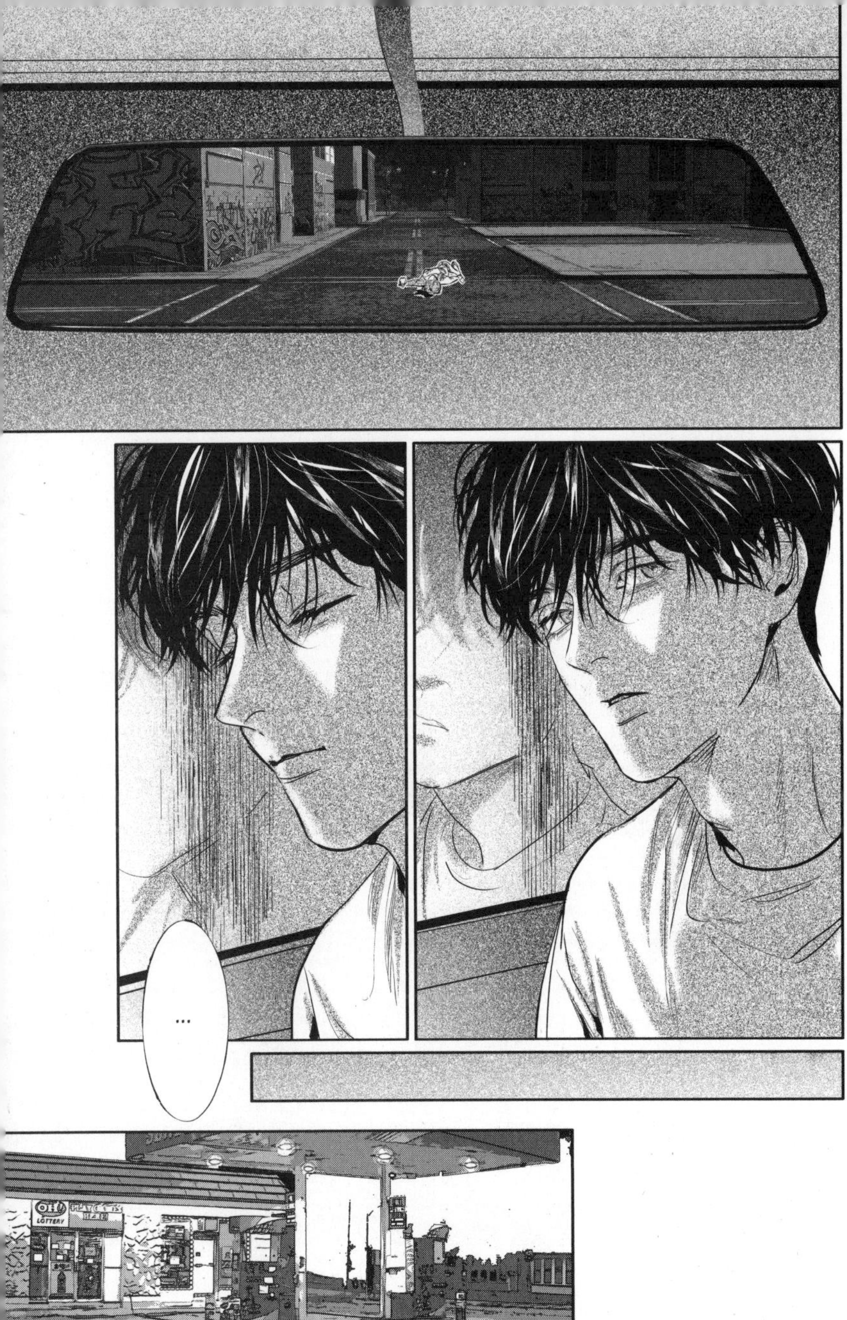
...
LOTTERY

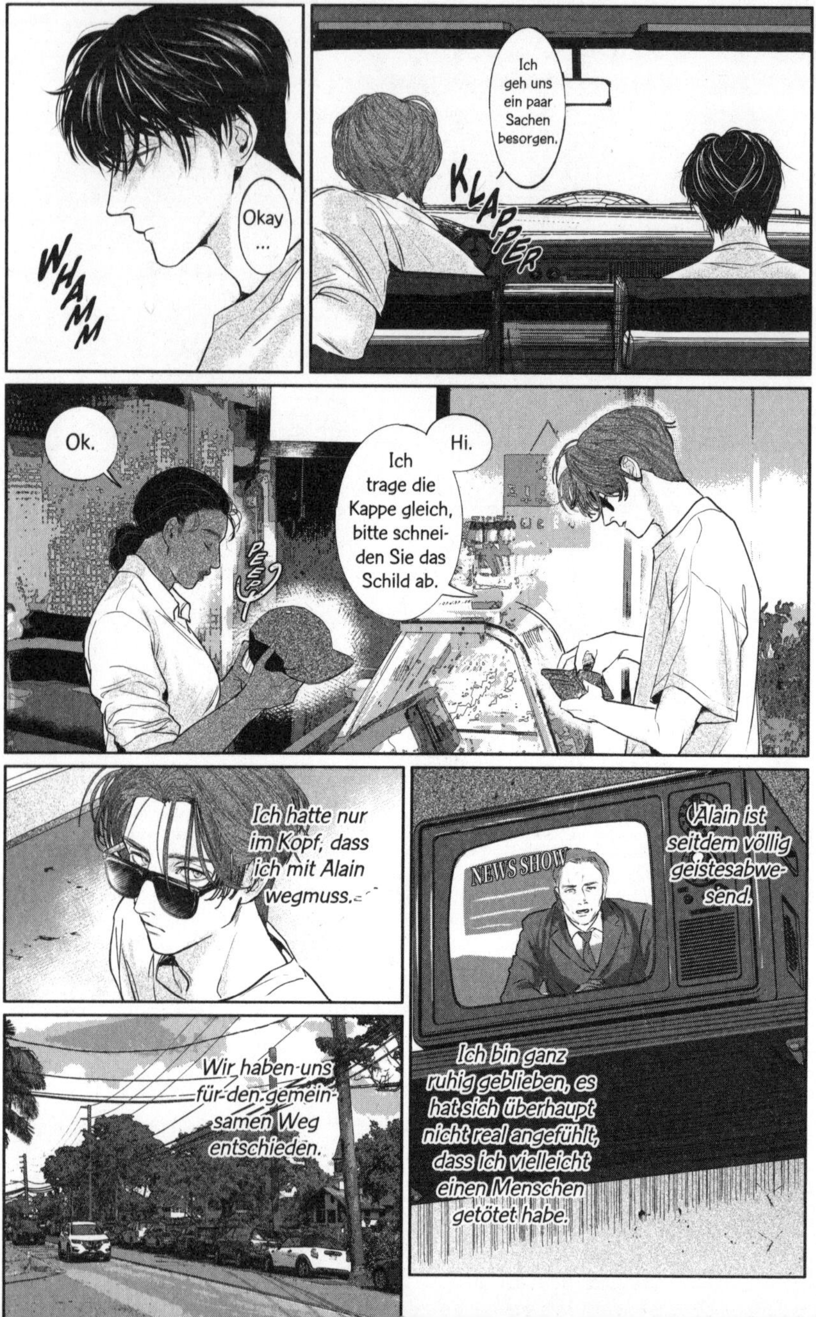
WHAMM
Okay ...
Ich geh uns ein paar Sachen besorgen.
KLAPPER
Hi.
Ich trage die Kappe gleich, bitte schneiden Sie das Schild ab.
Ok.
PEEP
Ich hatte nur im Kopf, dass ich mit Alain wegmuss.
Alain ist seitdem völlig geistesabwesend.
NEWS SHOW
Wir haben uns für den gemeinsamen Weg entschieden.
Ich bin ganz ruhig geblieben, es hat sich überhaupt nicht real angefühlt, dass ich vielleicht einen Menschen getötet habe.

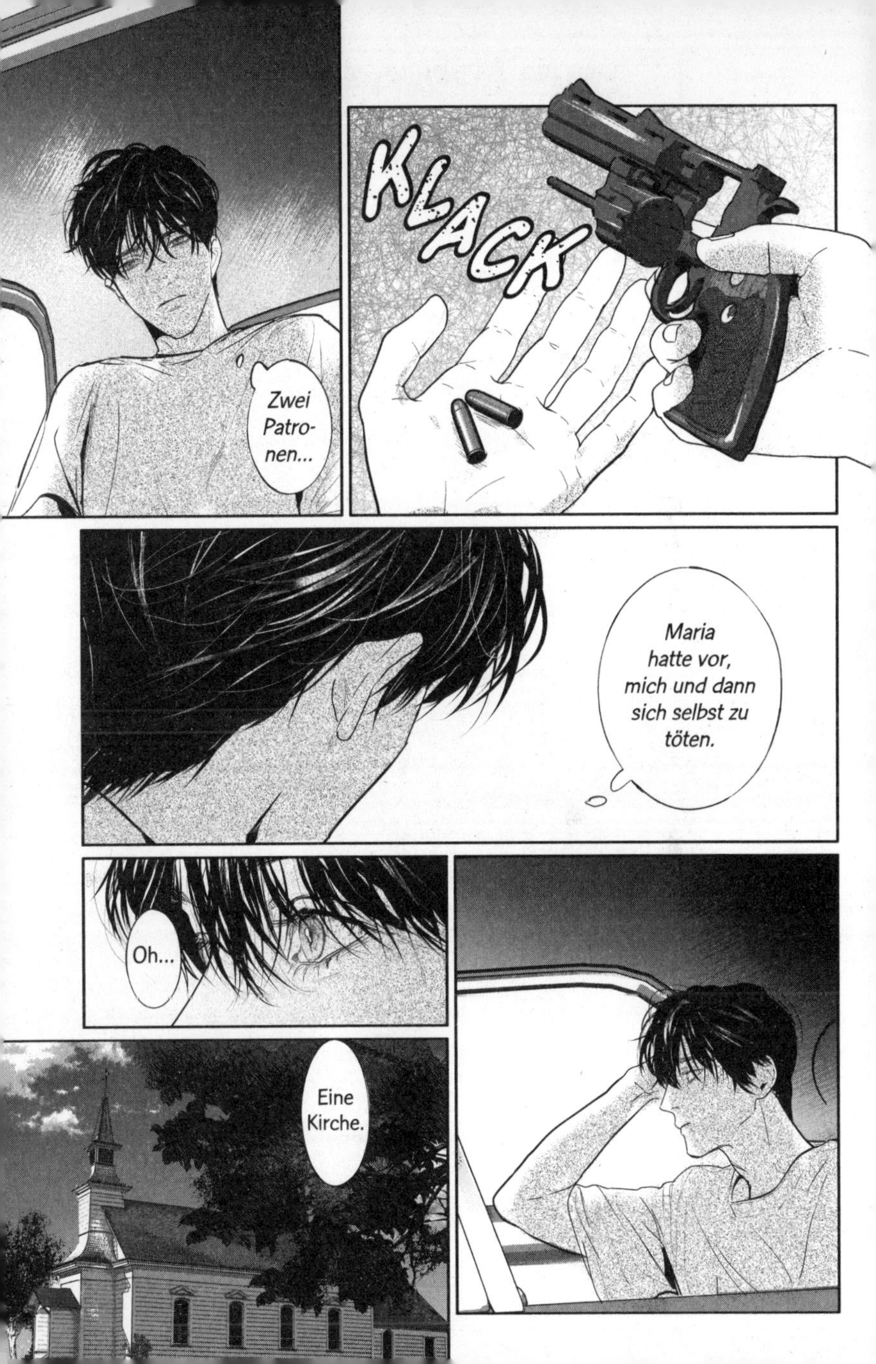
KLACK
Zwei Patronen...
Maria hatte vor, mich und dann sich selbst zu töten.
Oh...
Eine Kirche.

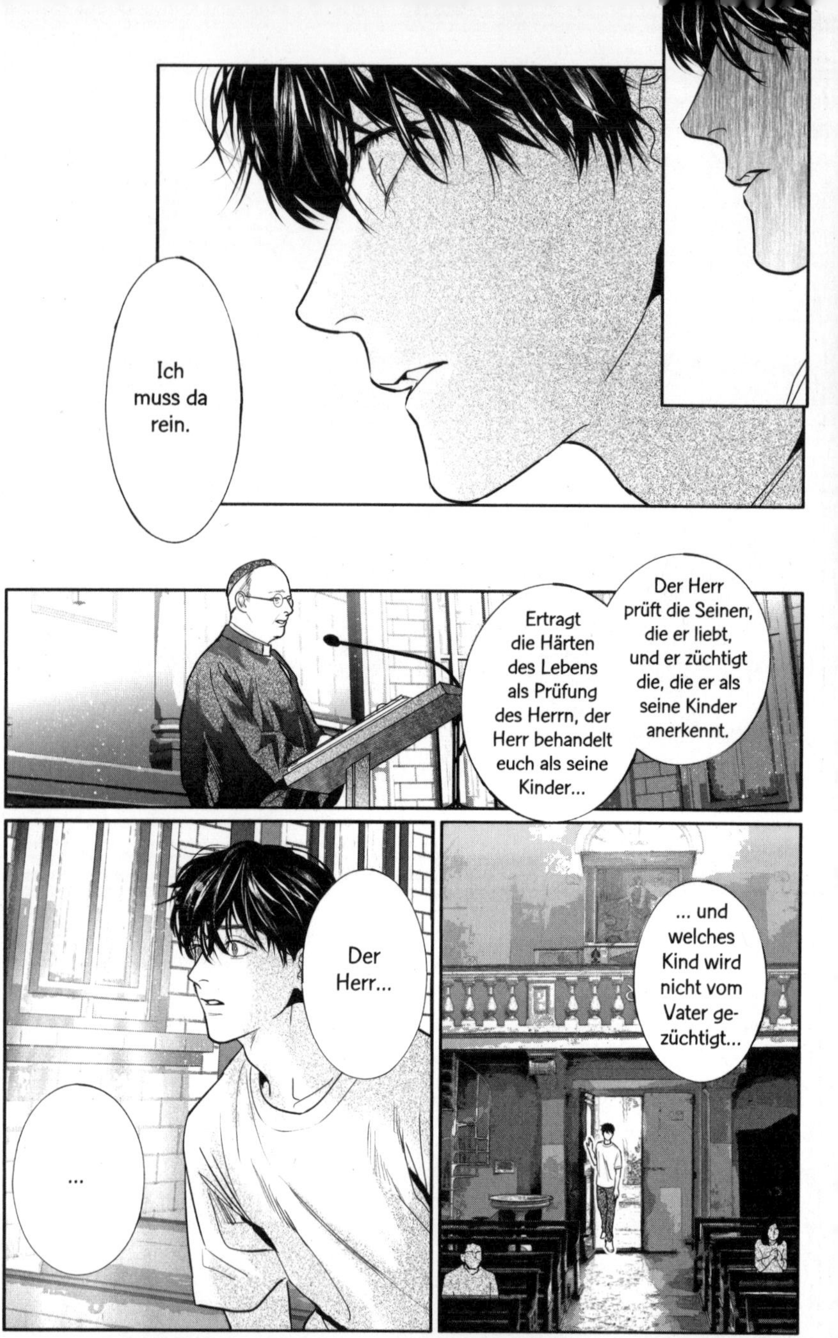
Ich muss da rein.
Der Herr prüft die Seinen, die er liebt, und er züchtigt die, die er als seine Kinder anerkennt.
Ertragt die Härten des Lebens als Prüfung des Herrn, der Herr behandelt euch als seine Kinder...
... und welches Kind wird nicht vom Vater gezüchtigt...
Der Herr...
...

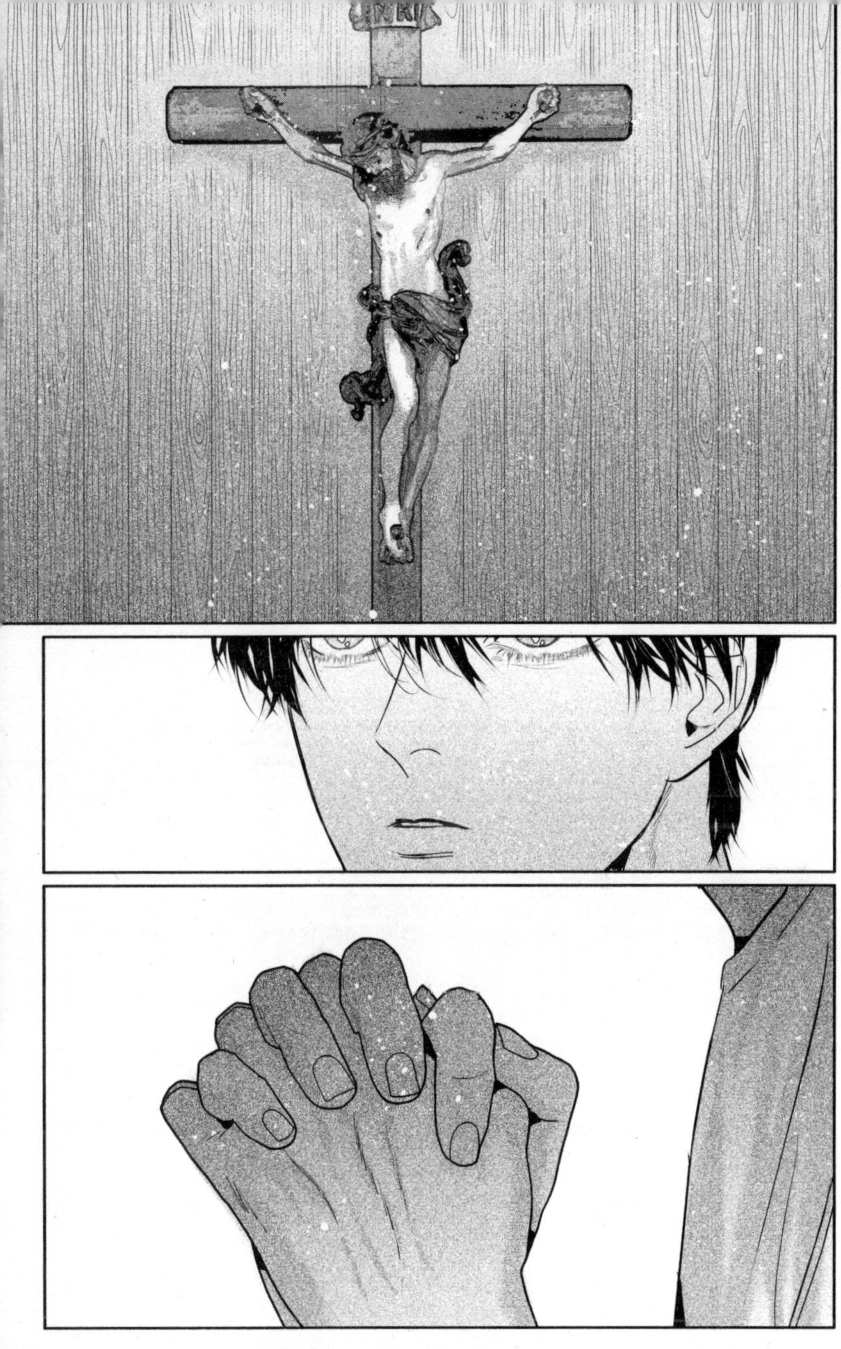

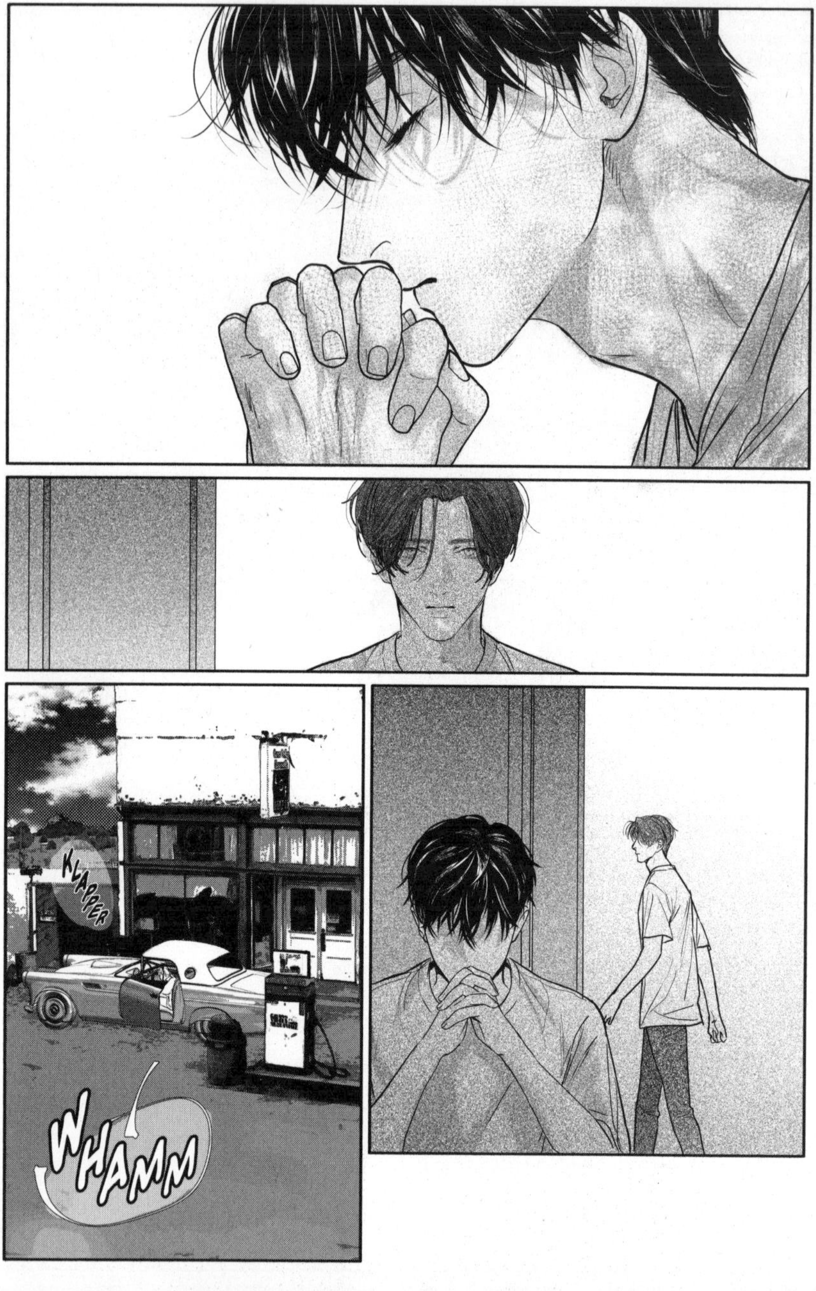
KLAPPER
WHAMM

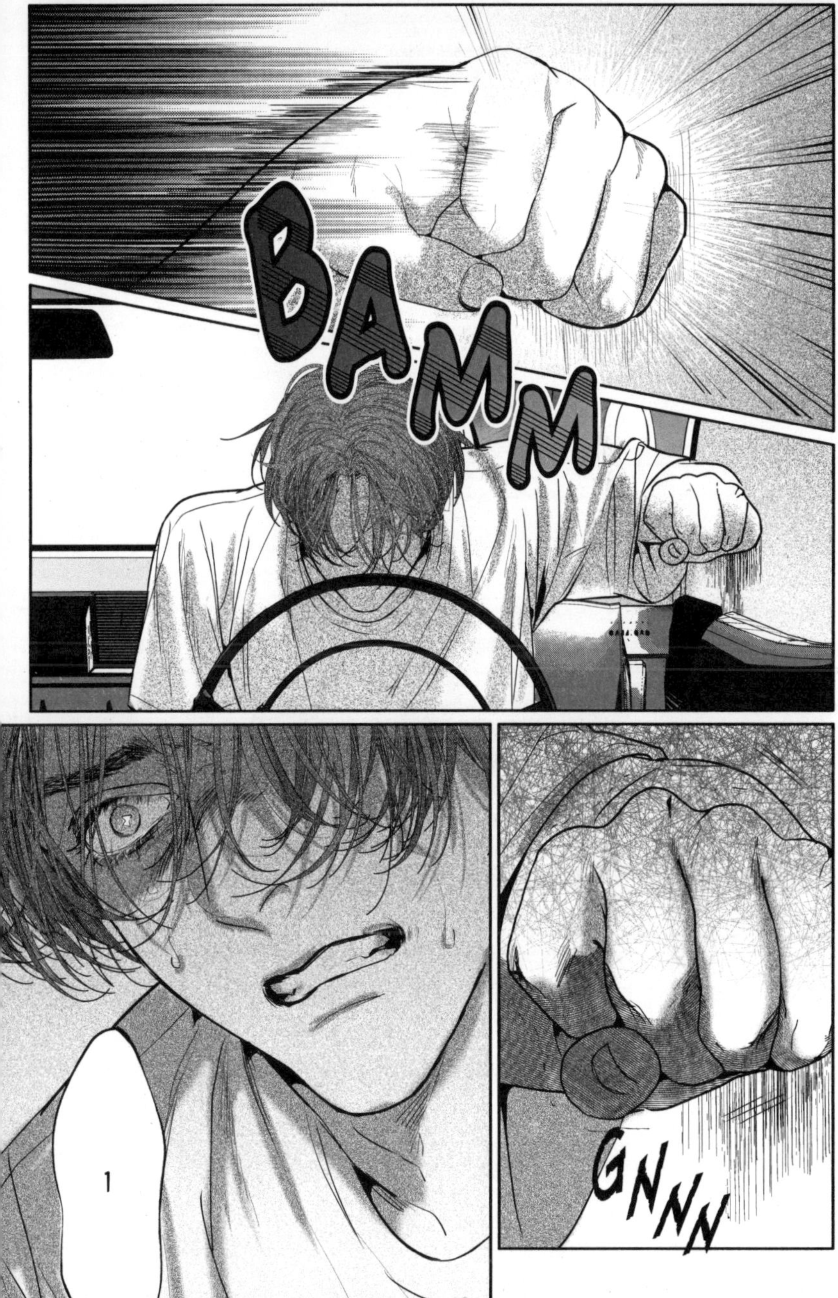
BAMM
1
GNNN

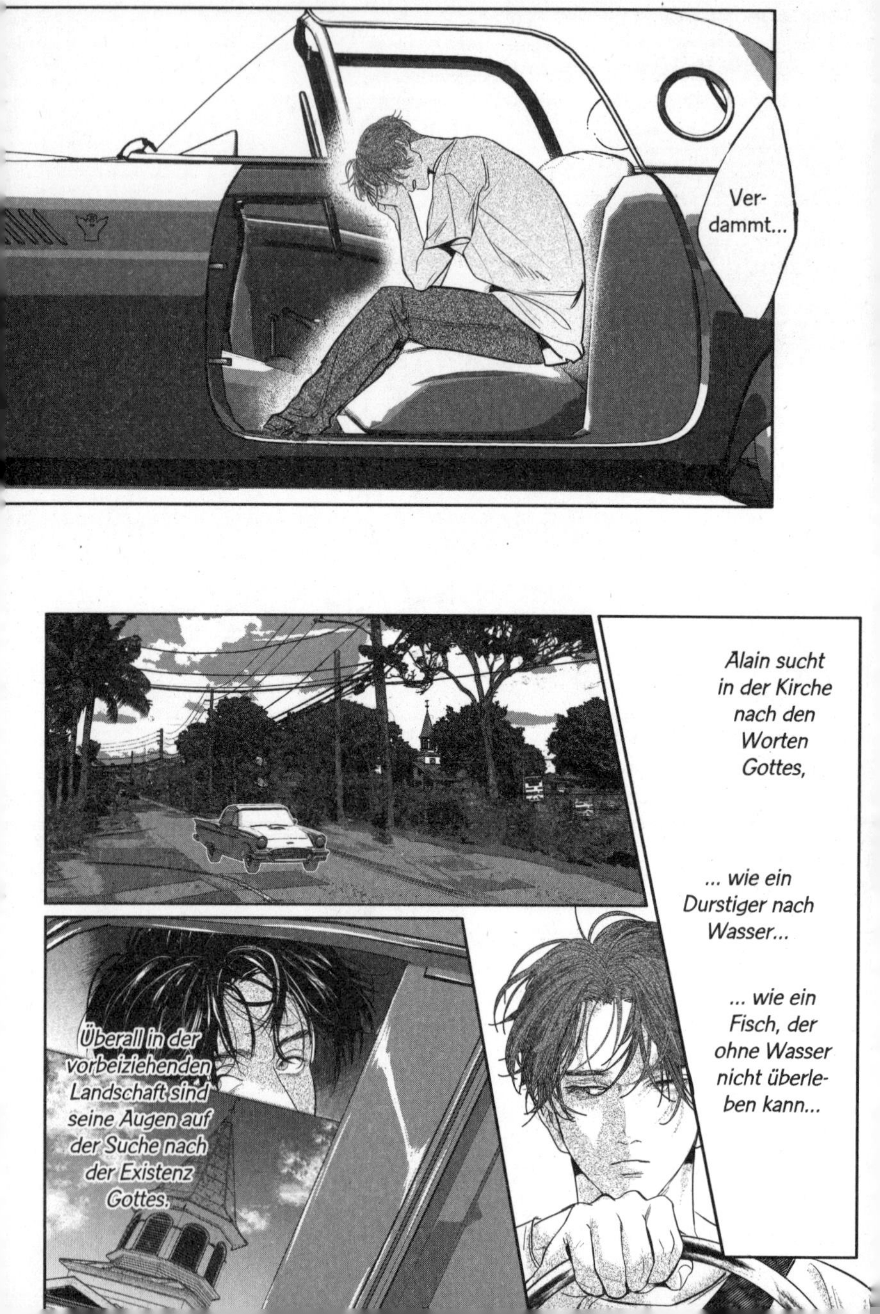
Ver-
dammt...
Alain sucht in der Kirche nach den Worten Gottes,
... wie ein Durstiger nach Wasser...
... wie ein Fisch, der ohne Wasser nicht überle-
ben kann...
Überall in der vorbeiziehenden Landschaft sind seine Augen auf der Suche nach der Existenz Gottes.

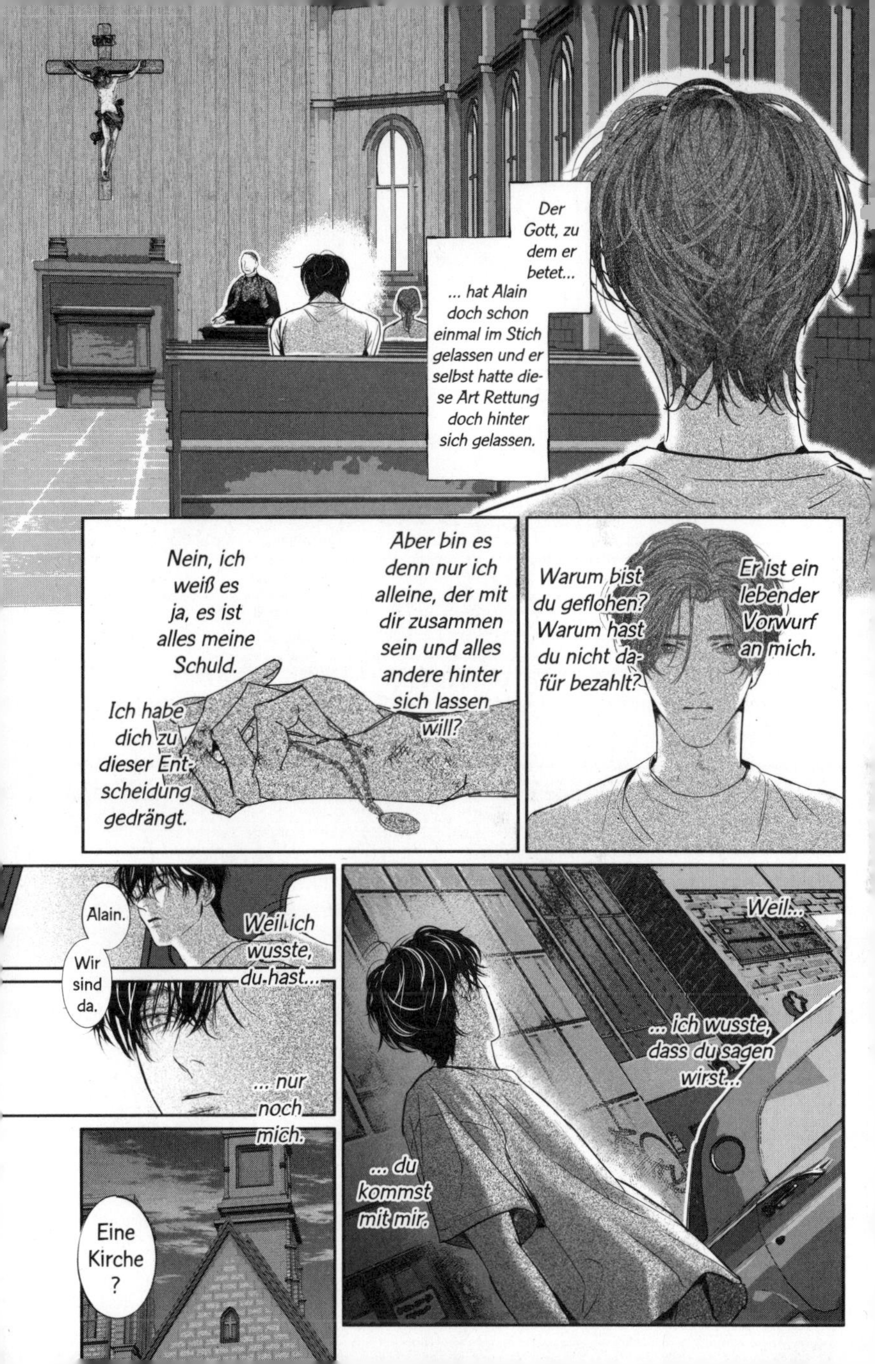

Der Gott, zu dem er betet…
… hat Alain doch schon einmal im Stich gelassen und er selbst hatte diese Art Rettung doch hinter sich gelassen.
Er ist ein lebender Vorwurf an mich.
Warum bist du geflohen? Warum hast du nicht dafür bezahlt?
Aber bin es denn nur ich alleine, der mit dir zusammen sein und alles andere hinter sich lassen will?
Nein, ich weiß es ja, es ist alles meine Schuld.
Ich habe dich zu dieser Entscheidung gedrängt.
Weil…
… ich wusste, dass du sagen wirst…
… du kommst mit mir.
Weil ich wusste, du hast…
Alain.
Wir sind da.
… nur noch mich.
Eine Kirche?

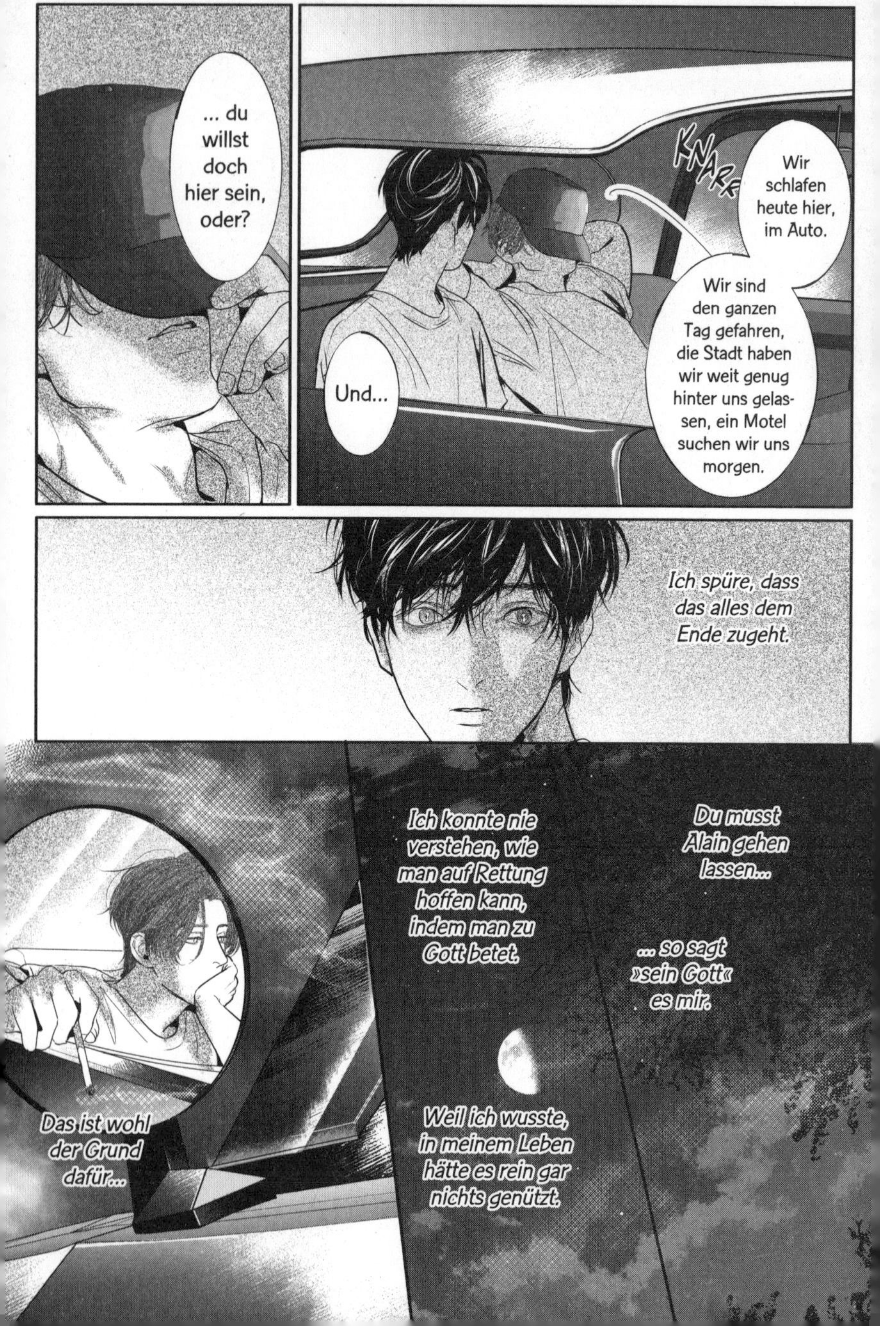
KNARR
Wir schlafen heute hier, im Auto.
Wir sind den ganzen Tag gefahren, die Stadt haben wir weit genug hinter uns gelassen, ein Motel suchen wir uns morgen.
Und...
... du willst doch hier sein, oder?
Ich spüre, dass das alles dem Ende zugeht.
Du musst Alain gehen lassen...
... so sagt »sein Gott« es mir.
Ich konnte nie verstehen, wie man auf Rettung hoffen kann, indem man zu Gott betet.
Weil ich wusste, in meinem Leben hätte es rein gar nichts genützt.
Das ist wohl der Grund dafür...

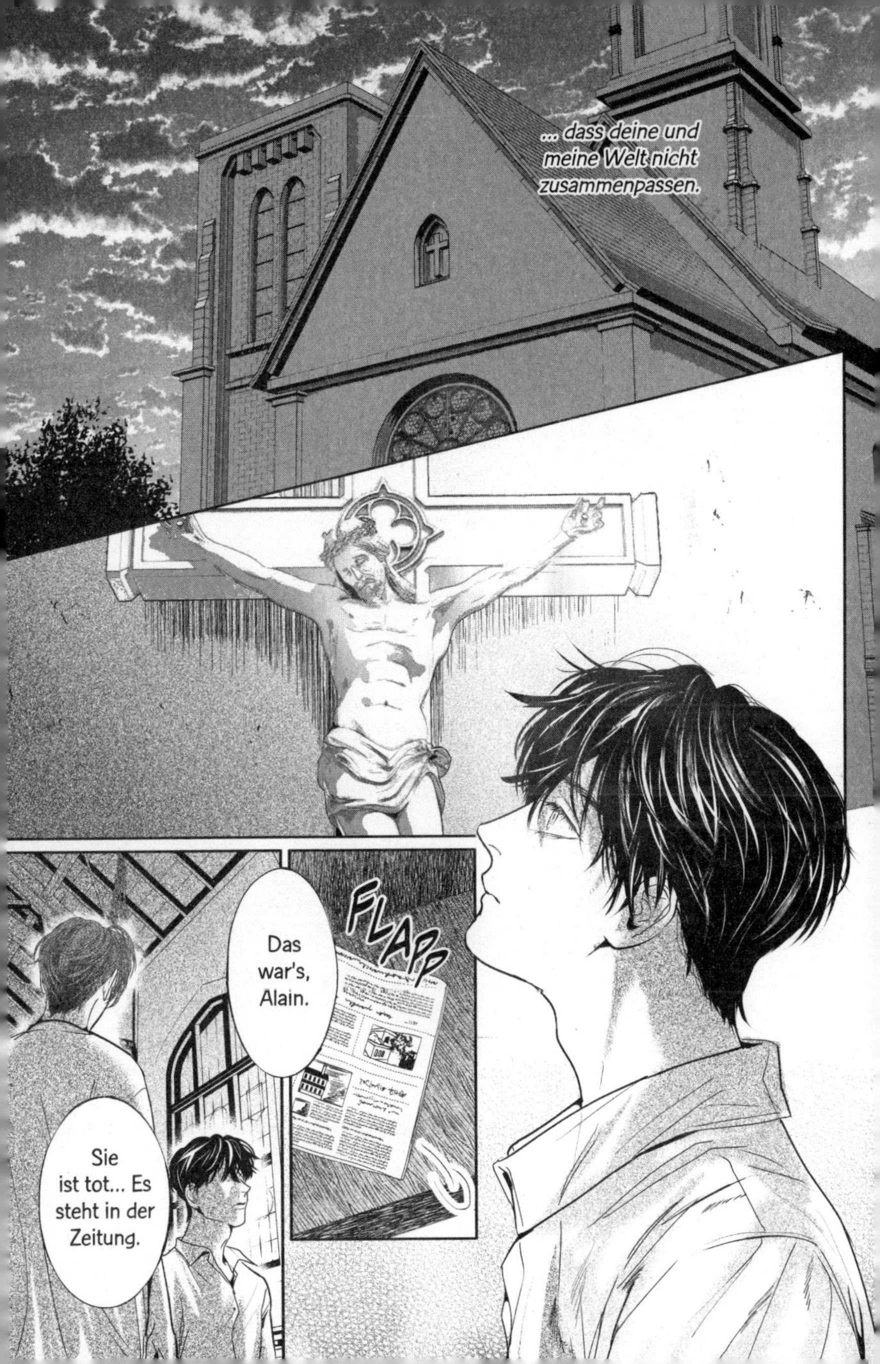
... dass deine und meine Welt nicht zusammenpassen.
FLAPP
Das war's, Alain.
Sie ist tot... Es steht in der Zeitung.

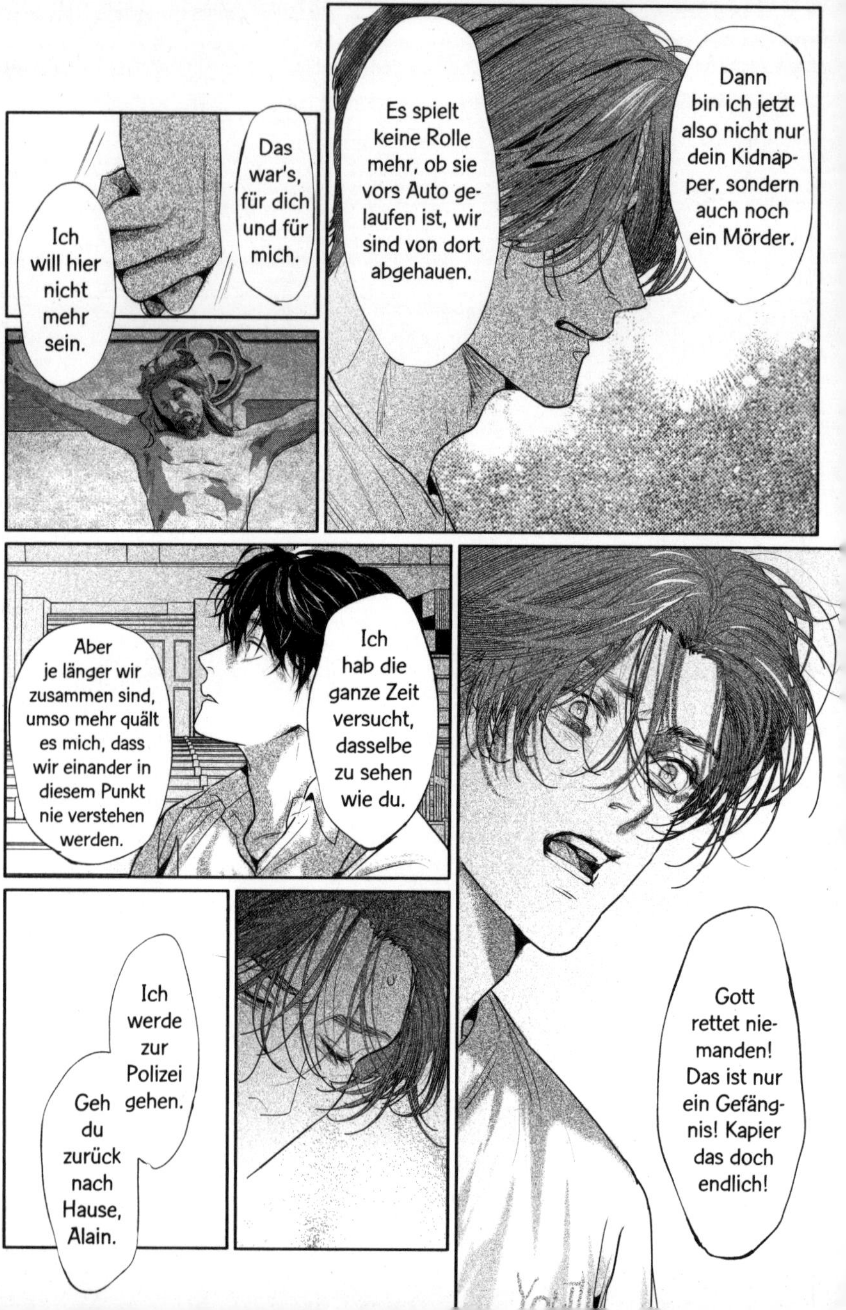
Dann bin ich jetzt also nicht nur dein Kidnapper, sondern auch noch ein Mörder.
Es spielt keine Rolle mehr, ob sie vors Auto gelaufen ist, wir sind von dort abgehauen.
Das war's, für dich und für mich.
Ich will hier nicht mehr sein.
Ich hab die ganze Zeit versucht, dasselbe zu sehen wie du.
Aber je länger wir zusammen sind, umso mehr quält es mich, dass wir einander in diesem Punkt nie verstehen werden.
Gott rettet niemanden! Das ist nur ein Gefängnis! Kapier das doch endlich!
Ich werde zur Polizei gehen.
Geh du zurück nach Hause, Alain.

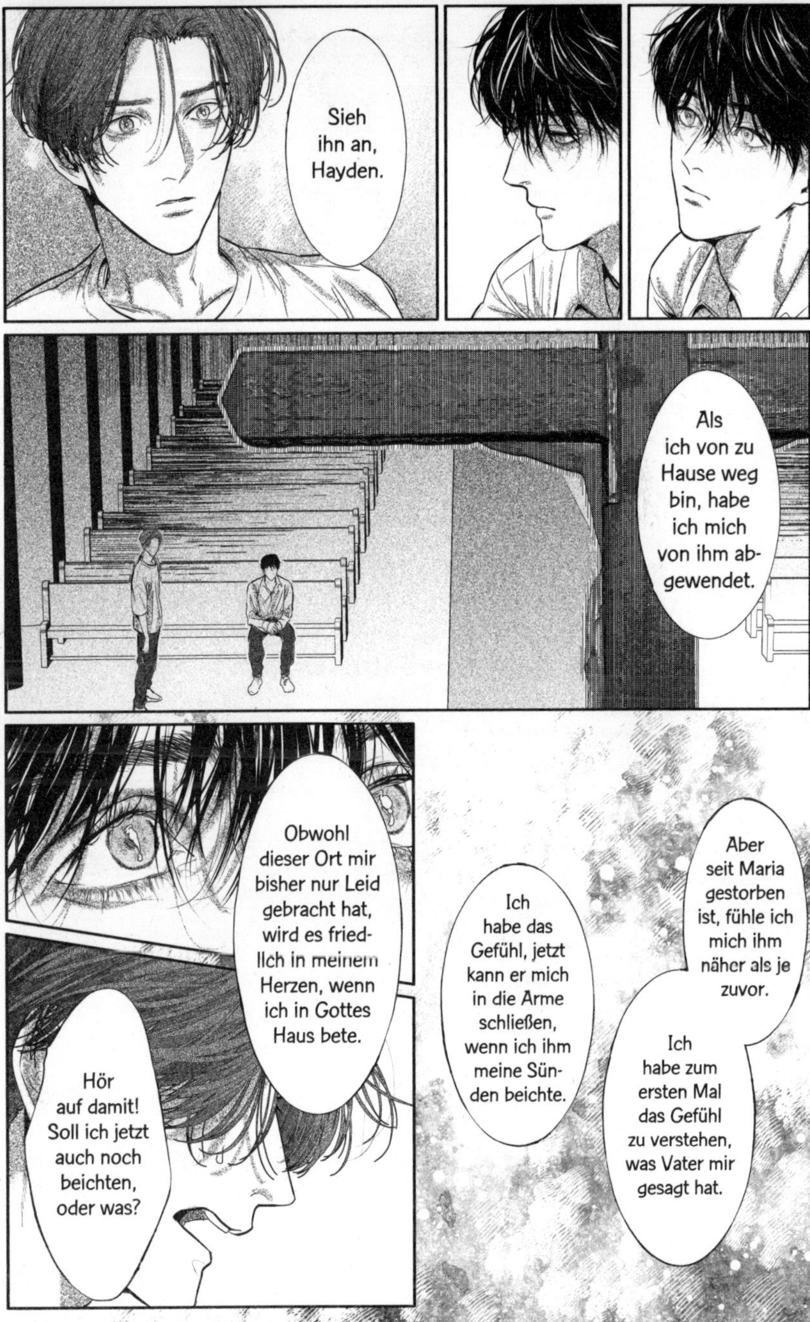
Sieh ihn an, Hayden.
Als ich von zu Hause weg bin, habe ich mich von ihm abgewendet.
Aber seit Maria gestorben ist, fühle ich mich ihm näher als je zuvor.
Ich habe zum ersten Mal das Gefühl zu verstehen, was Vater mir gesagt hat.
Ich habe das Gefühl, jetzt kann er mich in die Arme schließen, wenn ich ihm meine Sünden beichte.
Obwohl dieser Ort mir bisher nur Leid gebracht hat, wird es friedlich in meinem Herzen, wenn ich in Gottes Haus bete.
Hör auf damit! Soll ich jetzt auch noch beichten, oder was?

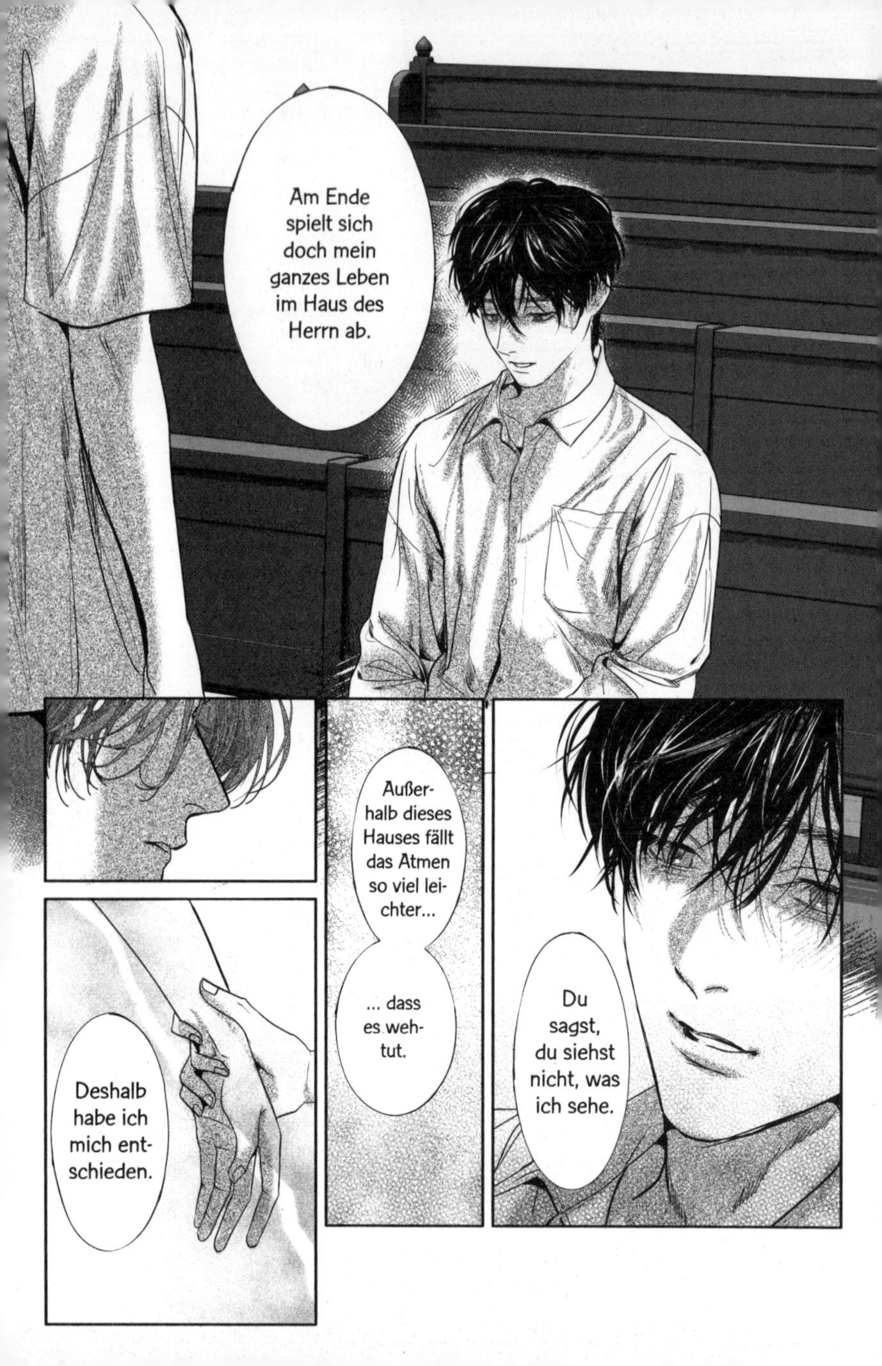
Am Ende spielt sich doch mein ganzes Leben im Haus des Herrn ab.
Du sagst, du siehst nicht, was ich sehe.
Außerhalb dieses Hauses fällt das Atmen so viel leichter...
... dass es wehtut.
Deshalb habe ich mich entschieden.

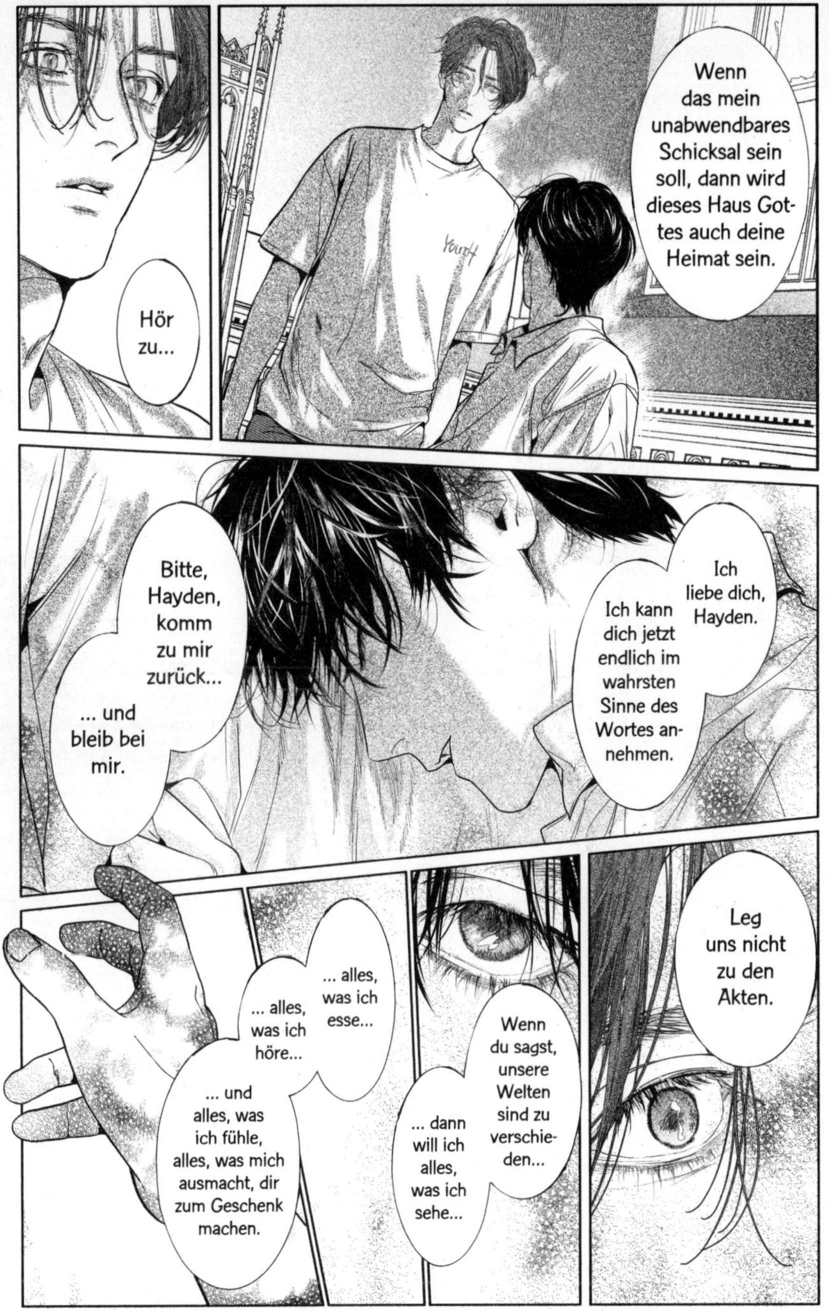
Wenn das mein unabwendbares Schicksal sein soll, dann wird dieses Haus Gottes auch deine Heimat sein.
Hör zu...
Ich liebe dich, Hayden.
Ich kann dich jetzt endlich im wahrsten Sinne des Wortes annehmen.
Bitte, Hayden, komm zu mir zurück...
... und bleib bei mir.
Leg uns nicht zu den Akten.
Wenn du sagst, unsere Welten sind zu verschieden...
... dann will ich alles, was ich sehe...
... alles, was ich esse...
... alles, was ich höre...
... und alles, was ich fühle, alles, was mich ausmacht, dir zum Geschenk machen.

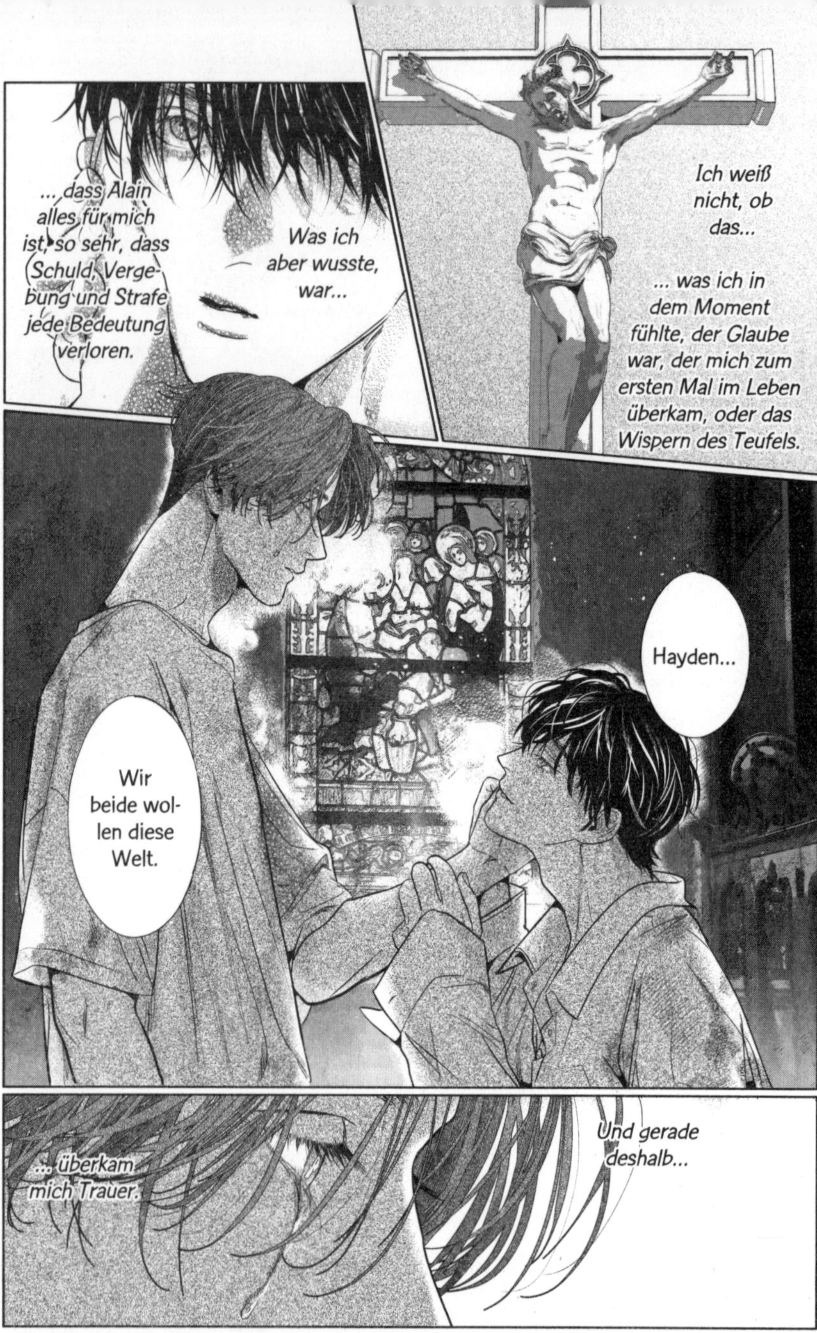
Ich weiß nicht, ob das...
... was ich in dem Moment fühlte, der Glaube war, der mich zum ersten Mal im Leben überkam, oder das Wispern des Teufels.
Was ich aber wusste, war...
... dass Alain alles für mich ist, so sehr, dass Schuld, Vergebung und Strafe jede Bedeutung verloren.
Hayden...
Wir beide wol-len diese Welt.
Und gerade deshalb...
... überkam mich Trauer.

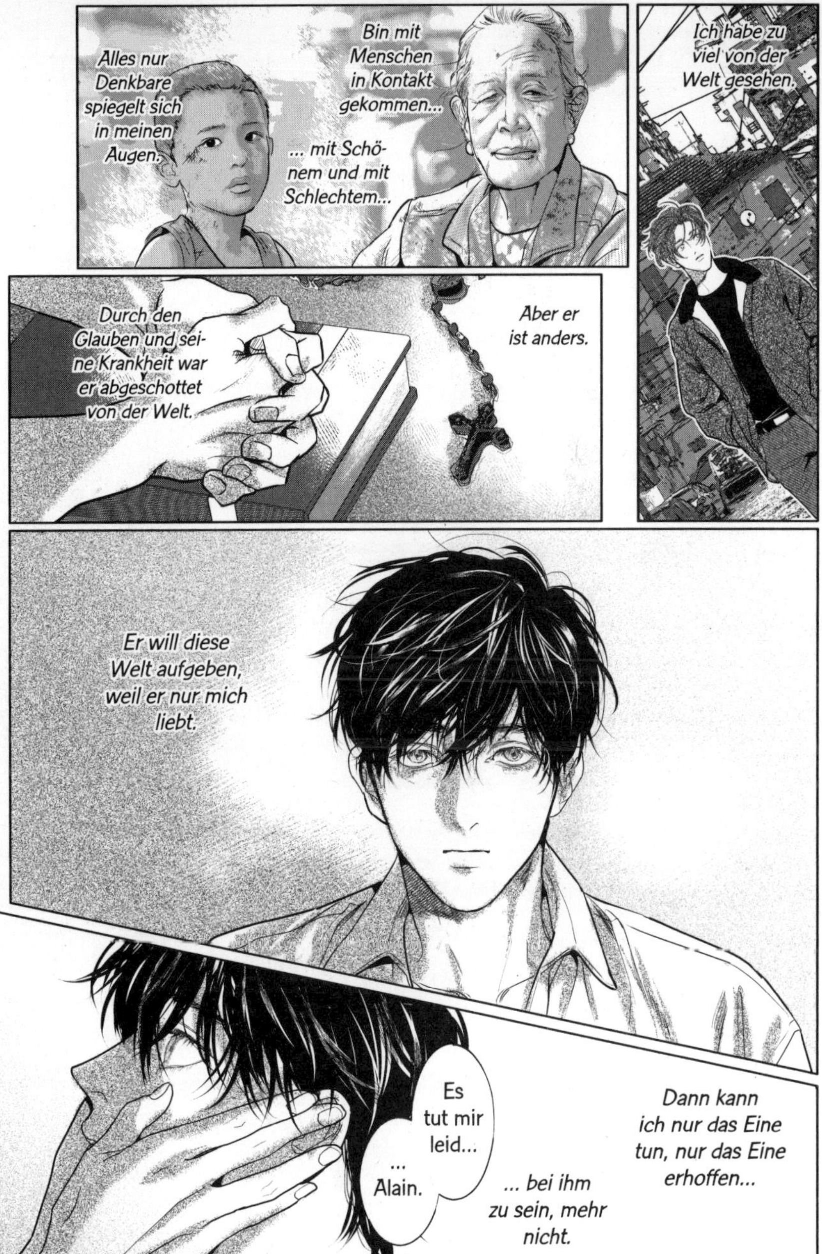
Ich habe zu viel von der Welt gesehen.
Bin mit Menschen in Kontakt gekommen...
... mit Schönem und mit Schlechtem...
Alles nur Denkbare spiegelt sich in meinen Augen.
Aber er ist anders.
Durch den Glauben und seine Krankheit war er abgeschottet von der Welt.
Er will diese Welt aufgeben, weil er nur mich liebt.
Dann kann ich nur das Eine tun, nur das Eine erhoffen...
... bei ihm zu sein, mehr nicht.
Es tut mir leid...
... Alain.

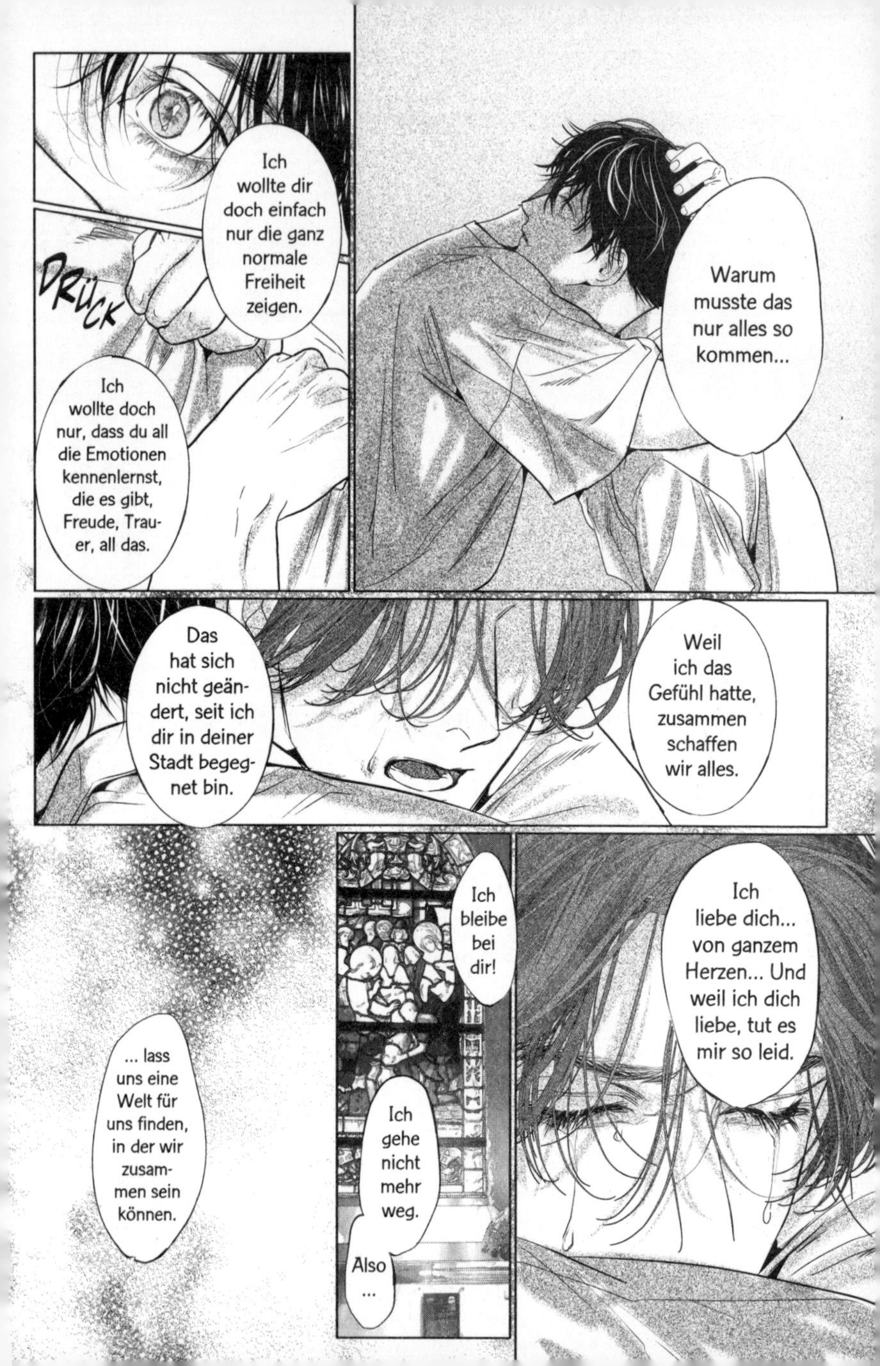

Warum musste das nur alles so kommen...
Ich wollte dir doch einfach nur die ganz normale Freiheit zeigen.
DRÜCK
Ich wollte doch nur, dass du all die Emotionen kennenlernst, die es gibt, Freude, Trauer, all das.
Weil ich das Gefühl hatte, zusammen schaffen wir alles.
Das hat sich nicht geändert, seit ich dir in deiner Stadt begegnet bin.
Ich liebe dich... von ganzem Herzen... Und weil ich dich liebe, tut es mir so leid.
Ich bleibe bei dir!
Ich gehe nicht mehr weg.
Also ...
... lass uns eine Welt für uns finden, in der wir zusammen sein können.

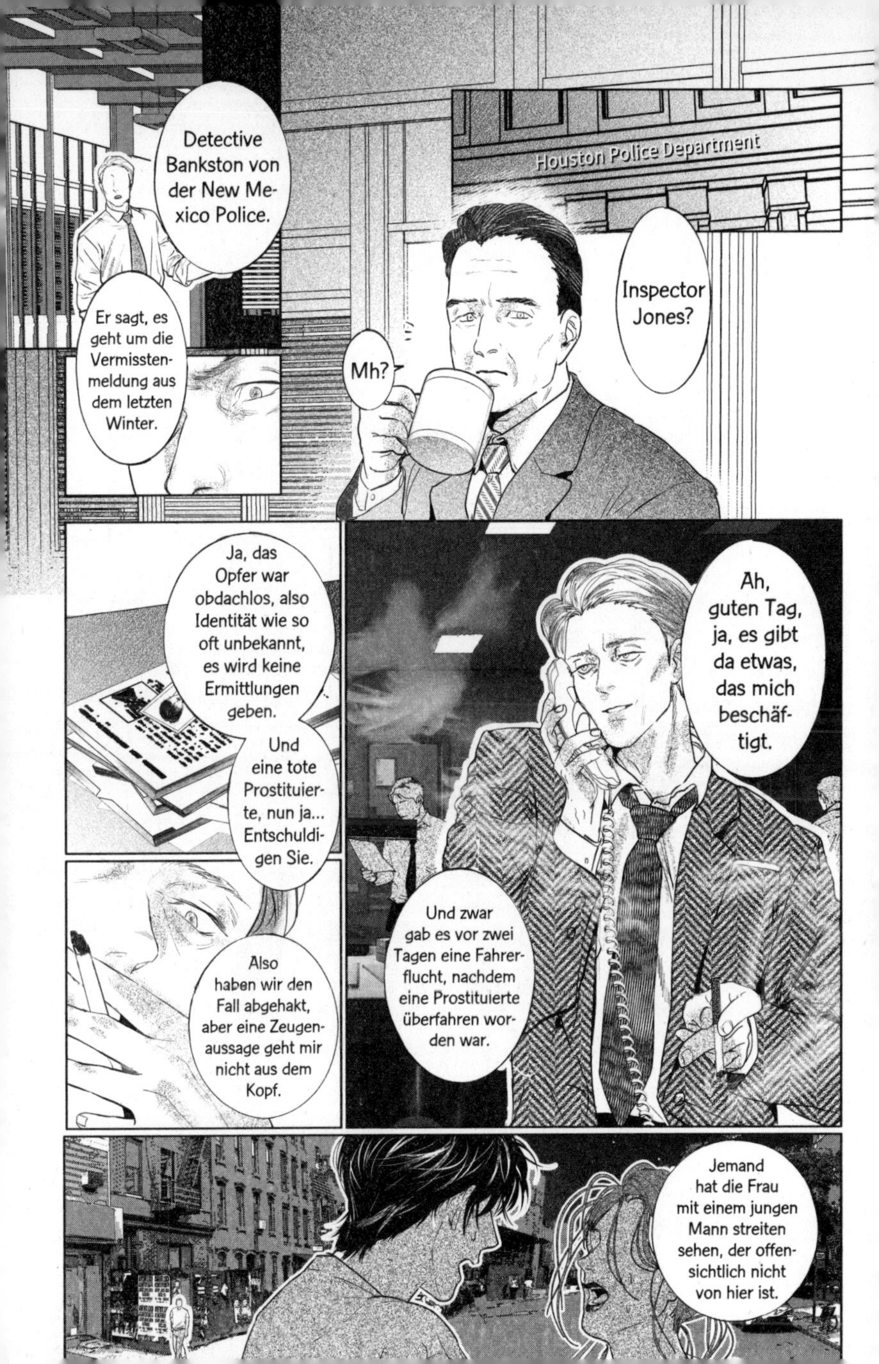
Houston Police Department
Inspector Jones?
Mh?
Detective Bankston von der New Mexico Police.
Er sagt, es geht um die Vermisstenmeldung aus dem letzten Winter.
Ah, guten Tag, ja, es gibt da etwas, das mich beschäftigt.
Und zwar gab es vor zwei Tagen eine Fahrerflucht, nachdem eine Prostituierte überfahren worden war.
Ja, das Opfer war obdachlos, also Identität wie so oft unbekannt, es wird keine Ermittlungen geben.
Und eine tote Prostituierte, nun ja... Entschuldigen Sie.
Also haben wir den Fall abgehakt, aber eine Zeugenaussage geht mir nicht aus dem Kopf.
Jemand hat die Frau mit einem jungen Mann streiten sehen, der offensichtlich nicht von hier ist.

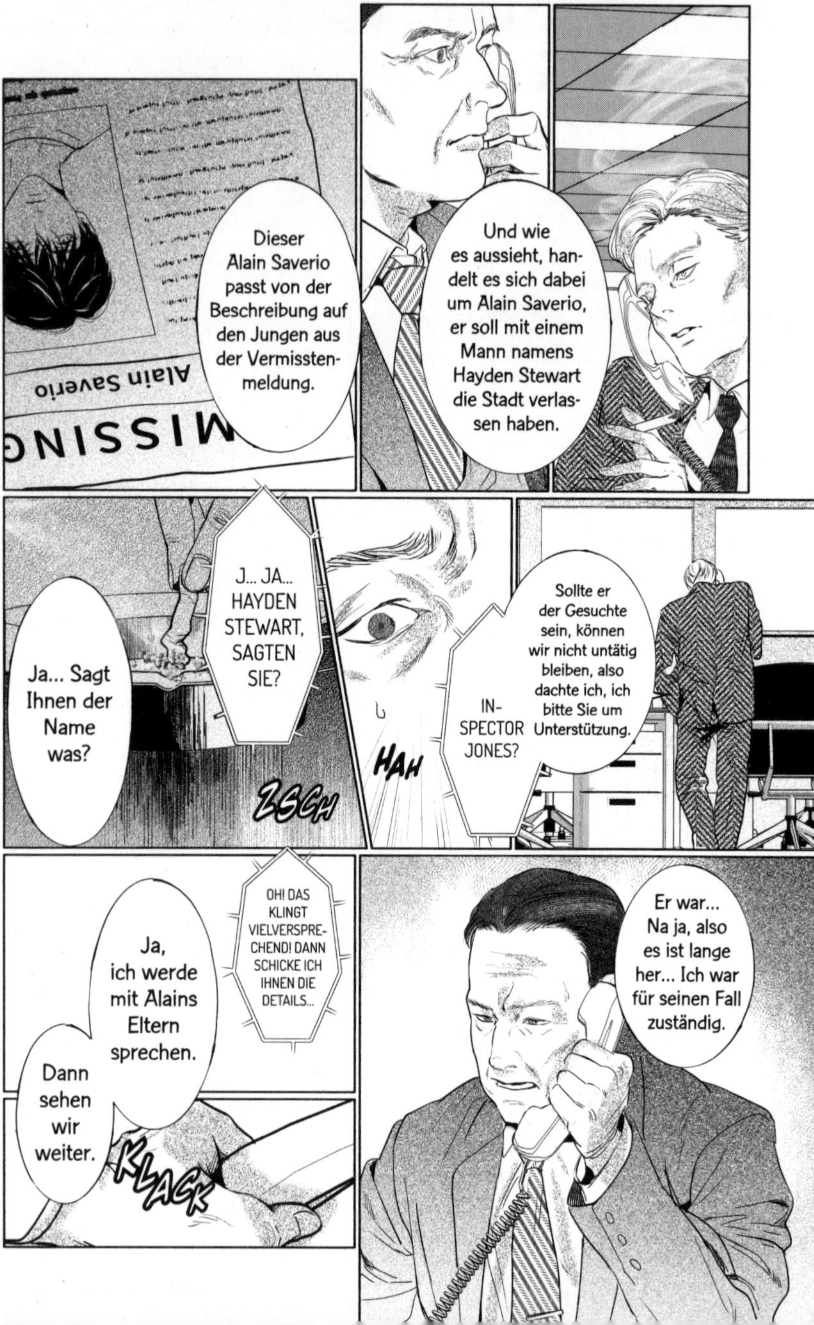
Und wie es aussieht, handelt es sich dabei um Alain Saverio, er soll mit einem Mann namens Hayden Stewart die Stadt verlassen haben.
Dieser Alain Saverio passt von der Beschreibung auf den Jungen aus der Vermisstenmeldung.
MISSING
Alain Saverio
Sollte er der Gesuchte sein, können wir nicht untätig bleiben, also dachte ich, ich bitte Sie um Unterstützung.
INSPECTOR JONES?
HAH
J... JA... HAYDEN STEWART, SAGTEN SIE?
ZSCH
Ja... Sagt Ihnen der Name was?
Er war... Na ja, also es ist lange her... Ich war für seinen Fall zuständig.
OH! DAS KLINGT VIELVERSPRECHEND! DANN SCHICKE ICH IHNEN DIE DETAILS...
Ja, ich werde mit Alains Eltern sprechen.
Dann sehen wir weiter.
KLACK

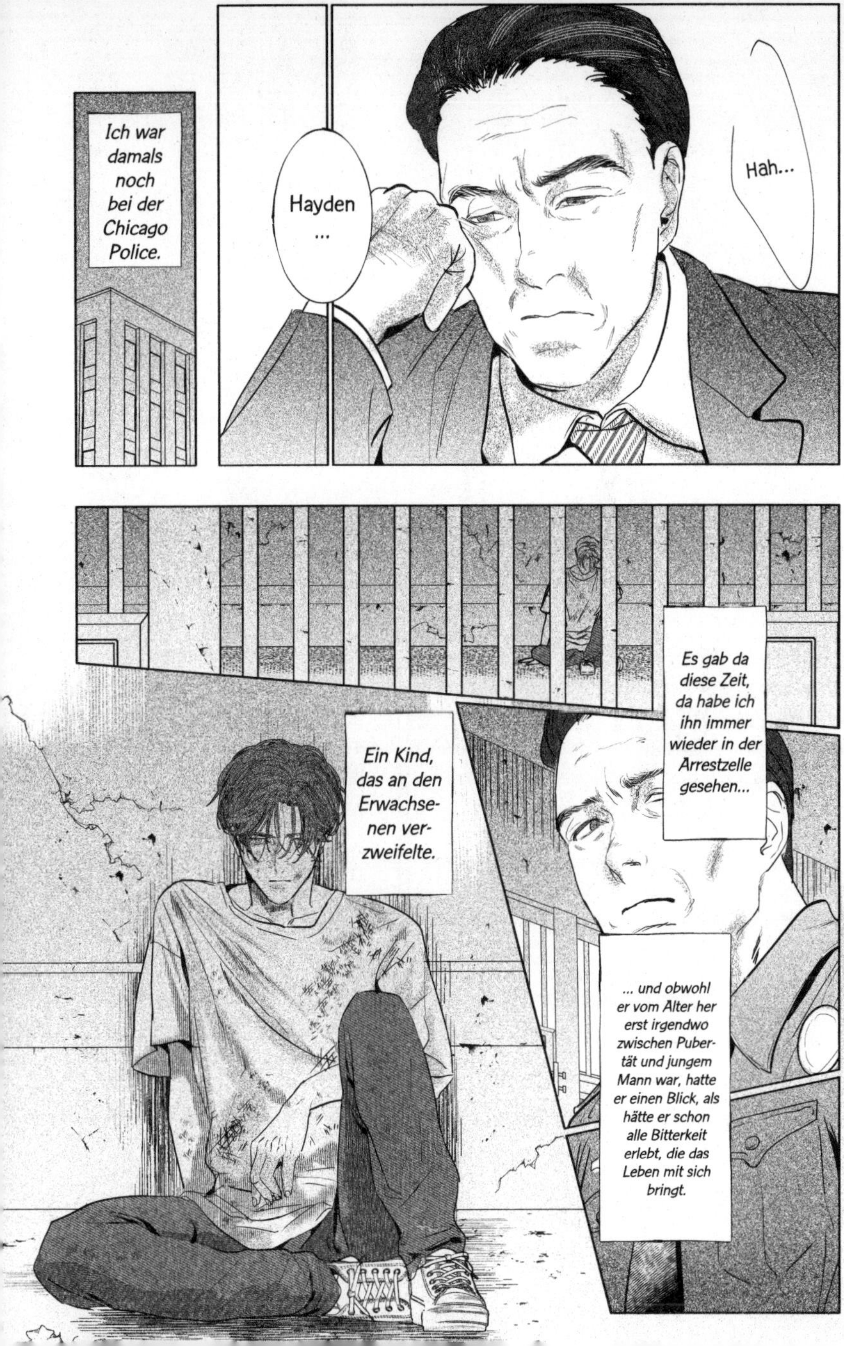
Ich war damals noch bei der Chicago Police.
Hah...
Hayden ...
Es gab da diese Zeit, da habe ich ihn immer wieder in der Arrestzelle gesehen...
Ein Kind, das an den Erwachsenen verzweifelte.
... und obwohl er vom Alter her erst irgendwo zwischen Pubertät und jungem Mann war, hatte er einen Blick, als hätte er schon alle Bitterkeit erlebt, die das Leben mit sich bringt.

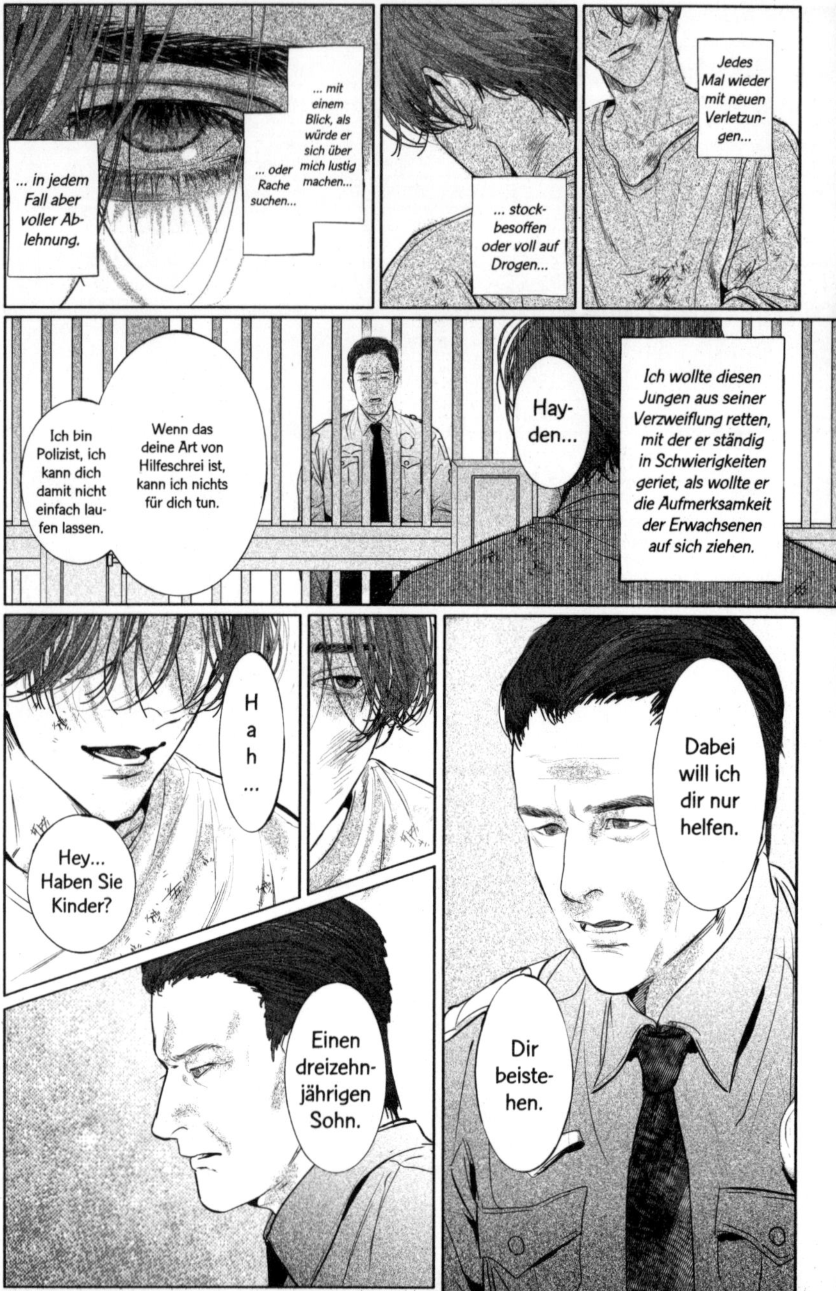

Jedes Mal wieder mit neuen Verletzungen...
... stockbesoffen oder voll auf Drogen...
... mit einem Blick, als würde er sich über mich lustig machen...
... oder Rache suchen...
... in jedem Fall aber voller Ablehnung.
Ich wollte diesen Jungen aus seiner Verzweiflung retten, mit der er ständig in Schwierigkeiten geriet, als wollte er die Aufmerksamkeit der Erwachsenen auf sich ziehen.
Hayden...
Wenn das deine Art von Hilfeschrei ist, kann ich nichts für dich tun.
Ich bin Polizist, ich kann dich damit nicht einfach laufen lassen.
Dabei will ich dir nur helfen.
Dir beistehen.
Hah...
Hey... Haben Sie Kinder?
Einen dreizehnjährigen Sohn.

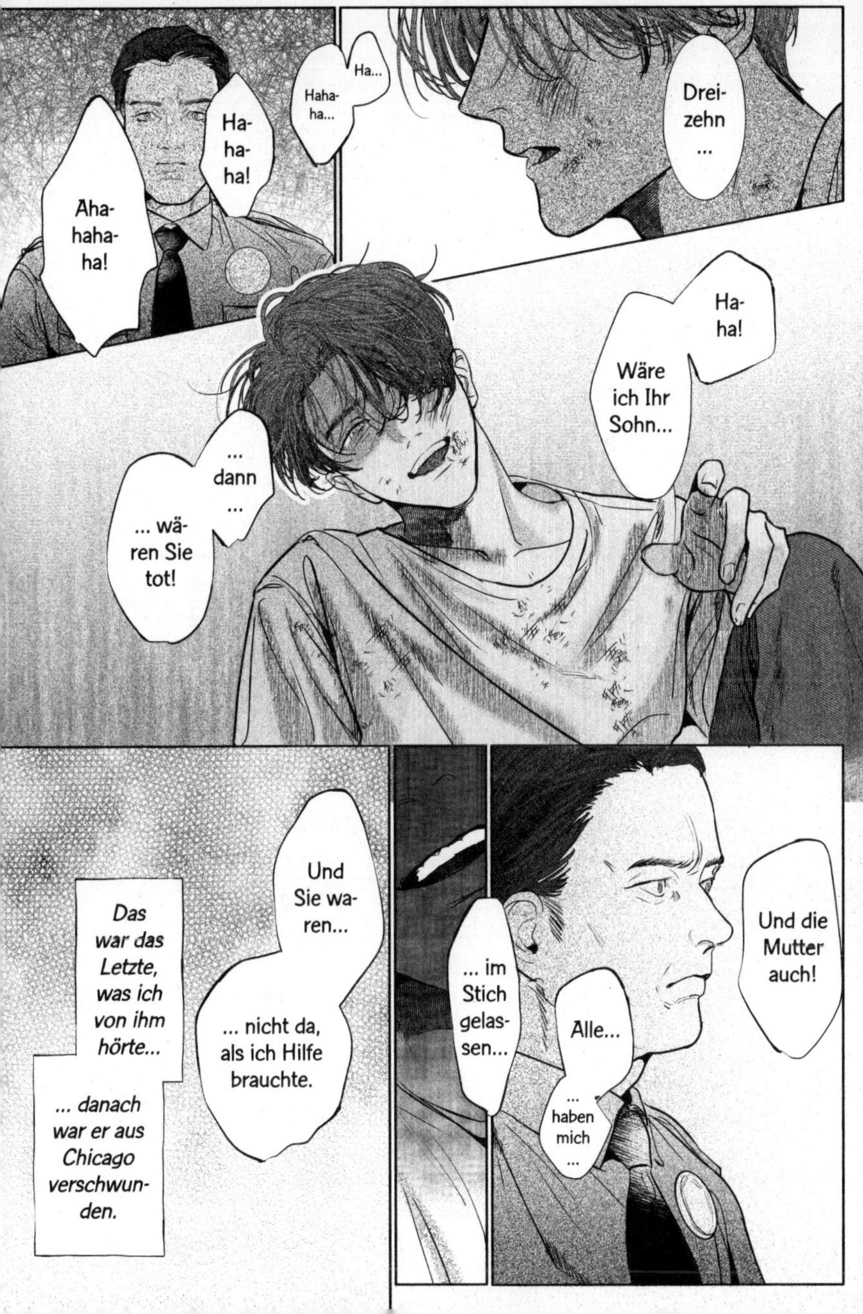

Drei-zehn ...
Ha...
Haha-ha...
Ha-ha-ha!
Aha-haha-ha!
Ha-ha!
Wäre ich Ihr Sohn...
... dann ...
... wä-ren Sie tot!
Und die Mutter auch!
Alle...
... haben mich ...
... im Stich gelas-sen...
Und Sie wa-ren...
... nicht da, als ich Hilfe brauchte.
Das war das Letzte, was ich von ihm hörte...
... danach war er aus Chicago verschwun-den.

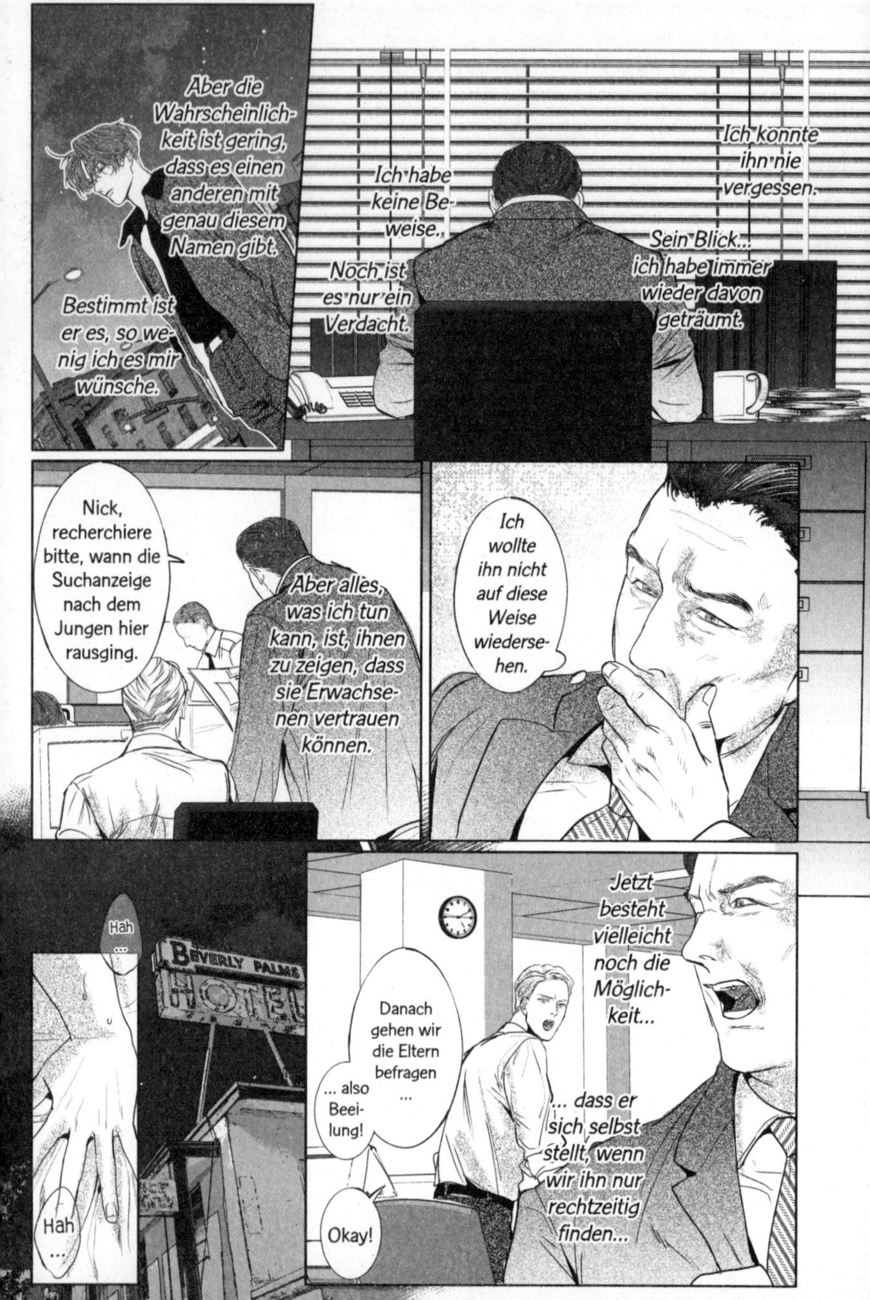
Ich konnte ihn nie vergessen.
Sein Blick... ich habe immer wieder davon geträumt.
Ich habe keine Beweise.
Noch ist es nur ein Verdacht.
Aber die Wahrscheinlichkeit ist gering, dass es einen anderen mit genau diesem Namen gibt.
Bestimmt ist er es, so wenig ich es mir wünsche.
Ich wollte ihn nicht auf diese Weise wiedersehen.
Nick, recherchiere bitte, wann die Suchanzeige nach dem Jungen hier rausging.
Aber alles, was ich tun kann, ist, ihnen zu zeigen, dass sie Erwachsenen vertrauen können.
Jetzt besteht vielleicht noch die Möglichkeit...
... dass er sich selbst stellt, wenn wir ihn nur rechtzeitig finden...
Danach gehen wir die Eltern befragen ...
... also Beeilung!
Okay!
BEVERLY PALMS
HOTEL
Hah ...
Hah ...

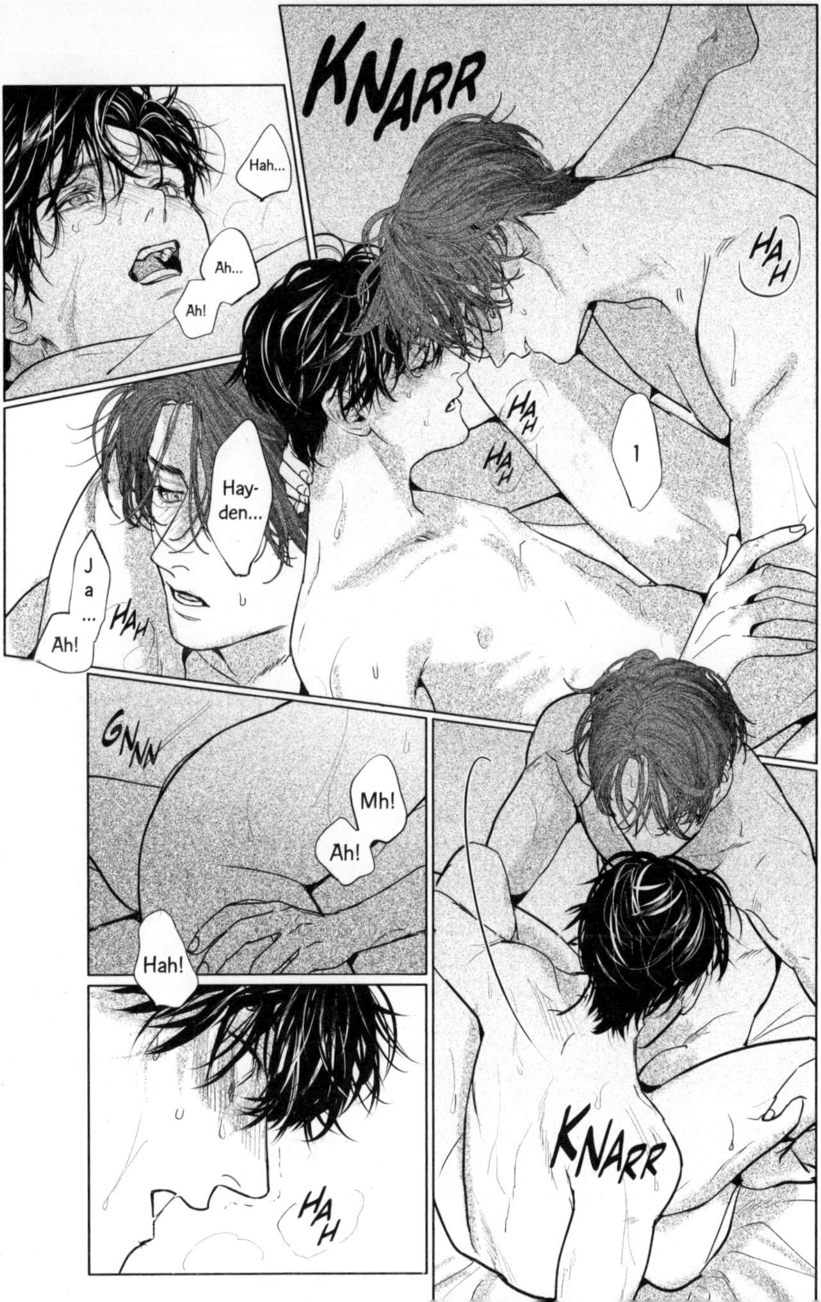
KNARR
HAH
HAH
HAH
1
Hah...
Ah...
Ah!
Hay-
den...
Ja...
Ah!
HAH
KNARR
GNNN
Mh!
Ah!
Hah!
HAH

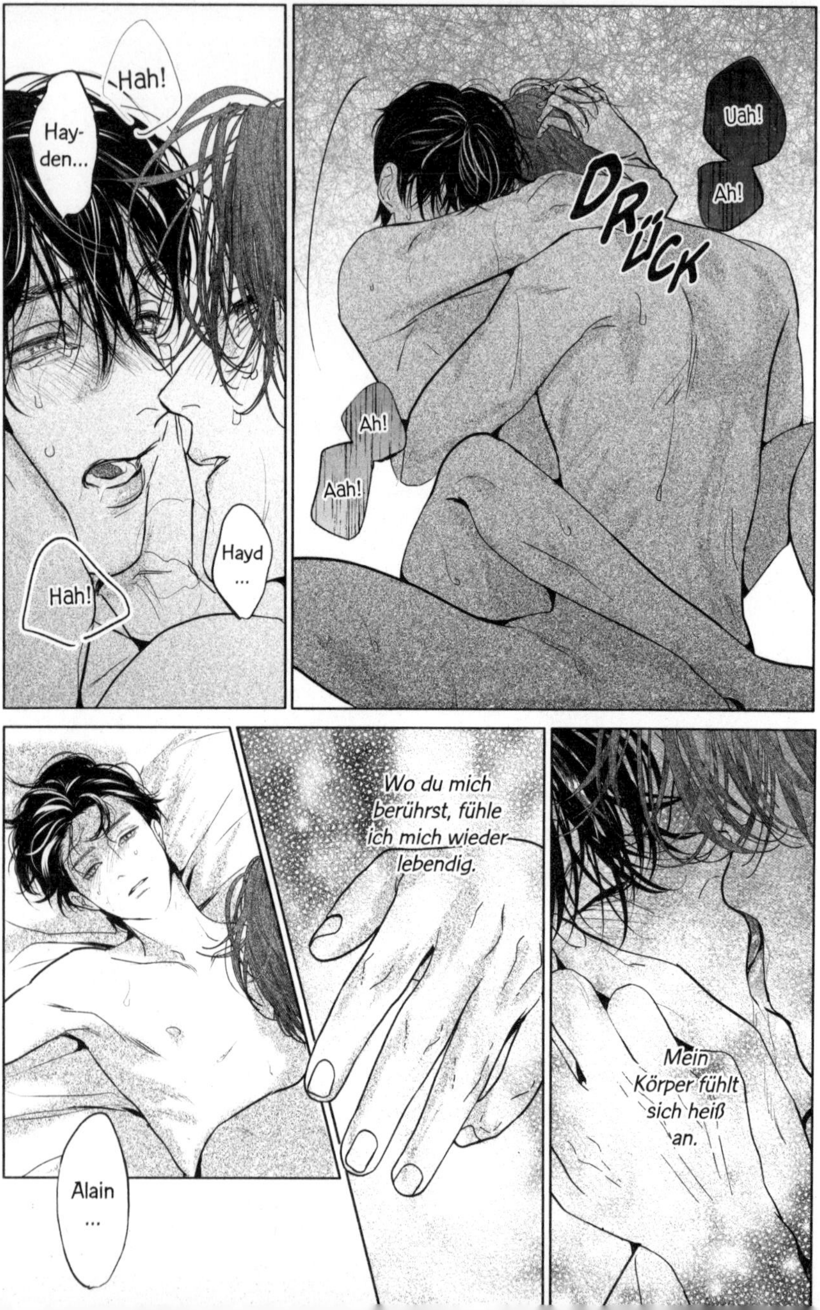

Uah!
Ah!
DRÜCK
Ah!
Aah!
Hah!
Hay-
den...
Hayd
...
Hah!
Mein Körper fühlt sich heiß an.
Wo du mich berührst, fühle ich mich wieder lebendig.
Alain
...

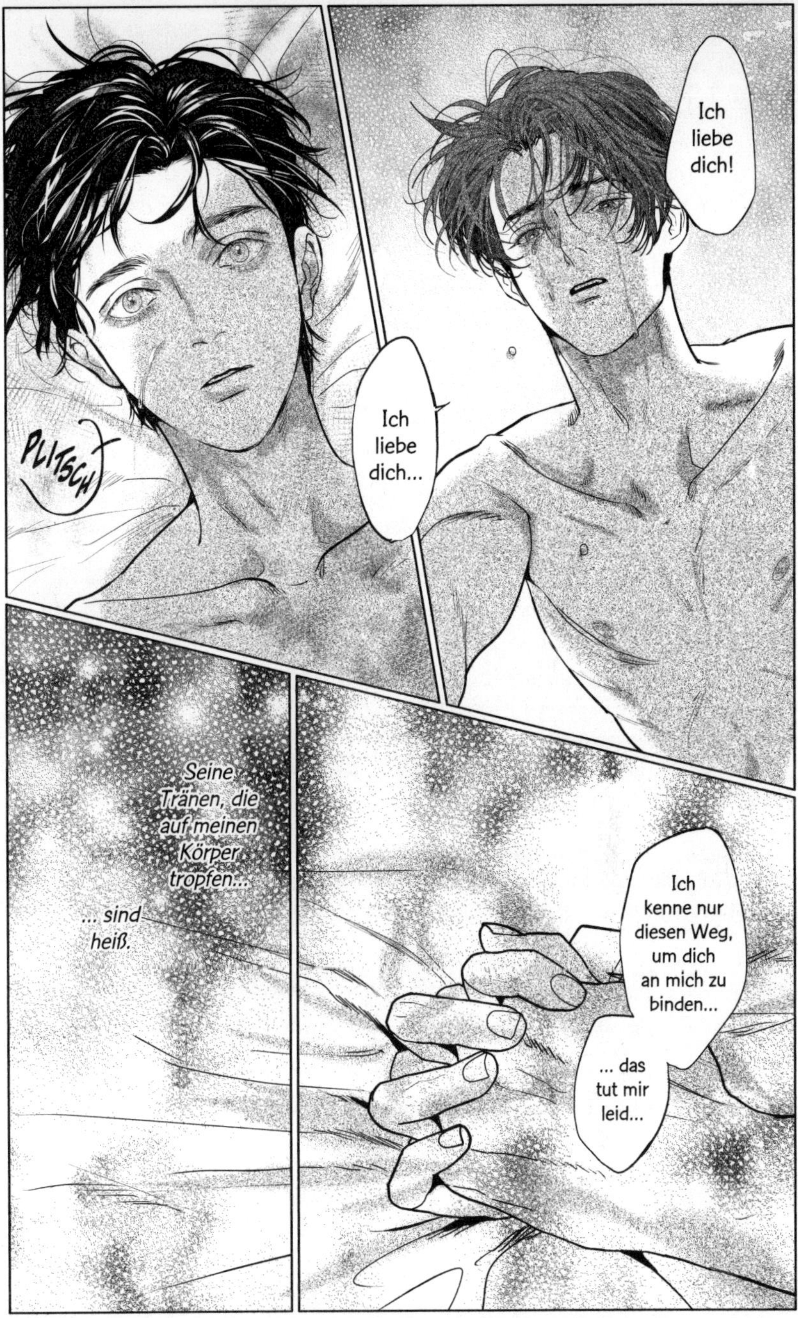
Ich liebe dich!
Ich liebe dich...
PLITSCH
Ich kenne nur diesen Weg, um dich an mich zu binden...
... das tut mir leid...
Seine Tränen, die auf meinen Körper tropfen...
... sind heiß.

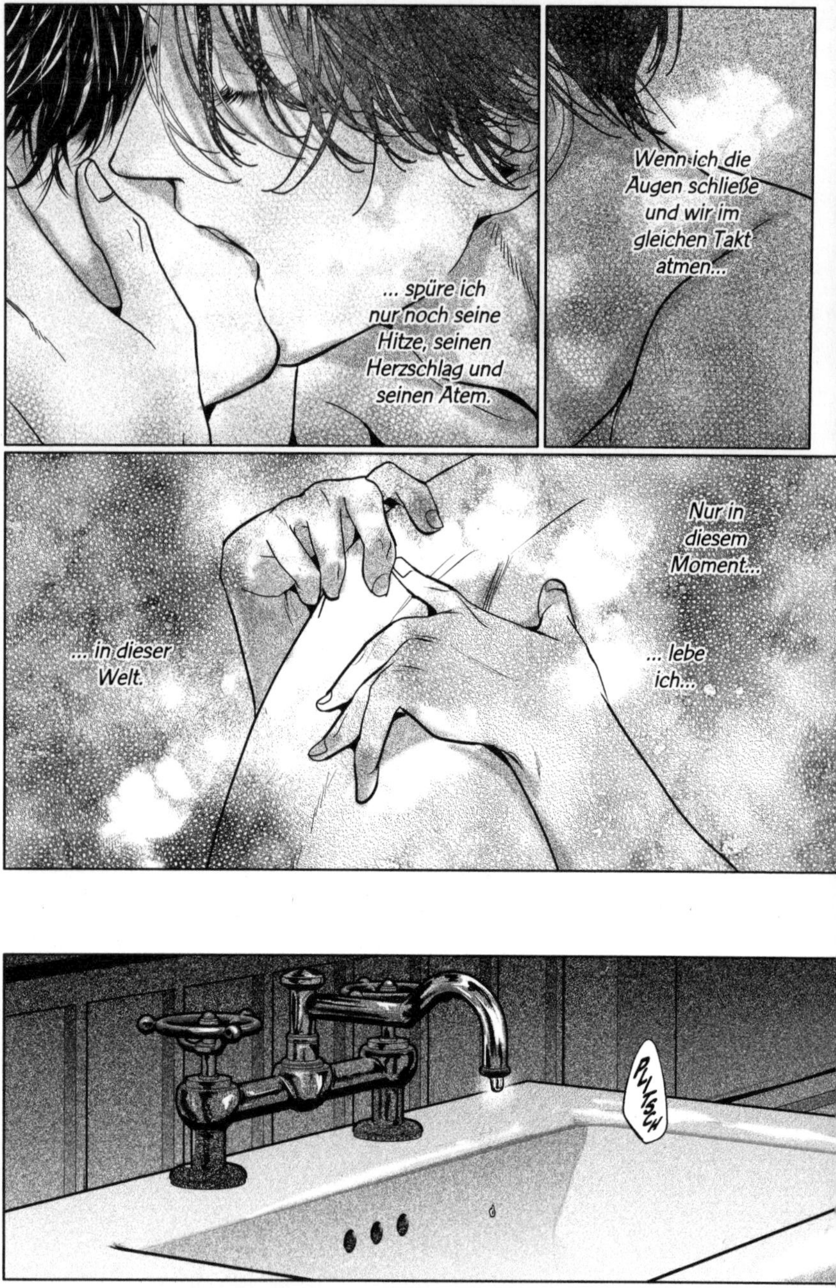
Wenn ich die Augen schließe und wir im gleichen Takt atmen...
... spüre ich nur noch seine Hitze, seinen Herzschlag und seinen Atem.
Nur in diesem Moment...
... lebe ich...
... in dieser Welt.
PLITSCH

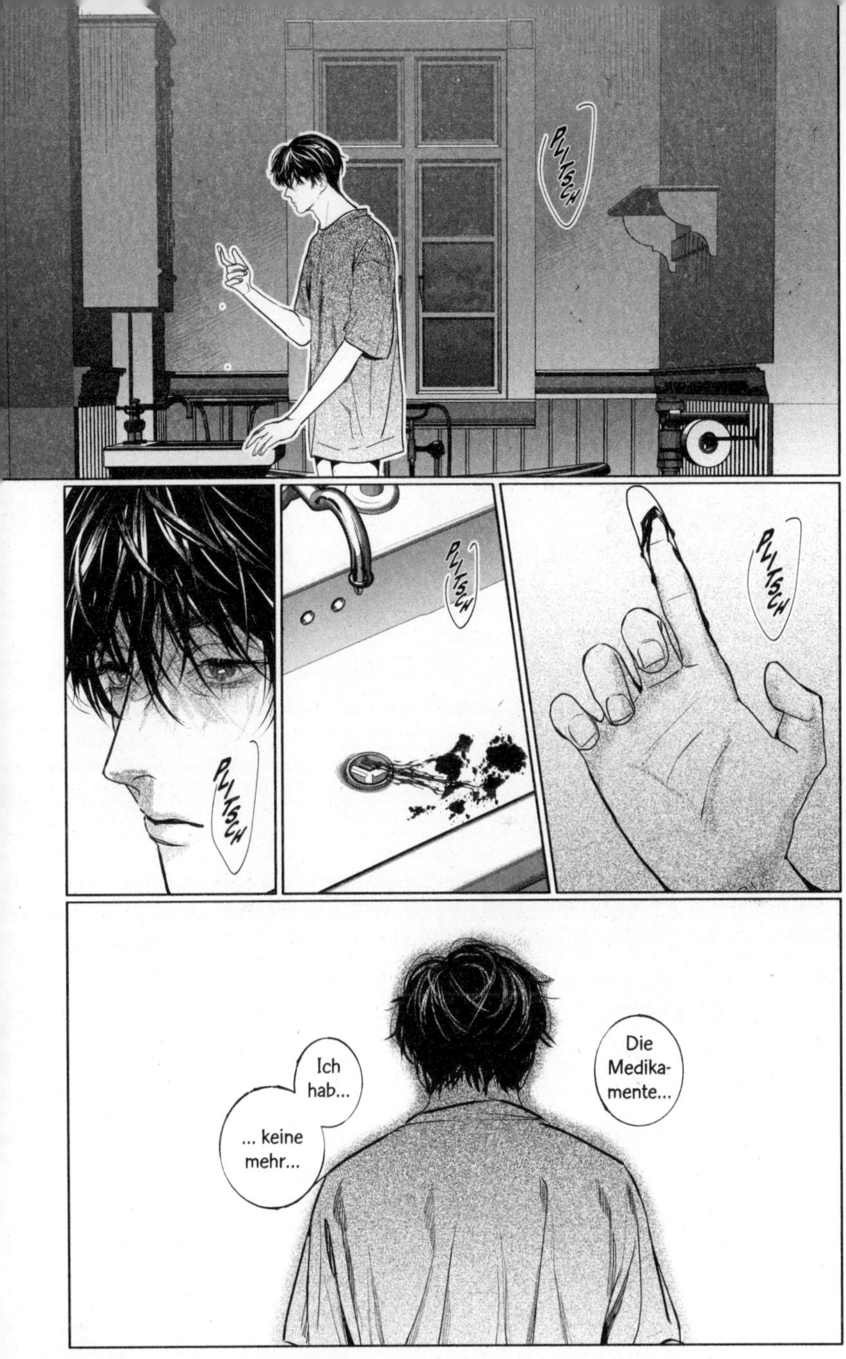

PLITSCH
PLITSCH
PLITSCH
PLITSCH
Die Medika-mente...
Ich hab...
... keine mehr...

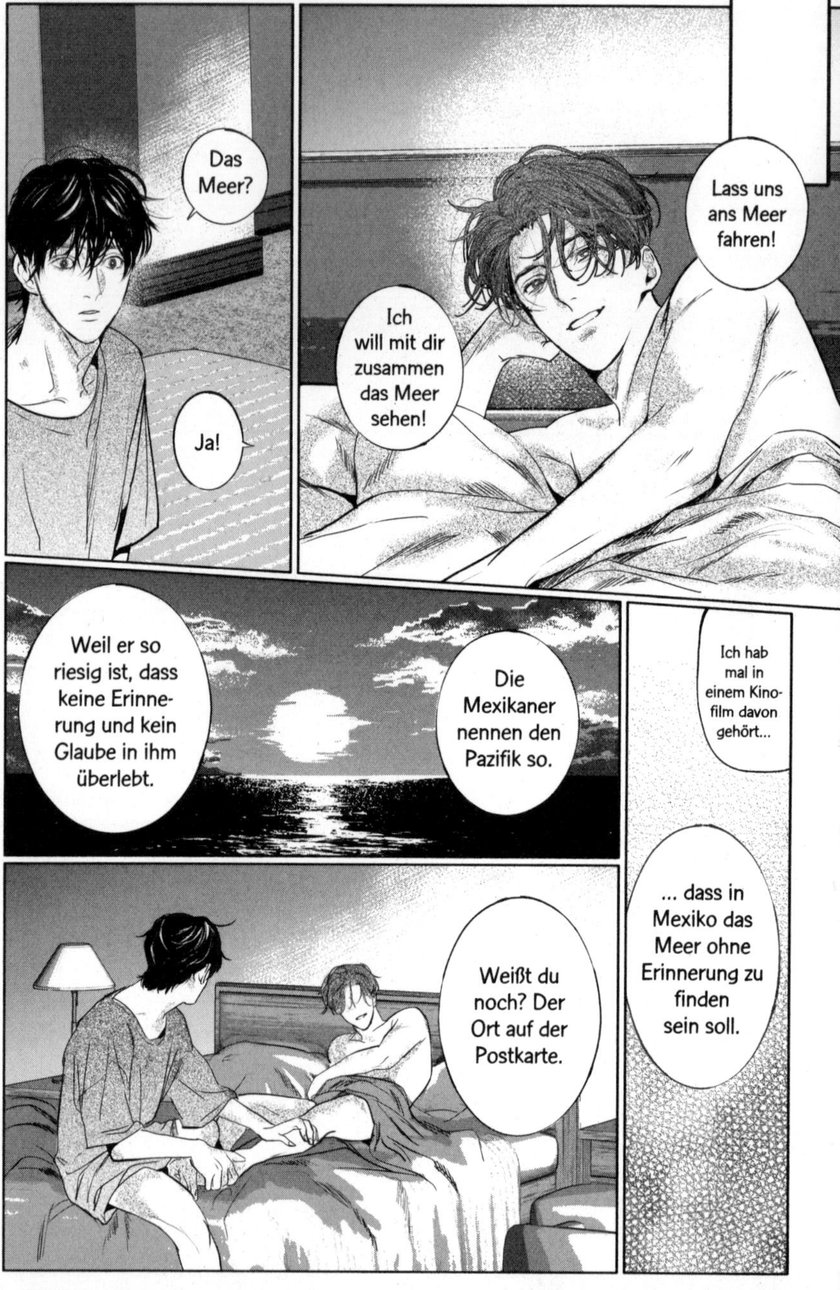
Lass uns ans Meer fahren!
Ich will mit dir zusammen das Meer sehen!
Das Meer?
Ja!
Ich hab mal in einem Kinofilm davon gehört...
... dass in Mexiko das Meer ohne Erinnerung zu finden sein soll.
Die Mexikaner nennen den Pazifik so.
Weil er so riesig ist, dass keine Erinnerung und kein Glaube in ihm überlebt.
Weißt du noch? Der Ort auf der Postkarte.

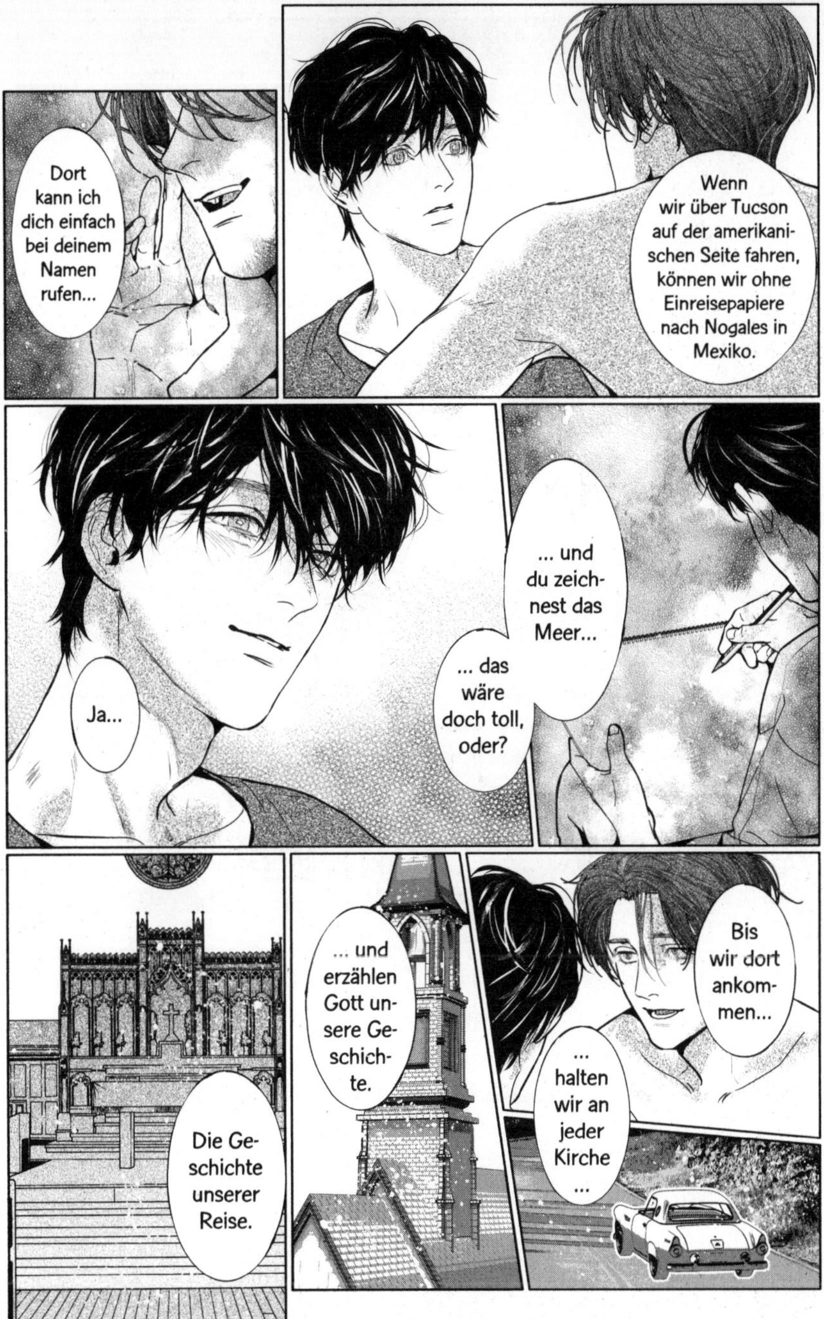
Wenn wir über Tucson auf der amerikanischen Seite fahren, können wir ohne Einreisepapiere nach Nogales in Mexiko.
Dort kann ich dich einfach bei deinem Namen rufen...
... und du zeichnest das Meer...
... das wäre doch toll, oder?
Ja...
Bis wir dort ankommen...
... halten wir an jeder Kirche ...
... und erzählen Gott unsere Geschichte.
Die Geschichte unserer Reise.

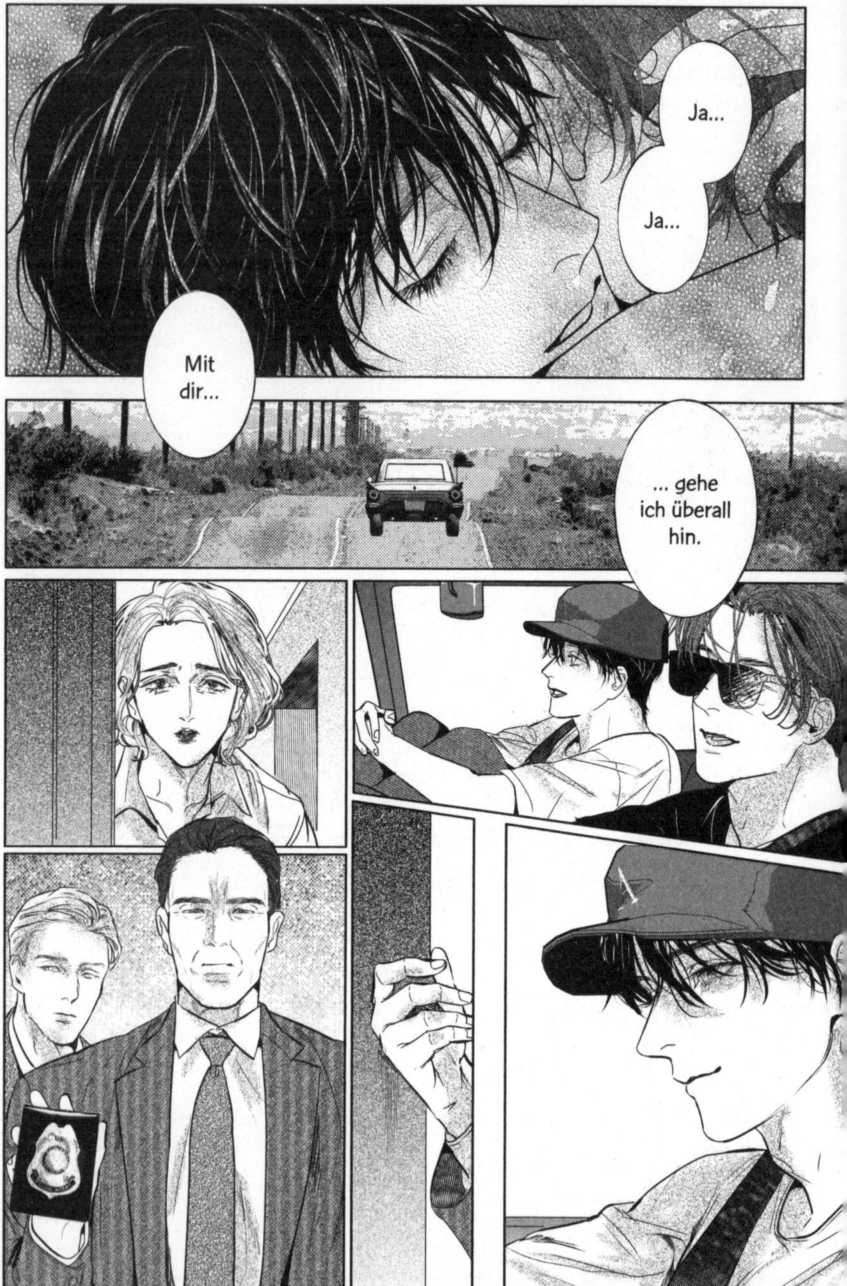
Ja...
Ja...
Mit dir...
... gehe ich überall hin.

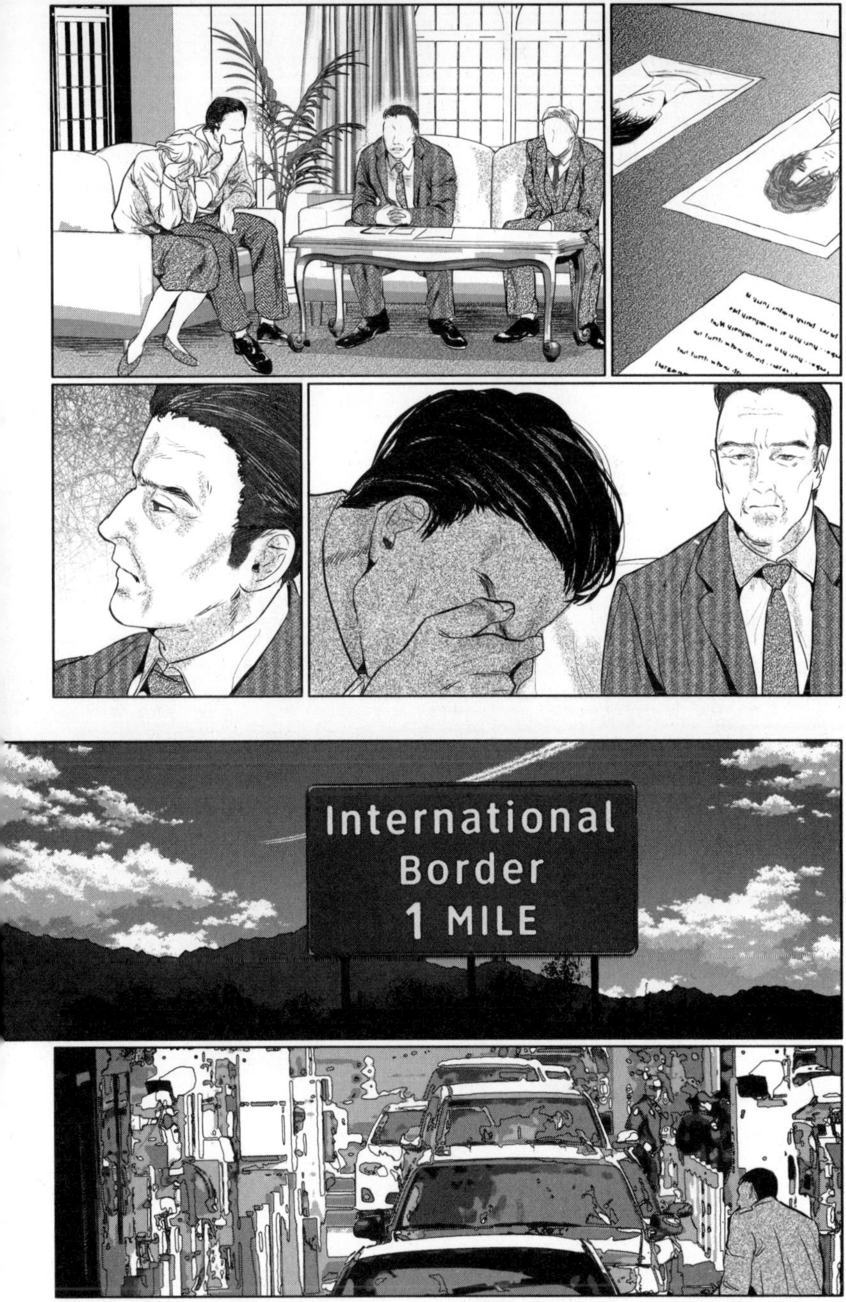
International
Border
1 MILE

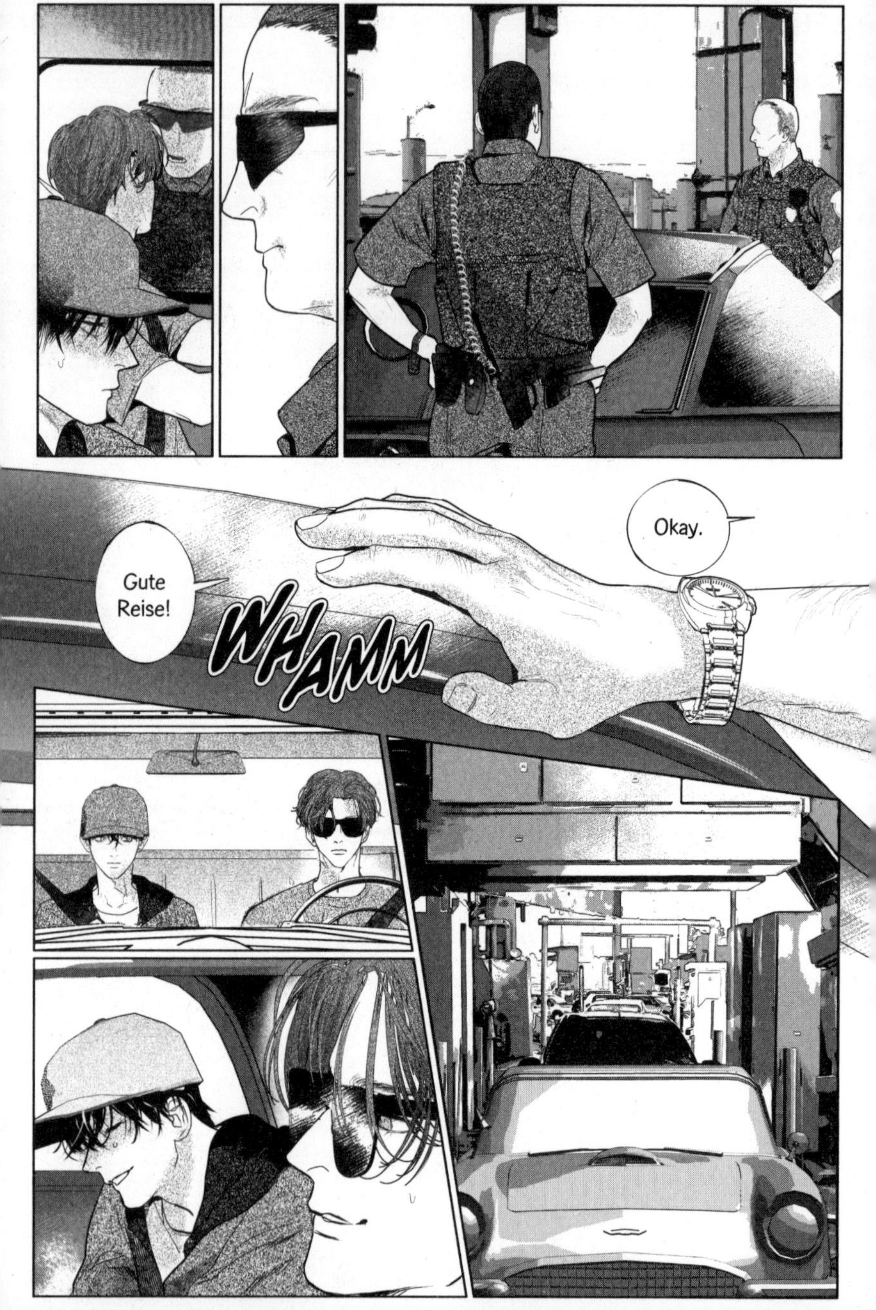
Okay.
Gute Reise!
WHAMM

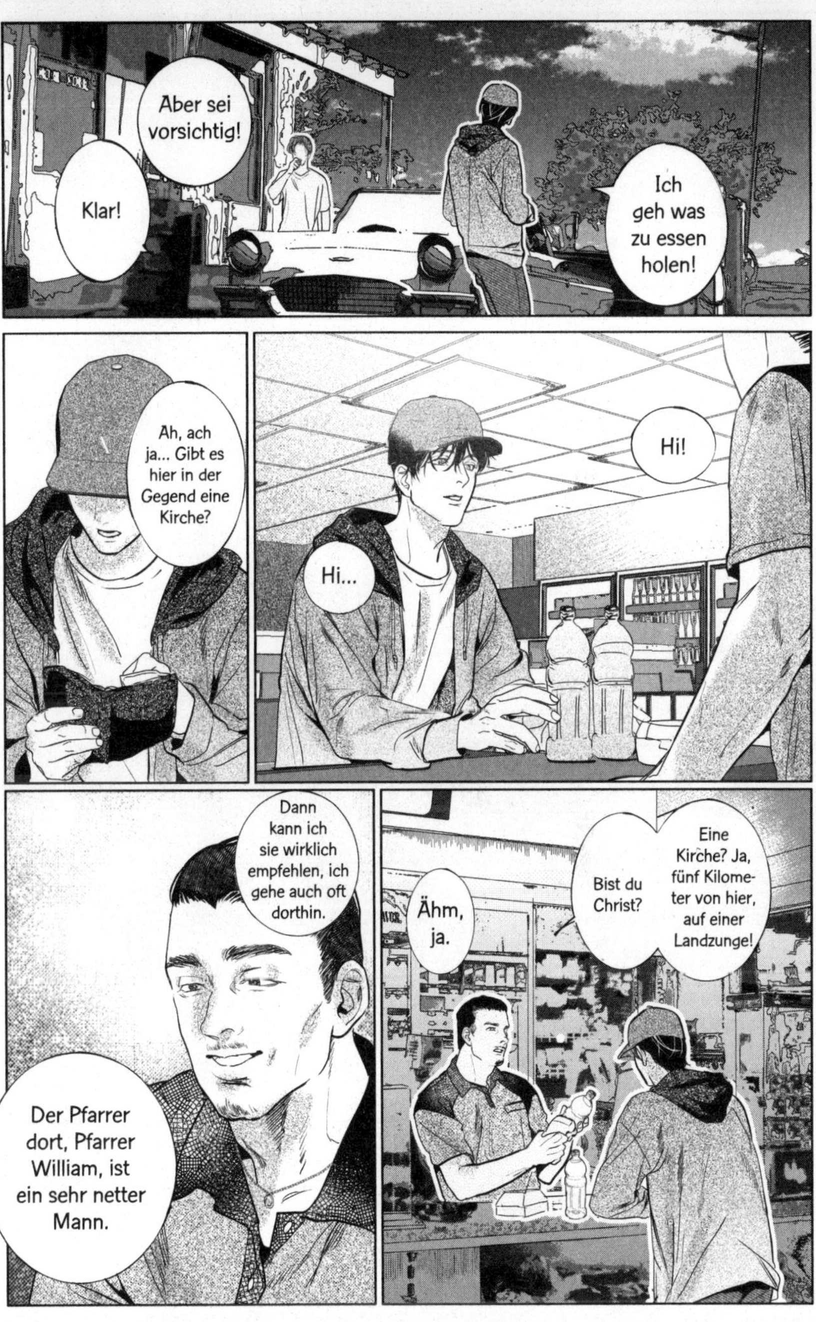
Ich geh was zu essen holen!
Aber sei vorsichtig!
Klar!
Hi!
Hi...
Ah, ach ja... Gibt es hier in der Gegend eine Kirche?
Eine Kirche? Ja, fünf Kilometer von hier, auf einer Landzunge!
Bist du Christ?
Ähm, ja.
Dann kann ich sie wirklich empfehlen, ich gehe auch oft dorthin.
Der Pfarrer dort, Pfarrer William, ist ein sehr netter Mann.

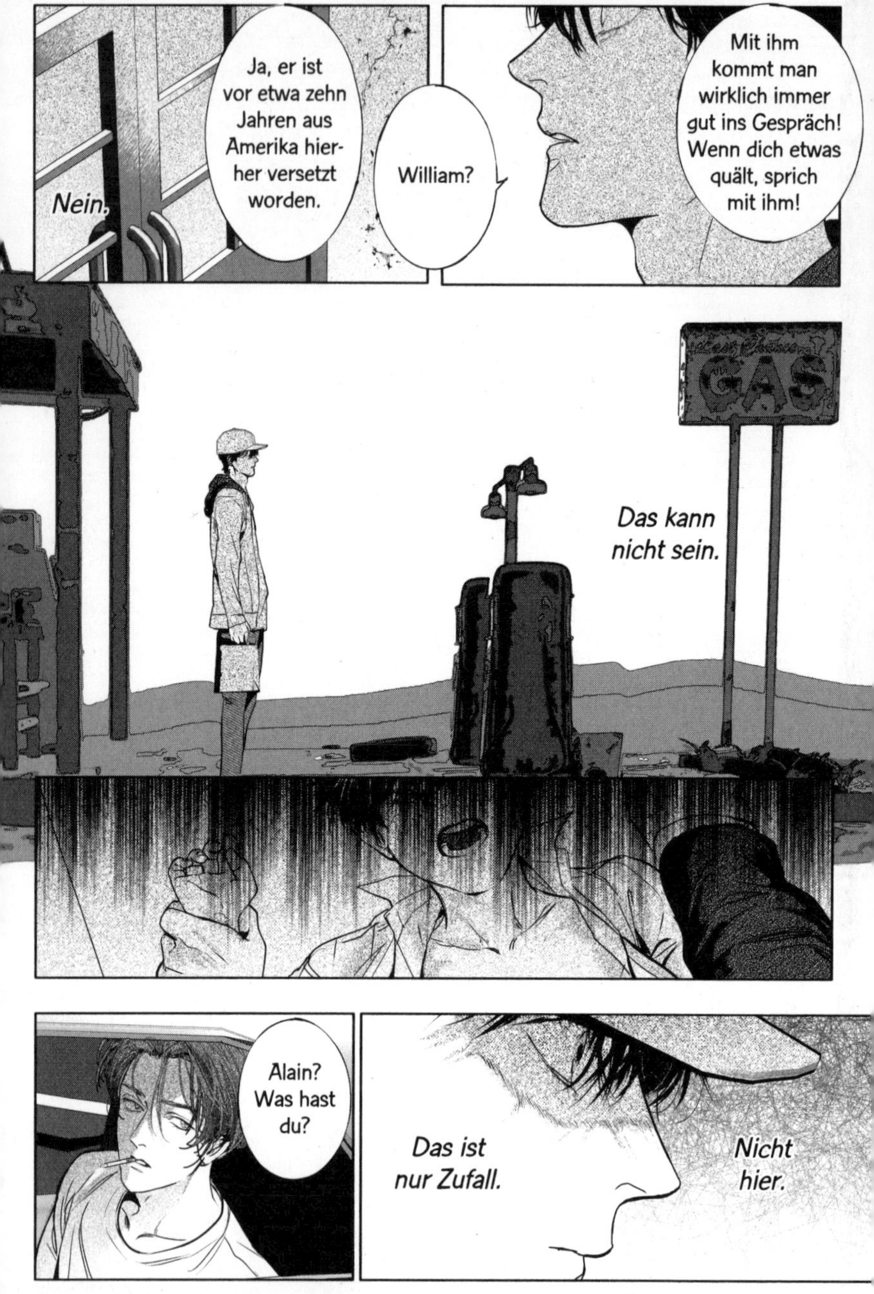
Mit ihm kommt man wirklich immer gut ins Gespräch! Wenn dich etwas quält, sprich mit ihm!
William?
Ja, er ist vor etwa zehn Jahren aus Amerika hierher versetzt worden.
Nein.
GAS
Das kann nicht sein.
Nicht hier.
Das ist nur Zufall.
Alain? Was hast du?

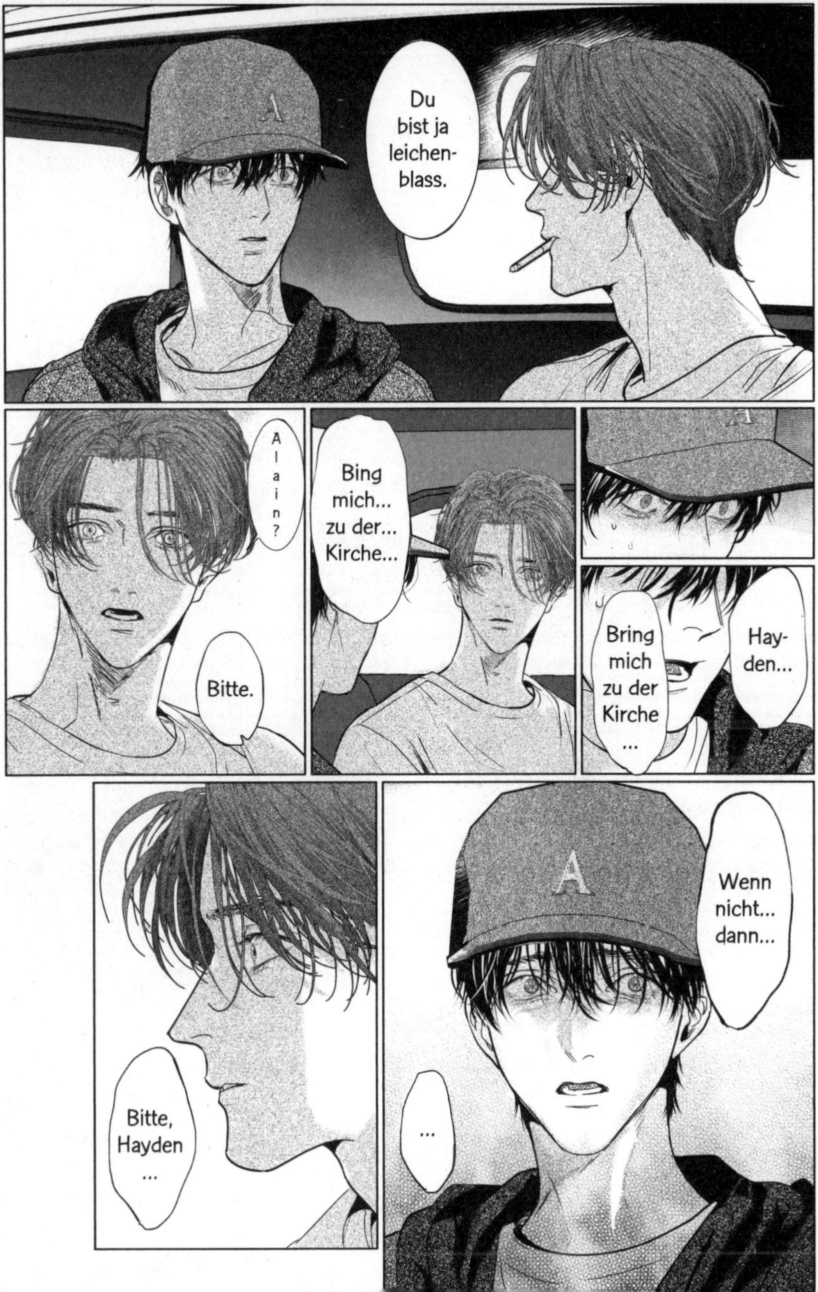
Du bist ja leichen-blass.
Hay-den...
Bring mich zu der Kirche ...
Bing mich... zu der... Kirche...
Alain?
Bitte.
Wenn nicht... dann...
...
Bitte, Hayden ...

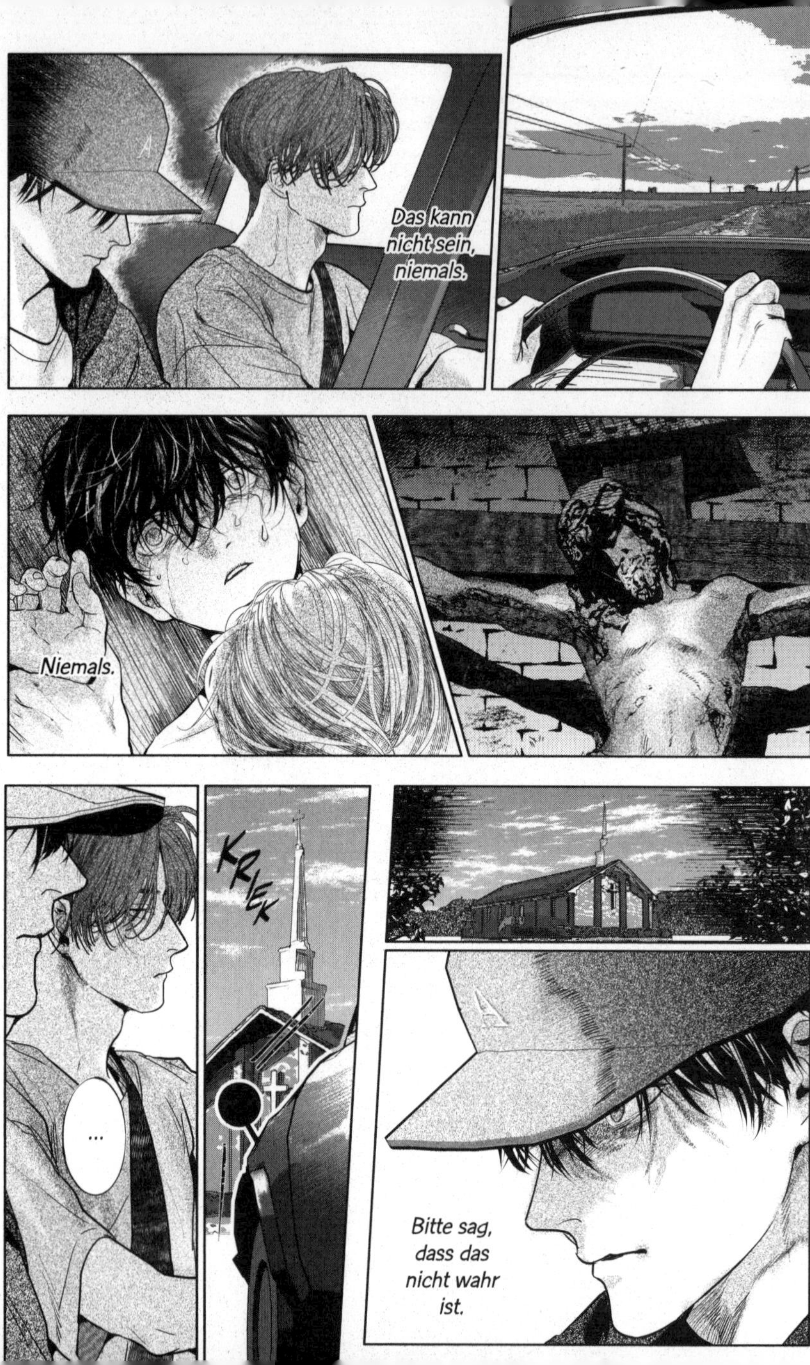

Das kann nicht sein, niemals.
Niemals.
KRIEK
...
Bitte sag, dass das nicht wahr ist.

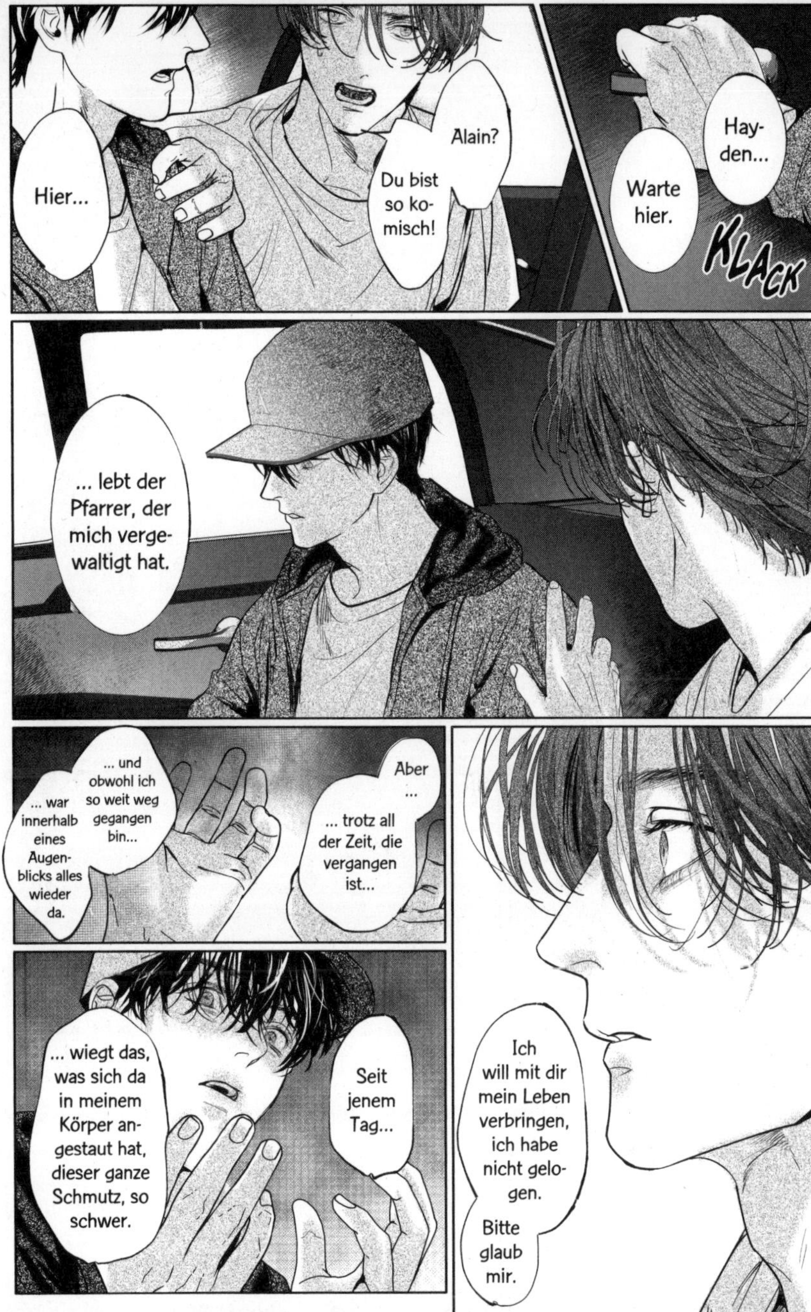
Hay-den...
Warte hier.
KLACK
Alain?
Du bist so ko-misch!
Hier...
... lebt der Pfarrer, der mich verge-waltigt hat.
Aber ...
... trotz all der Zeit, die vergangen ist...
... und obwohl ich so weit weg gegangen bin...
... war innerhalb eines Augen-blicks alles wieder da.
Seit jenem Tag...
... wiegt das, was sich da in meinem Körper an-gestaut hat, dieser ganze Schmutz, so schwer.
Ich will mit dir mein Leben verbringen, ich habe nicht gelo-gen.
Bitte glaub mir.

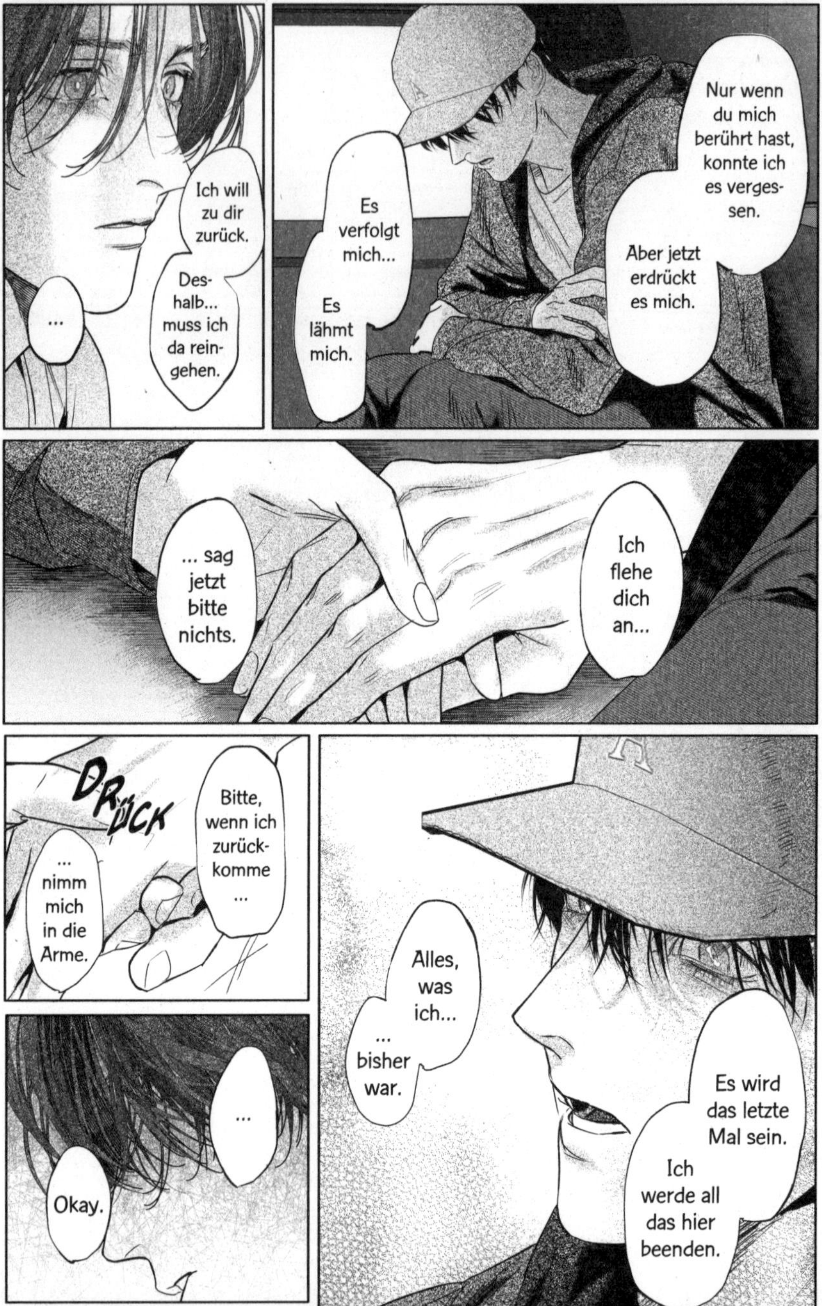
Nur wenn du mich berührt hast, konnte ich es verges-sen.
Aber jetzt erdrückt es mich.
Es verfolgt mich...
Es lähmt mich.
Ich will zu dir zurück.
Des-halb... muss ich da rein-gehen.
...
Ich flehe dich an...
... sag jetzt bitte nichts.
Es wird das letzte Mal sein.
Ich werde all das hier beenden.
Alles, was ich...
... bisher war.
Bitte, wenn ich zurück-komme ...
DRÜCK
... nimm mich in die Arme.
...
Okay.

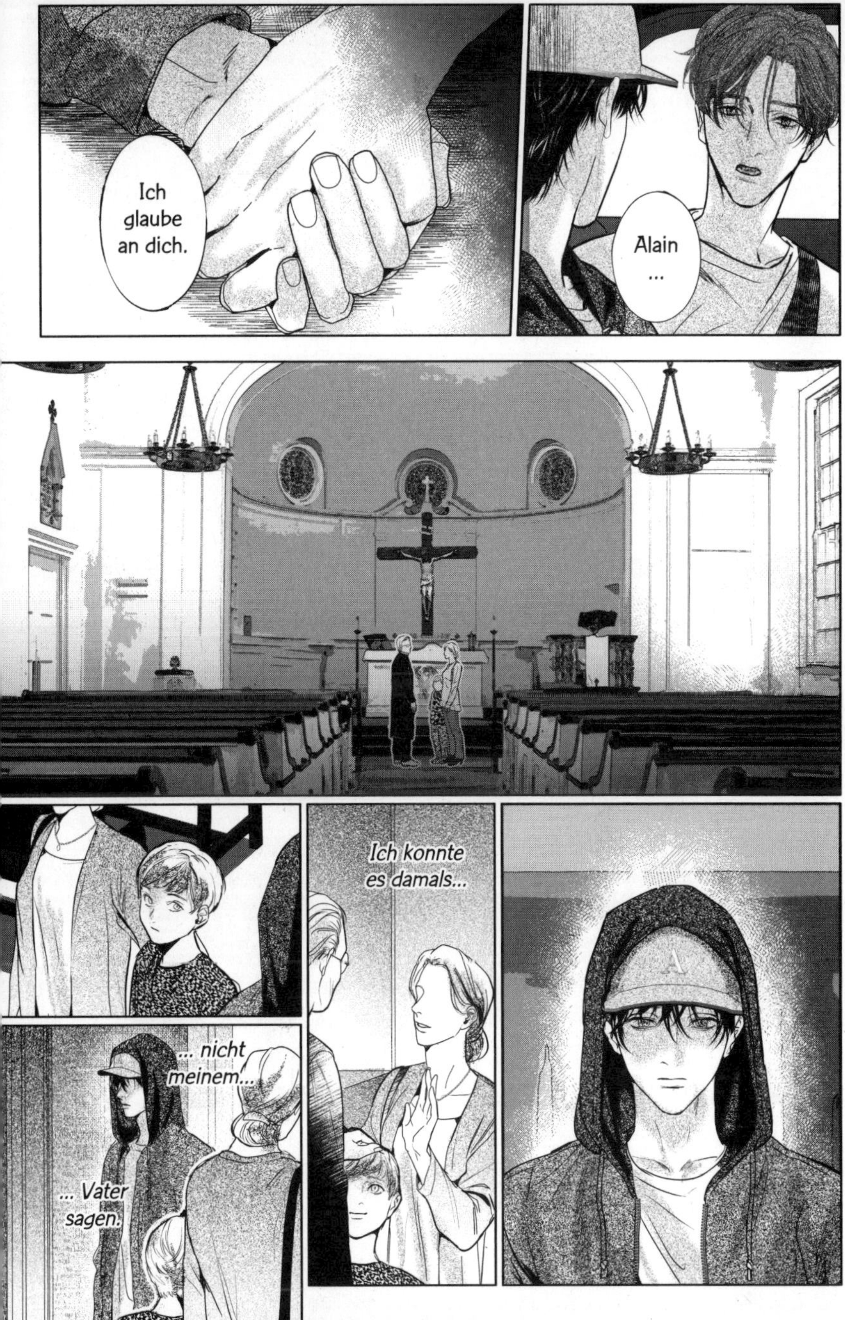
Alain ...
Ich glaube an dich.
Ich konnte es damals...
... nicht meinem...
... Vater sagen.

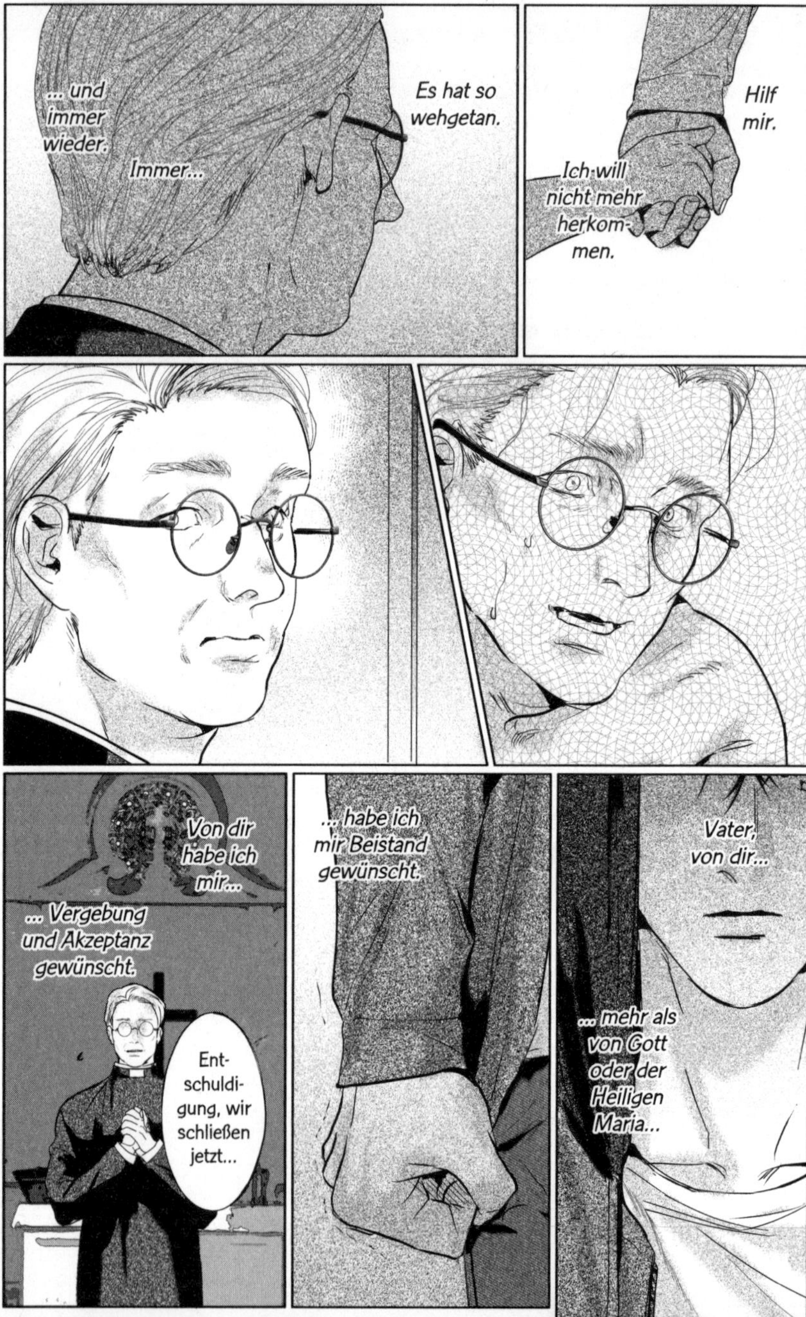
Hilf mir.
Ich will nicht mehr herkommen.
Es hat so wehgetan.
Immer...
... und immer wieder.
Vater, von dir...
... mehr als von Gott oder der Heiligen Maria...
... habe ich mir Beistand gewünscht.
Von dir habe ich mir...
... Vergebung und Akzeptanz gewünscht.
Entschuldigung, wir schließen jetzt...

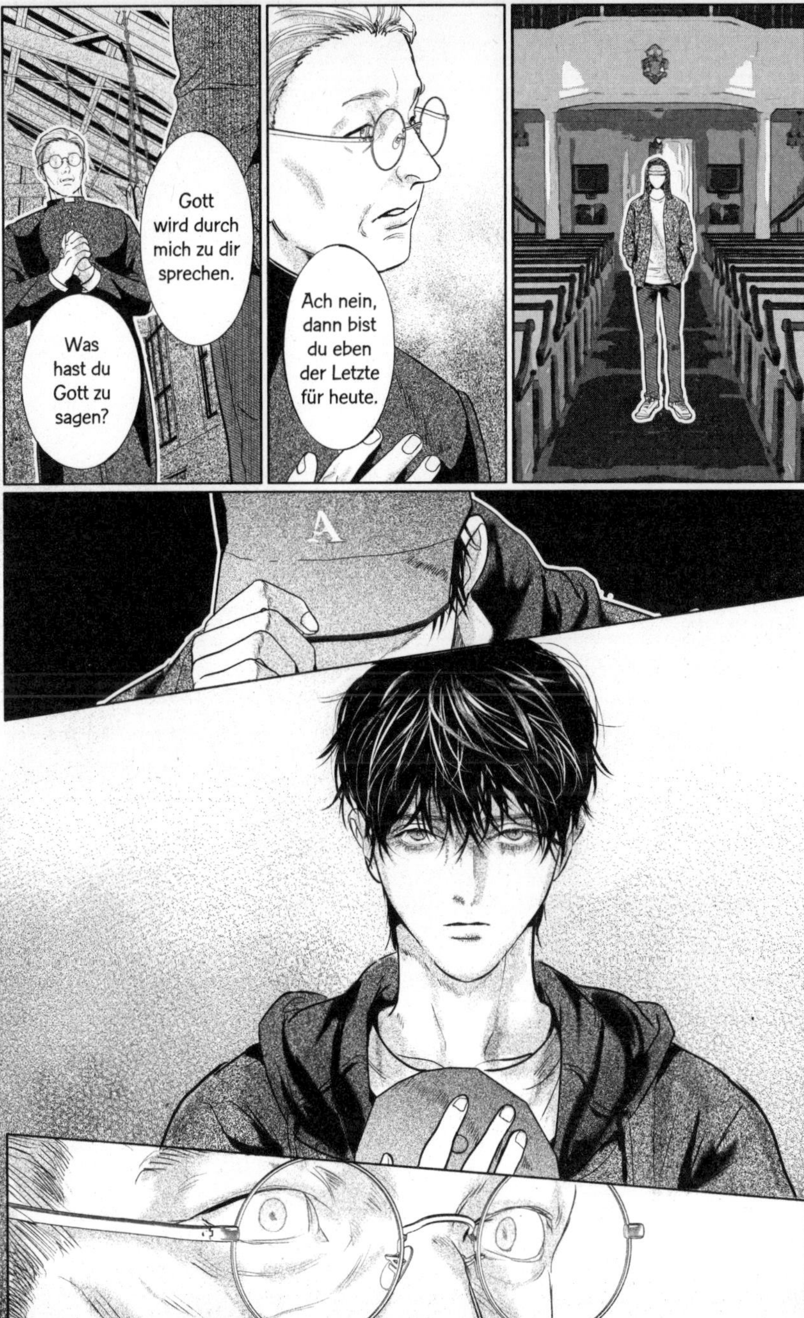

Ach nein, dann bist du eben der Letzte für heute.
Gott wird durch mich zu dir sprechen.
Was hast du Gott zu sagen?

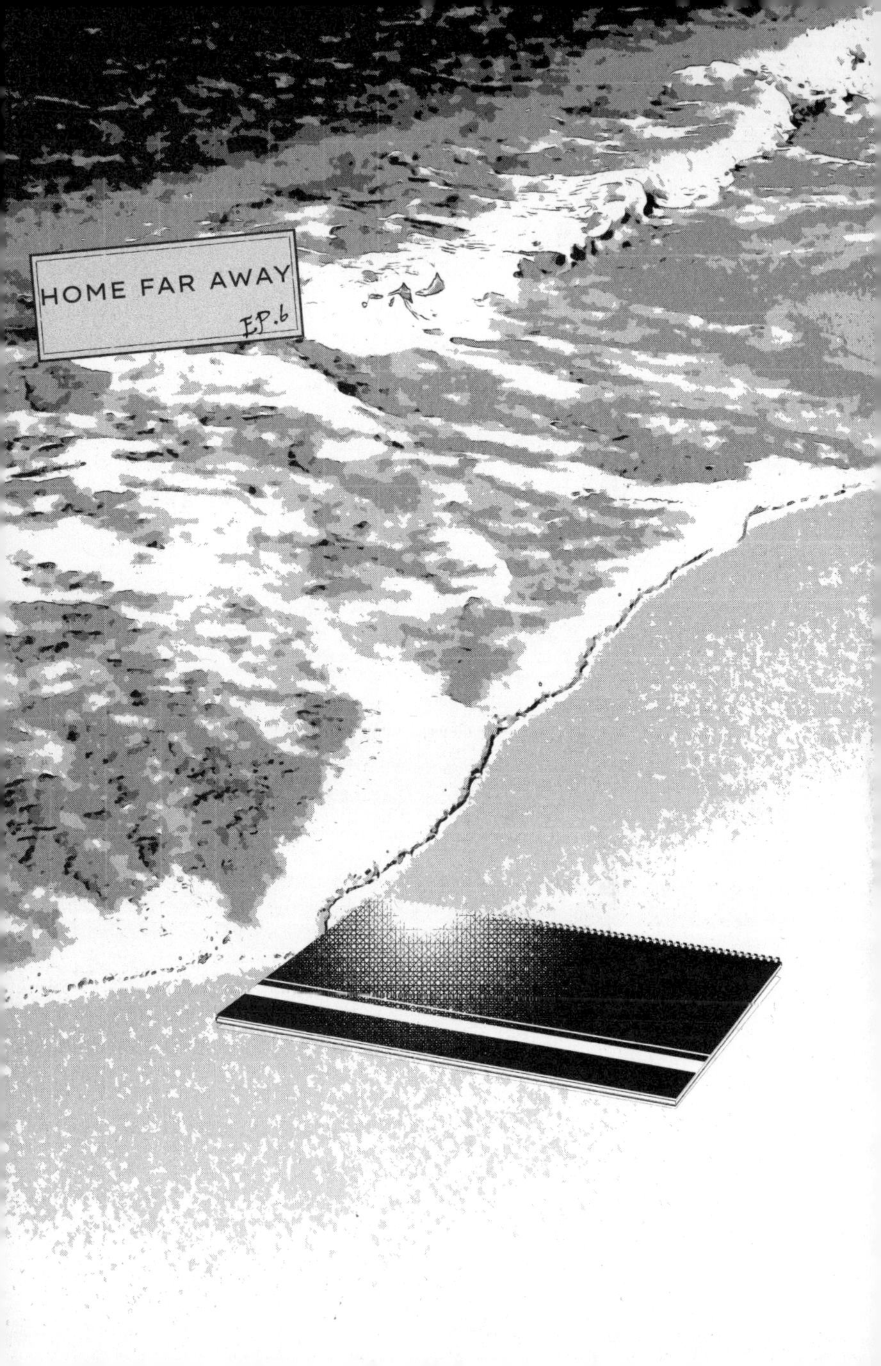
HOME FAR AWAY
EP.6

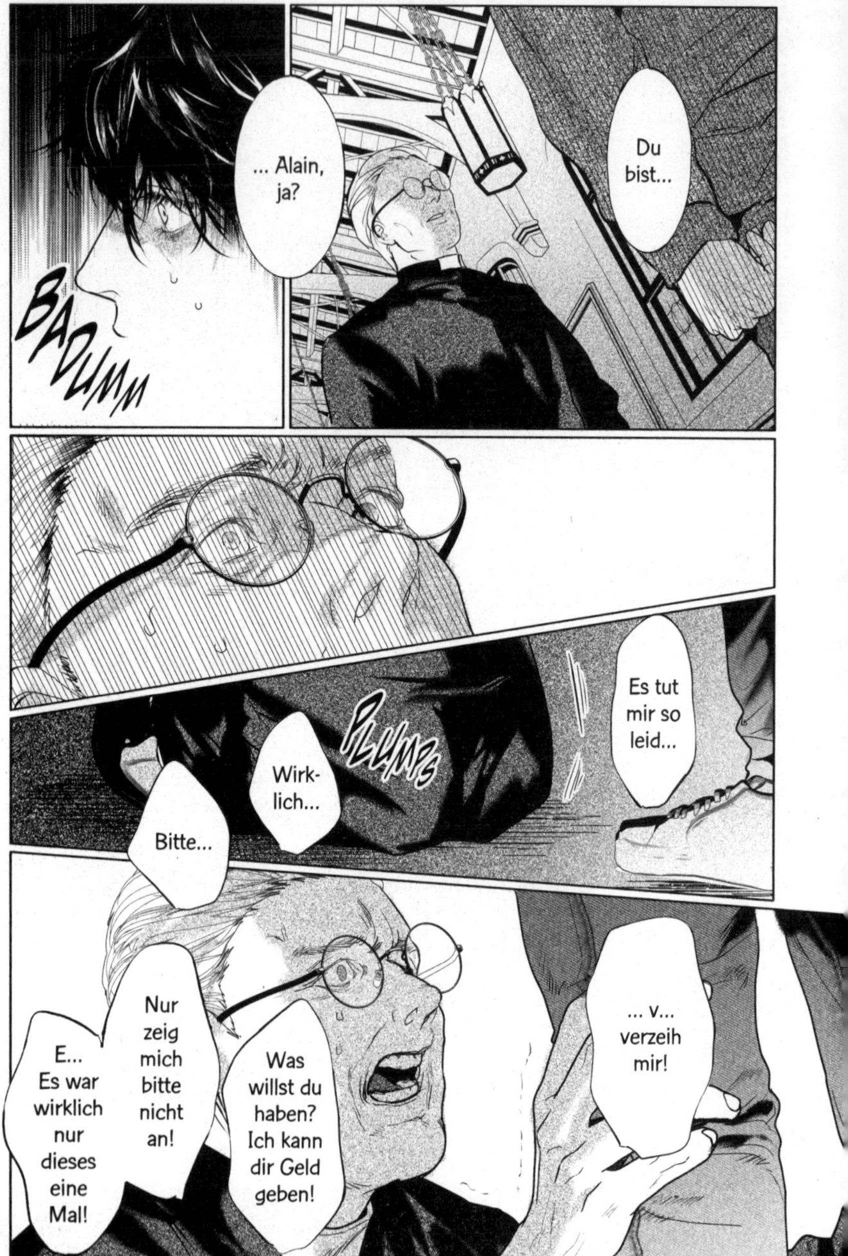

Du bist...
... Alain, ja?
BADUMM
Es tut mir so leid...
PLUMPS
Wirklich...
Bitte...
... v... verzeih mir!
Was willst du haben? Ich kann dir Geld geben!
Nur zeig mich bitte nicht an!
E... Es war wirklich nur dieses eine Mal!

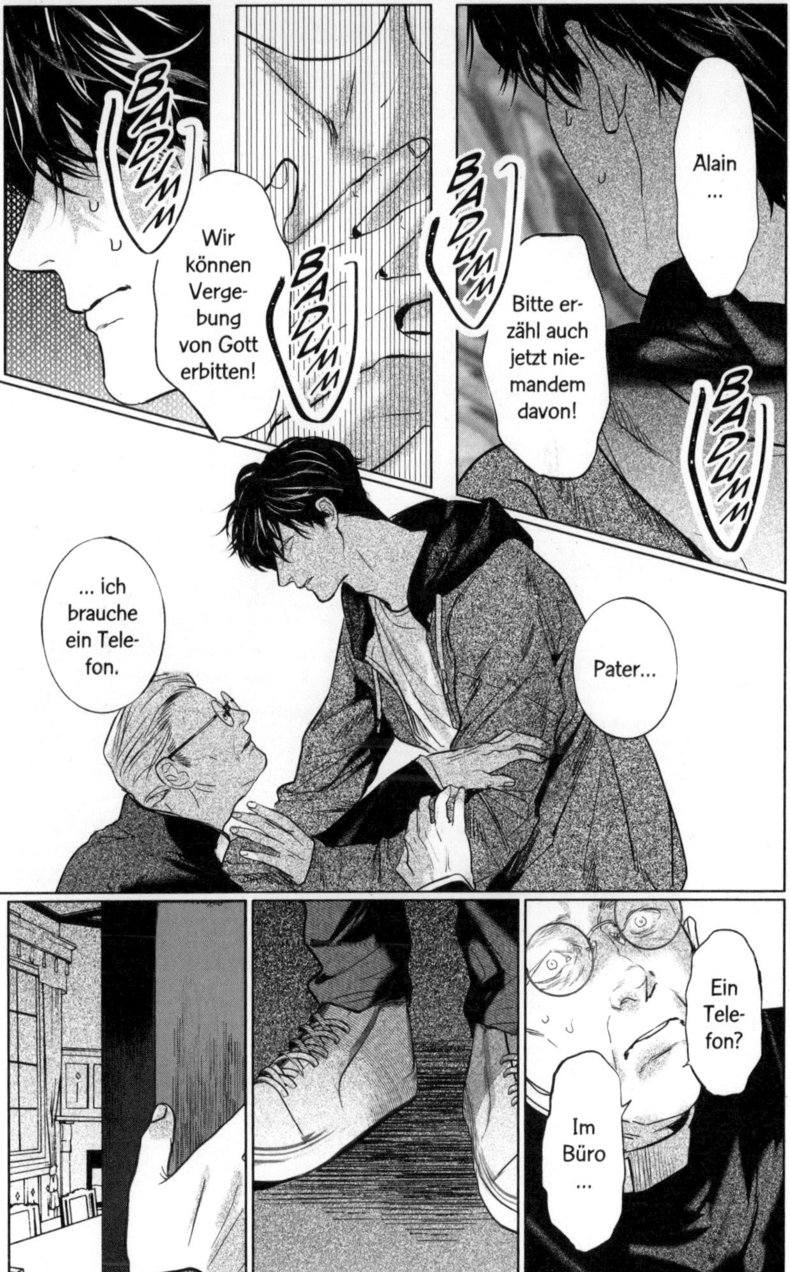

Alain ...
BADUMM
Bitte erzähl auch jetzt niemandem davon!
BADUMM
BADUMM
BADUMM
Wir können Vergebung von Gott erbitten!
BADUMM
Pater...
... ich brauche ein Telefon.
Ein Telefon?
Im Büro ...

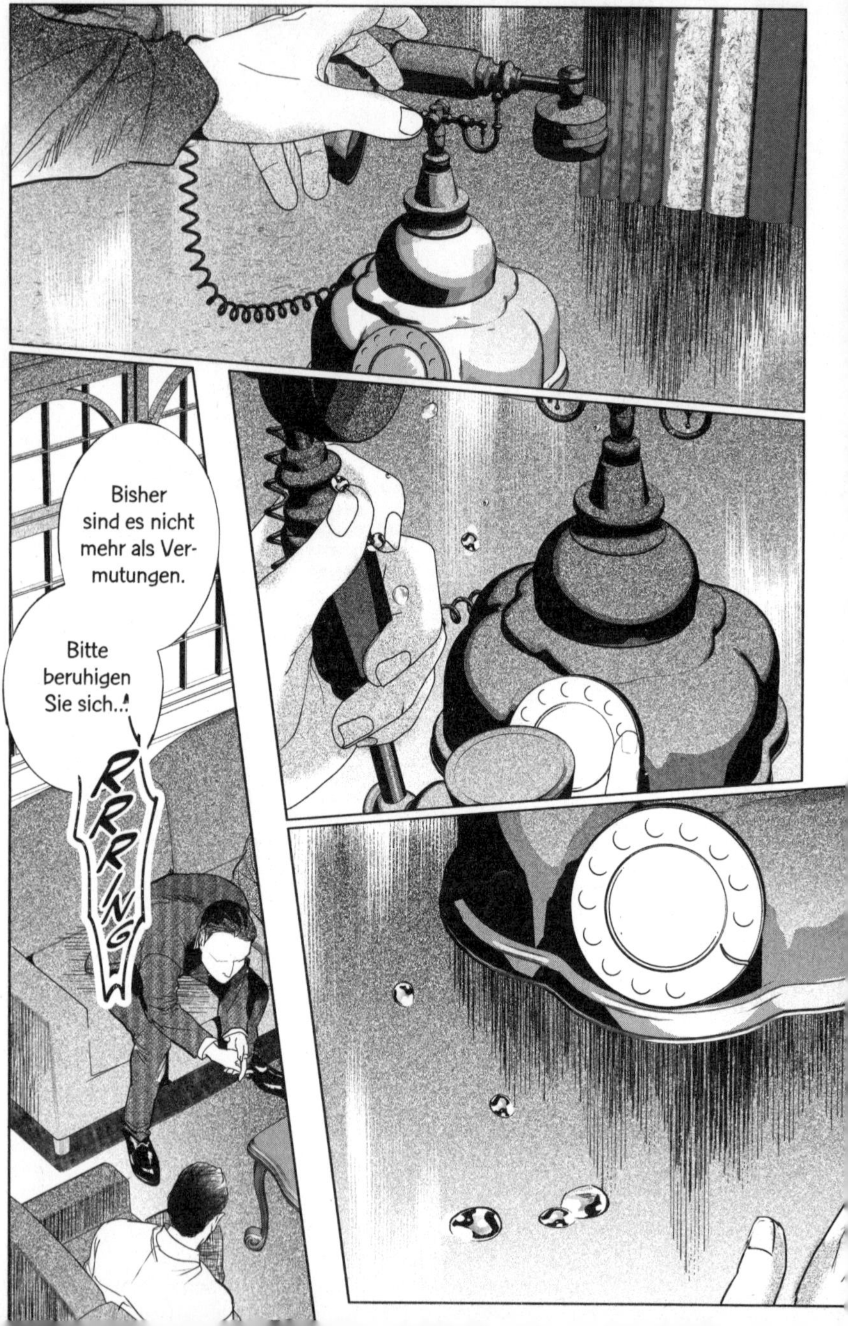
Bisher sind es nicht mehr als Vermutungen.
Bitte beruhigen Sie sich...!
RRRING

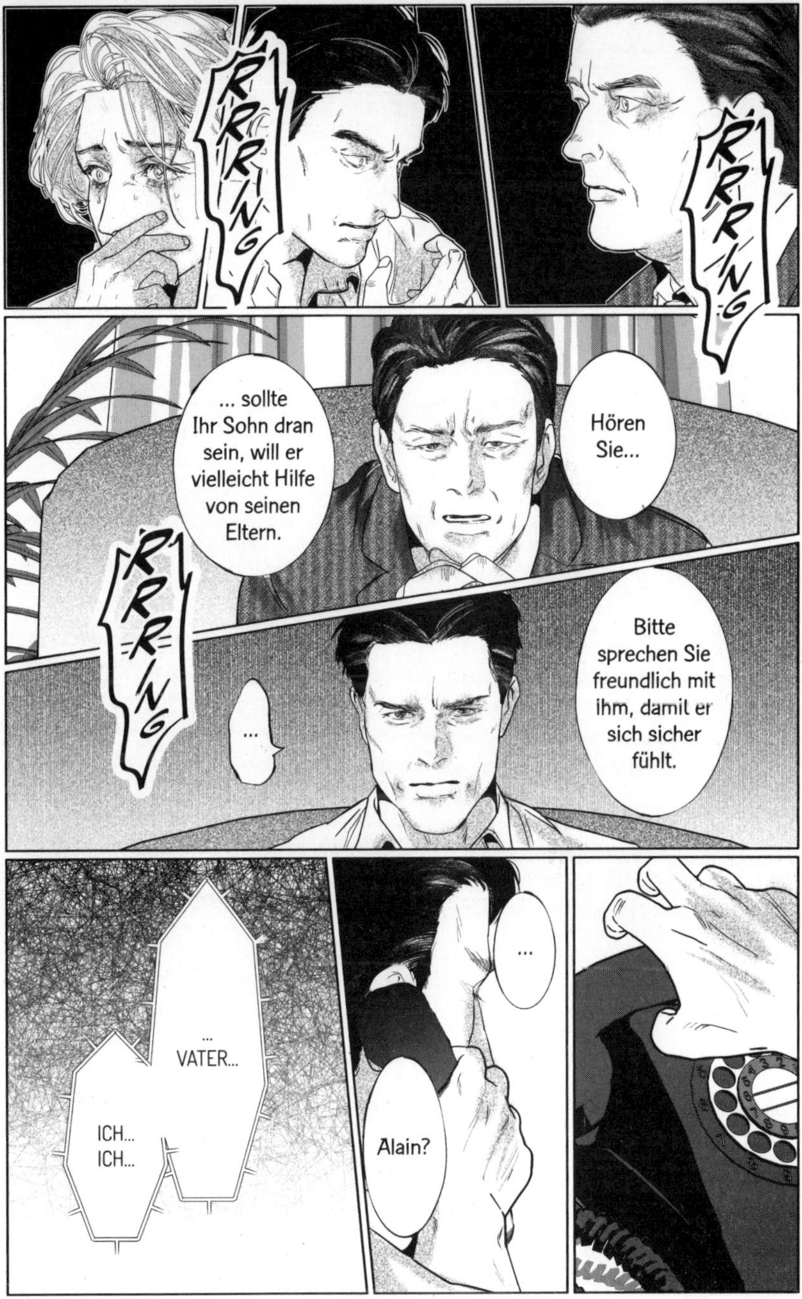
RRRING
RRRING
Hören Sie...
... sollte Ihr Sohn dran sein, will er vielleicht Hilfe von seinen Eltern.
RRRING
Bitte sprechen Sie freundlich mit ihm, damit er sich sicher fühlt.
...
...
Alain?
... VATER...
ICH... ICH...

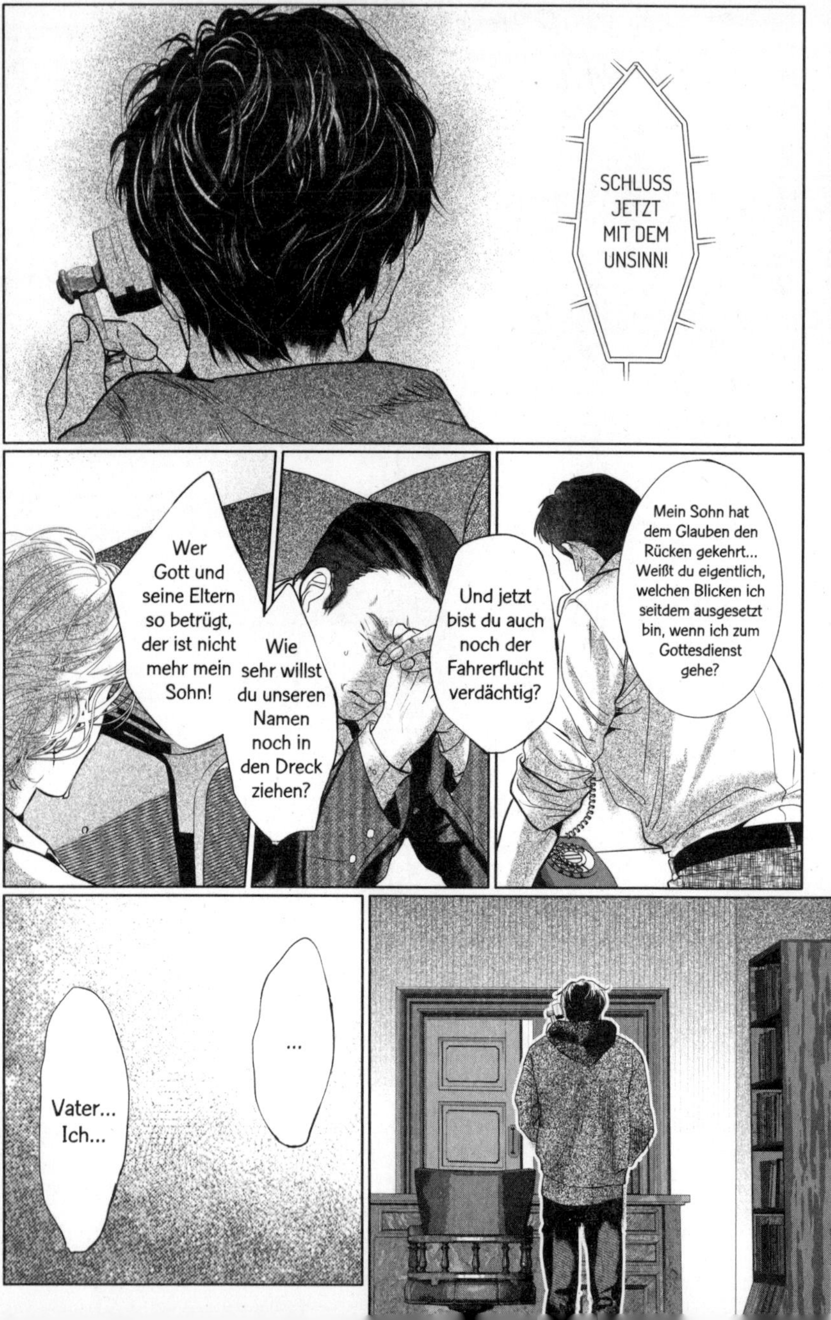
SCHLUSS JETZT MIT DEM UNSINN!
Mein Sohn hat dem Glauben den Rücken gekehrt... Weißt du eigentlich, welchen Blicken ich seitdem ausgesetzt bin, wenn ich zum Gottesdienst gehe?
Und jetzt bist du auch noch der Fahrerflucht verdächtig?
Wie sehr willst du unseren Namen noch in den Dreck ziehen?
Wer Gott und seine Eltern so betrügt, der ist nicht mehr mein Sohn!
...
Vater... Ich...

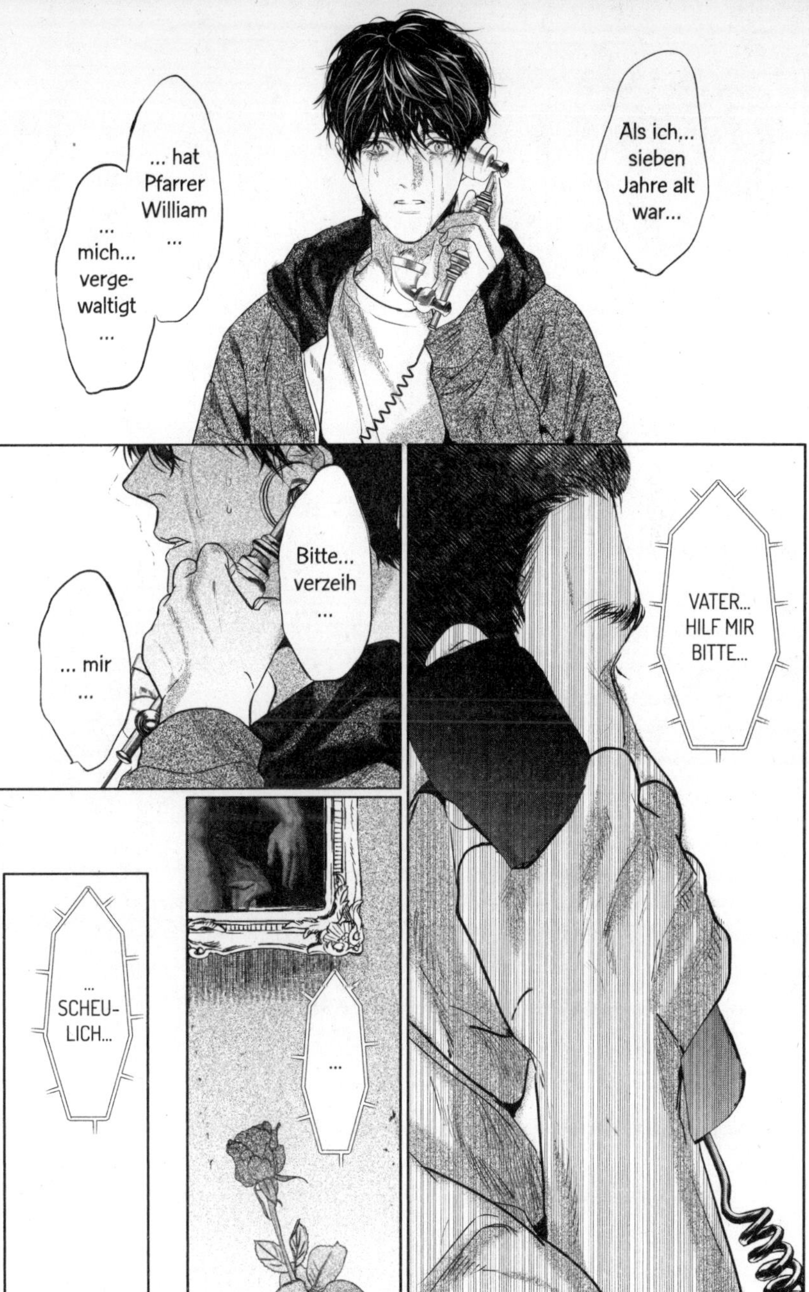
Als ich... sieben Jahre alt war...
... hat Pfarrer William ...
... mich... verge-waltigt ...
VATER... HILF MIR BITTE...
Bitte... verzeih ...
... mir ...
...
... SCHEU-LICH...

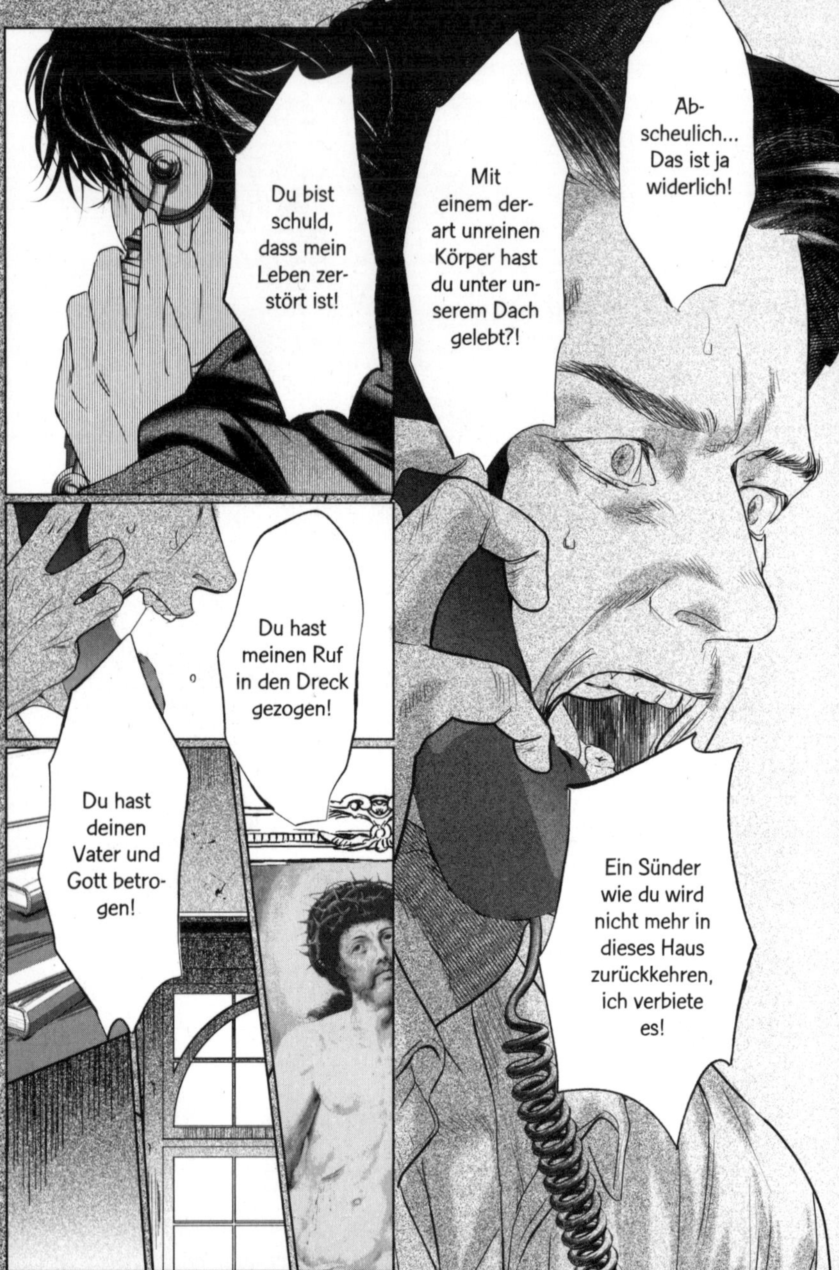

Ab-
scheulich…
Das ist ja
widerlich!
Mit
einem der-
art unreinen
Körper hast
du unter un-
serem Dach
gelebt?!
Du bist
schuld,
dass mein
Leben zer-
stört ist!
Du hast
meinen Ruf
in den Dreck
gezogen!
Du hast
deinen
Vater und
Gott betro-
gen!
Ein Sünder
wie du wird
nicht mehr in
dieses Haus
zurückkehren,
ich verbiete
es!

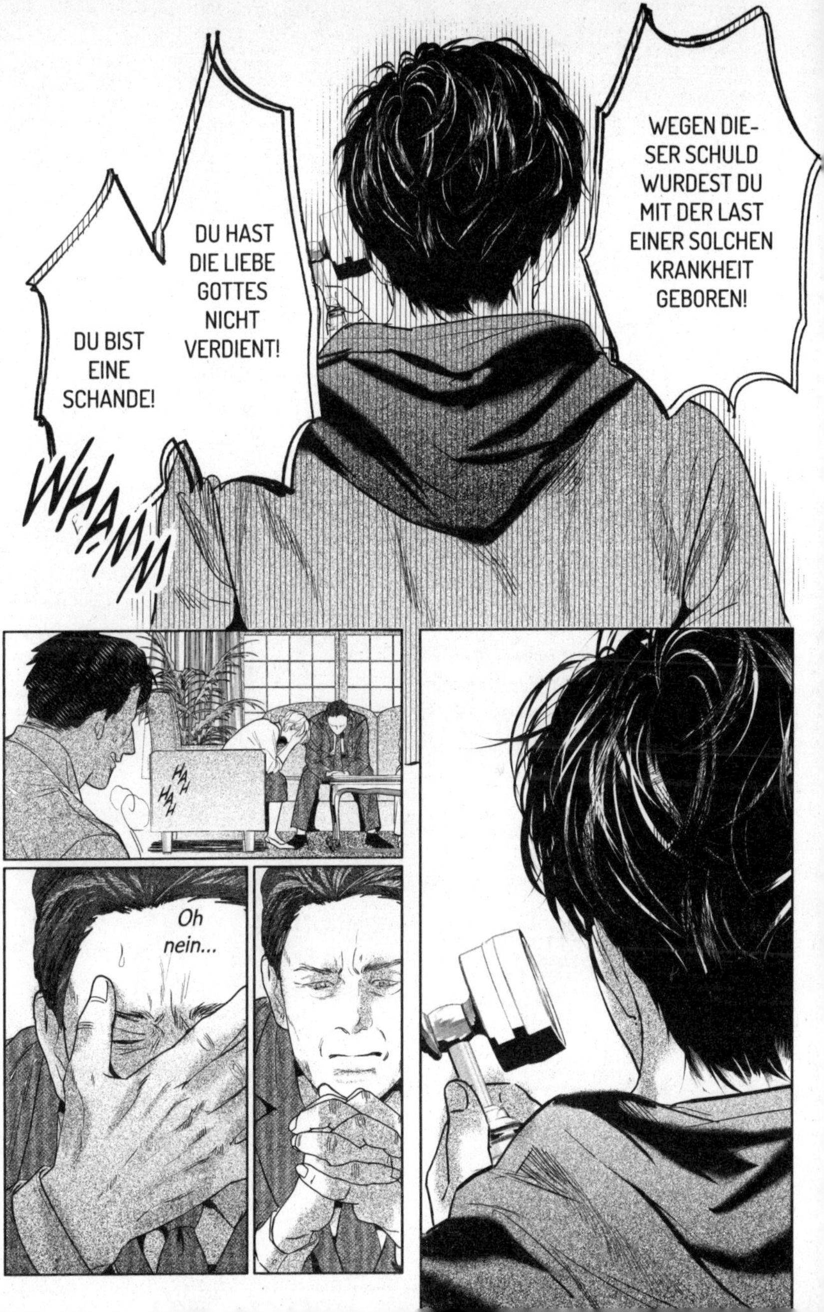
WEGEN DIESER SCHULD WURDEST DU MIT DER LAST EINER SOLCHEN KRANKHEIT GEBOREN!
DU HAST DIE LIEBE GOTTES NICHT VERDIENT!
DU BIST EINE SCHANDE!
WHAMM
HAH HAH
Oh nein...

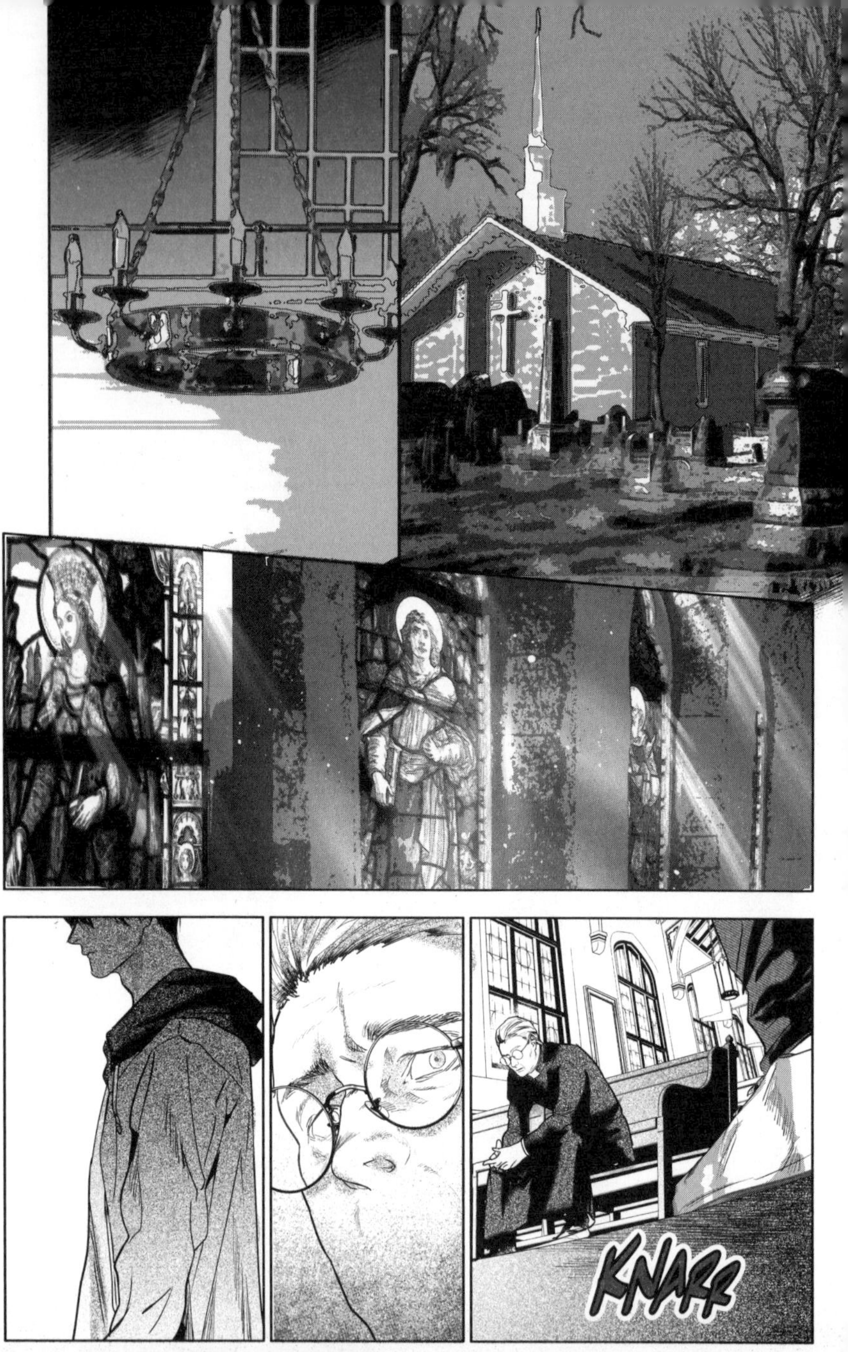
KNARR

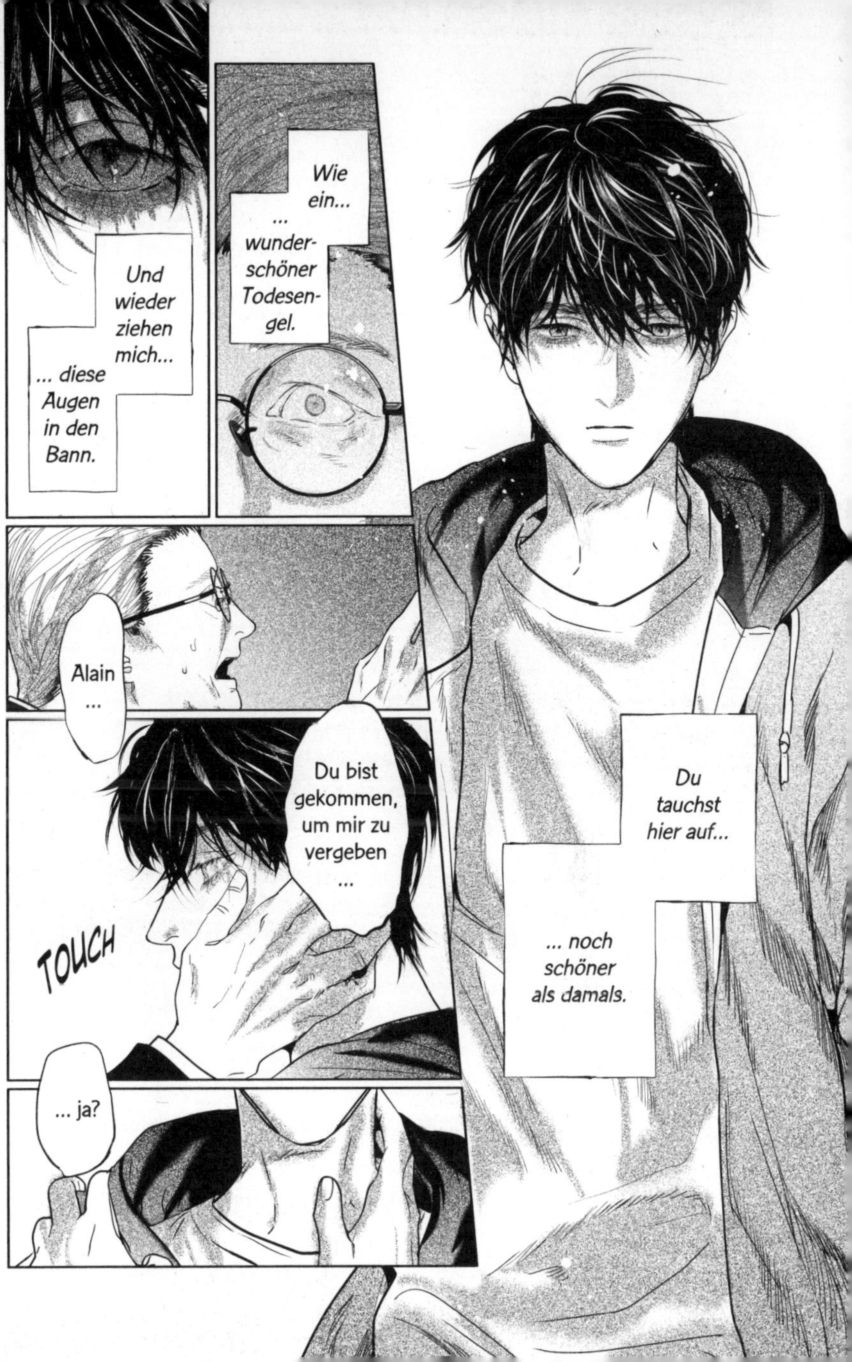
Du tauchst hier auf...
... noch schöner als damals.
Wie ein...
... wunderschöner Todesengel.
Und wieder ziehen mich...
... diese Augen in den Bann.
Alain ...
Du bist gekommen, um mir zu vergeben ...
TOUCH
... ja?

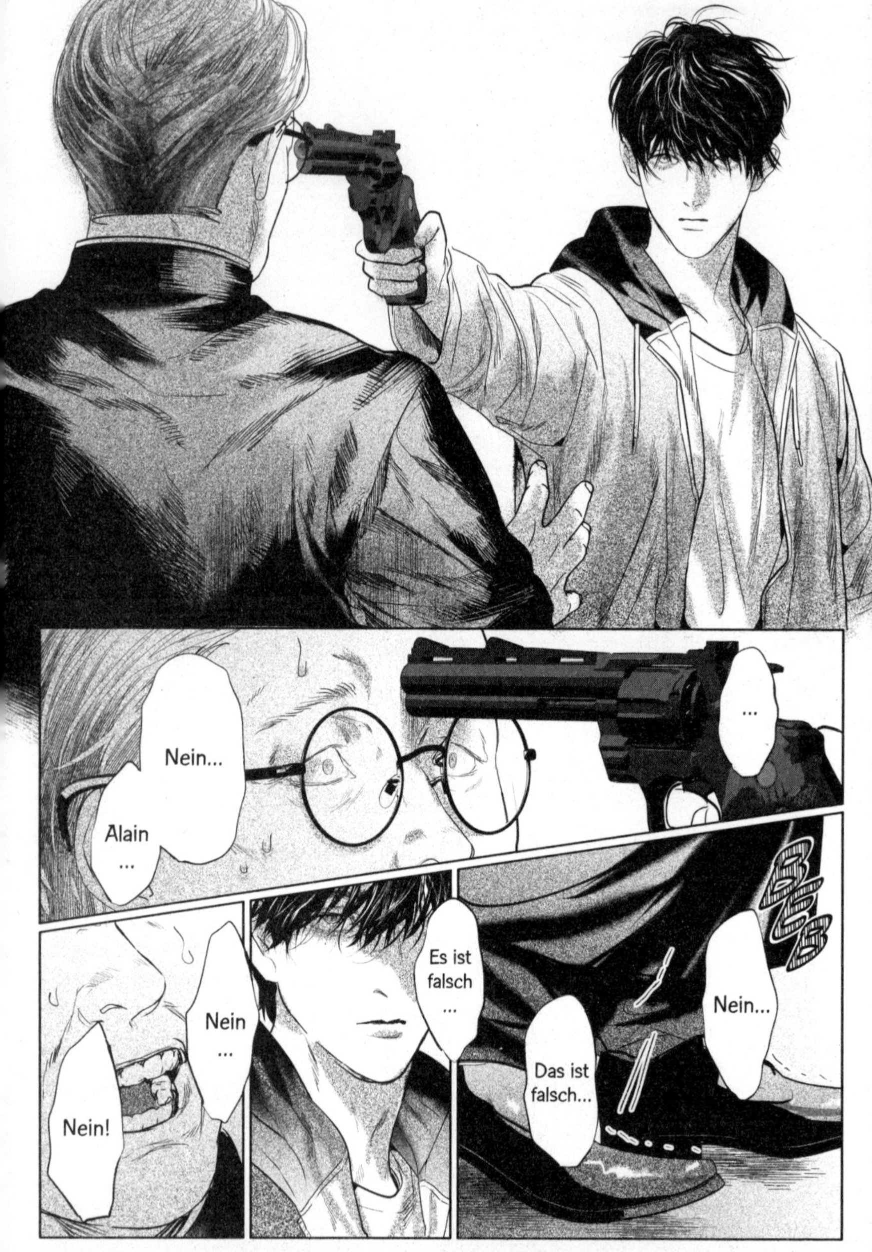
...
Nein...
Alain ...
Nein...
Das ist falsch...
Es ist falsch ...
Nein ...
Nein!

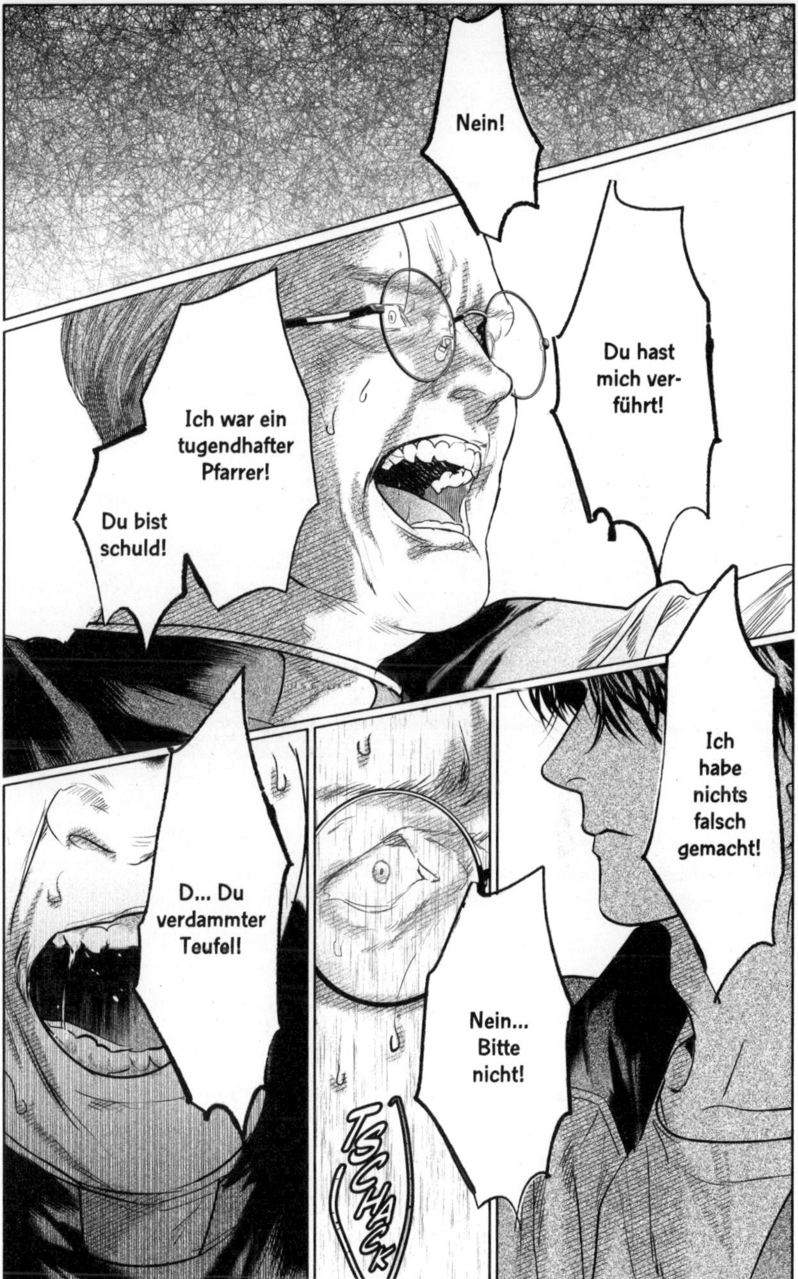
Nein!
Du hast mich ver-führt!
Ich war ein tugendhafter Pfarrer!
Du bist schuld!
Ich habe nichts falsch gemacht!
Nein... Bitte nicht!
TSCHACK
D... Du verdammter Teufel!

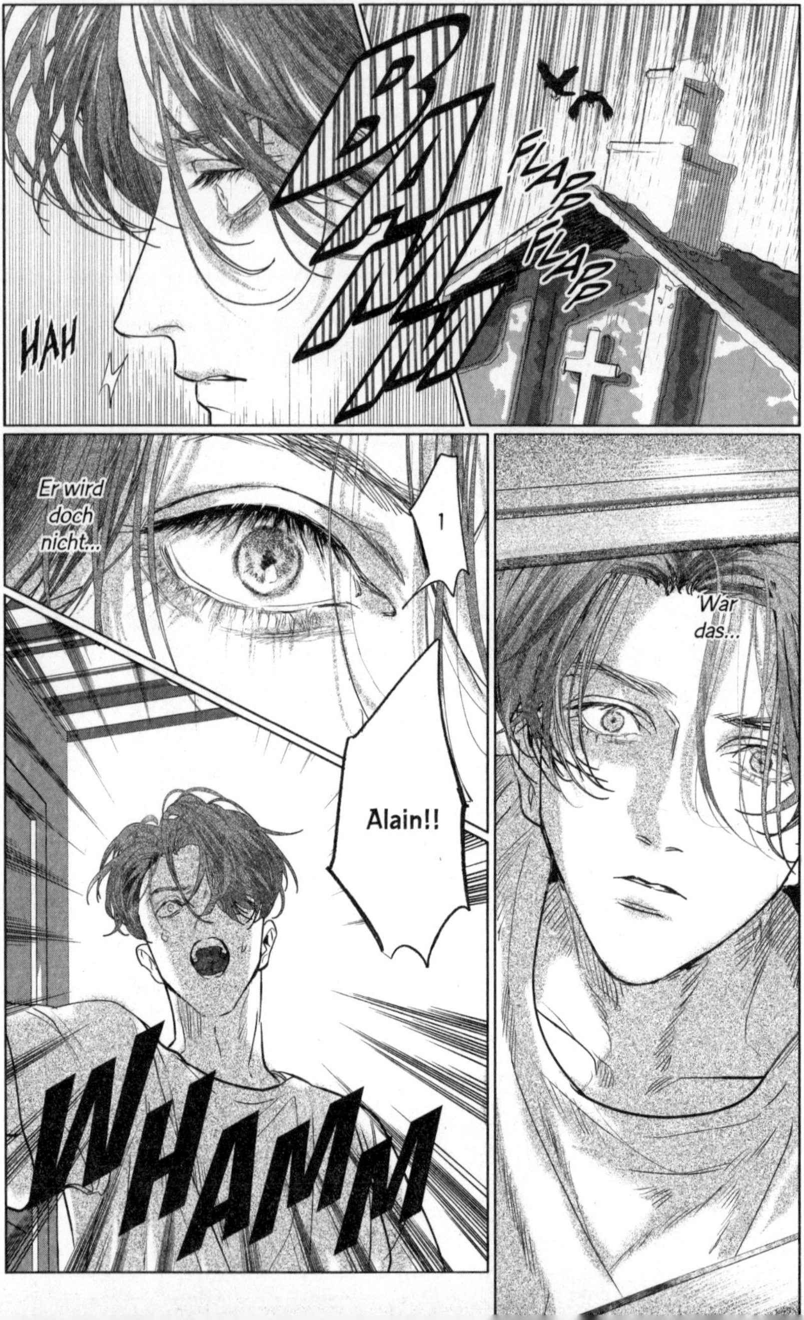
FLAPP
FLAPP
HAH
War das...
Er wird doch nicht...
!
Alain!!
WHAMM

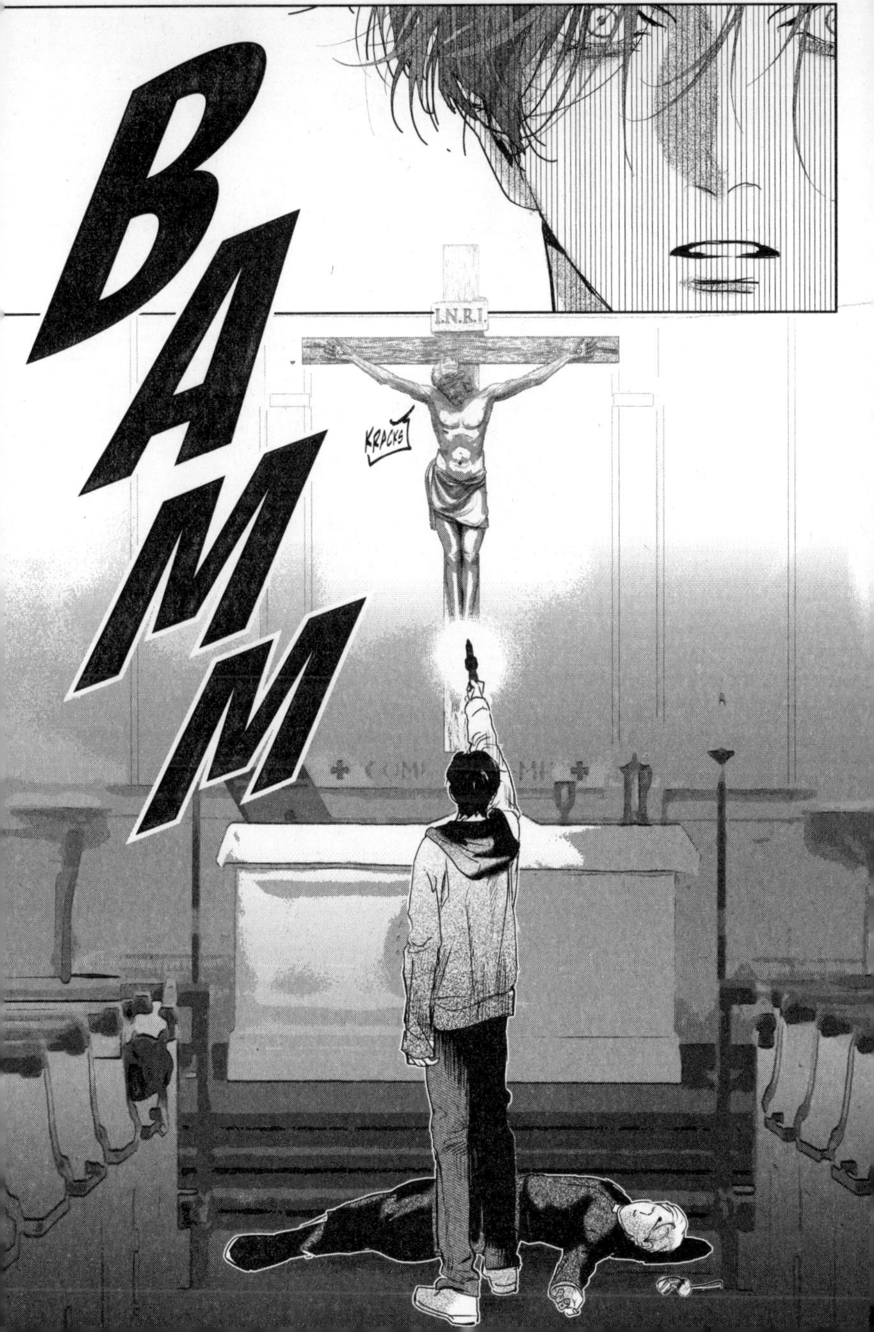
BAMM
I.N.R.I.
KRACKS

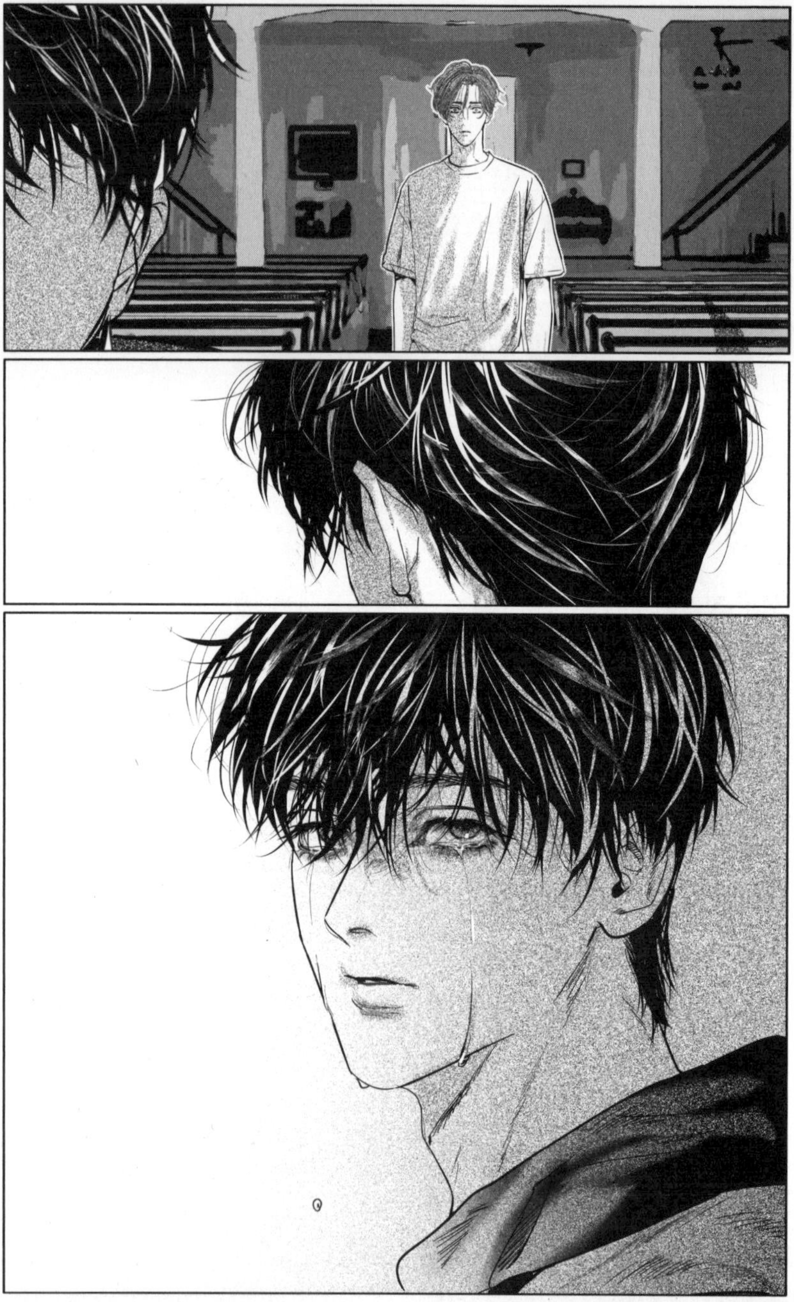

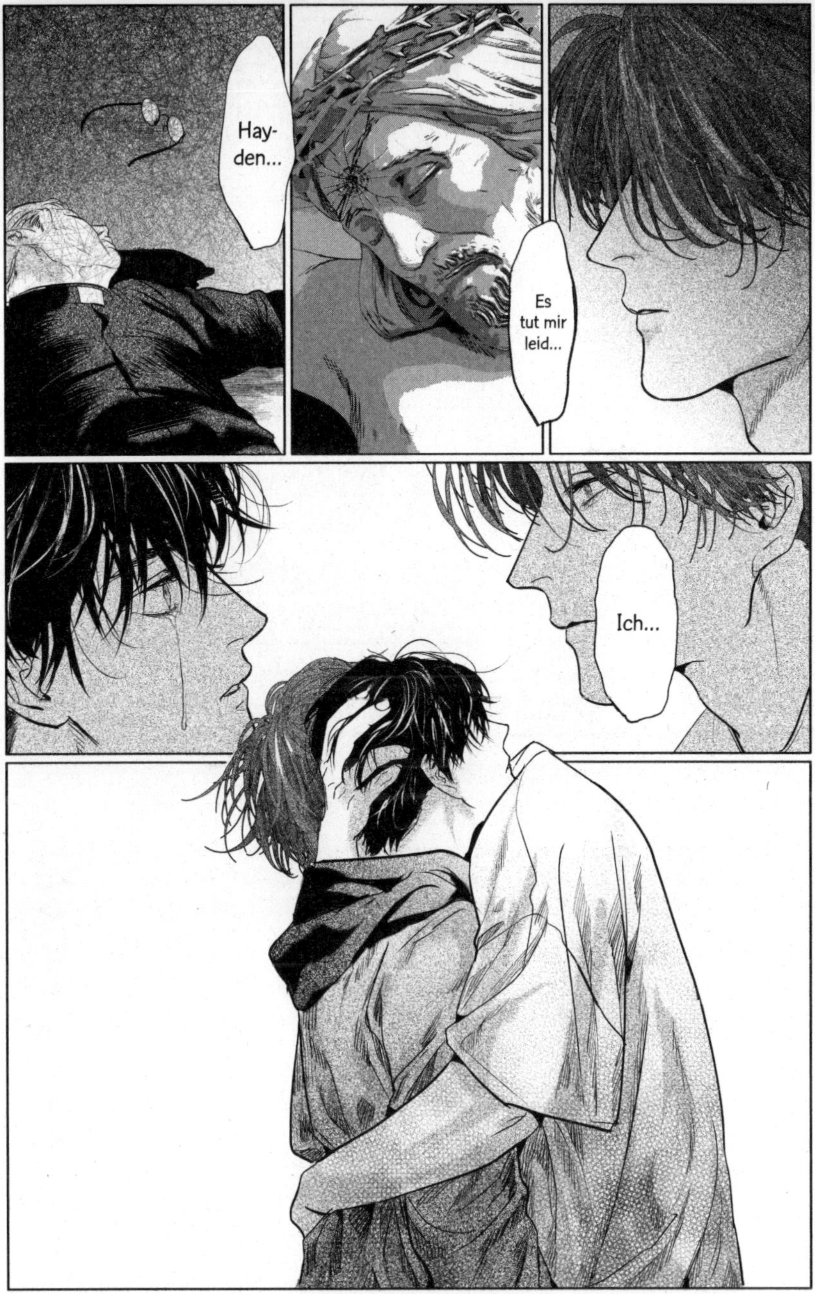
Hay-
den...
Es
tut mir
leid...
Ich...

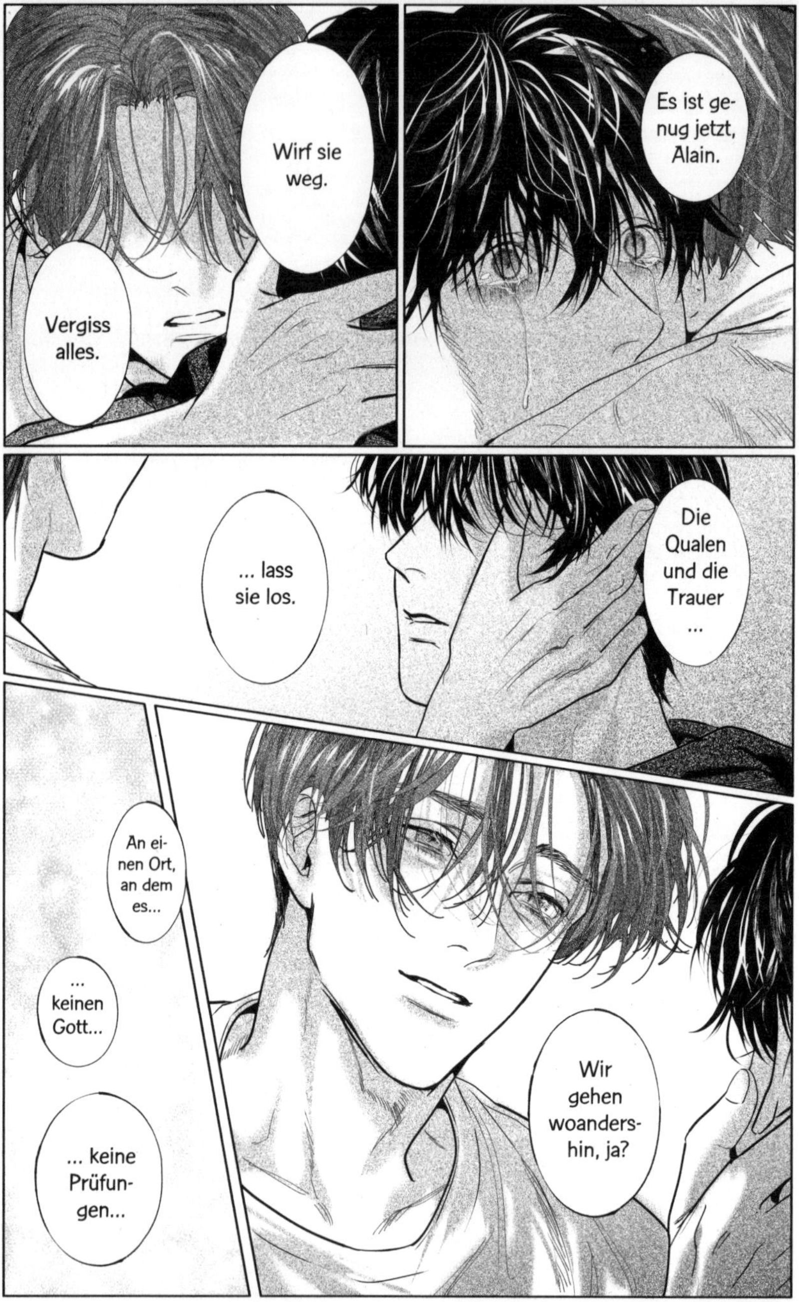
Es ist genug jetzt, Alain.
Wirf sie weg.
Vergiss alles.
Die Qualen und die Trauer ...
... lass sie los.
Wir gehen woandershin, ja?
An einen Ort, an dem es...
... keinen Gott...
... keine Prüfungen...

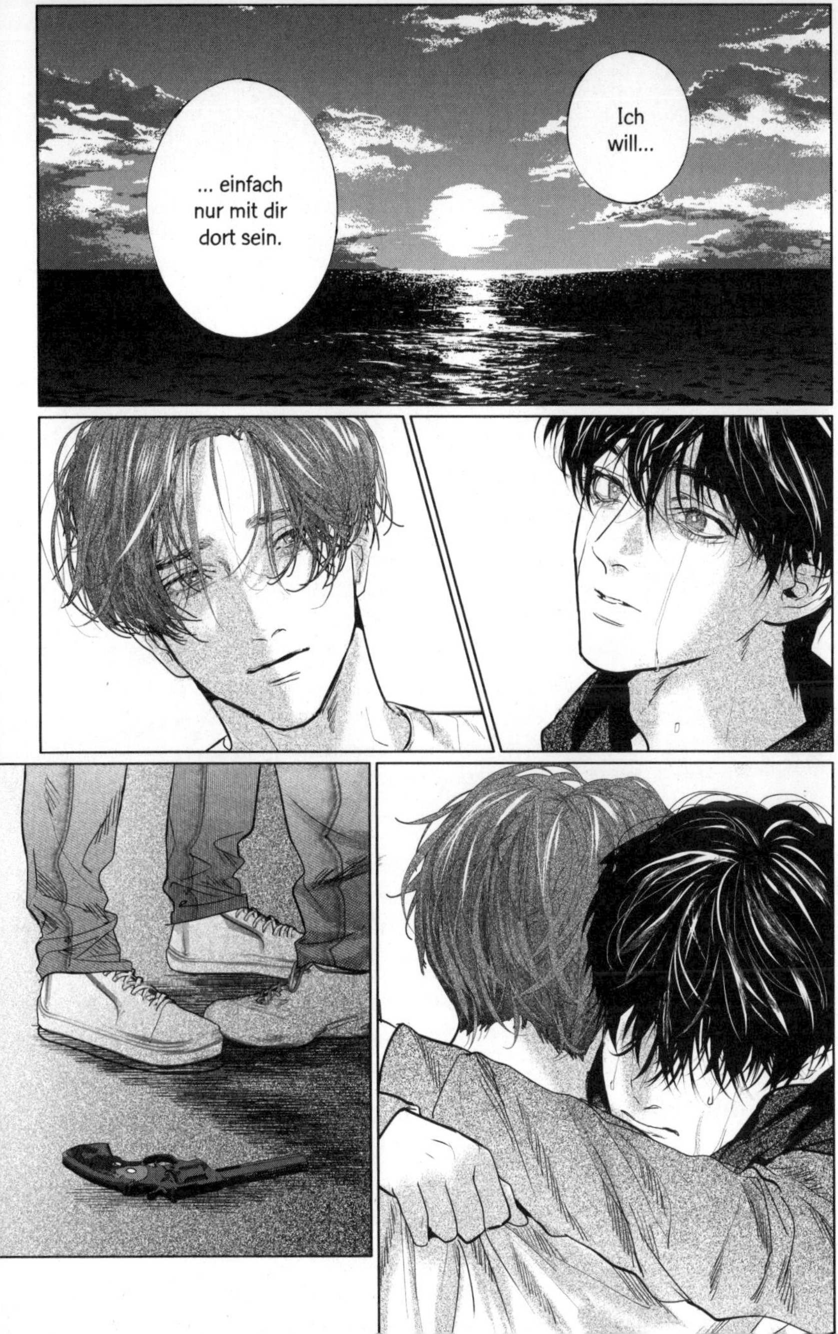
Ich will...
... einfach nur mit dir dort sein.

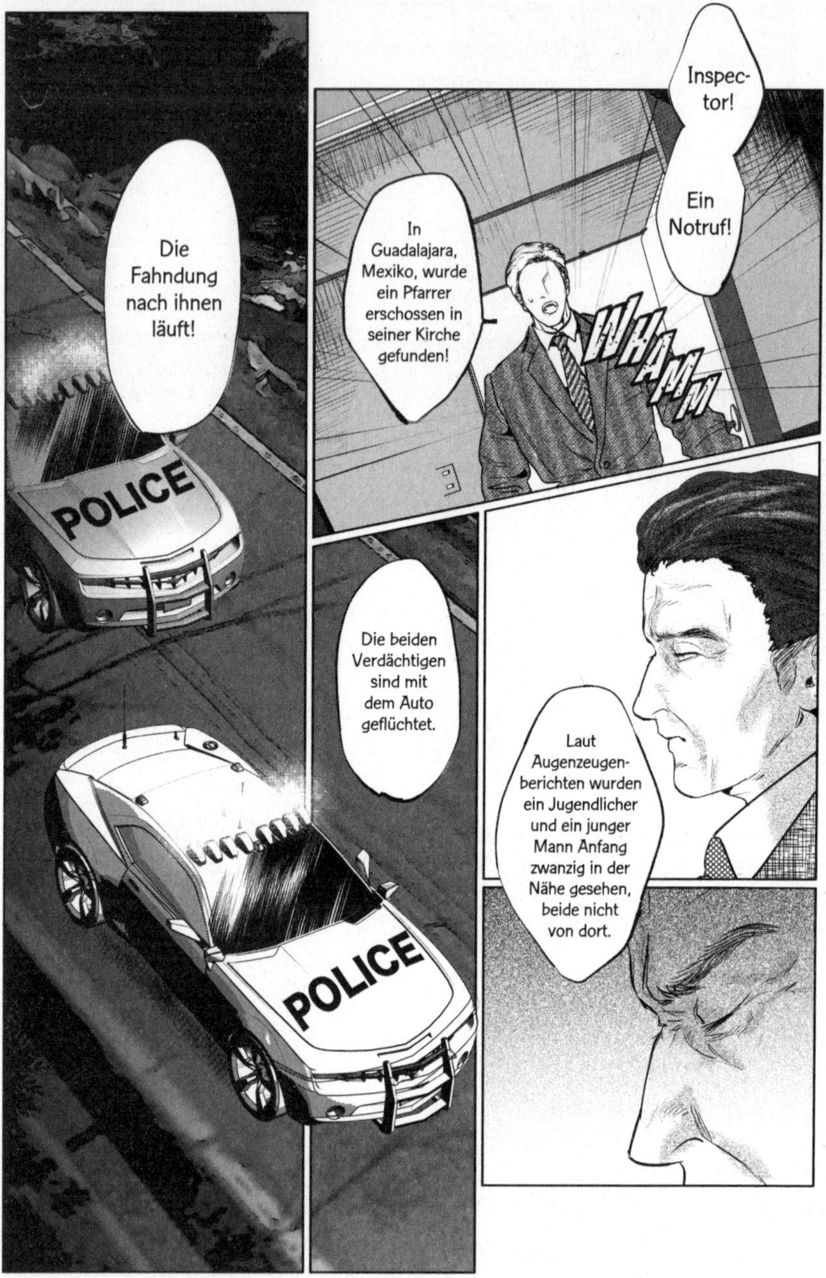
Inspector!
Ein Notruf!
In Guadalajara, Mexiko, wurde ein Pfarrer erschossen in seiner Kirche gefunden!
WHAMM
Laut Augenzeugenberichten wurden ein Jugendlicher und ein junger Mann Anfang zwanzig in der Nähe gesehen, beide nicht von dort.
Die beiden Verdächtigen sind mit dem Auto geflüchtet.
Die Fahndung nach ihnen läuft!
POLICE
POLICE

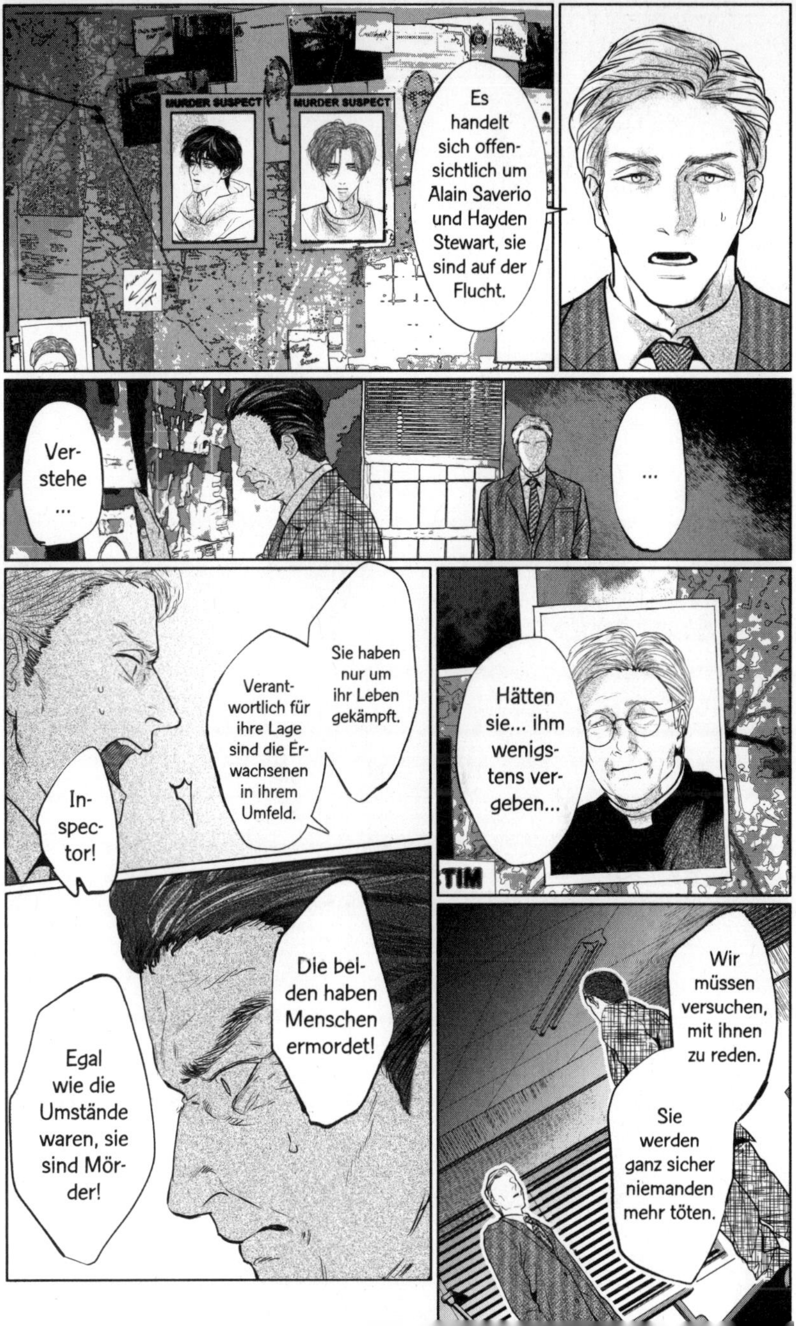
MURDER SUSPECT
MURDER SUSPECT
Es handelt sich offensichtlich um Alain Saverio und Hayden Stewart, sie sind auf der Flucht.
...
Verstehe ...
TIM
Hätten sie... ihm wenigstens vergeben...
Sie haben nur um ihr Leben gekämpft.
Verantwortlich für ihre Lage sind die Erwachsenen in ihrem Umfeld.
Inspector!
Die beiden haben Menschen ermordet!
Egal wie die Umstände waren, sie sind Mörder!
Wir müssen versuchen, mit ihnen zu reden.
Sie werden ganz sicher niemanden mehr töten.

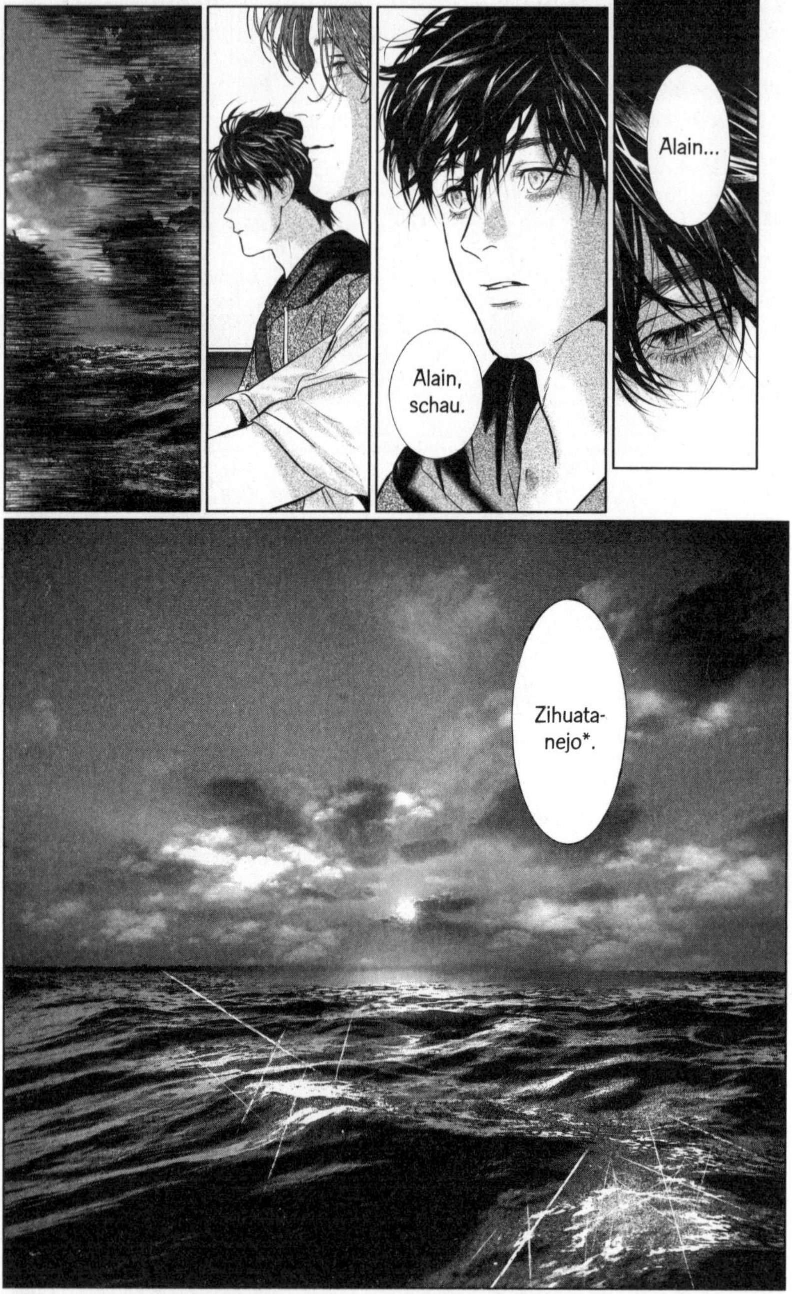

* Stadt an der Pazifikküste Mexikos

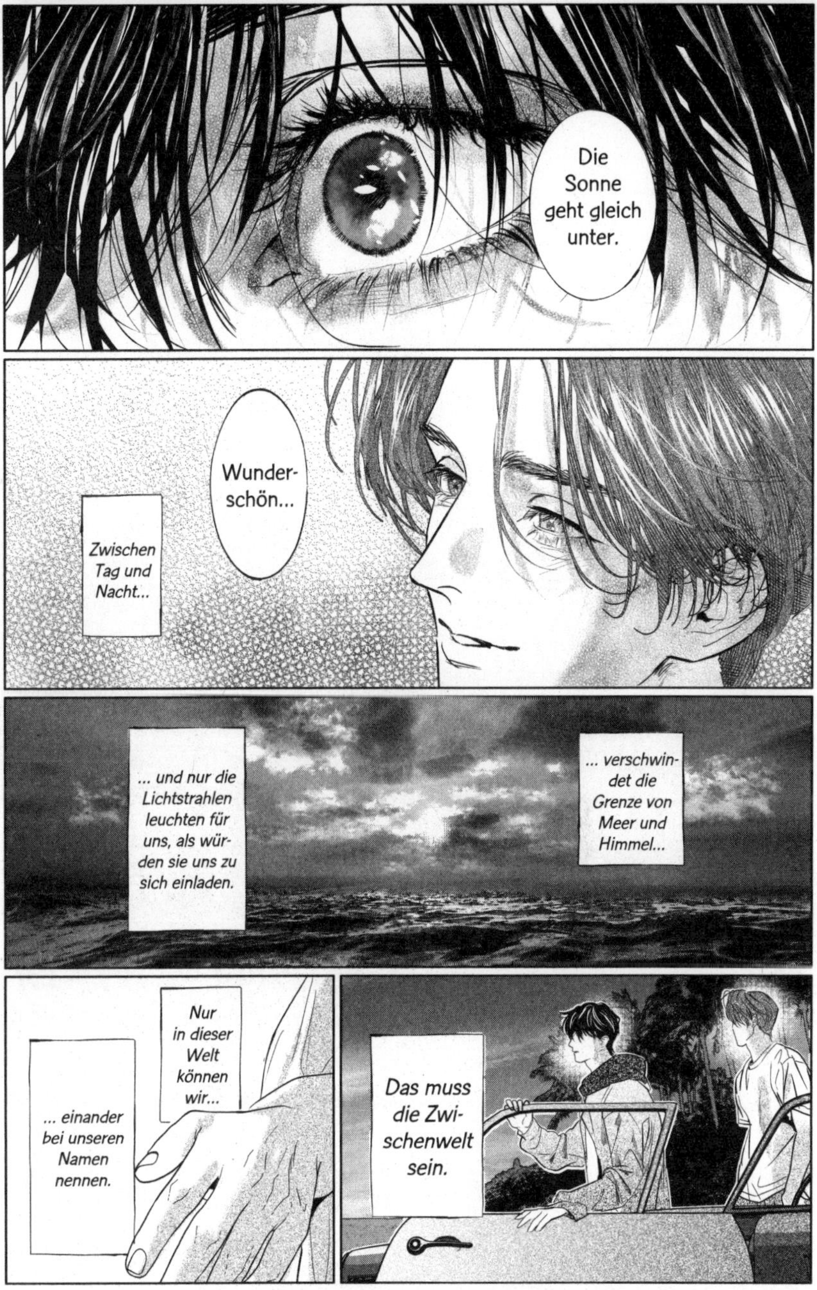
Die Sonne geht gleich unter.
Wunderschön...
Zwischen Tag und Nacht...
... verschwindet die Grenze von Meer und Himmel...
... und nur die Lichtstrahlen leuchten für uns, als würden sie uns zu sich einladen.
Das muss die Zwischenwelt sein.
Nur in dieser Welt können wir...
... einander bei unseren Namen nennen.

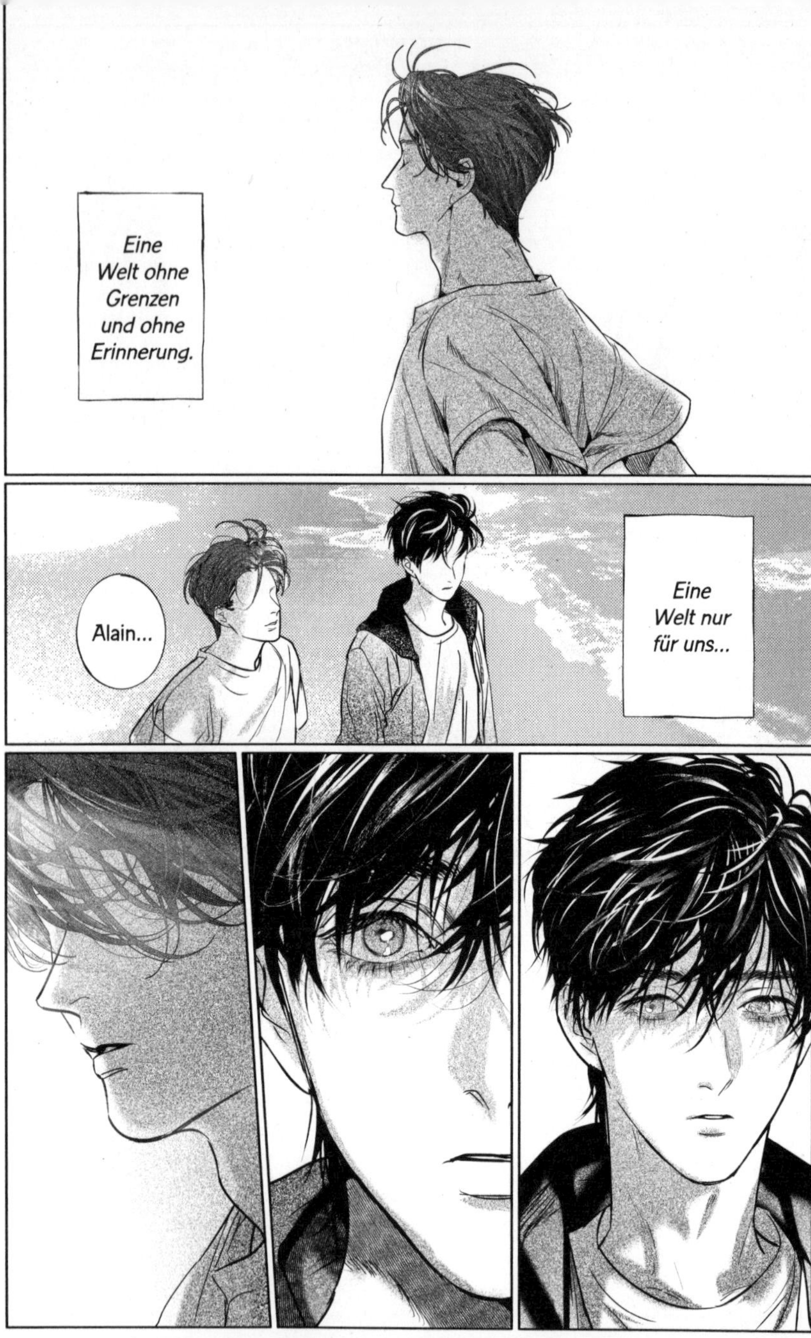
Eine Welt ohne Grenzen und ohne Erinnerung.
Eine Welt nur für uns...
Alain...

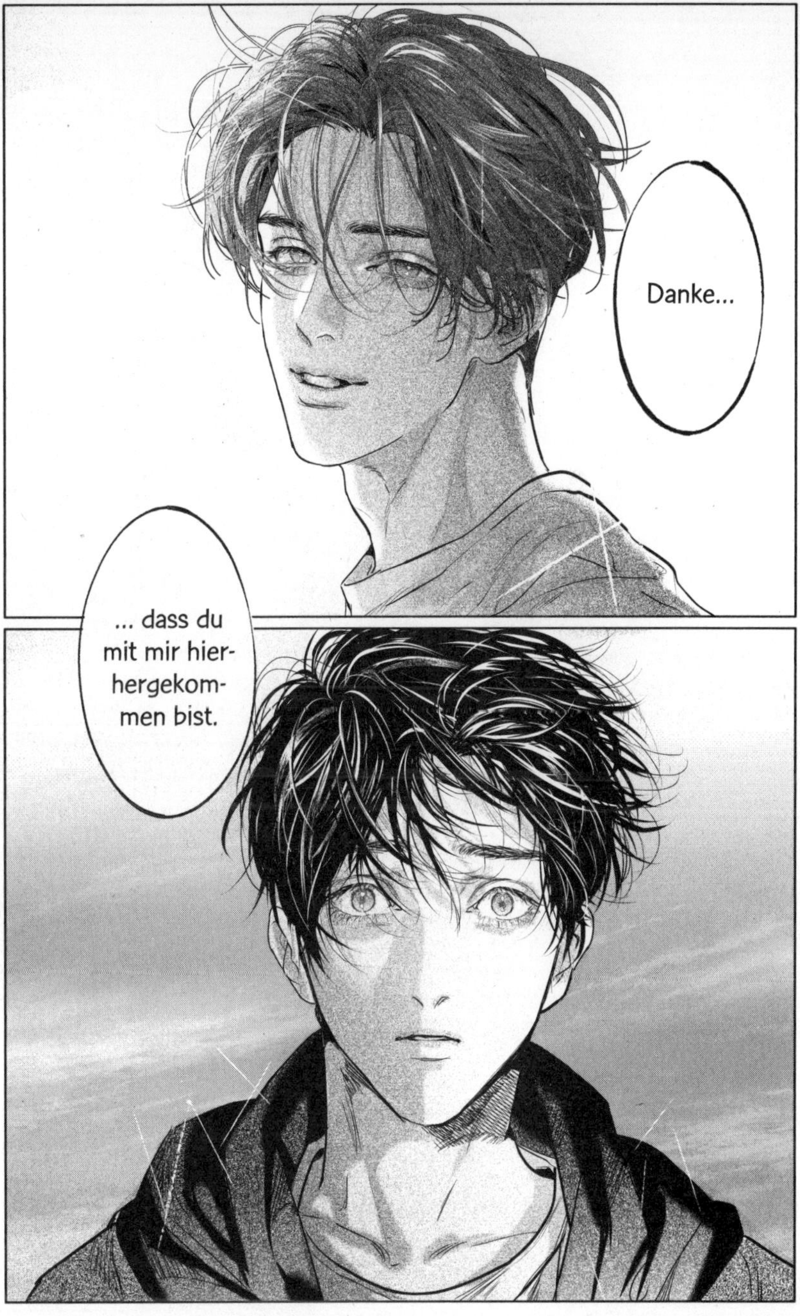
Danke...
... dass du mit mir hierhergekommen bist.

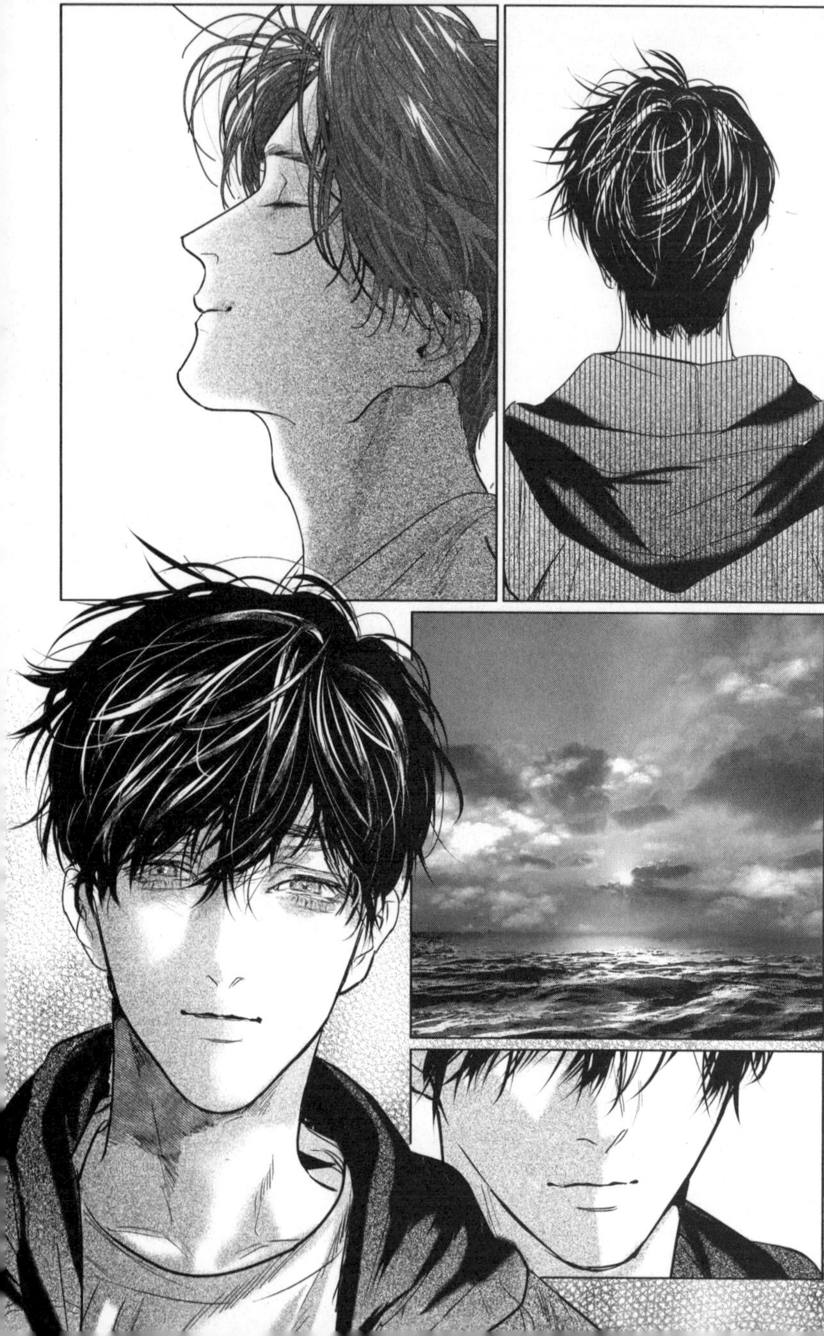

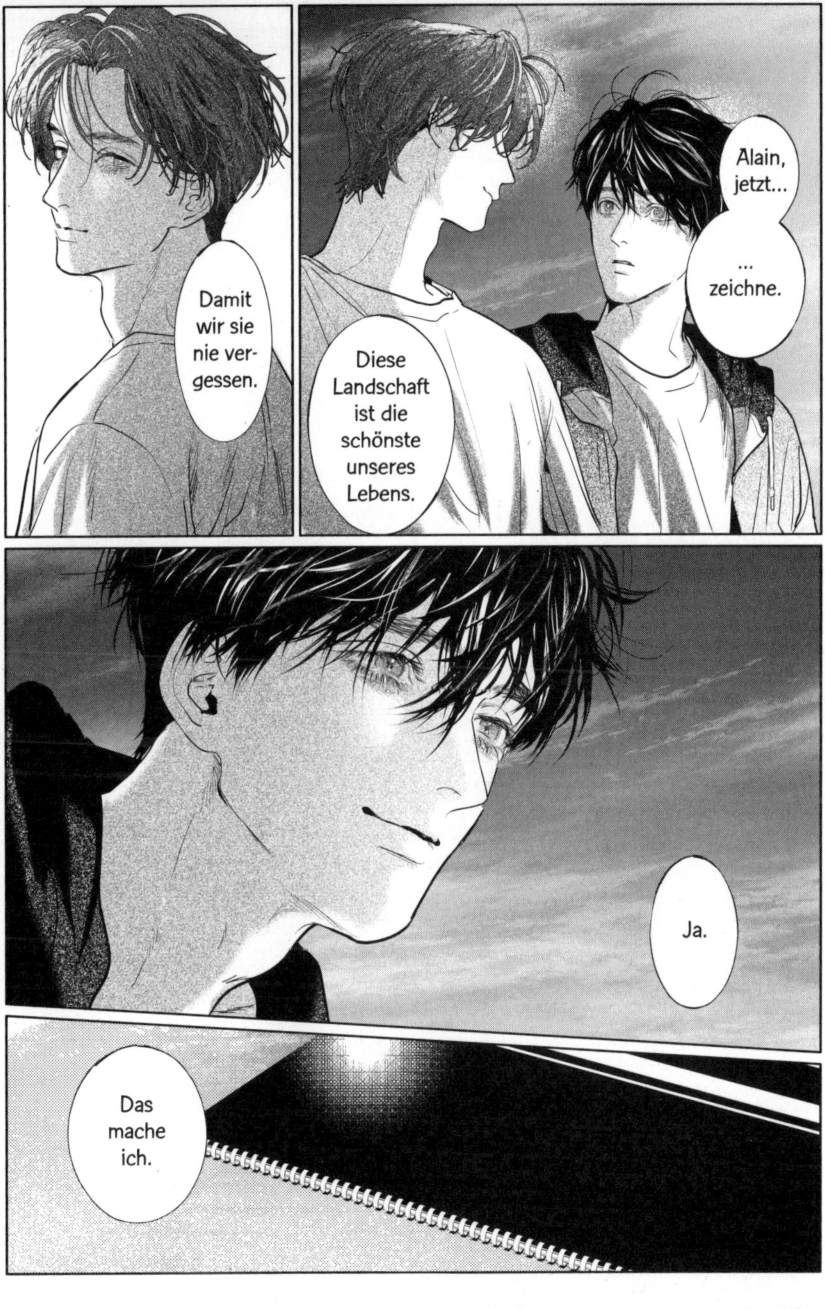
Alain, jetzt...
... zeichne.
Diese Landschaft ist die schönste unseres Lebens.
Damit wir sie nie vergessen.
Ja.
Das mache ich.

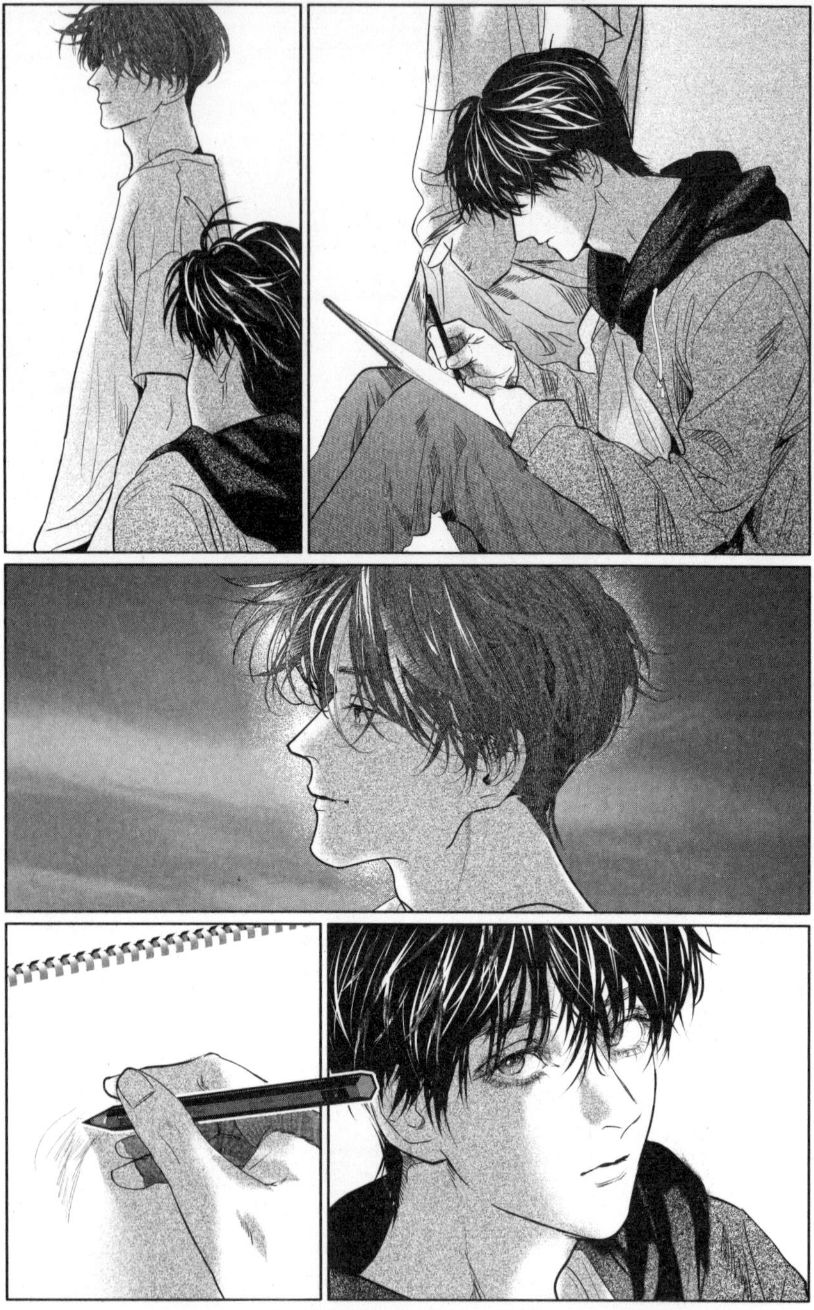

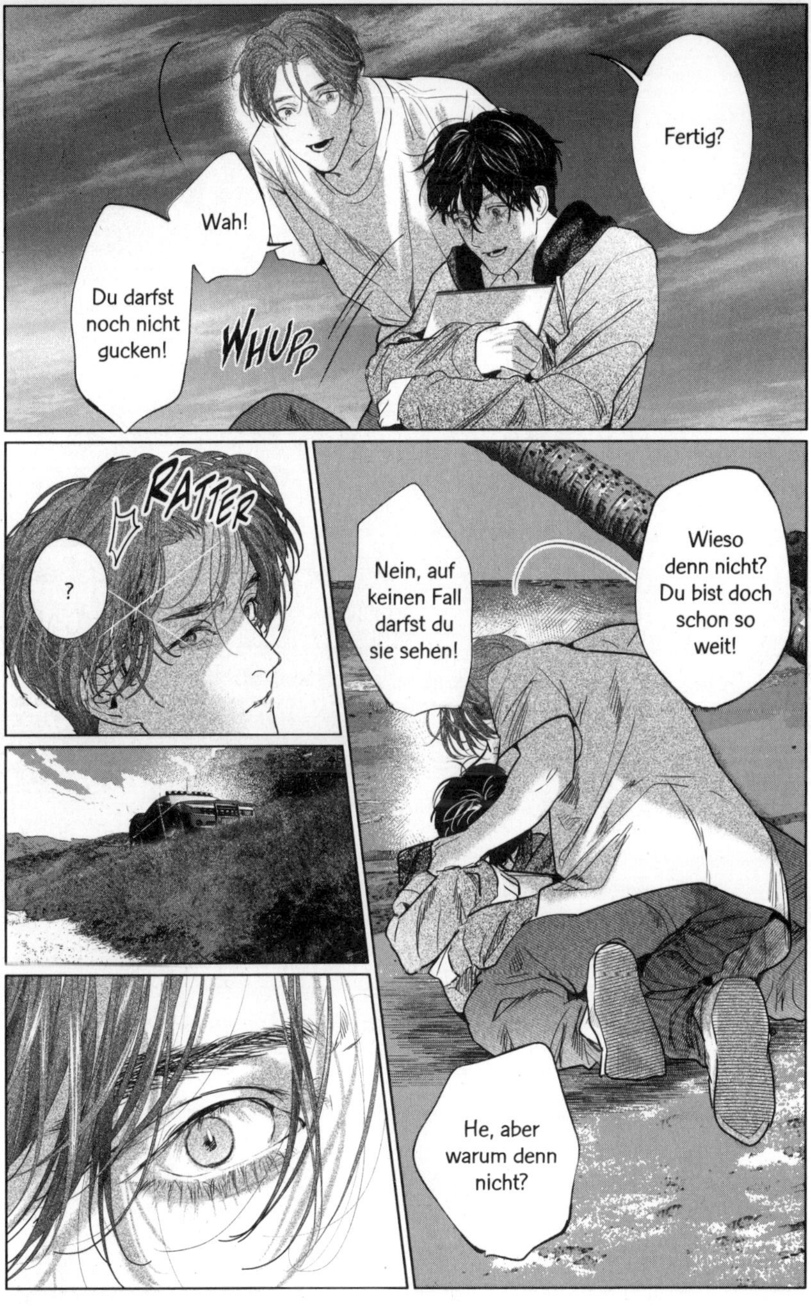
Fertig?
Wah!
Du darfst noch nicht gucken!
WHUPP
Wieso denn nicht? Du bist doch schon so weit!
Nein, auf keinen Fall darfst du sie sehen!
RATTER
?
He, aber warum denn nicht?

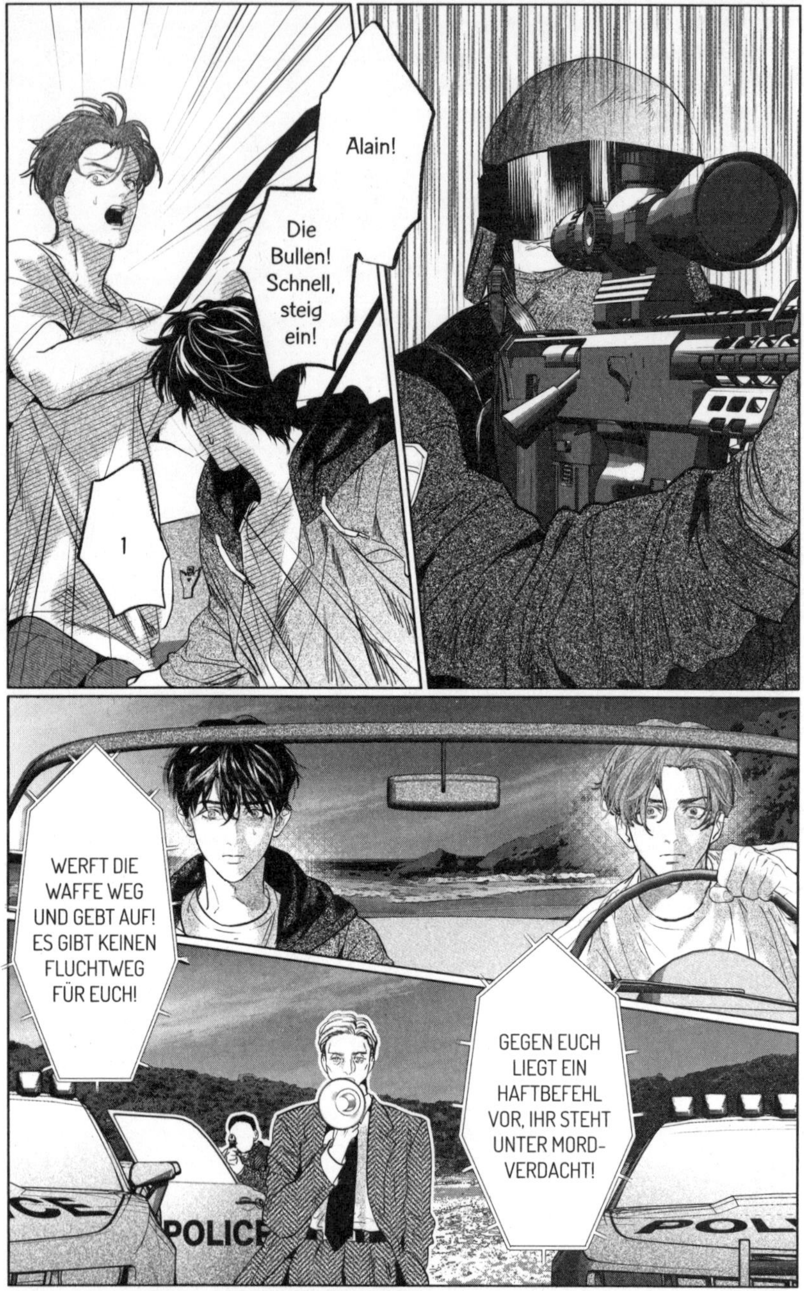
Alain!
Die Bullen! Schnell, steig ein!
1
GEGEN EUCH LIEGT EIN HAFTBEFEHL VOR, IHR STEHT UNTER MORD-VERDACHT!
WERFT DIE WAFFE WEG UND GEBT AUF! ES GIBT KEINEN FLUCHTWEG FÜR EUCH!
POLICE
POLICE

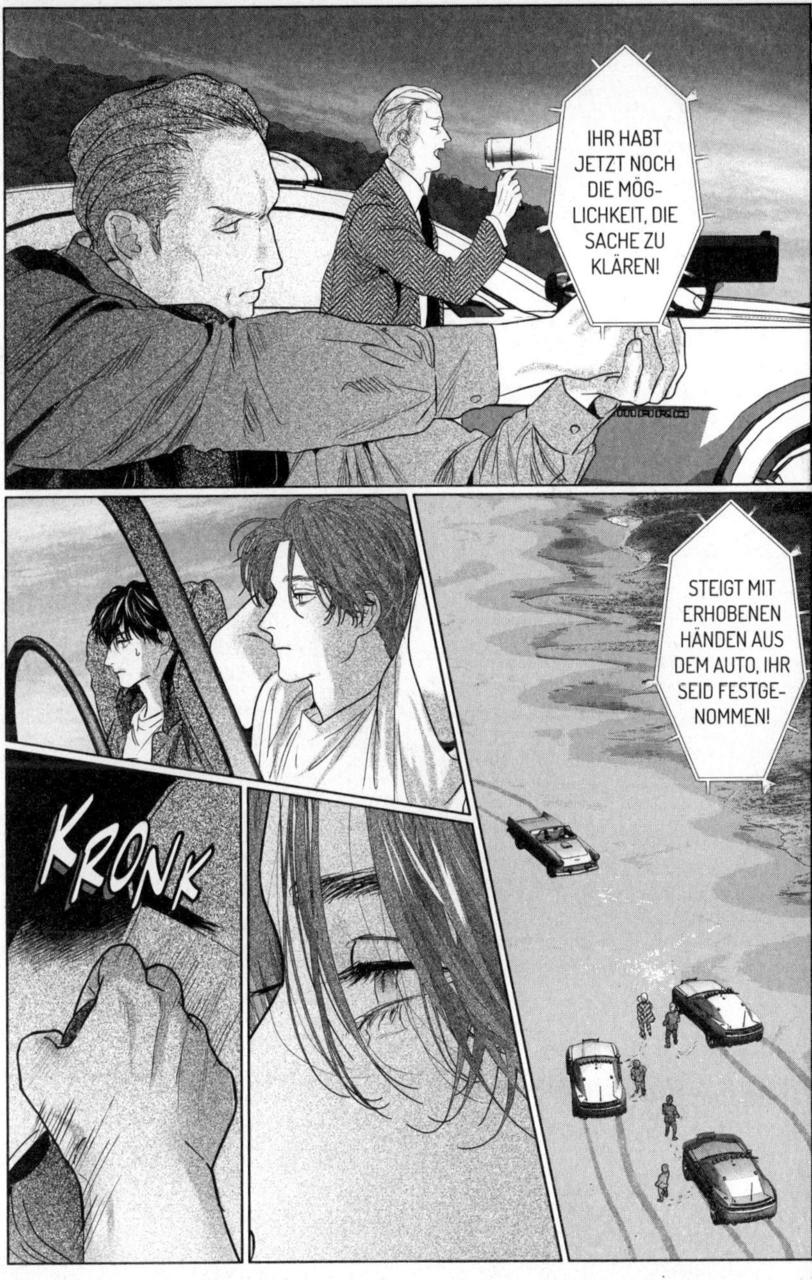
IHR HABT JETZT NOCH DIE MÖG- LICHKEIT, DIE SACHE ZU KLÄREN!
STEIGT MIT ERHOBENEN HÄNDEN AUS DEM AUTO, IHR SEID FESTGE- NOMMEN!
KRONK

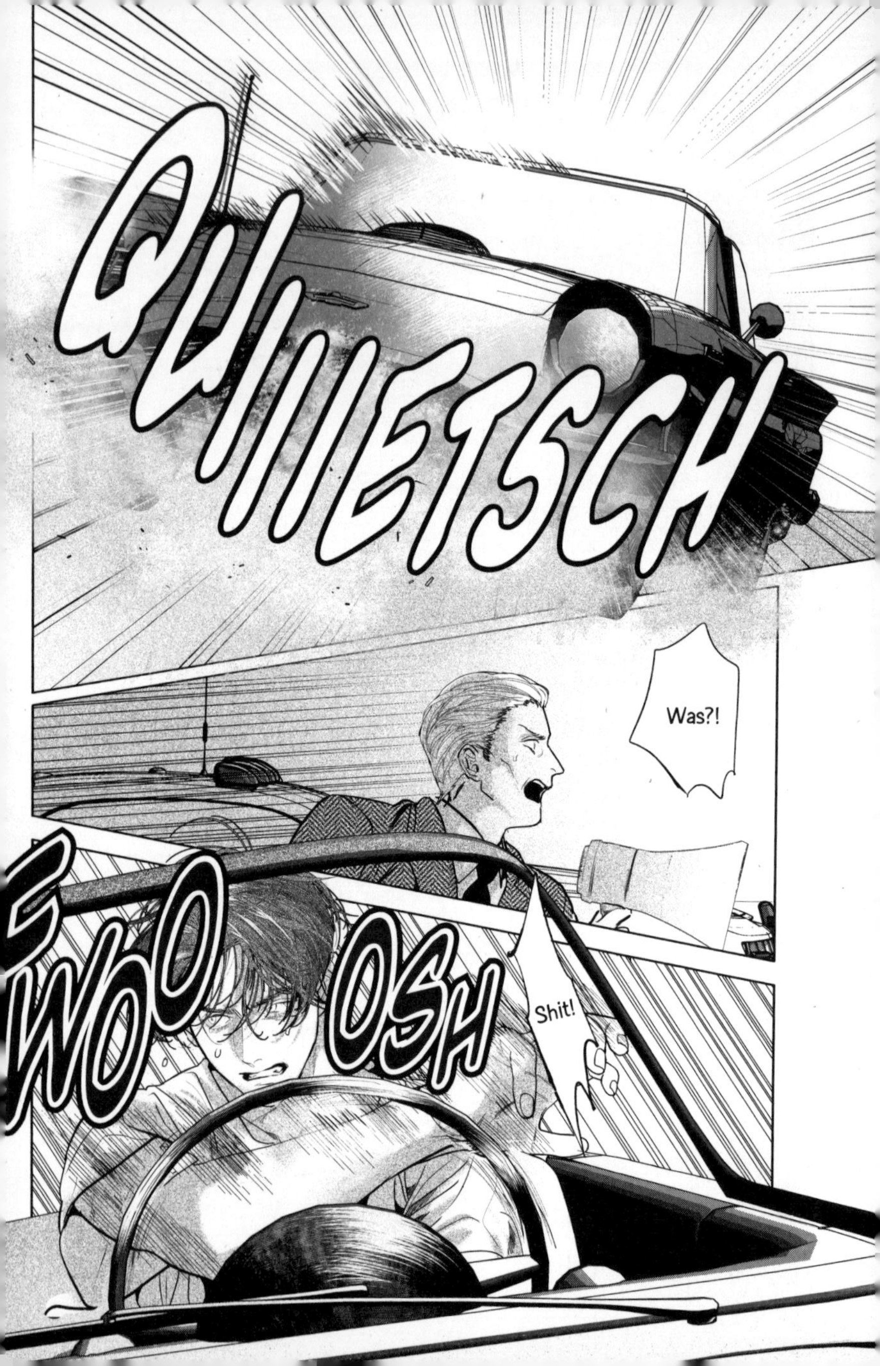
QUIIIETSCH
Was?!
WOOOOSH
Shit!

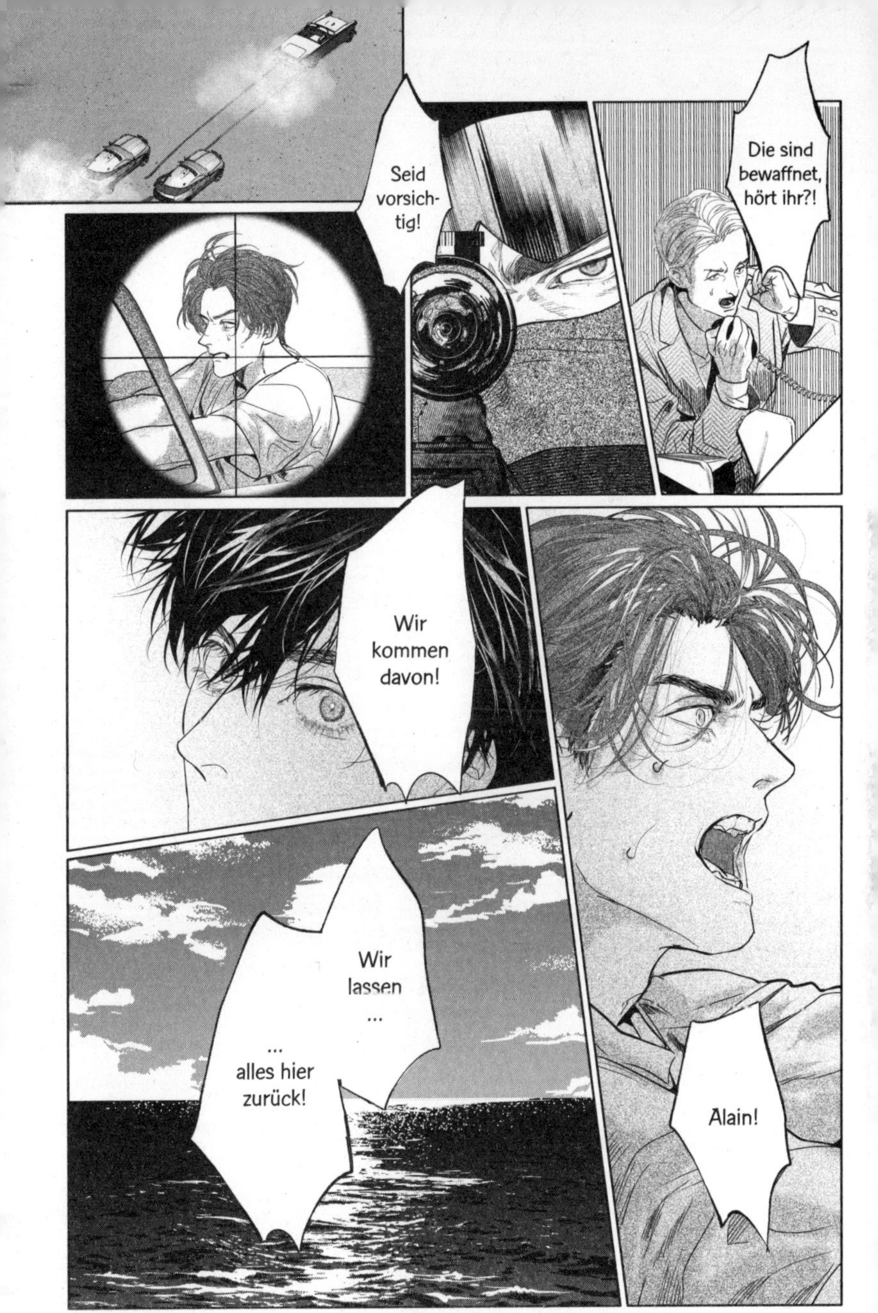

Die sind bewaffnet, hört ihr?!
Seid vorsich-tig!
Wir kommen davon!
Alain!
Wir lassen ...
... alles hier zurück!

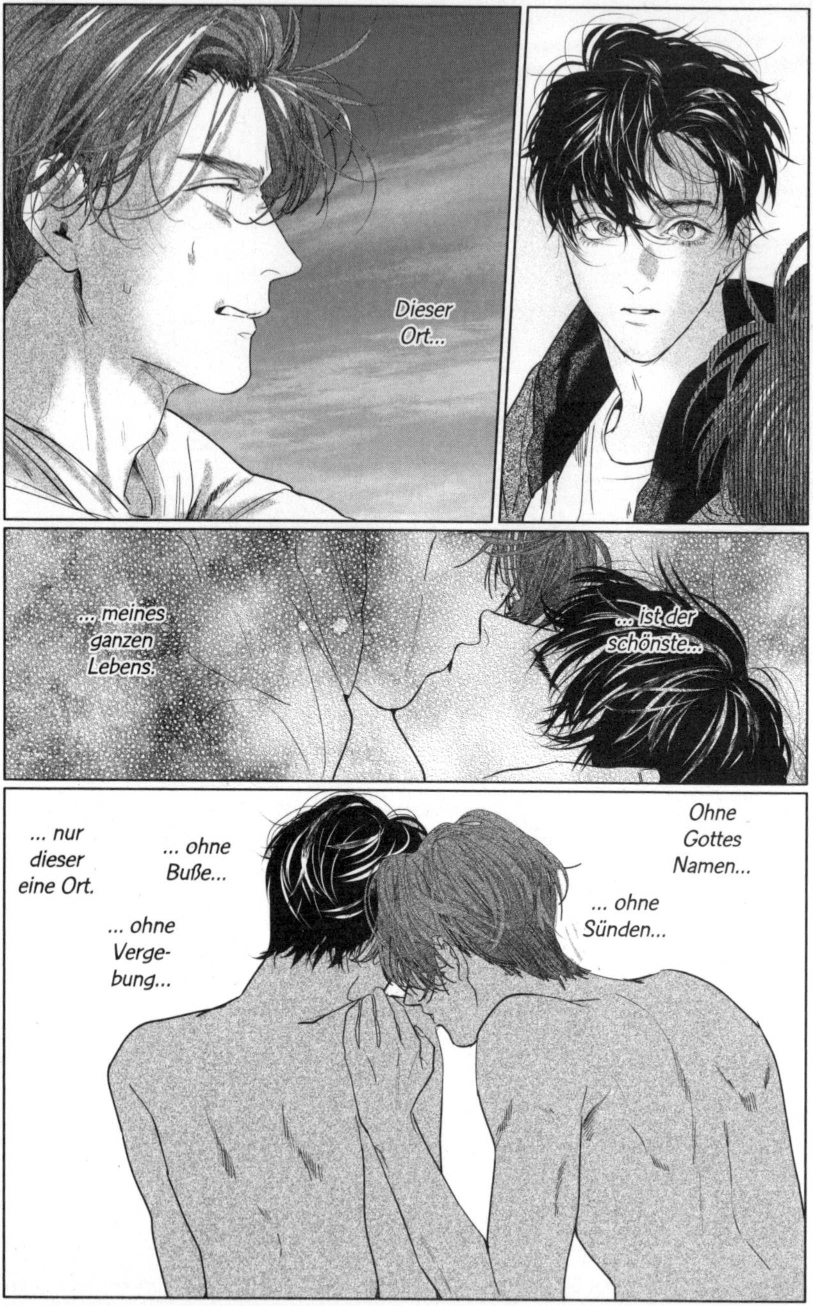
Dieser Ort...
... ist der schönste...
... meines ganzen Lebens.
Ohne Gottes Namen...
... ohne Sünden...
... ohne Buße...
... ohne Vergebung...
... nur dieser eine Ort.

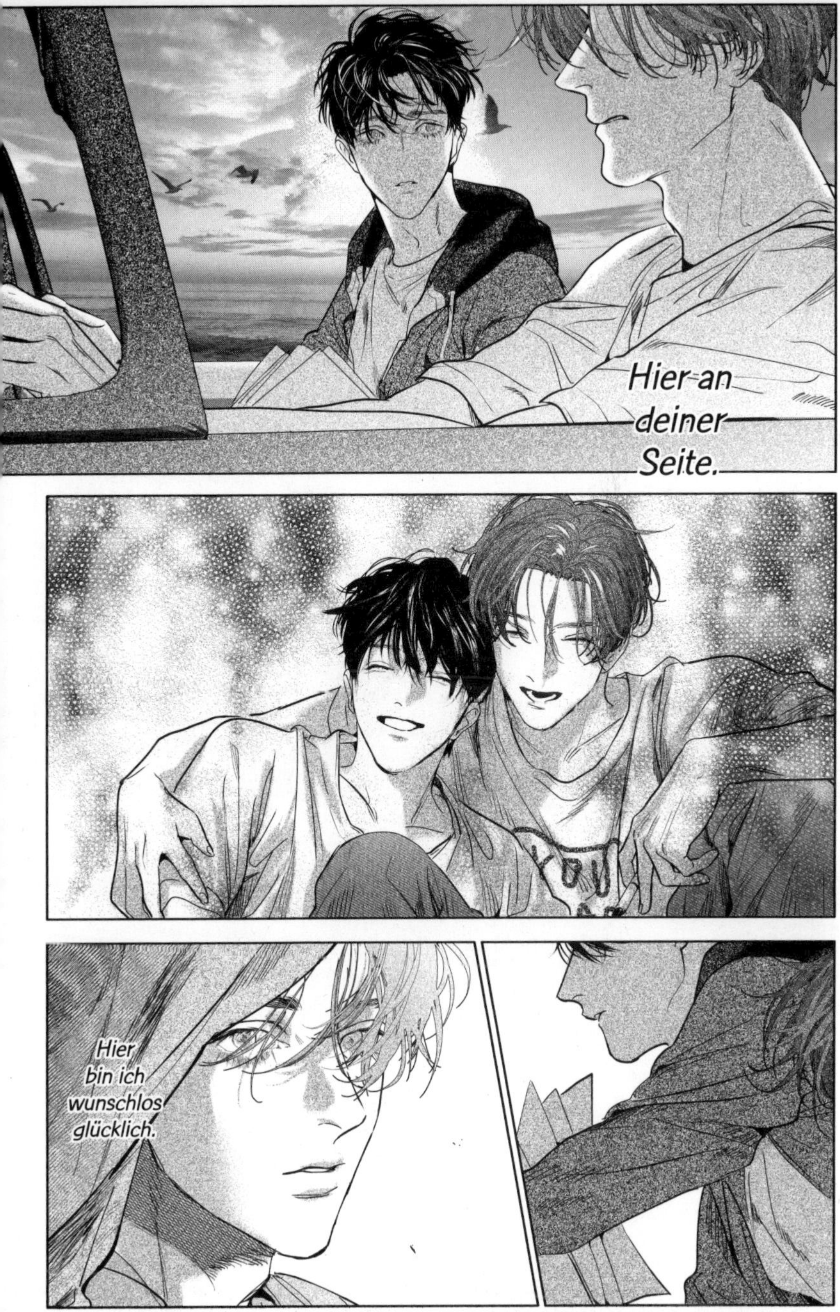
Hier an deiner Seite.
Hier bin ich wunschlos glücklich.

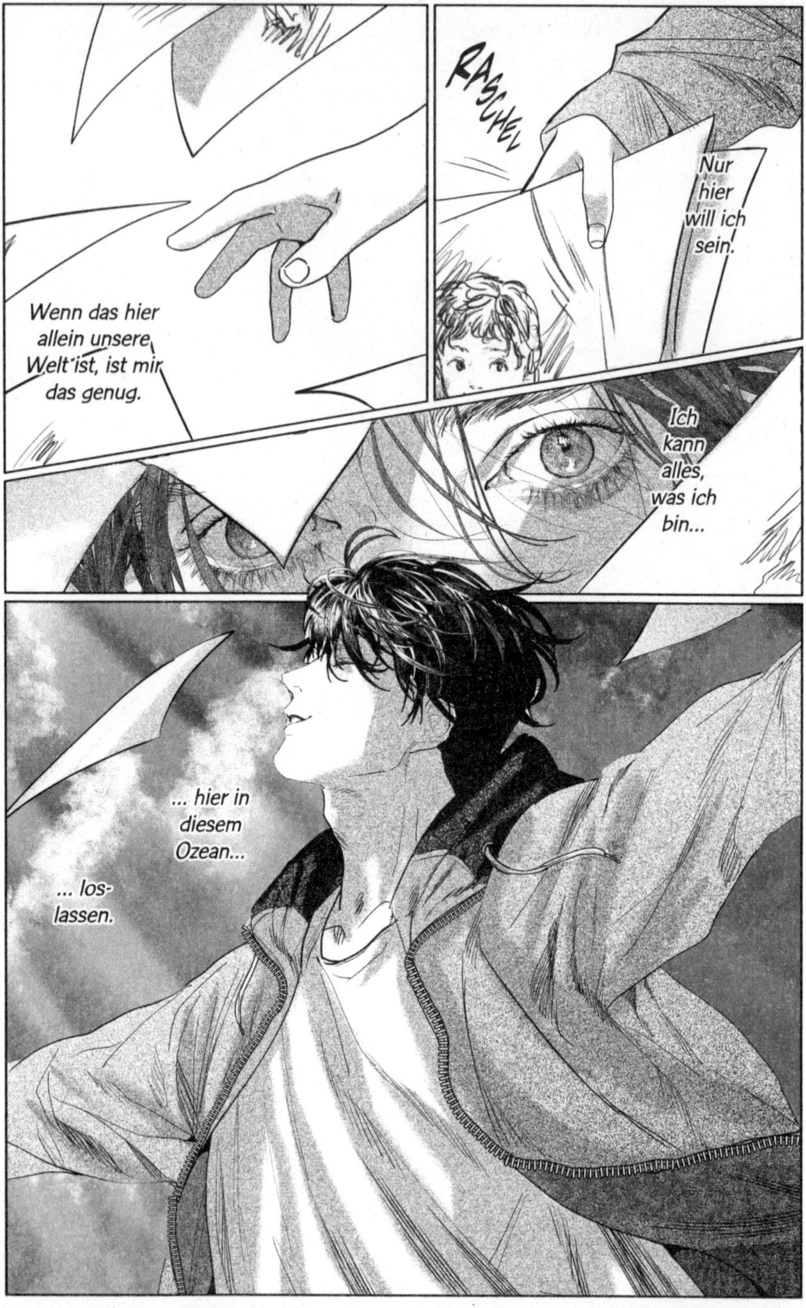
RASCHEL
Nur hier will ich sein.
Wenn das hier allein unsere Welt ist, ist mir das genug.
Ich kann alles, was ich bin...
... hier in diesem Ozean...
... los-lassen.

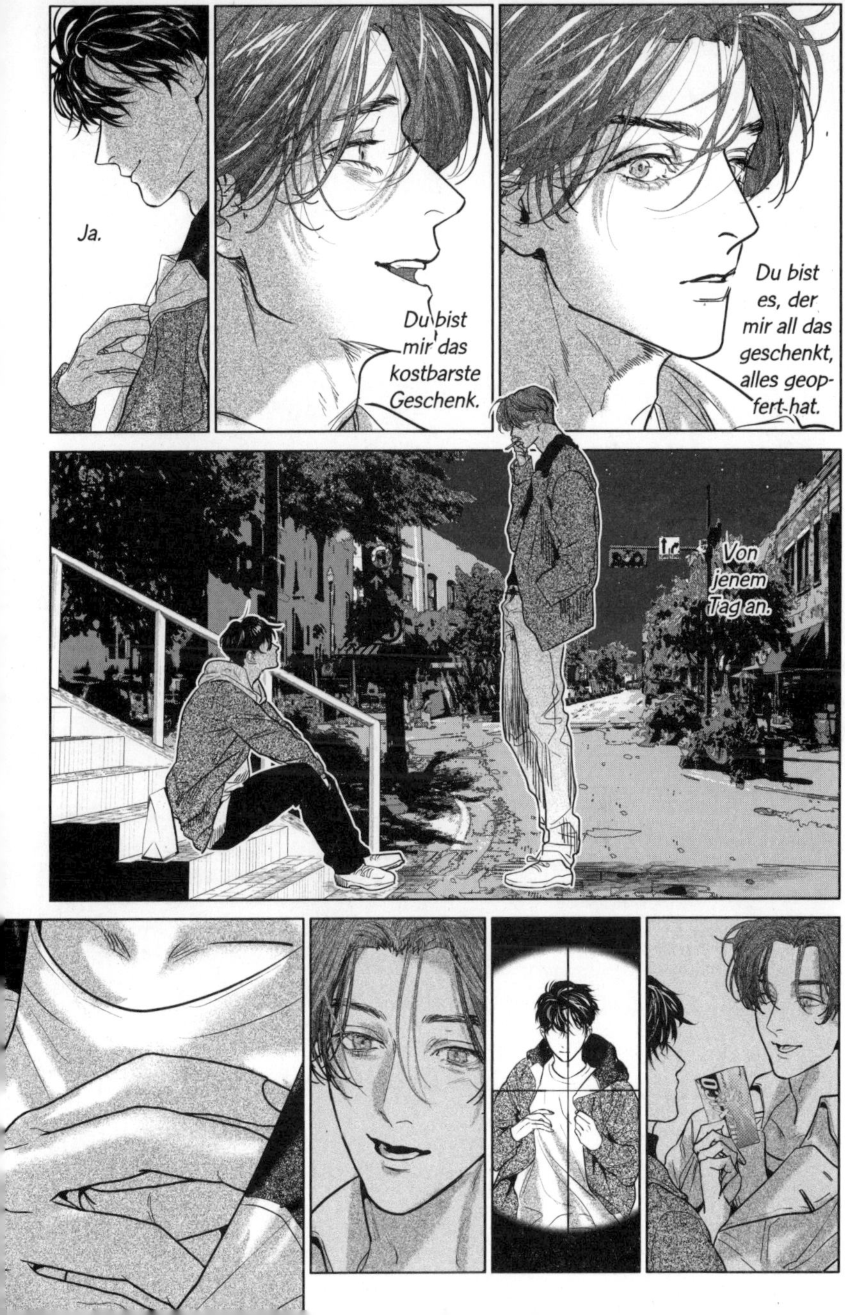
Ja.
Du bist mir das kostbarste Geschenk.
Du bist es, der mir all das geschenkt, alles geopfert hat.
Von jenem Tag an.

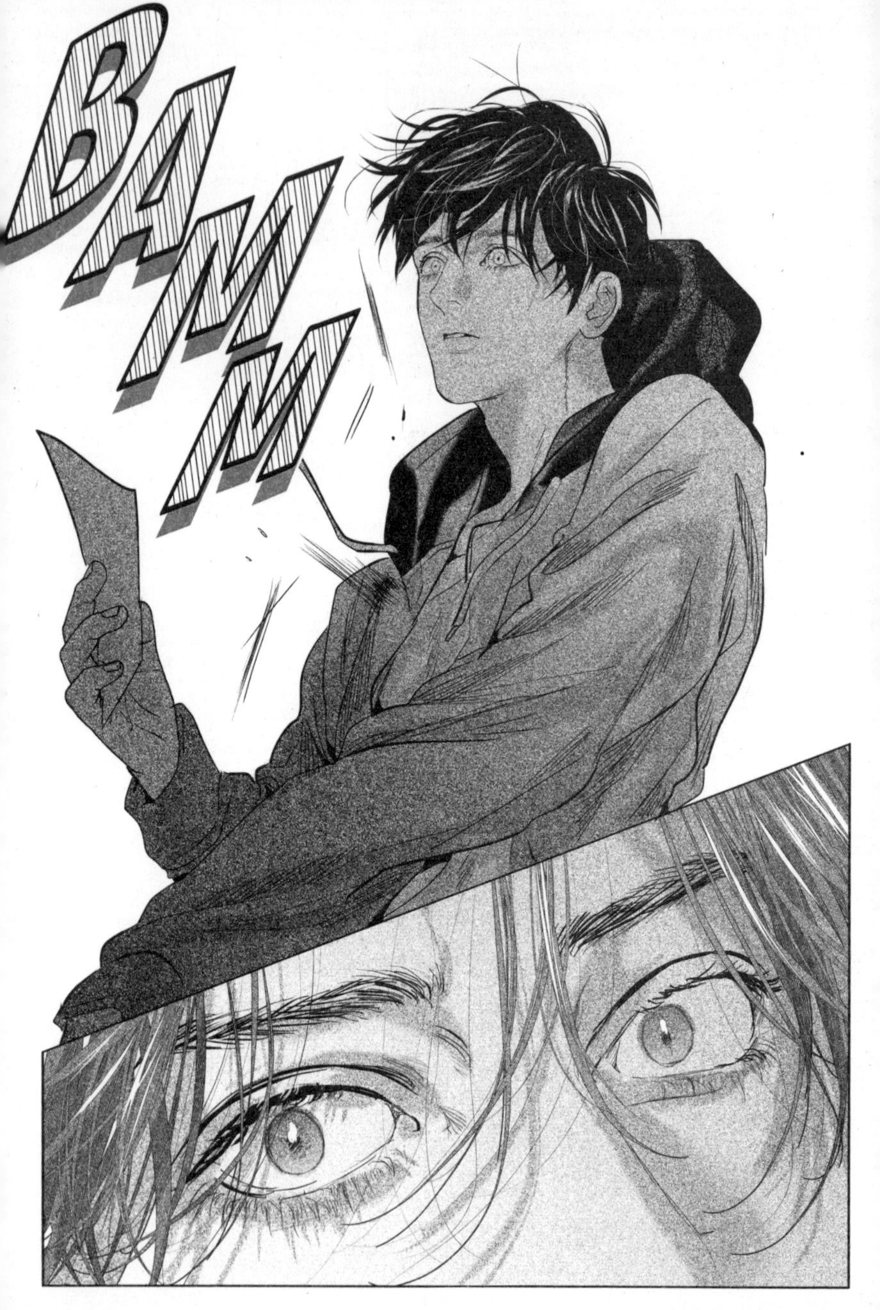
BAMM

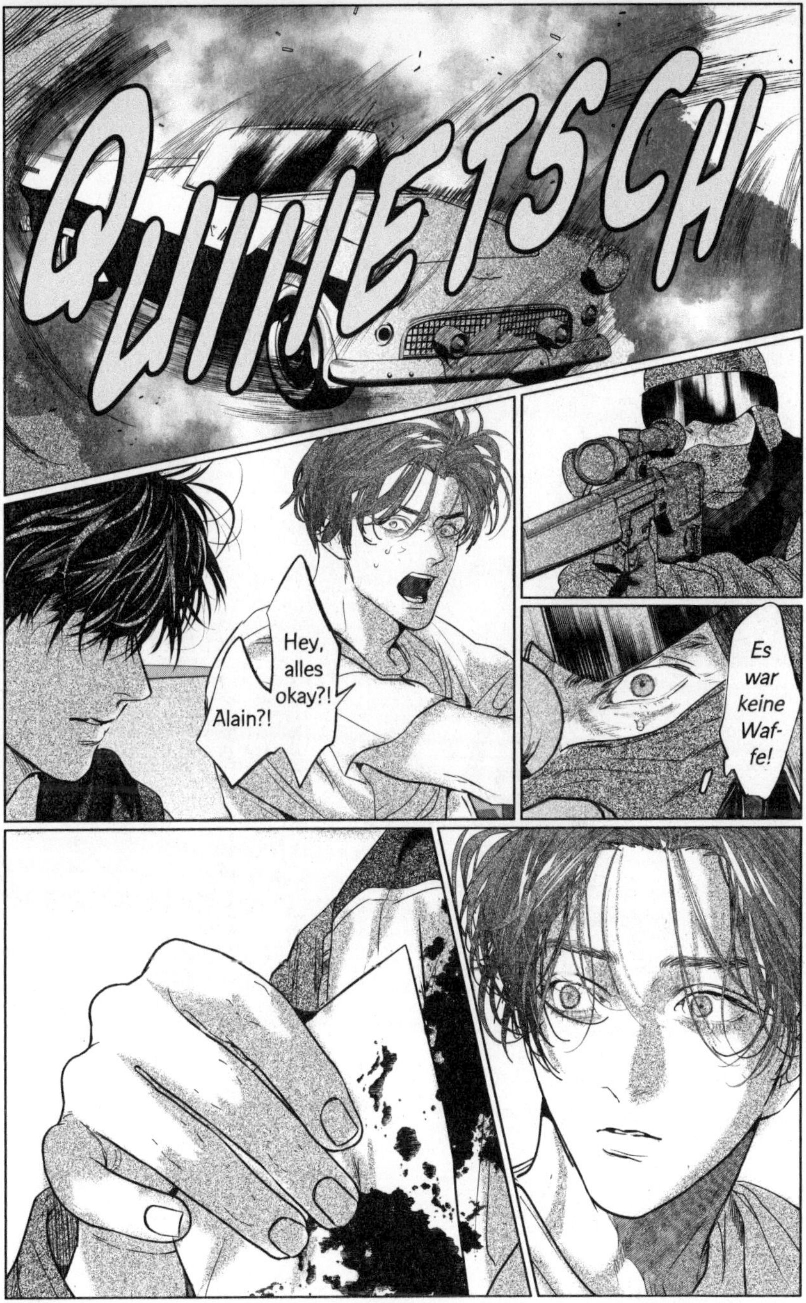
QUIIIETSCH
Es war keine Waf-fe!
Hey, alles okay?!
Alain?!

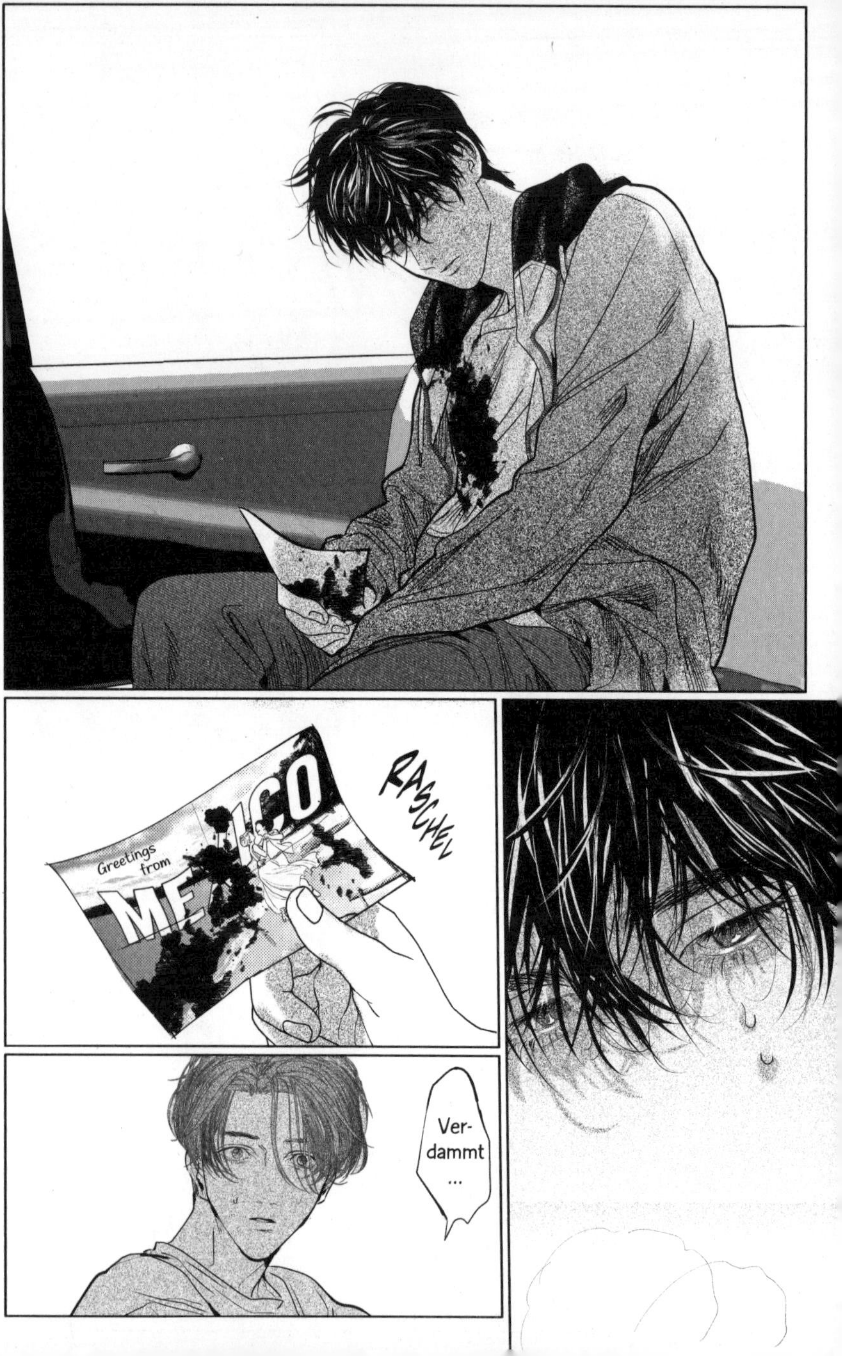
RASCHEL
Greetings from
ME ICO
Ver-
dammt
...

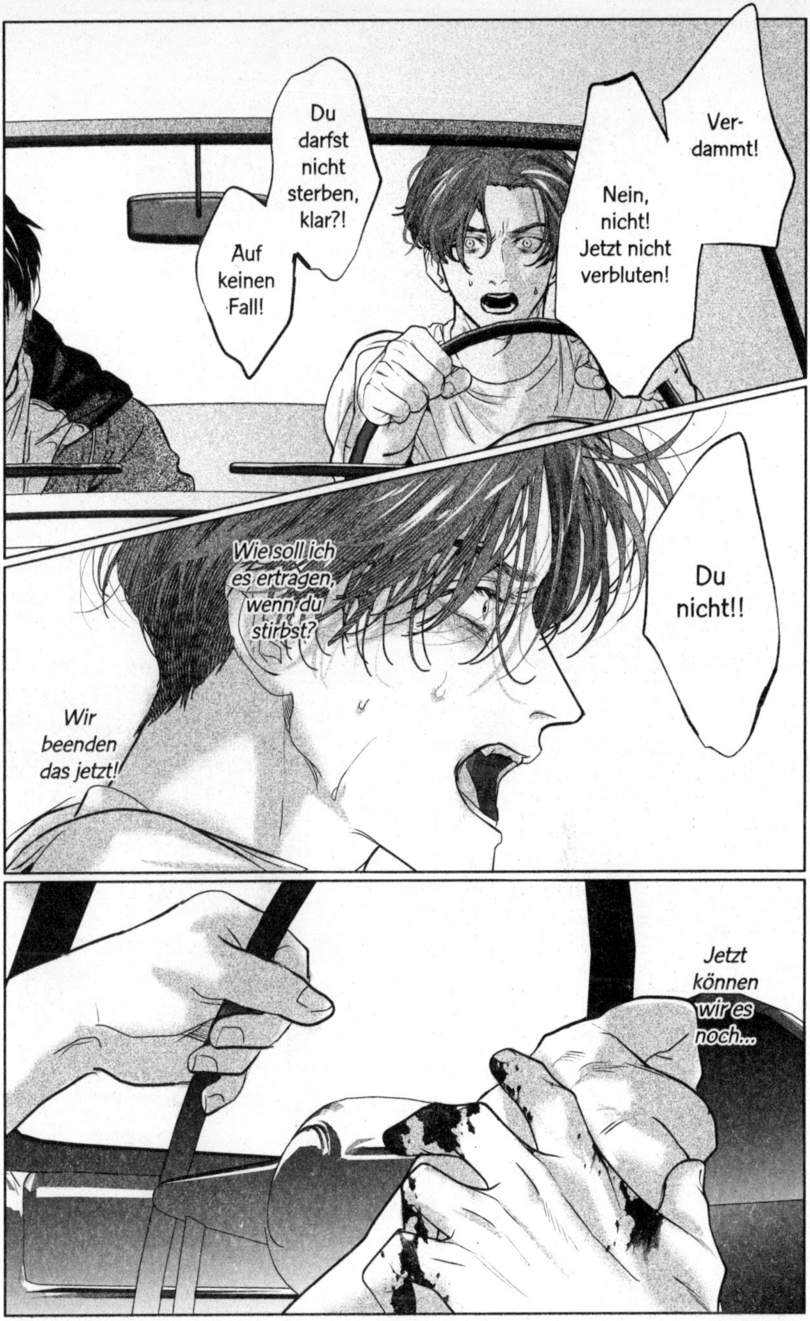
Ver-dammt!
Nein, nicht! Jetzt nicht verbluten!
Du darfst nicht sterben, klar?!
Auf keinen Fall!
Du nicht!!
Wie soll ich es ertragen, wenn du stirbst?
Wir beenden das jetzt!
Jetzt können wir es noch...

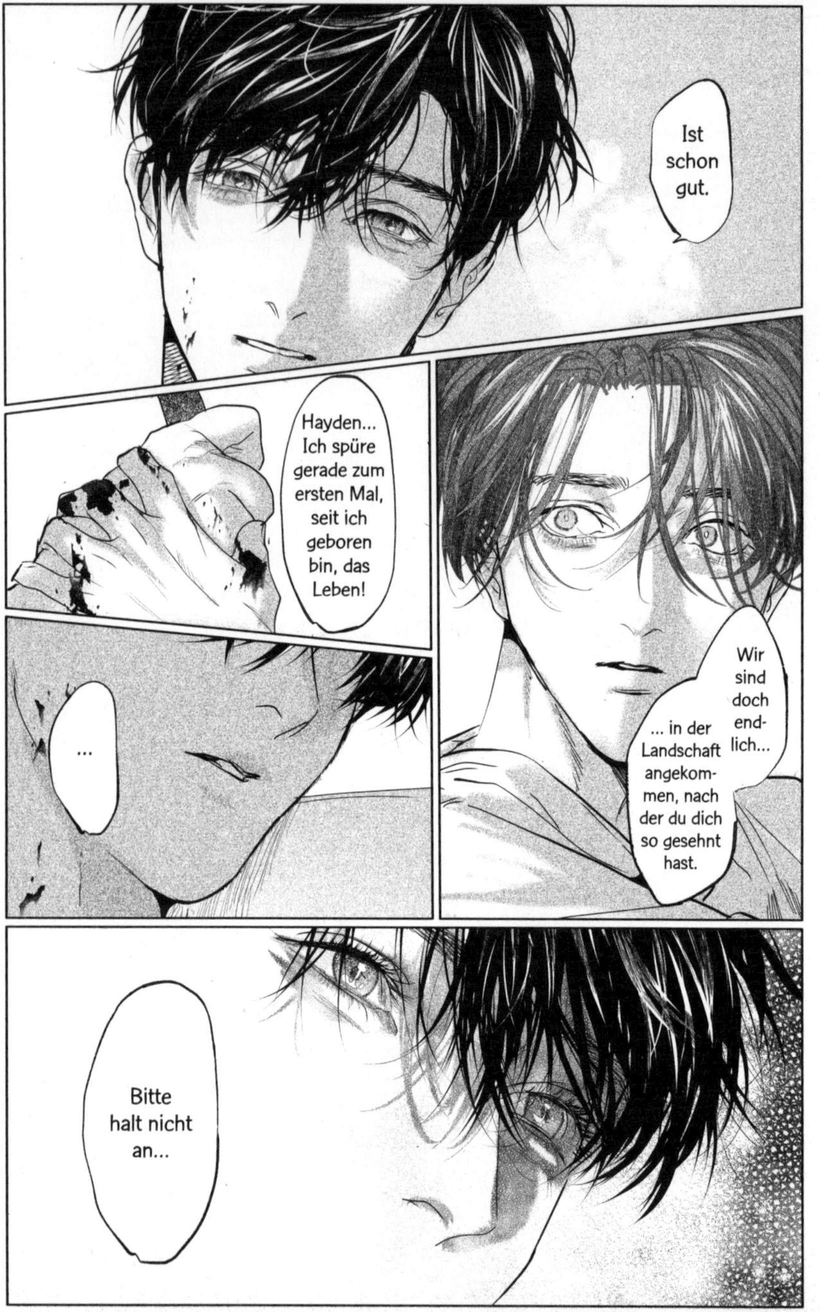
Ist schon gut.
Hayden... Ich spüre gerade zum ersten Mal, seit ich geboren bin, das Leben!
...
Wir sind doch end-lich...
... in der Landschaft angekom-men, nach der du dich so gesehnt hast.
Bitte halt nicht an...

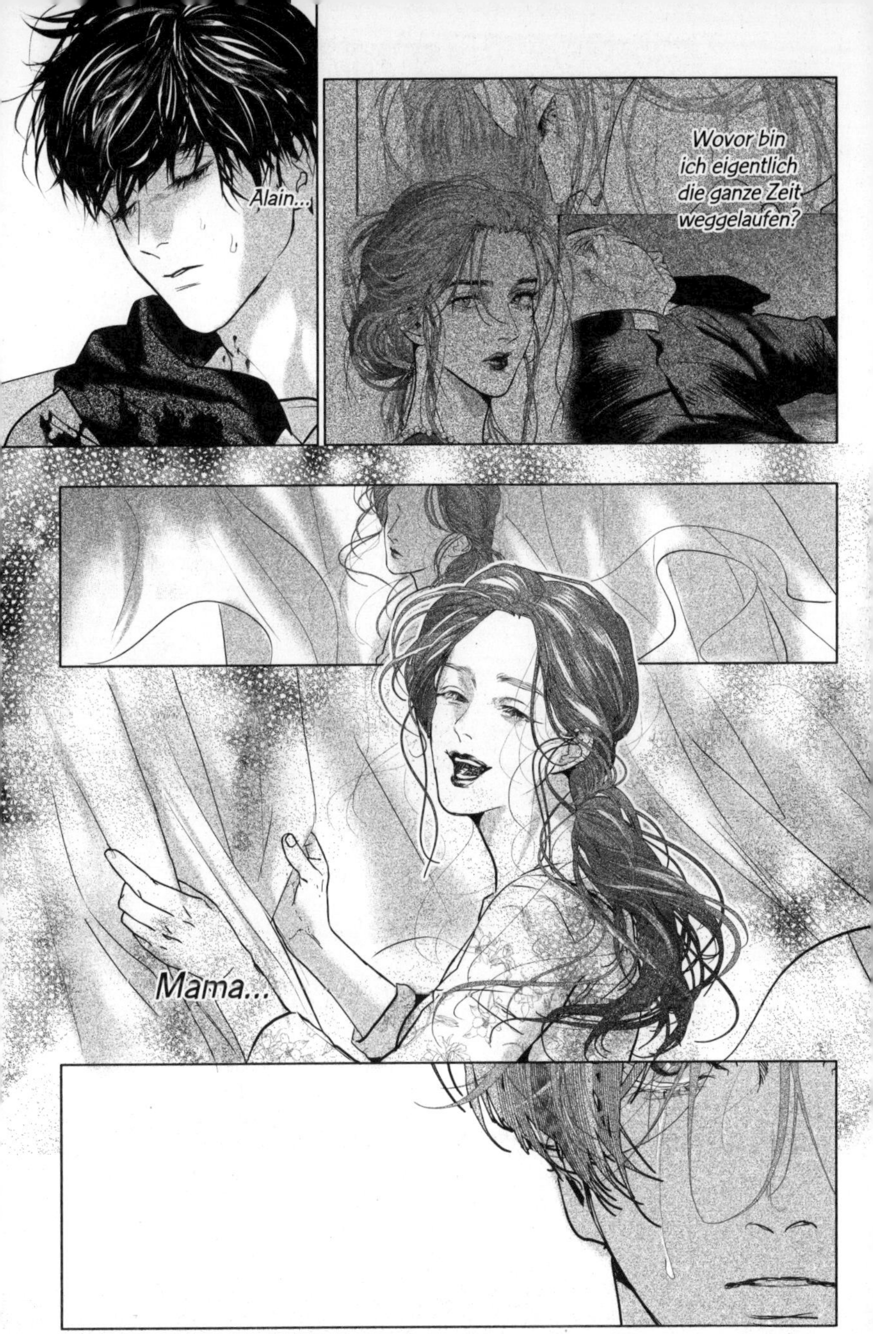
Wovor bin ich eigentlich die ganze Zeit weggelaufen?
Alain...
Mama...

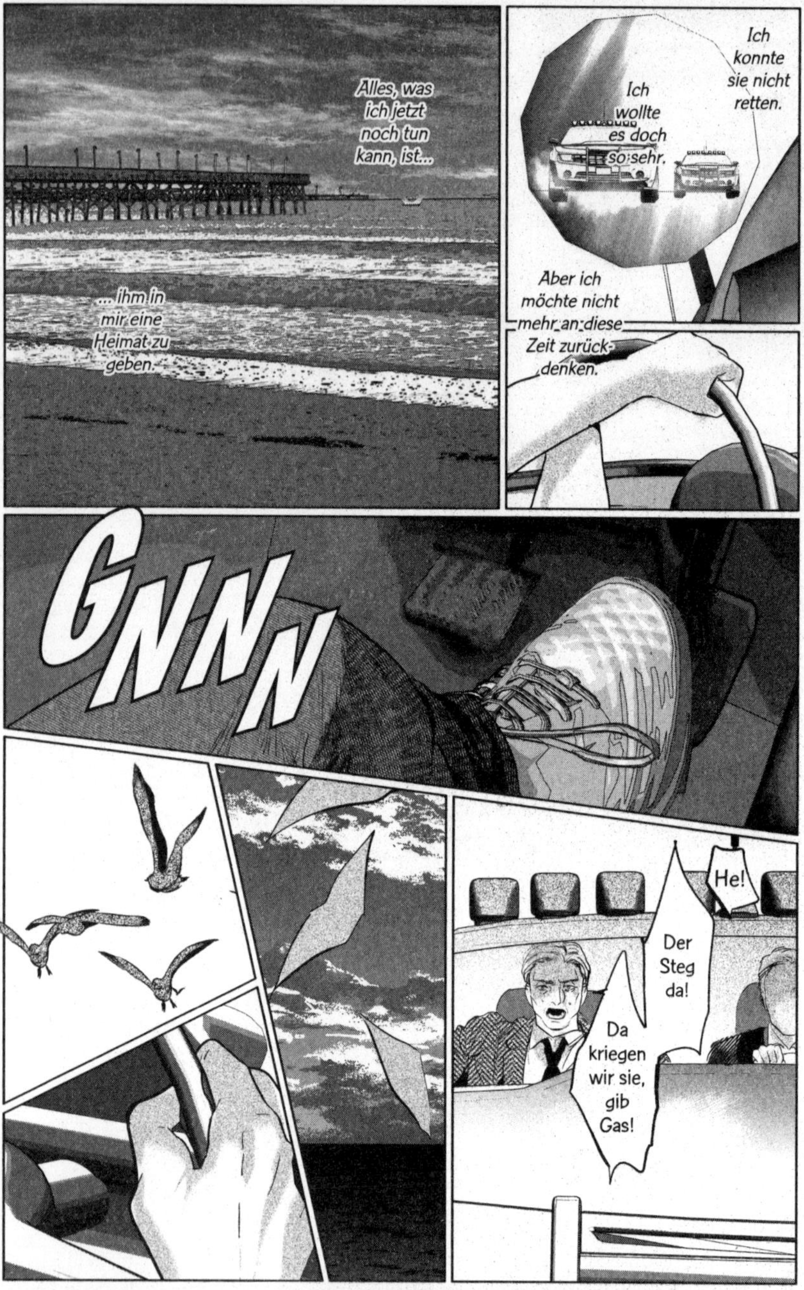

Ich konnte sie nicht retten.
Ich wollte es doch so sehr.
Aber ich möchte nicht mehr an diese Zeit zurückdenken.
Alles, was ich jetzt noch tun kann, ist...
... ihm in mir eine Heimat zu geben.
GNNN
He!
Der Steg da!
Da kriegen wir sie, gib Gas!

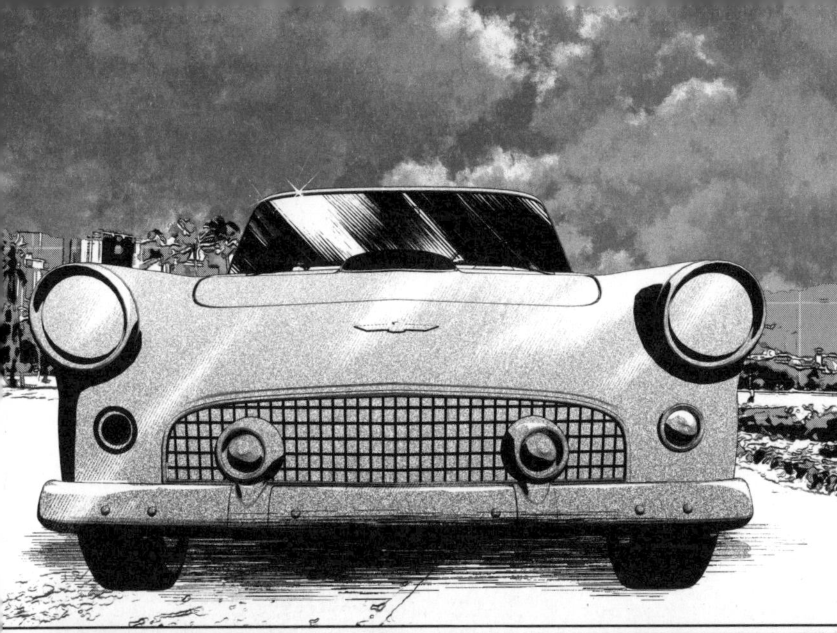

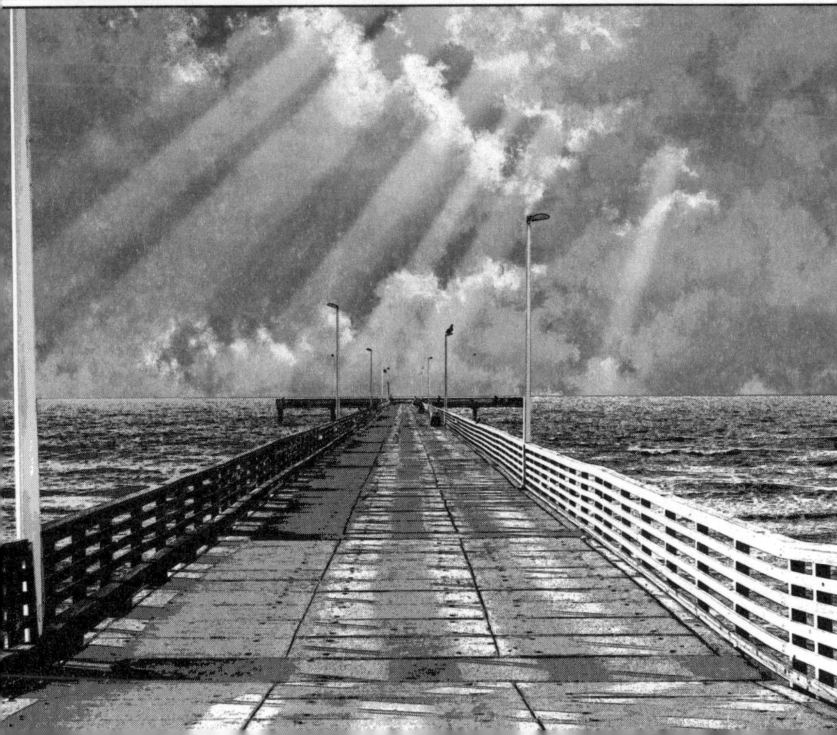

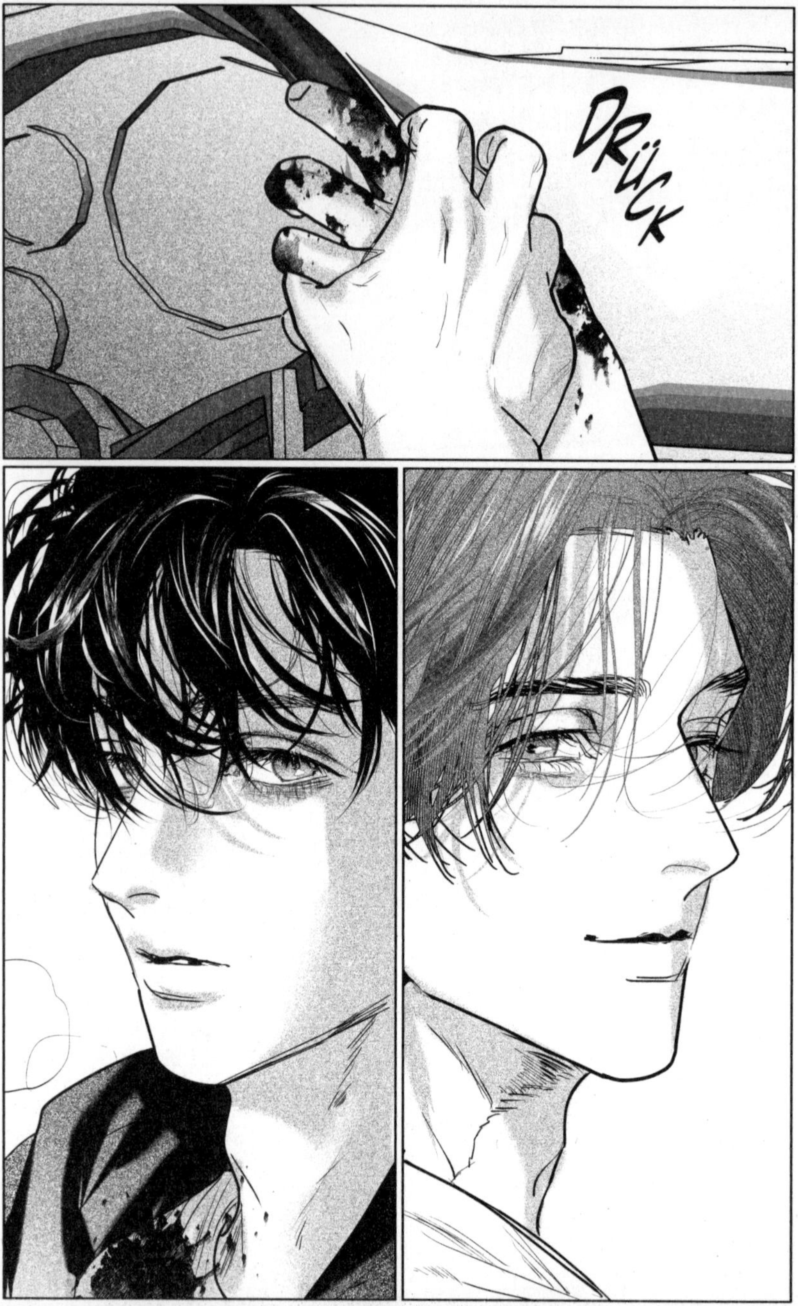
DRÜCK

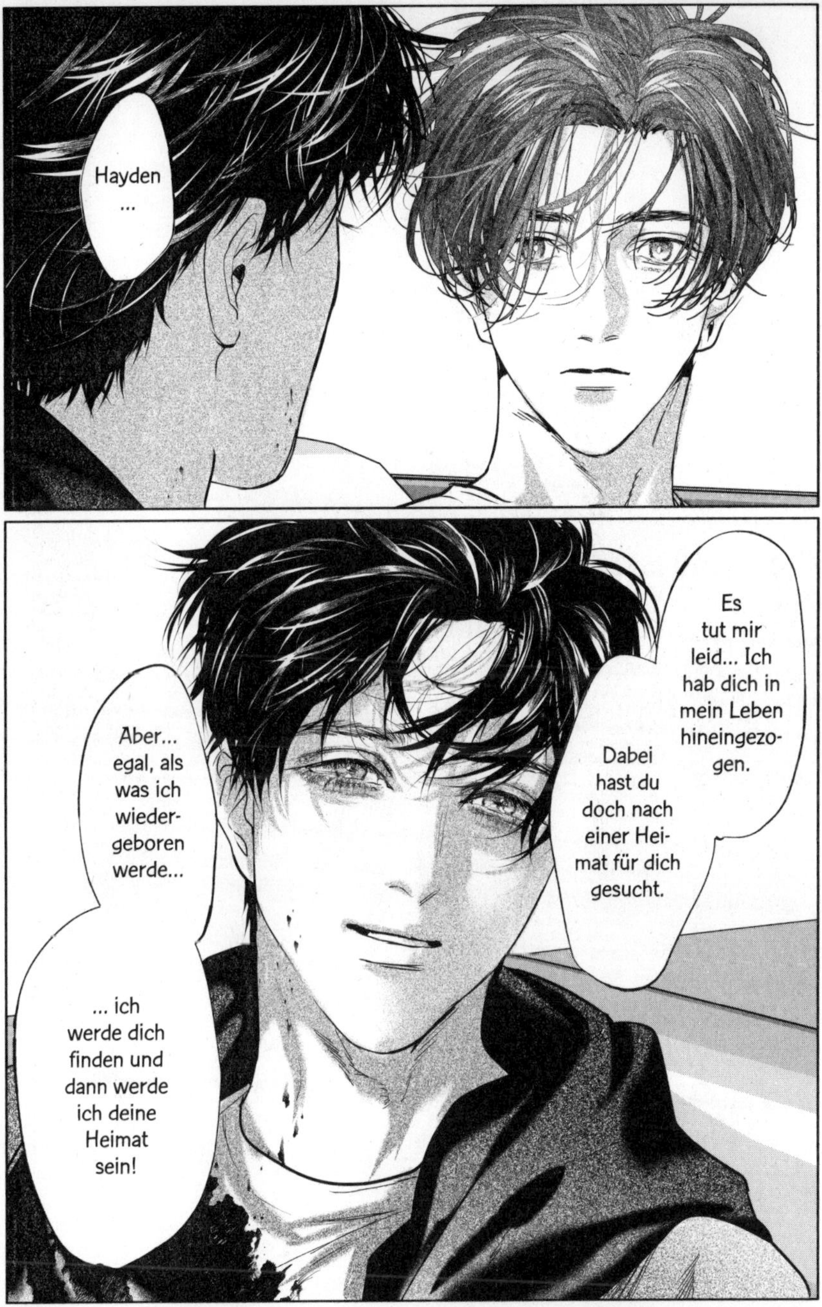
Hayden ...
Es tut mir leid... Ich hab dich in mein Leben hineingezogen.
Dabei hast du doch nach einer Heimat für dich gesucht.
Aber... egal, als was ich wiedergeboren werde...
... ich werde dich finden und dann werde ich deine Heimat sein!

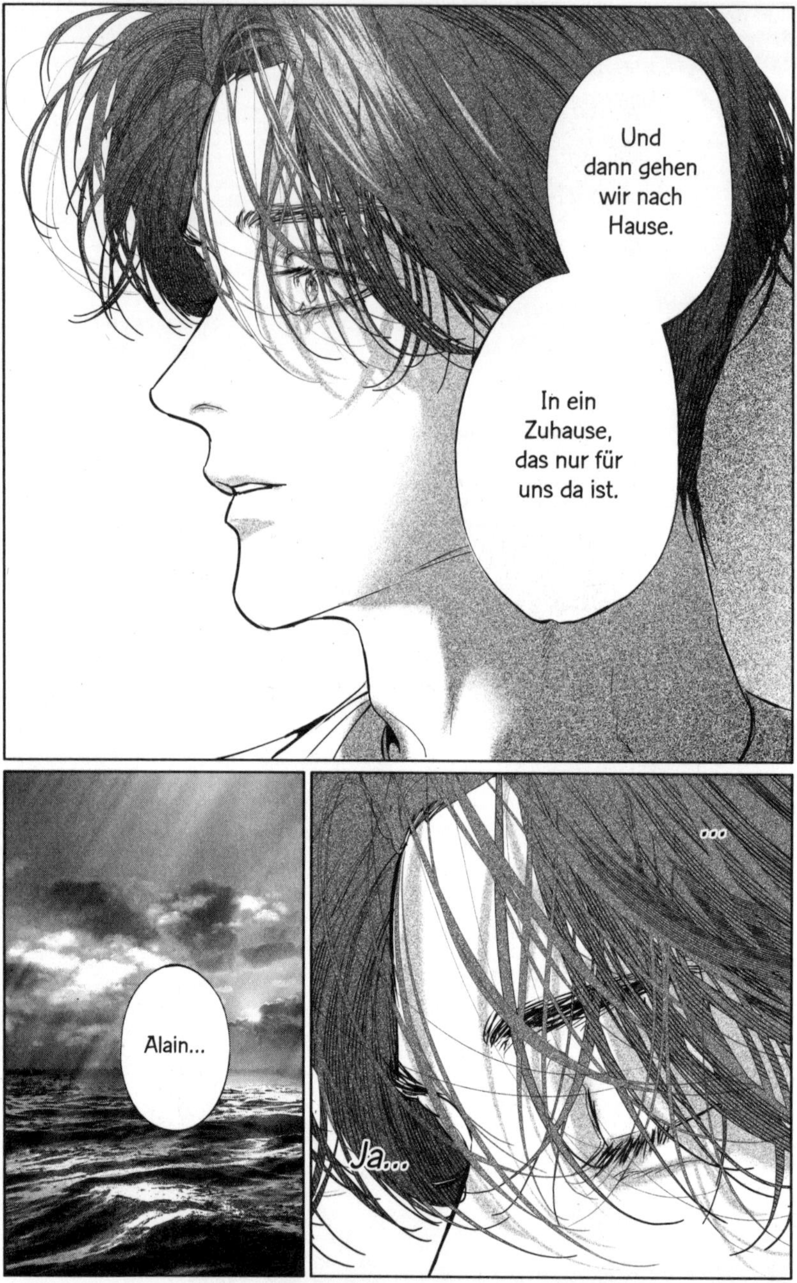
Und dann gehen wir nach Hause.
In ein Zuhause, das nur für uns da ist.
...
Ja...
Alain...

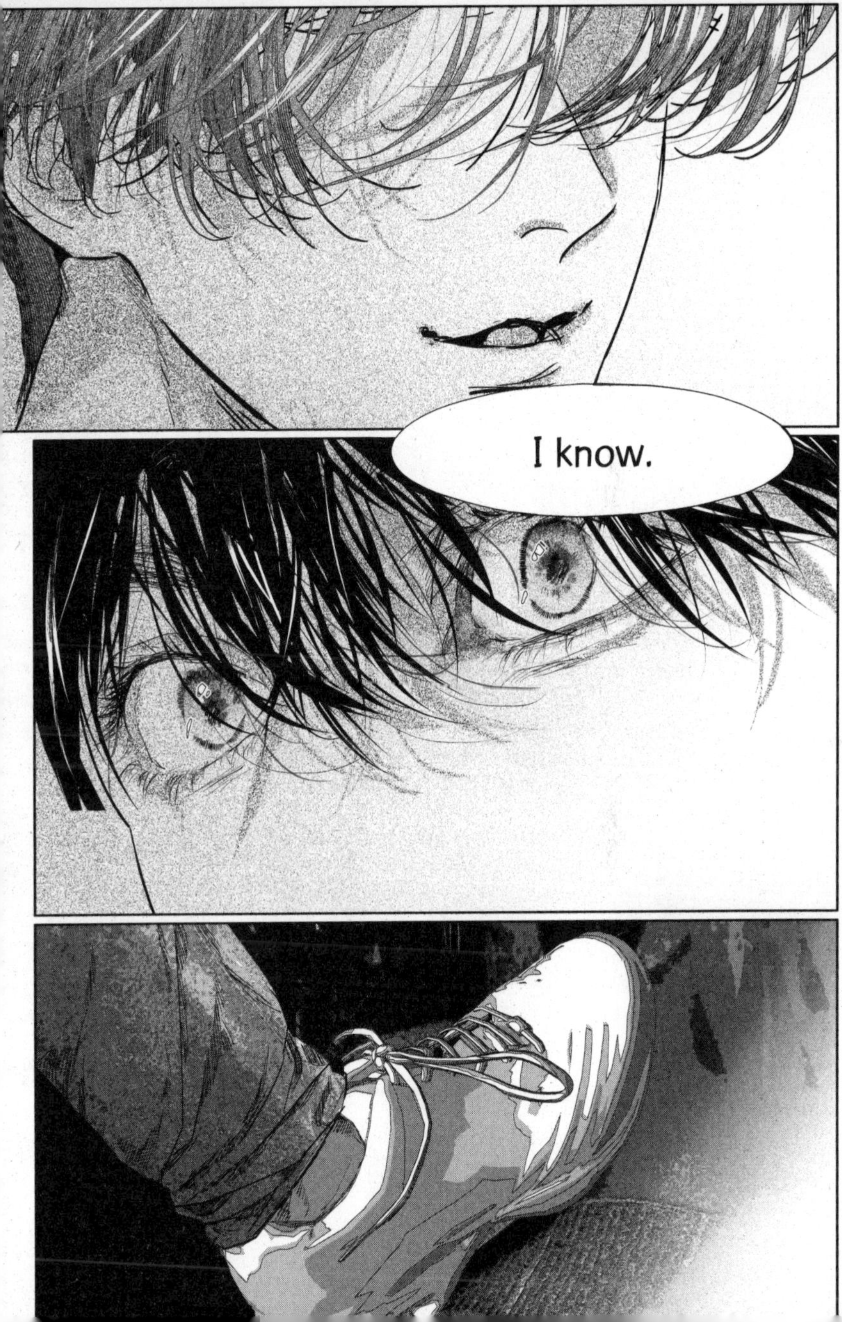
I know.

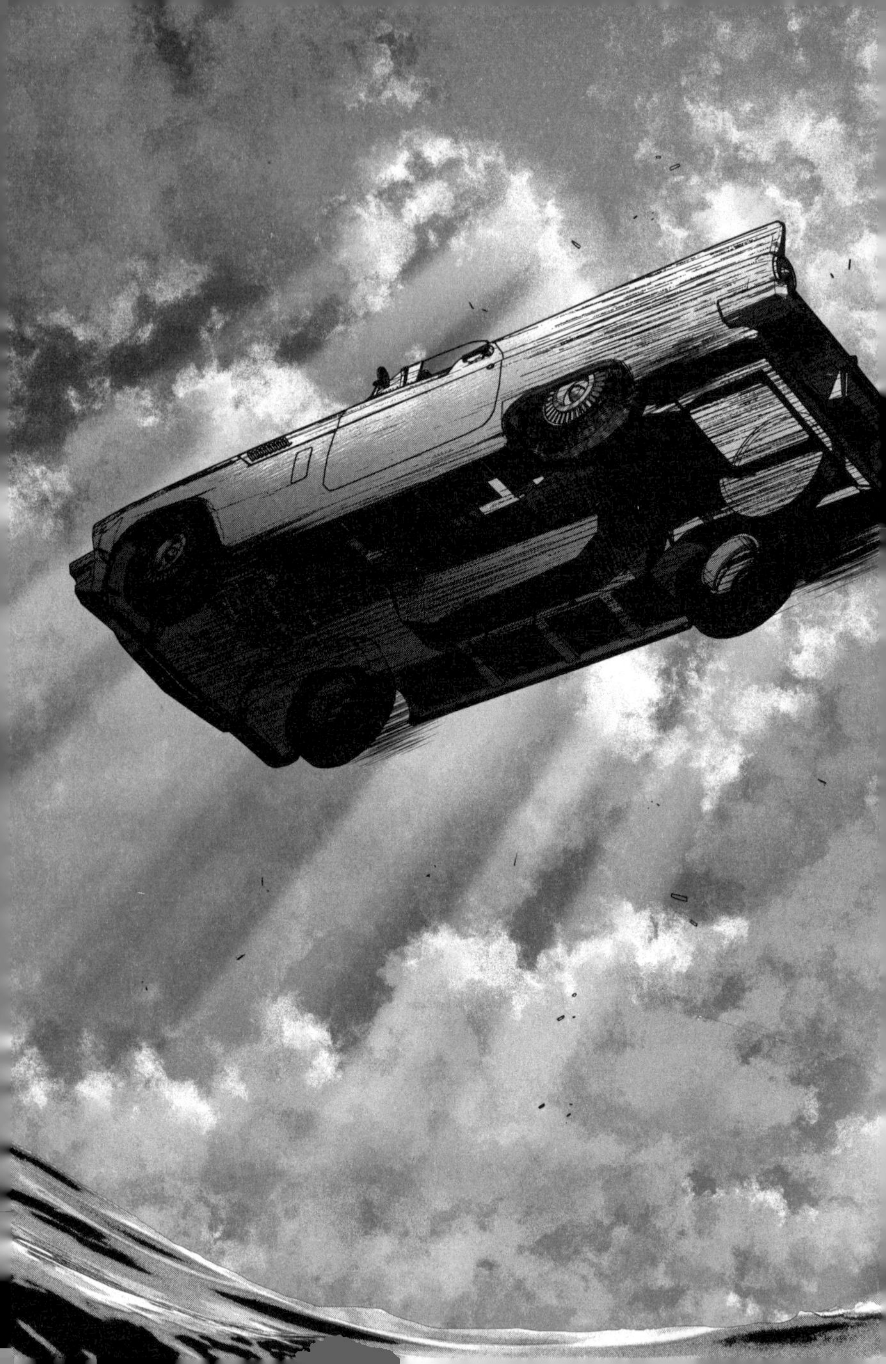

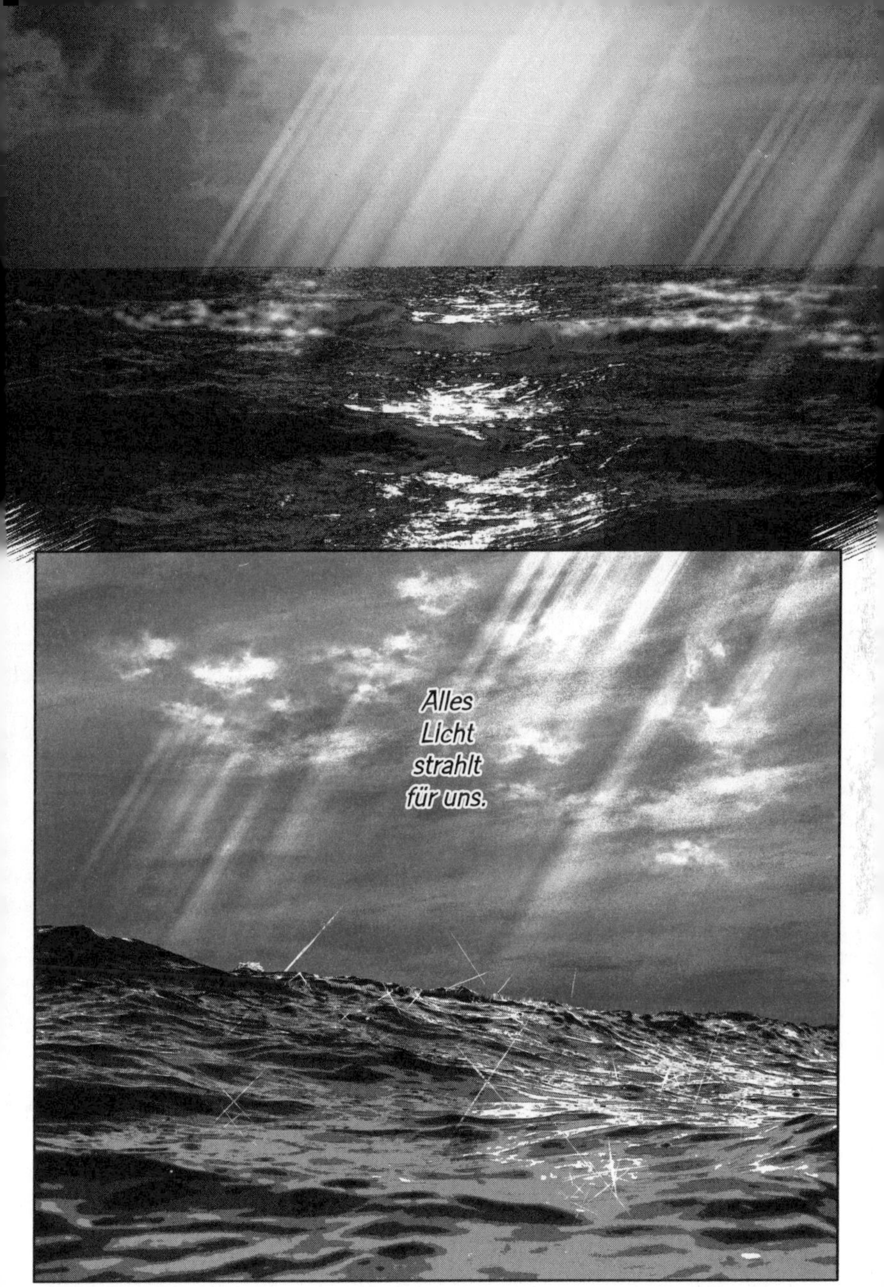
Alles Licht strahlt für uns.

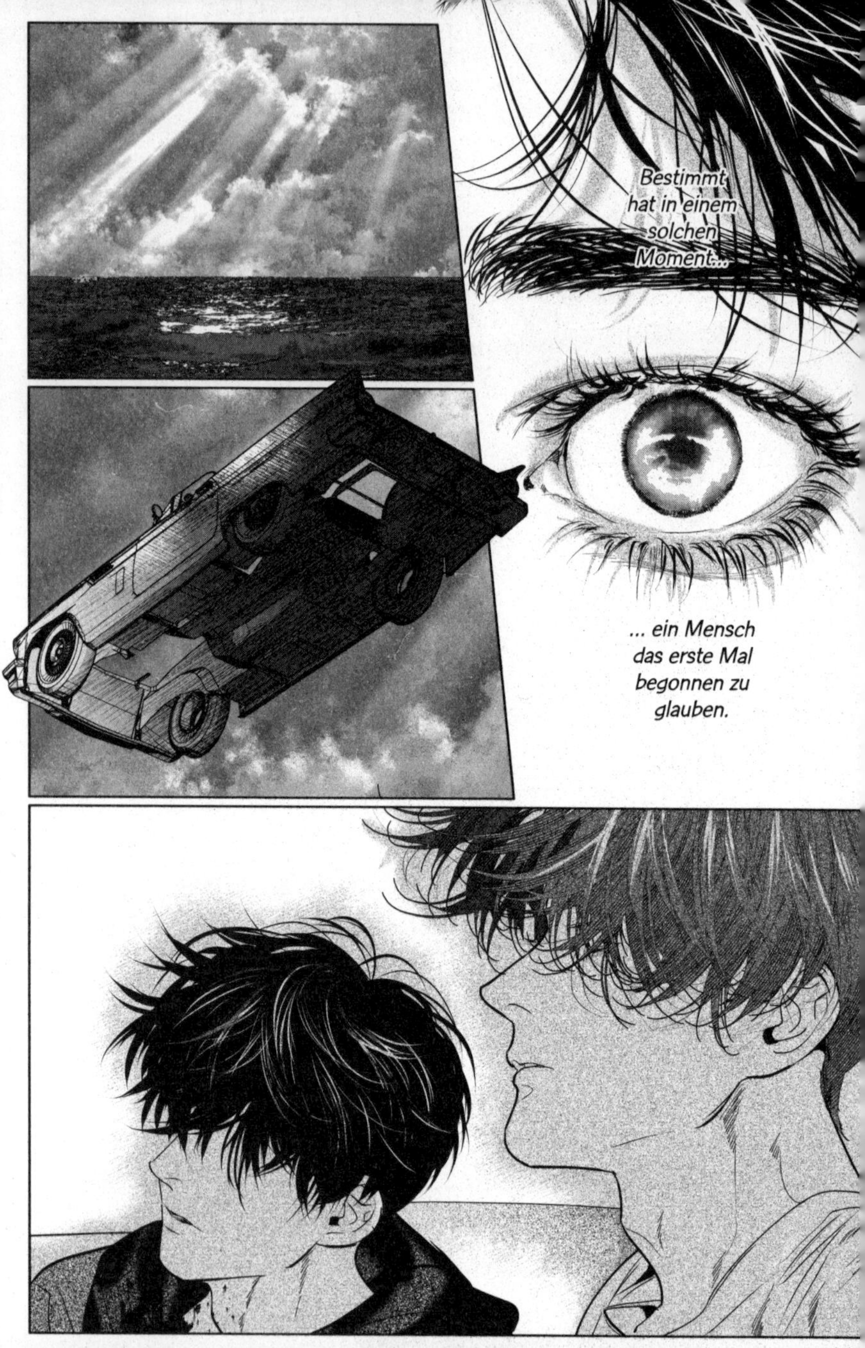
Bestimmt hat in einem solchen Moment ...
... ein Mensch das erste Mal begonnen zu glauben.

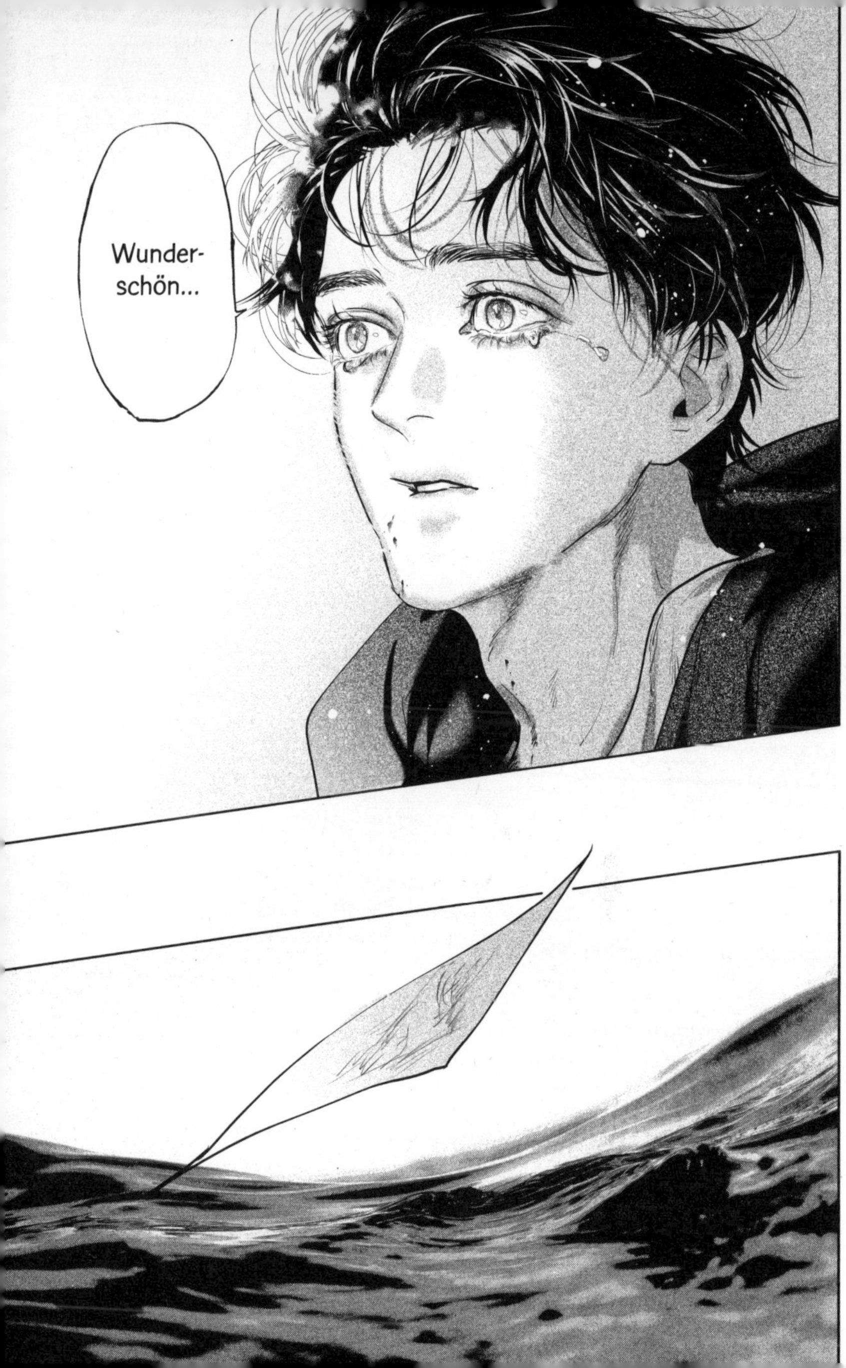
Wunder-
schön...

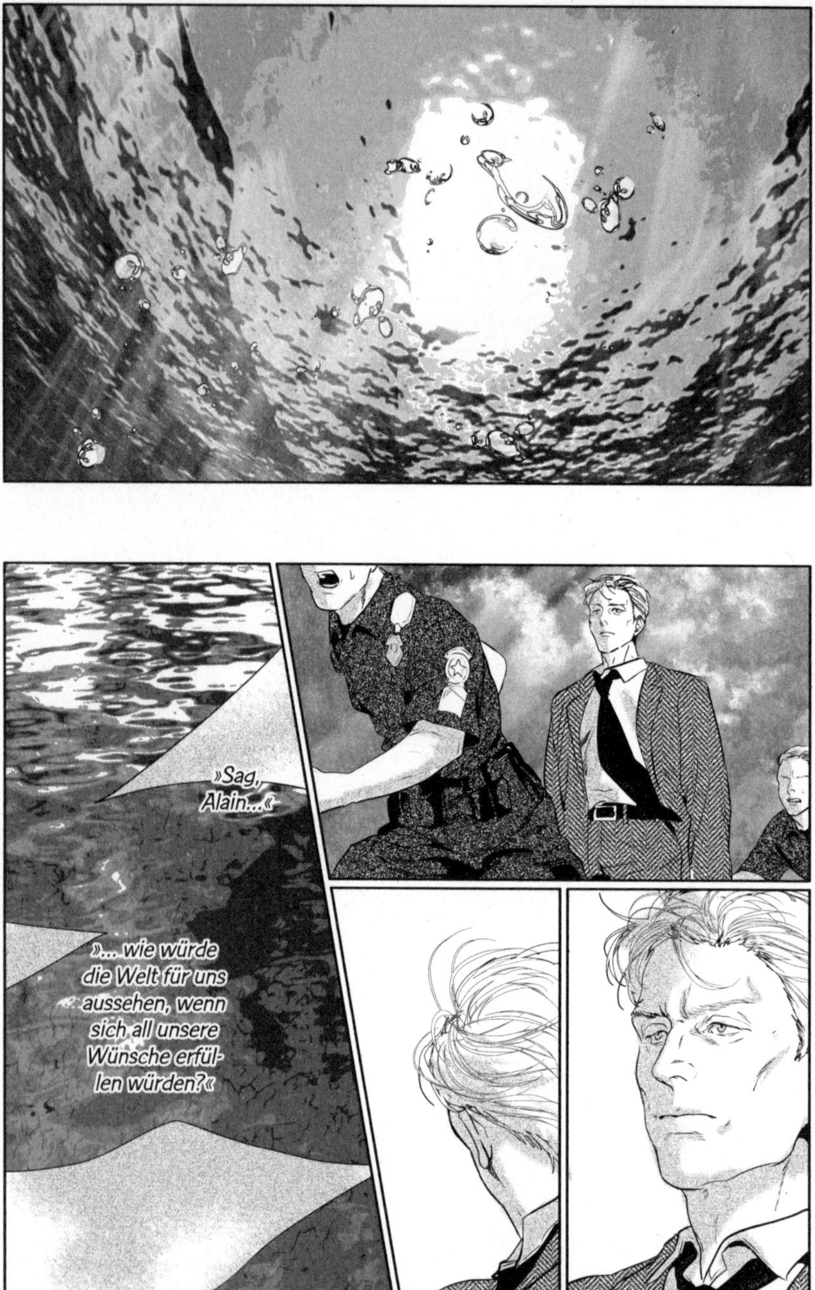
»Sag, Alain...«
»... wie würde die Welt für uns aussehen, wenn sich all unsere Wünsche erfüllen würden?«

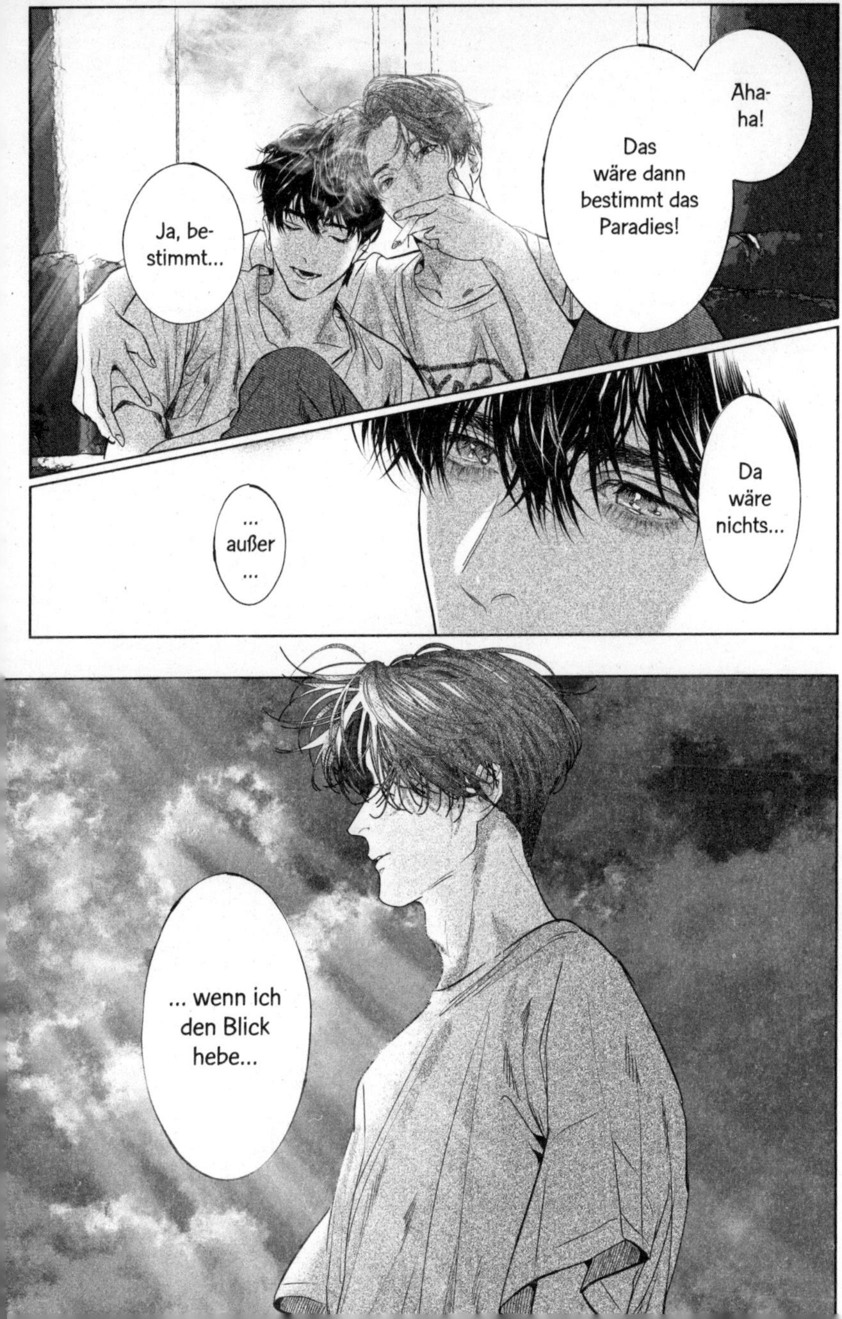
Aha-
ha!
Das
wäre dann
bestimmt das
Paradies!
Ja, be-
stimmt...
Da
wäre
nichts...
...
außer
...
... wenn ich
den Blick
hebe...

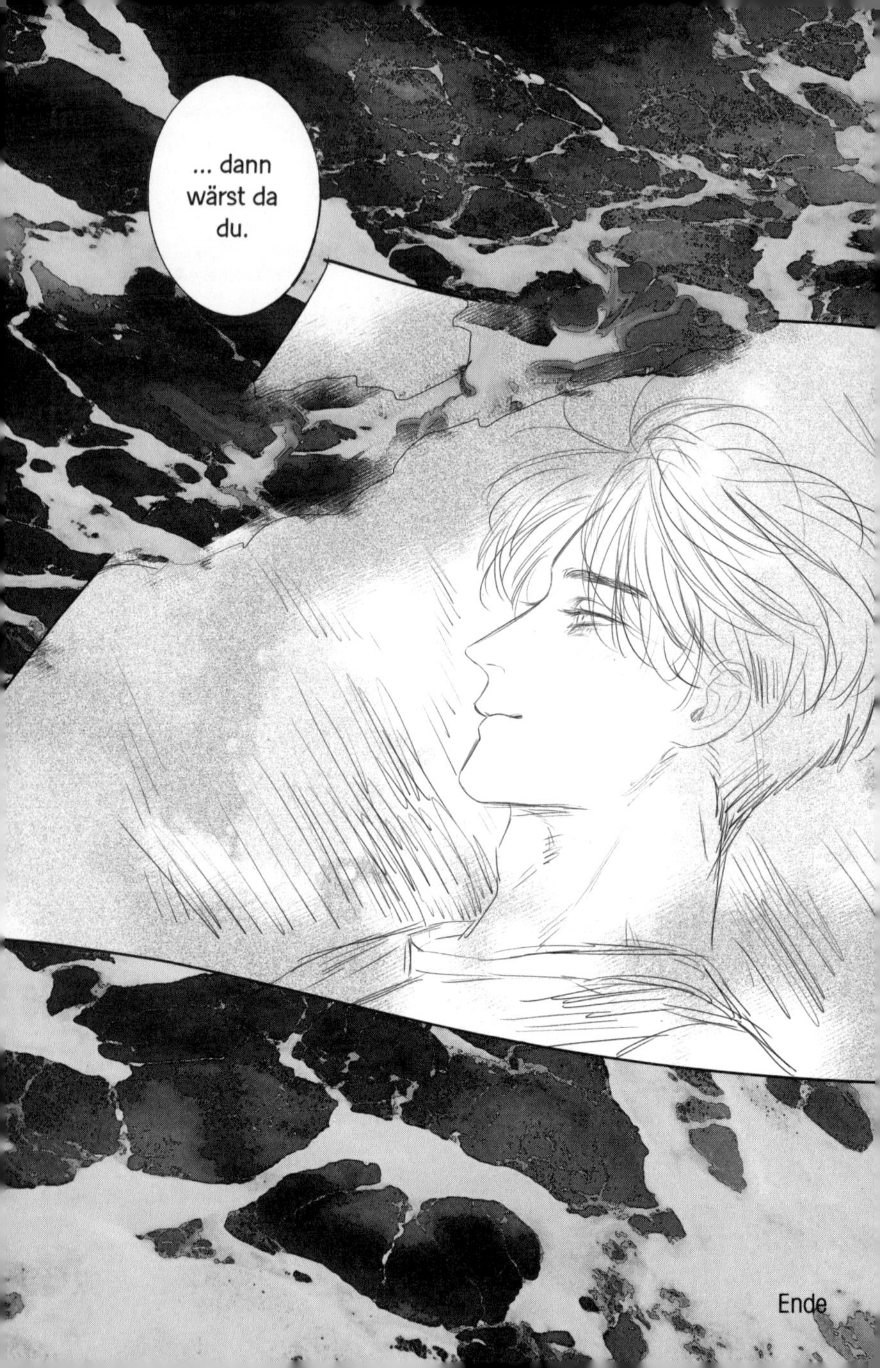
... dann wärst da du.
Ende

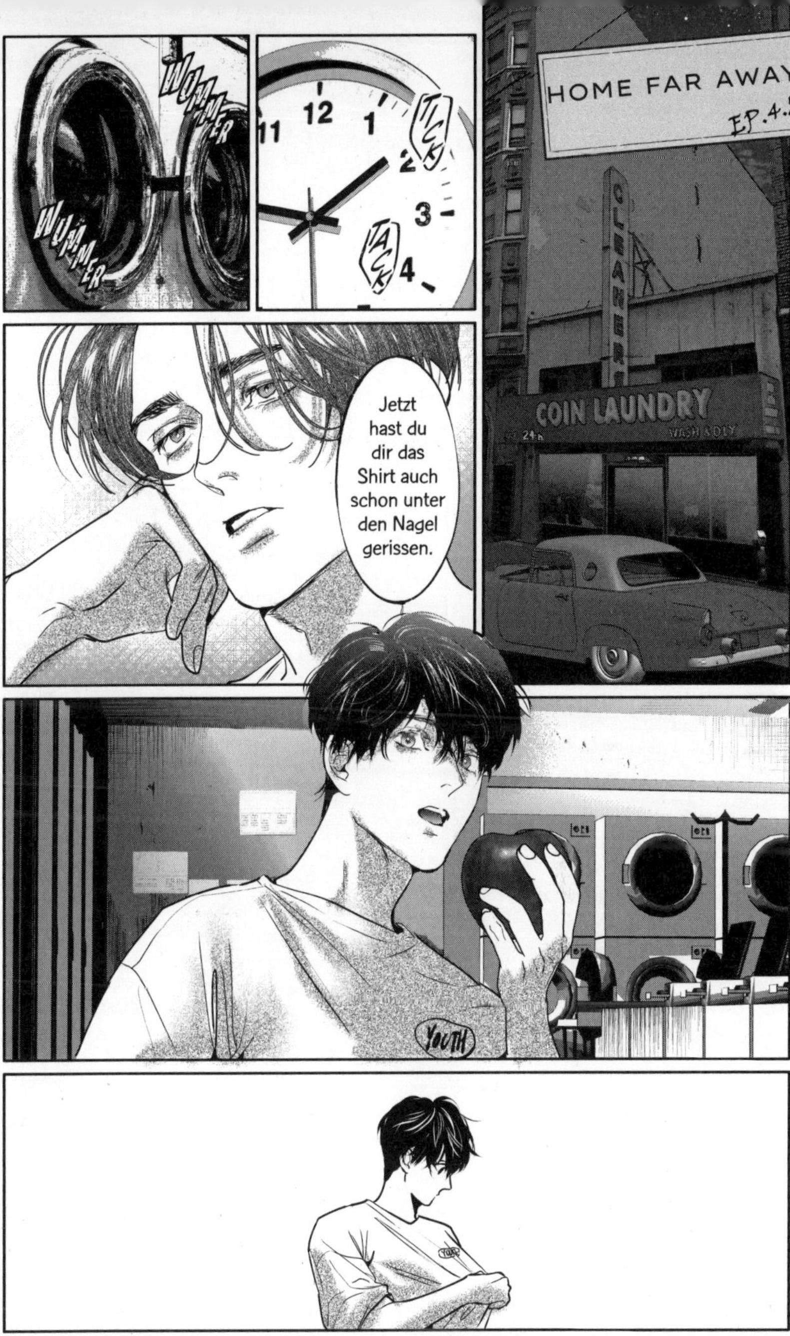

HOME FAR AWAY
EP.4.5
CLEANERS
COIN LAUNDRY
24h
WUMMER
WUMMER
TICK
TACK
Jetzt hast du dir das Shirt auch schon unter den Nagel gerissen.
YOUTH

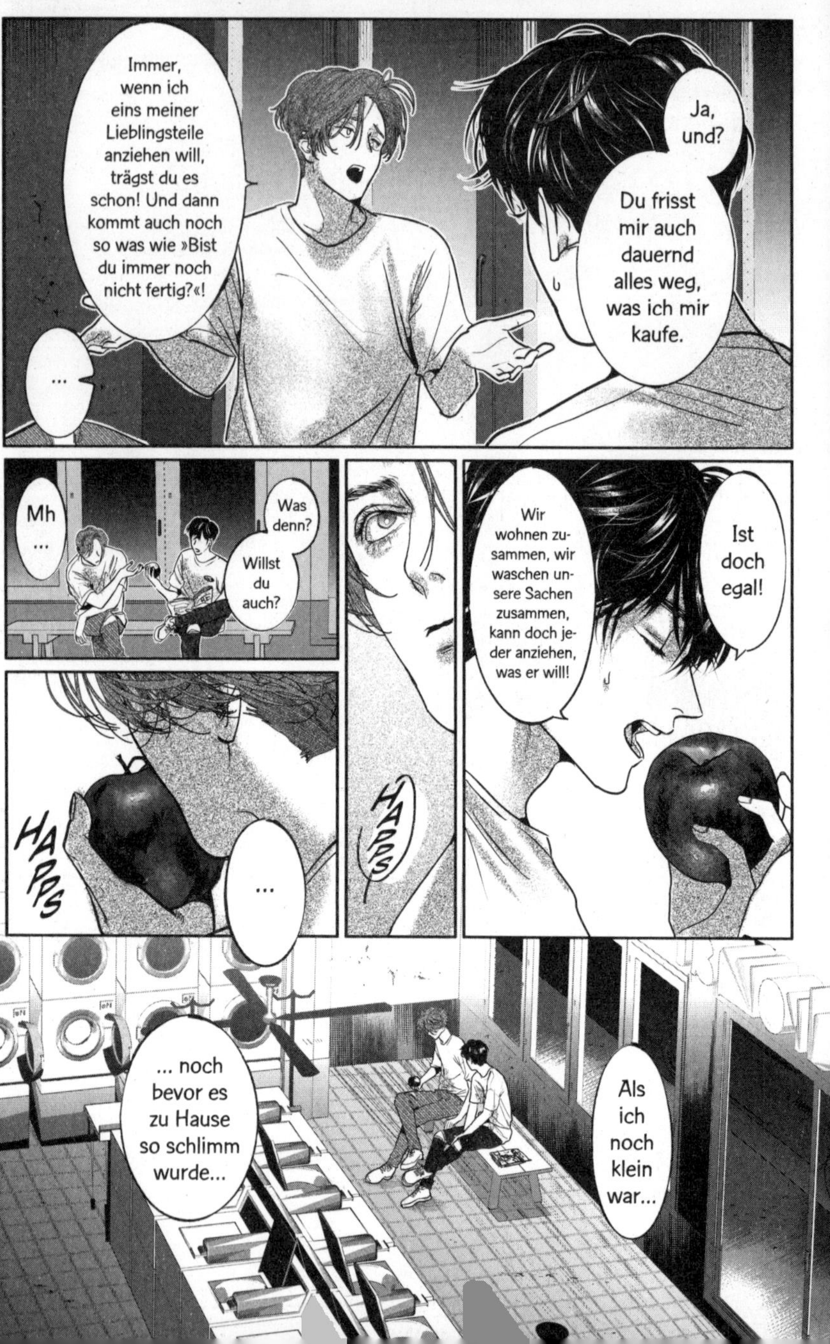
Immer, wenn ich eins meiner Lieblingsteile anziehen will, trägst du es schon! Und dann kommt auch noch so was wie »Bist du immer noch nicht fertig?«!
Ja, und?
Du frisst mir auch dauernd alles weg, was ich mir kaufe.
...
Ist doch egal!
Wir wohnen zusammen, wir waschen unsere Sachen zusammen, kann doch jeder anziehen, was er will!
HAPPS
Was denn?
Willst du auch?
Mh ...
HAPPS
...
Als ich noch klein war...
... noch bevor es zu Hause so schlimm wurde...

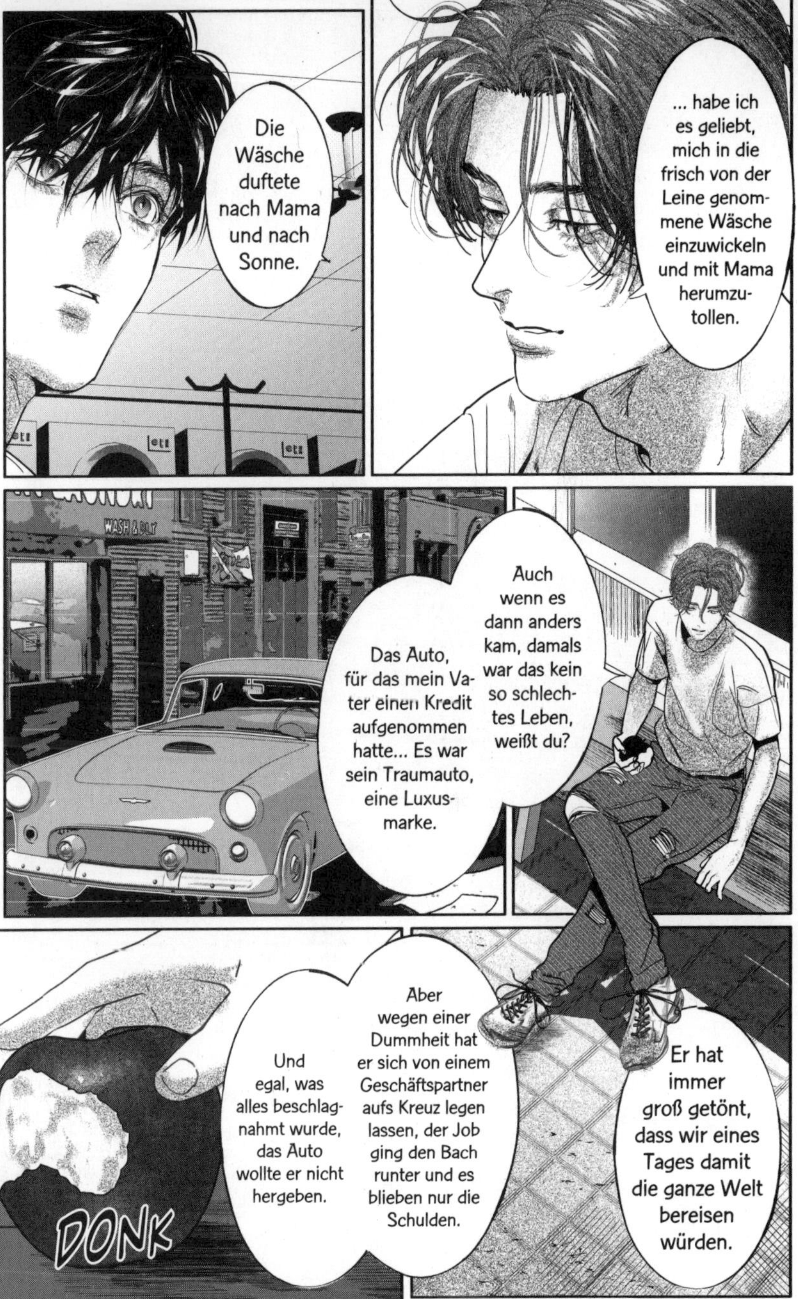
... habe ich es geliebt, mich in die frisch von der Leine genommene Wäsche einzuwickeln und mit Mama herumzutollen.
Die Wäsche duftete nach Mama und nach Sonne.
Auch wenn es dann anders kam, damals war das kein so schlechtes Leben, weißt du?
Das Auto, für das mein Vater einen Kredit aufgenommen hatte... Es war sein Traumauto, eine Luxusmarke.
Er hat immer groß getönt, dass wir eines Tages damit die ganze Welt bereisen würden.
Aber wegen einer Dummheit hat er sich von einem Geschäftspartner aufs Kreuz legen lassen, der Job ging den Bach runter und es blieben nur die Schulden.
Und egal, was alles beschlagnahmt wurde, das Auto wollte er nicht hergeben.
DONK

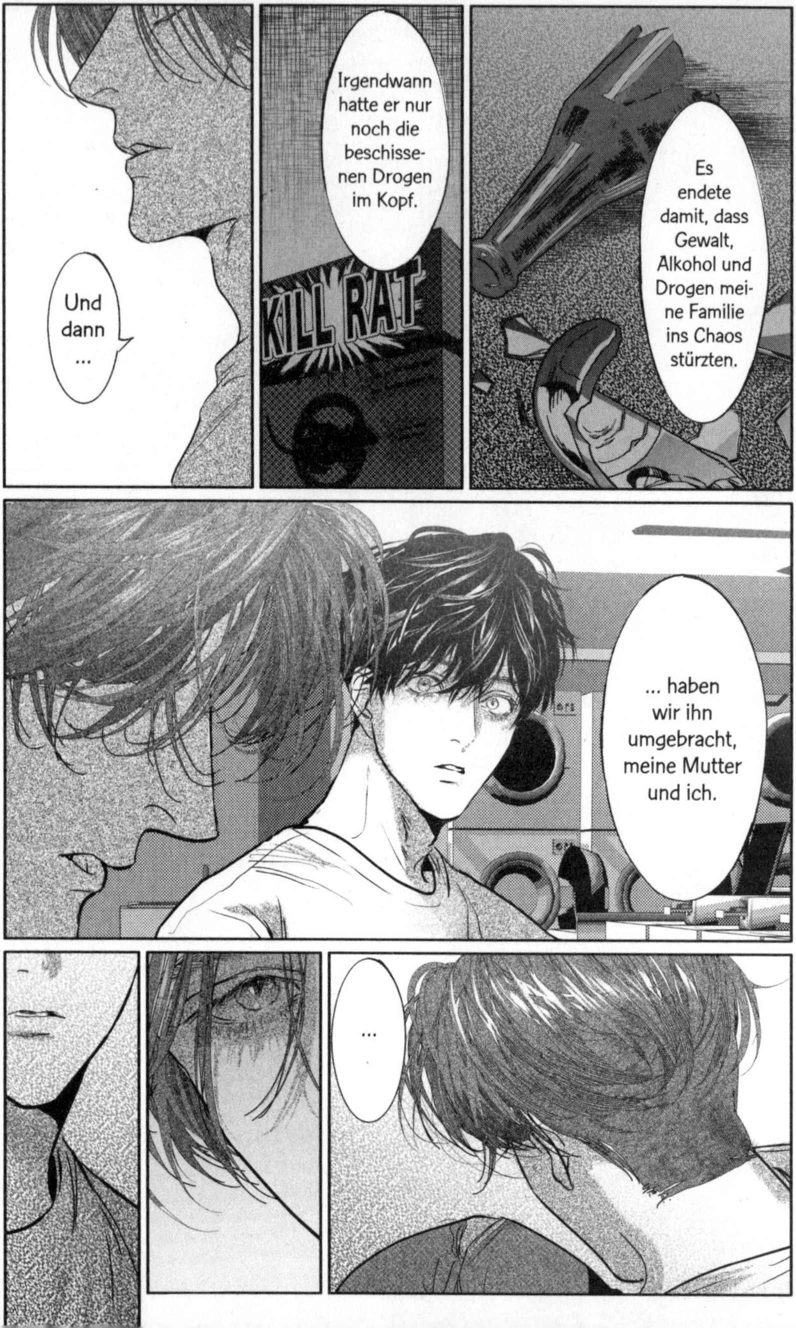
Es endete damit, dass Gewalt, Alkohol und Drogen meine Familie ins Chaos stürzten.
Irgendwann hatte er nur noch die beschissenen Drogen im Kopf.
KILL RAT
Und dann ...
... haben wir ihn umgebracht, meine Mutter und ich.
...

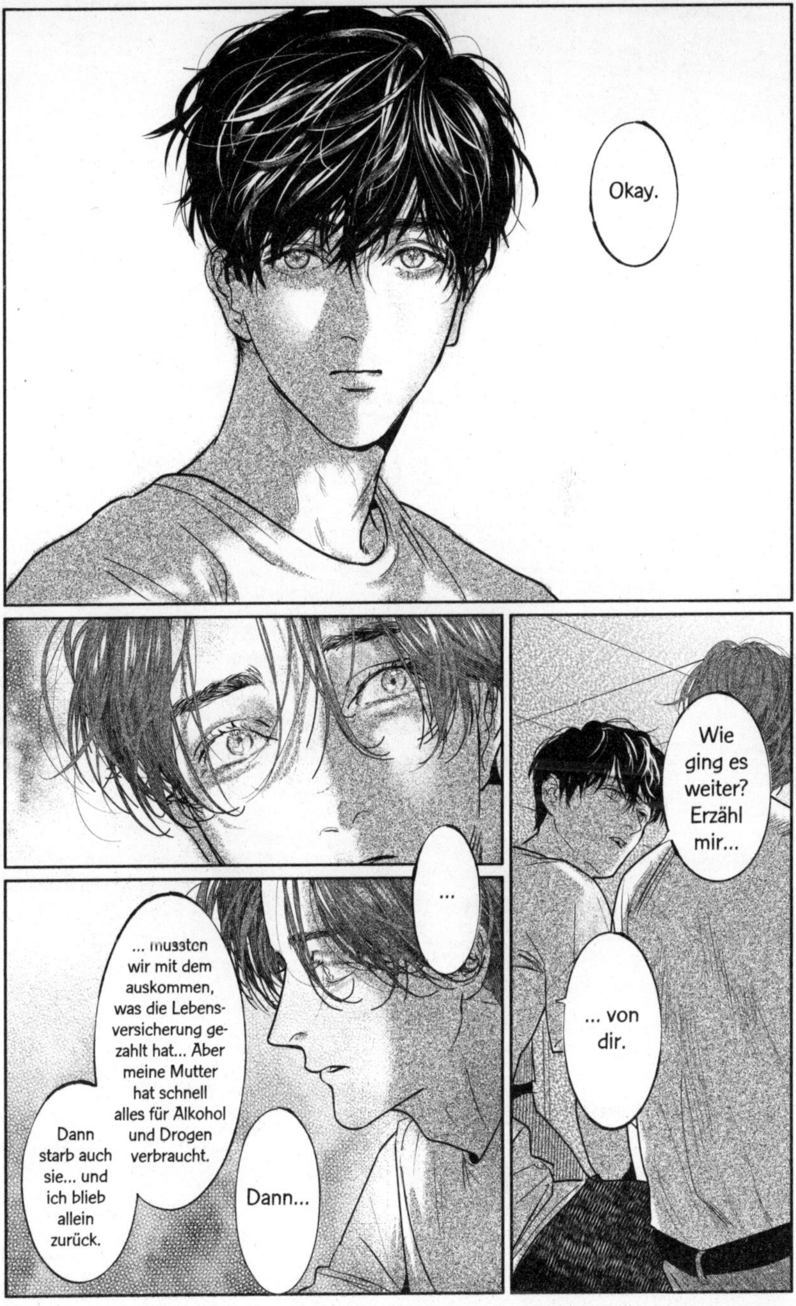
Okay.
Wie ging es weiter? Erzähl mir...
... von dir.
...
Dann...
... mussten wir mit dem auskommen, was die Lebensversicherung gezahlt hat... Aber meine Mutter hat schnell alles für Alkohol und Drogen verbraucht.
Dann starb auch sie... und ich blieb allein zurück.

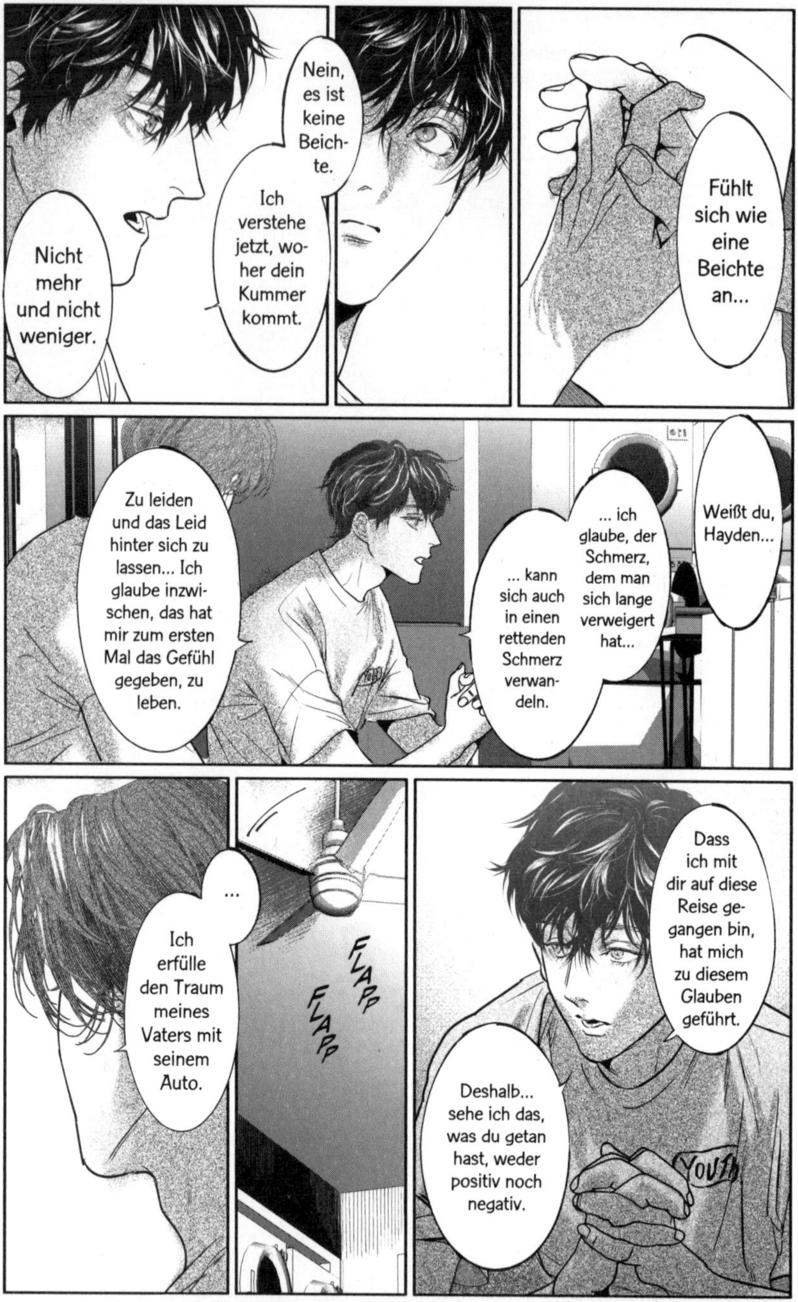
Fühlt sich wie eine Beichte an...
Nein, es ist keine Beichte.
Ich verstehe jetzt, woher dein Kummer kommt.
Nicht mehr und nicht weniger.
Weißt du, Hayden...
... ich glaube, der Schmerz, dem man sich lange verweigert hat...
... kann sich auch in einen rettenden Schmerz verwandeln.
Zu leiden und das Leid hinter sich zu lassen... Ich glaube inzwischen, das hat mir zum ersten Mal das Gefühl gegeben, zu leben.
Dass ich mit dir auf diese Reise gegangen bin, hat mich zu diesem Glauben geführt.
Deshalb... sehe ich das, was du getan hast, weder positiv noch negativ.
FLAPP
FLAPP
...
Ich erfülle den Traum meines Vaters mit seinem Auto.

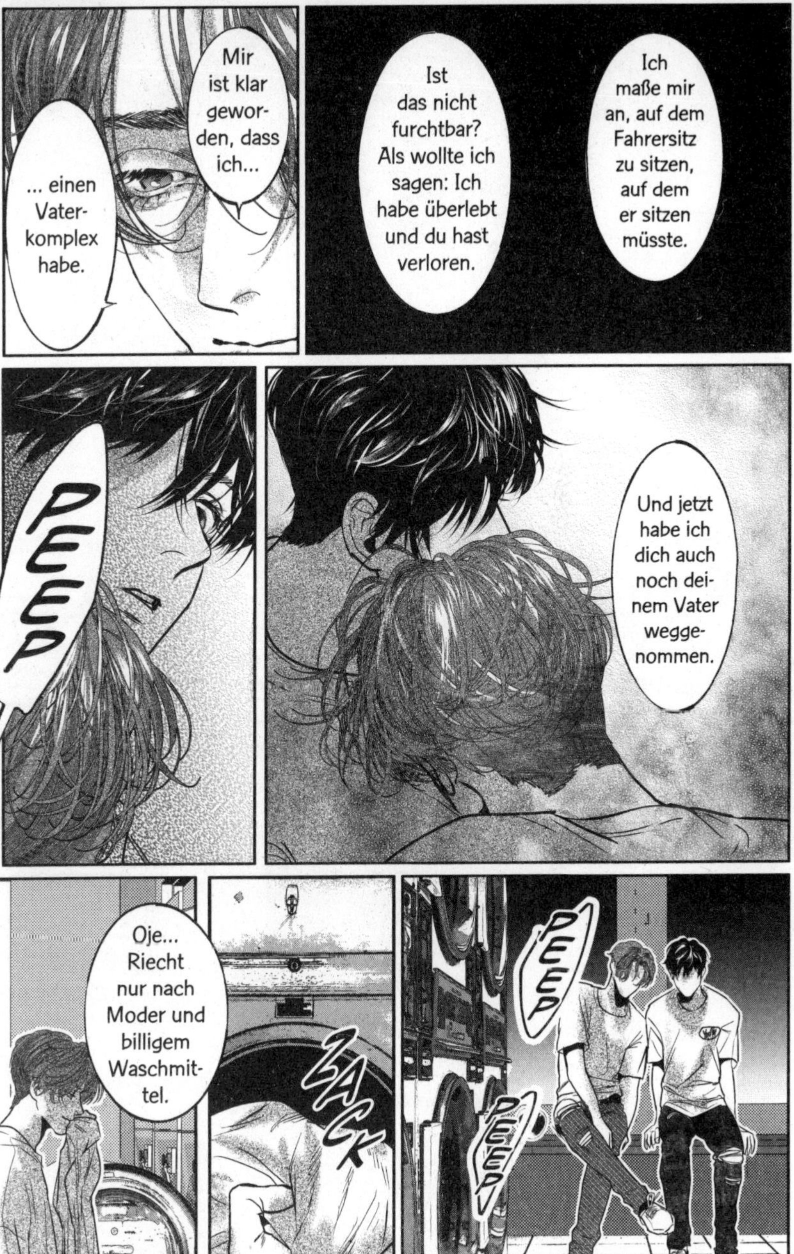
Ich maße mir an, auf dem Fahrersitz zu sitzen, auf dem er sitzen müsste.
Ist das nicht furchtbar? Als wollte ich sagen: Ich habe überlebt und du hast verloren.
Mir ist klar geworden, dass ich...
... einen Vaterkomplex habe.
Und jetzt habe ich dich auch noch deinem Vater weggenommen.
PEEEP
PEEP
PEEEP
ZACK
Oje... Riecht nur nach Moder und billigem Waschmittel.

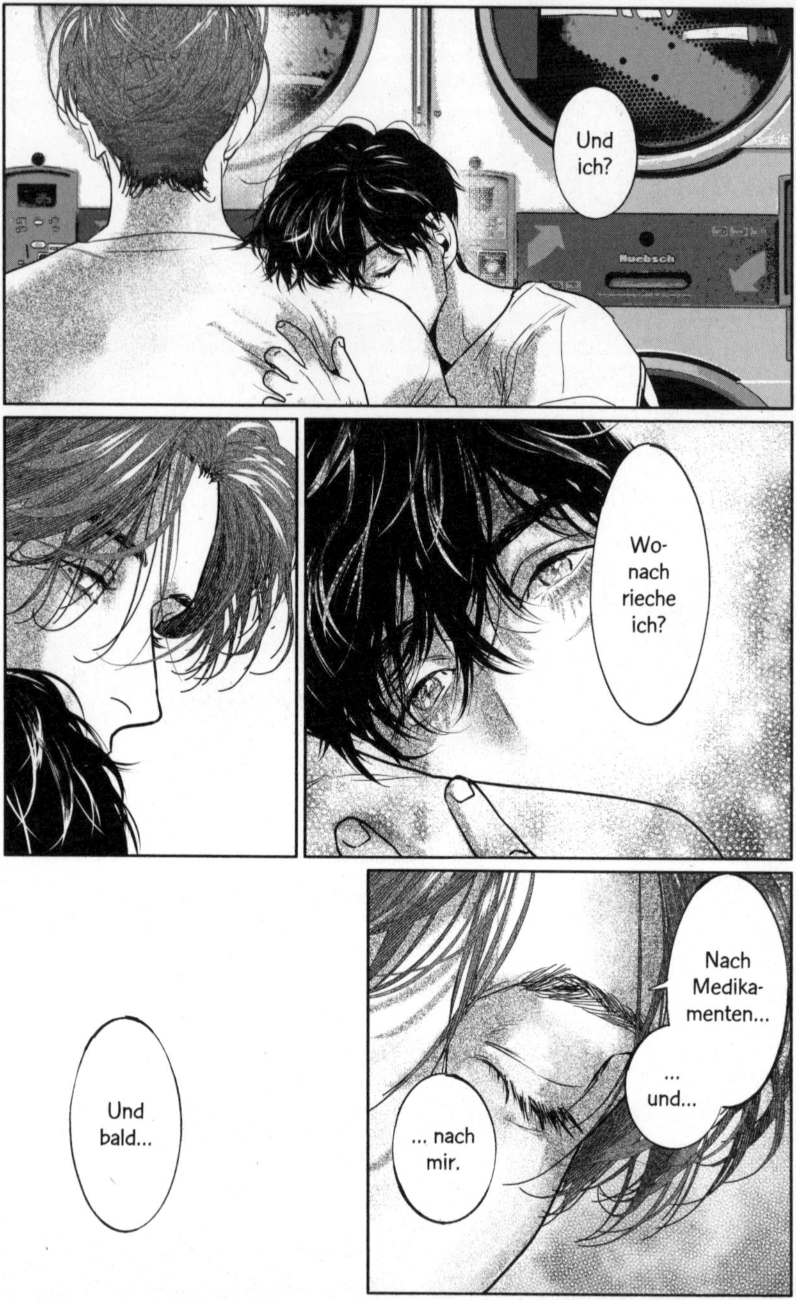
Und ich?
Wonach rieche ich?
Nach Medikamenten...
... und...
... nach mir.
Und bald...

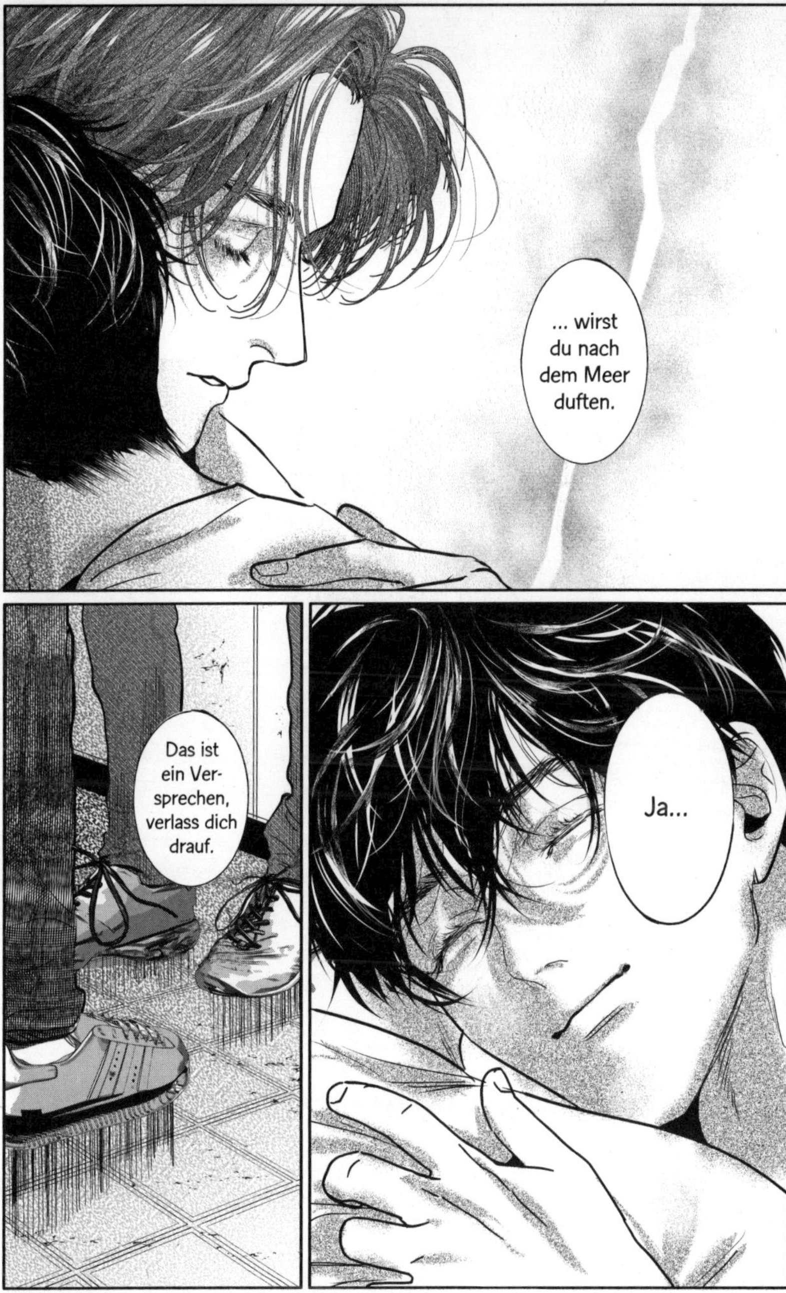
... wirst du nach dem Meer duften.
Ja...
Das ist ein Versprechen, verlass dich drauf.

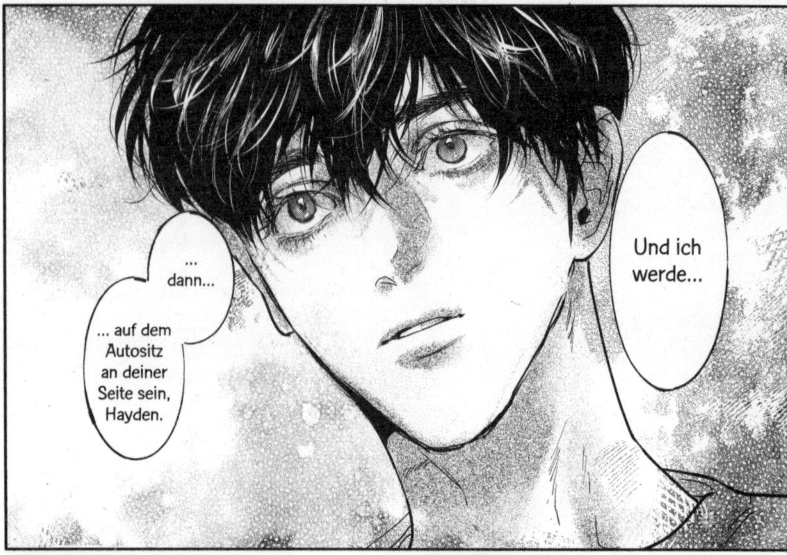

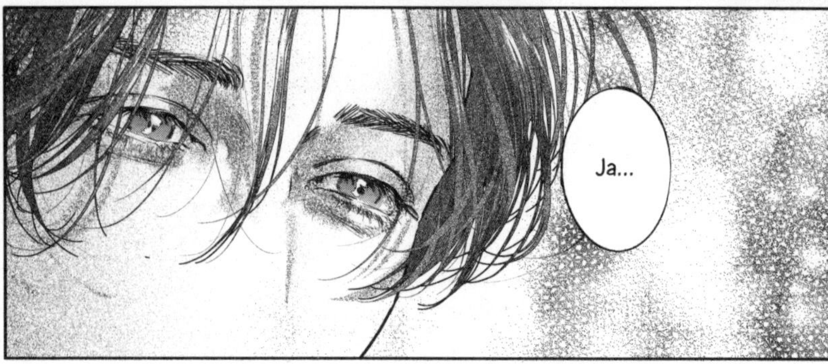

Verlass dich drauf!

Ende

Brauchst du Hilfe?
www.telefonseelsorge.de
Die Telefonseelsorge ist anonym,
kostenlos und rund um die Uhr erreichbar.
Die Telefonnummer lautet 0 800/111 0 111 - jeder
Anruf ist kostenfrei und wird auch nicht auf
der Telefonrechnung gelistet, ebenso nicht
im Einzelverbindungsnachweis.

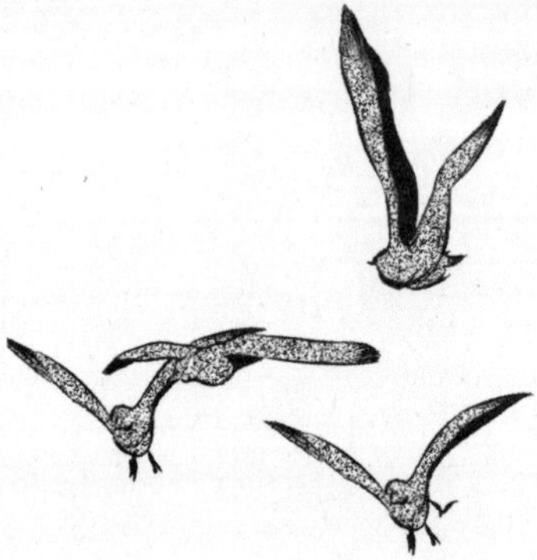

(HOME FAR AWAY)

CARLSEN MANGA

Völckersstraße 14-20, 22765 Hamburg
Aus dem Japanischen von Dorothea Überall
HARUKA TOOKI IE by Teki Yatsuda

Original Japanese edition published by FRANCE SHOIN
This German edition is published by arrangement with
FRANCE SHOIN Inc., Tokyo in care of
Tuttle-Mori Agency, Inc., Tokyo.
Redaktion: Britta Hellwig
Produktionsmanagement: Björn Liebchen

ISBN: 978-3-551-72330-7